Genre et tradition(s)

Regards sur l'Autre et sur Soi au XXᵉ siècle

Colloques & Rencontres

Le secteur « Colloques et Rencontres » des éditions L'Harmattan s'est fixé pour but de publier des ouvrages universitaires à caractère collectif dans le cadre de trois rubriques thématiques :

- Lettres et sciences humaines
- Droit, économie et AES
- Sciences et santé

Ce secteur a la double vocation de donner un cadre éditorial cohérent aux chercheurs tout en permettant l'élargissement de leur audience.

Déjà parus

Sophie Hild et Louis Schweitzer (dir.), *Le bien-être animal : de la science au droit,* 2018.

Chelly-Zemni Alya et Fourtanier Marie-José (dir.), *Le mythe dans la pensée contemporaine,* 2018.

Lee Hsin-I et Xu Yiru (dir.), *Regards croisés sur la didactique, l'éducation et la culture sino-françaises,* 2018.

Debono Marc-Williams, (dir.), *Mémoires singulières, mémoires plurielles, À l'heure du dataïsme et de l'intelligence artificielle,* 2018.

Evrard Sébastien, Piotraut Jean-Luc, tafforeau Patrick, *Les aspects transfrontaliers de la contrefaçon,* 2017.

Bryant Christopher R., Loudiyi Salma, *Des espaces agricoles dans la métropolisation. Perspectives franco-québécoises,* 2017.

Bena Jonas Makamina, Kalamba Sylvain Nsapo et Verhaeghe Samuel (dir.), *Le vivre ensemble aujourd'hui. Approche pluridisciplinaire,* 2017.

Dubruc Nadine, Mekdessi Sélim, *Les entreprises libanaises et leur responsabilité sociale. Etat des lieux de la RSE,* 2017.

Coum Daniel (dir.), *Appartenance, identité et filiation. Les liens familiaux en question aux Antilles en général et en Guadeloupe en particulier,* 2017.

Beddiar Nadia (dir.), *70 ans de justice pénale des mineurs. Entre spécialisation et déspécialisation,* 2017.

Brobbel Dorsman Anne, Lapérou-Scheneider Béatrice, Kondratuk Laurent (Dir.), *Genre, famille, vulnérabilité, Mélanges en l'honneur de Catherine Philippe,* 2017.

Solbiac Rodolphe et Alaric Alexandre, *Littérature et arts postcoloniaux dans l'émergence civilisationnelle caribéenne,* 2016.

Delga Jacques (Dir.) *Criminalité en col blanc, Délinquance d'affaires, délinquance financière, délinquance fiscale,* 2016.

Sous la direction de
Claire DODANE et Jacqueline ESTRAN

GENRE ET TRADITION(S)

Regards sur l'Autre et sur Soi au XXe siècle

Des mêmes auteures

Claire Dodane : *Yosano Akiko, poète de la passion et figure de proue du féminisme japonais*, Presses orientalistes de France, 2000 ;
Higuchi Ichiyô, *La Treizième nuit*, (nouvelles traduites du japonais), Les Belles Lettres, 2008 ;
Yosano Akiko, *Cheveux emmêlés*, (poèmes traduits du japonais et commentés), Les Belles Lettres, 2010.

Jacqueline Estran : *Poésie et liberté dans la Chine républicaine – La revue* Xinyue *(1928-1933)*, Wiesbaden, Harrassowitz Vlg., 2010.

Ouvrage publié avec le concours de l'Université Jean Moulin - Lyon 3

© L'Harmattan, 2019
5-7, rue de l'École-Polytechnique ; 75005 Paris
http://www.editions-harmattan.fr
ISBN : 978-2-343-15468-8
EAN : 9782343154688

À Laure,
Partie trop tôt ce jour de janvier 2018
Tutoyer les étoiles,
Et à ses parents,
Avec toute notre amitié.

Sommaire

Avant-propos

Au XXe siècle, la question identitaire touche autant l'individu que la collectivité : les identités nationales se cherchent et s'exacerbent, l'individu est au cœur de la réflexion philosophique et psychologique. Les idées circulent et les civilisations se confrontent. Les utopies foisonnent. Des traditions disparaissent au profit de nouvelles. Et, face à face, hommes et femmes s'observent et se questionnent. Les femmes ont plus particulièrement porté le poids de ce travail, devant remettre en question une place, un rôle désormais inadaptés pour en chercher de nouveaux. Les différents mouvements féministes qui ont traversé le XXe siècle se sont souvent basés sur le rejet d'une vision traditionnelle de la société et de la culture au profit d'une revendication identitaire spécifique. La place occupée par la/les tradition/s dans cette quête est primordiale car elle se trouve à l'origine de tout, qu'elle ait été admise comme fondatrice, matrice, ou qu'elle ait été reniée, de façon instinctive ou par un effort de volonté conscient. C'est ce que, modestement, les auteurs des contributions ci-après se sont proposé d'explorer de façon transculturelle, autour des notions clés d'*identité*, *genre* et *tradition*. La réflexion qui s'y développe est née dans le cadre d'un colloque[1] que nous avions voulu ouvert sur le plan des disciplines, certaines de l'intérêt de l'interaction de leurs propos par rapport à la tradition et au genre, tout comme dans le domaine des aires géographiques et culturelles, afin de croiser autant que possible les regards et d'en identifier les points de convergence. Les contributeurs, spécialistes de la Chine, du Japon, de la Corée, du Tibet, de l'Espagne, de la Russie, de la Grèce ou de la France, interviennent dans le domaine des Lettres, de l'Histoire, du Droit, ou des Études transculturelles.

---

[1] La plupart des contributions présentées dans cet ouvrage l'ont d'abord été dans le cadre d'un colloque organisé les 13 et 14 octobre 2011 à l'Université Jean Moulin - Lyon 3 (« Genre et tradition(s) - Regards sur l'Autre et Soi au XXe siècle »).

Tradition(s)

Qu'il s'agisse de pratiques anciennes ou inventées, les traditions - comme l'a fait ressortir Eric Hobsbawn[2] - sont loin d'être statiques et immuables : elles sont d'abord représentatives d'une société à un moment donné, dans la mesure où elles sont ce qui structure la vie sociale au travers de la mise en place des institutions mais aussi des systèmes de valeur, des relations de pouvoir ou encore des codes de conduite[3]. Elles sont donc à la fois ce qui fait lien entre les individus, et ce sur quoi le présent se définit, la base à partir de laquelle il se construit. Et c'est lorsque les changements sociaux se font plus impératifs, incontournables, que la réflexion sur le passé - et dans ce passé, sur les « traditions » - surgit de la façon la plus aiguë.

Qu'il soit remis en question ou qu'existe la volonté de s'y ressourcer, le passé, comme continuité et tradition, aide l'individu à construire son identité et cela alors que ce passé est lui-même construit, imaginé, manipulé comme l'a abondamment montré l'histoire du XXᵉ siècle[4].

Si la prise en compte de la tradition dans la constitution de l'identité genrée sert de fil conducteur à l'ensemble des contributions de ce volume, les angles d'approche diffèrent. La première partie des contributions s'intéresse à l'émergence de l'identité genrée dans le discours institutionnel et sociétal et se penche sur les interactions entre ce discours communautaire et la construction identitaire individuelle. La deuxième partie se centre sur les rapports entre genre et tradition, au travers des représentations diverses qui en ont été faites tant par des hommes que par des femmes qui proposent un regard personnel sur la problématique identitaire genrée. La troisième partie analyse le rapport à la tradition dans le cadre de la création féminine, littéraire ou artistique, dévoilant les différents modes de négociation à l'œuvre dans ce rapport.

Les exemples de « traditions inventées » se retrouvent dans toutes les civilisations, et plus particulièrement quand il est question de la condition des femmes et du rôle qui leur est dévolu dans la société, ce que le Japon illustre de façon exemplaire ainsi que le montrent Christine Lévy et Isabelle Konuma dans leurs articles.

Dans « Expérience, identité et désir de la femme nouvelle face à la tradition », Christine Lévy remet en question certaines idées présentées comme traditionnelles autour de la place de la femme dans la société japonaise au début du XXᵉ siècle, et notamment celle issue du confucianisme qui

---

[2] E. Hobsbawn & T. Ranger (éd.), *L'invention de la tradition*, Paris, éd. Amsterdam, 2012 (nvelle éd. ; 1ᵉʳᵉ éd. en anglais : 1983).
[3] *Cf.* Eric Hobsbawn, « La fonction sociale du passé », dans E. Hobsbawn & T. Ranger (éd.), *L'invention de la tradition*, p. 11-26.
[4] *Ibid.* p. 22.

assignait aux femmes le rôle de « bonne mère et épouse avisée ». Cette « tradition » - tardive en Chine même dont elle est originaire[5] - s'inscrit dans un Japon qui a lui-même eu une perception changeante de la place des femmes dans la société, ainsi que l'évoque aussi Claire Dodane dans son article sur les écrivaines japonaises[6], et on s'y réfère pourtant comme si elle relevait d'une tradition essentielle. Christine Lévy décrypte comment les membres de la revue *Seitô* (1911-1916), qualifiées de « femmes nouvelles » (*atarashii onna*), se sont rebellées, autour de Hiratsuka Raichô, contre les traditions tant prescriptives que normatives, et tant dans le domaine politique que religieux, revendiquant une place dans la sphère publique qui leur était niée, tout en rejetant les représentations fantasmagoriques circulant autour de la « femme nouvelle ».

Toujours au Japon, ce rapport complexe à la tradition se poursuit avec la remise en cause, dans les années 1950, du modèle familial, issu d'une réforme du Code civil de 1947, vécu comme traditionnel et inégalitaire alors qu'il avait pour objectif de « démocratiser la famille », ainsi que l'analyse Isabelle Konuma dans « La construction d'une identité de genre : les femmes dans les Mouvements pour une vie nouvelle (*Shinseikatsuundô*, 1947-1982) ». Dans la suite de la rébellion et de la recherche identitaire des militantes et écrivaines les ayant précédés, les Mouvements pour une vie nouvelle illustrent l'ambiguïté de la société civile dans la fabrique du genre et la formation des normes, et le rôle de l'État, au travers des textes de loi qu'il fait promulguer, entraînant des réactions parfois de collaboration, parfois de contestation, ou encore d'indifférence.

Dans « *État civil d'une femme* (1946-47) de Sata Ineko : fictions idéologique, juridique et littéraire », Tomomi Ota nous dévoile comment une femme s'écrit une biographie en s'appuyant sur des textes de loi. L'écrivaine Sata Ineko retrace en effet, dans son roman, la vie d'Ine à travers les événements « officiels » de son existence : sa naissance, son adoption, ses deux mariages et ses deux divorces, tous consignés dans les registres d'état civil et faisant dépendre, de ce fait, son identité de son mari, de son père ou de son frère. Elle dénonce ainsi l'institutionnalisation de la hiérarchie des sexes - au travers de l'état civil - dans la société japonaise de la première moitié du XXe siècle, et montre comment une femme peut finalement reprendre sa vie en main et se donner une nouvelle identité, en se basant sur le pouvoir même de l'état civil, « nouvelle tradition » de l'époque moderne.

Ce sont aussi les forces à l'œuvre au sein de la société civile qu'a cherché à identifier Michel Feugain dans l'Espagne des années 1930, autour des idées

---

[5] *Cf.* Tani Barlow, *The Question of Women in Chinese Feminism*, Duke University Press, 2004.
[6] *Cf.* ci-après Claire Dodane, « L'arme de la colère : de quelques écrivains femmes du Japon moderne ».

préconçues sur les femmes[7]. Analysant les différences de traitements (iconographiques comme discursives) des partis politiques Républicain et Conservateur quant à la place de la femme dans la société, tout comme l'impact de la religion catholique, Michel Feugain s'interroge sur l'origine de ces prises de position. Revenant sur les discours politiques et religieux du passé, il constate que si les femmes ont eu accès à l'instruction dès 1857 ainsi que la possibilité de travailler dans certaines régions, c'est l'émergence des premières intellectuelles, qui se sont battues pour l'équité et la justice, à la fin du XIXᵉ siècle qui semble avoir entraîné une radicalisation des positions et, paradoxalement, une discrimination constitutionnelle des genres.

Toujours du côté du discours mais dans le domaine de la théorie littéraire, Jin Siyan s'intéresse aux fondements de la confrontation entre tradition et modernité, entre Chine et Occident[8]. Analysant les conditions d'intégration ou de rejet des différentes théories littéraires occidentales introduites en Chine depuis les années 1940, elle questionne l'adoption facile de certaines d'entre elles dans le domaine des études textuelles tandis que d'autres restent lettres mortes (comme, par exemple, dans le cas de la théorie postmoderniste du déconstructionnisme français). Ce faisant, elle interroge l'horizon d'attente de la Chine face à un Autre, symbole de modernité aussi bien dans la pensée que dans l'écriture, avec les implications que cette confrontation génère sur la question du genre.

Genre et tradition(s)

L'ancrage dans la tradition - par adhésion ou rejet - apparaît comme universel et fondateur au XXᵉ siècle ainsi que l'illustrent les écrivain/es et artistes présentés dans ce volume, avec des modalités qui diffèrent de l'un/e à l'autre mais, dans le même temps, se complètent pour nous proposer un panorama diversifié des rapports à la tradition - de l'Asie à l'Europe.

Avec sa contribution[9], Marion Saucier nous invite dans l'univers de Yamakawa Kikue (1890-1980), écrivaine japonaise, militante discrète qui a défendu tant les droits civiques des femmes, revendiquant, pour elles, une place en politique, que leur droit à l'instruction, tout en effectuant des recherches sur leur rôle pendant la guerre et en assumant la responsabilité du Bureau des femmes au ministère du Travail. Mais c'est surtout avec deux romans autobiographiques, faisant revivre la génération de sa grand-mère,

---

[7] *Cf.* Michel Feugain, « Quand les femmes brisent leurs chaînes ou l'infériorisation normée par le conservatisme ».

[8] *Cf.* Jin Siyan, « La critique littéraire chinoise à la rencontre de l'Occident au XXᵉ siècle : une aventure de la modernité face à la tradition ».

[9] *Cf.* Marion Saucier, « Des vies de femmes dans l'œuvre de Yamakawa Kikue (1890-1980) ».

puis celle de sa propre mère et la sienne, que, livrant un témoignage précieux, elle a inscrit, à partir d'une histoire personnelle, les femmes japonaises dans l'histoire de leur époque.

Wang-Le Min-Sook se penche sur les problématiques identitaires des femmes chamanes en Corée dans l'œuvre de l'écrivain Kim-Dong-ri (1913-1995)[10]. Particulièrement sensible à la place du chamanisme dans son pays, tour à tour remis en cause par différents courants philosophiques ou religieux (confucianisme, bouddhisme, puis christianisme), cet écrivain n'a cessé d'explorer les différents aspects de cette tradition dont l'origine même semble liée aux femmes. La position centrale et majoritairement féminine des chamanes en Corée l'a amené à s'interroger à la fois sur leur statut social - de femmes travaillant tout en s'inscrivant dans une longue tradition - et leur statut familial, personnel, notamment au XXe siècle qui, avec ses mouvements féministes et l'évangélisation d'une partie de la population, a exacerbé ces problématiques et vu une évolution profonde de la condition des femmes en Corée.

En Chine, Yue Yue aborde la question de la tradition au travers de l'œuvre d'une écrivaine aux multiples facettes, Ye Guangqin (1948-)[11]. Représentante de la famille impériale des Qing, Ye Guangqin connaît toutes les vicissitudes de l'histoire chinoise du XXe siècle et choisit, en retraçant l'histoire de sa famille et de la Chine, de faire œuvre de témoin critique. Mais si elle s'inscrit dans une continuité culturelle, revendiquant notamment pour siennes les traditionnelles valeurs confucéennes, elle le fait par acte de résistance face à une modernisation qui déshumanise l'homme et tout en se jouant de la tradition littéraire qu'elle détourne en expérimentant sans relâche les différents genres littéraires. La tradition occupe une place centrale dans l'œuvre de Ye Guangqin et elle en analyse, dans une perspective genrée, les manifestations et les questions qu'elle pose dans toutes les classes sociales.

Autre monde, c'est au regard acéré d'un homme sur la condition féminine en Grèce, que s'intéresse Sophie Coavoux, celui de Costas Taktsis qui décrit, dans *Le troisième anneau* (1962), la Grèce de l'après-guerre. Sans concession mais réaliste, l'écrivain donne la parole aux femmes de la classe moyenne et propose, à partir de leurs voix, une nouvelle approche de la société grecque, tant sur le plan sociologique que sur le plan littéraire[12]. C'est à partir du modèle traditionnel grec, patriarcal depuis l'Antiquité, que le roman réinterroge les identités individuelles genrées et les rapports de pouvoir entre les sexes au travers de deux figures féminines fortes, l'une femme moderne mariée trois fois, non maternelle mais renonçant aux études à cause de sa mère

---

[10] *Cf.* Wang-Le Min-Sook, « Conflit entre la spiritualité et la vie séculière : l'identité des femmes chamanes modernes selon l'écrivain Kim-Dong-ri (1913-1995) ».

[11] *Cf.* Yue Yue, « L'itinéraire de Ye Guangqin (1948-) : de la tradition chinoise à la modernisation du pays ».

[12] *Cf.* Sophie Coavoux, « Costas Taktsis, *Le troisième anneau* : d'une Grèce patriarcale à une Grèce matriarcale ? ».

et l'autre qui défend la tradition envers et contre tout, donnant à l'homme tout pouvoir et reconnaissant sa supériorité. De ces figures antithétiques naît un questionnement universel, à la fois sur la place des femmes dans la société et sur leur propre appréhension de cette place et de leur identité.

À l'avant-garde, Corrado Neri porte son regard sur l'œuvre cinématographique et littéraire de Cui Zi'en (1958-) en parallèle avec sa figure publique, celle d'un professeur et d'un activiste politique qui met en question la définition même du genre sexuel[13]. Cui Zi'en, personnage multiforme, brouille les genres et propose une réflexion sur l'imaginaire classique chinois en défiant tant la tradition artistique relative aux genres que la tradition historique de division des rôles sociaux. Témoin d'une société en perte de repères, il met en lumière l'impact de cette perte au plus profond de l'individu et de son intimité, défiant le pouvoir dans un au-delà du pouvoir.

Dans « Refashion Zola's department store - trans(re)lating fracture in Zola, Foucault and Deleuze », Stéphanie Tsai s'interroge, notamment, sur la façon dont la mode et l'industrie textile ont contribué à construire une nouvelle forme sociale émergente : celle de la femme moderne. Prenant appui sur le roman de Zola, *Au bonheur des dames*, elle analyse la façon dont la construction du corps humain a évolué en relation avec le développement de l'individualisme occidental mettant en relief le rôle joué par les grands magasins, véritables machines de pouvoir, à la fin du XIXe et au tout début du XXe siècle dans ce processus. Et elle met plus particulièrement en lumière la façon dont la vision du corps en tant qu'image de soi définie par sa visibilité et son statut renforce la distinction des genres masculin / féminin.

Tradition(s) et création féminine

Au-delà de l'accès au savoir et à l'instruction, et de la revendication de leurs droits civiques, les femmes ont, au XXe siècle, lutté pour le droit à la création, le droit d'avoir cette « chambre à soi » revendiquée par Virginia Woolf en 1929[14] et encore si difficile à obtenir pour beaucoup. Confrontées au déni de la société quant à leur statut d'artiste, les femmes qui se sont engagées dans la voie de la création l'ont souvent fait avec une conscience aiguë du poids de leur sexe dans ce désir et leur parcours les a invariablement amenées à devoir se positionner face à la tradition. Et si certaines l'ont rejetée, c'est en s'inscrivant dans celle-ci que d'autres se sont définies, ont construit leur identité, négociant avec le contexte et les traditions, par tradition familiale ou en raison d'une culture donnée.

Avec « L'arme de la colère : de quelques écrivains femmes du Japon moderne », Claire Dodane nous amène, après une précieuse introduction sur

---

[13] *Cf.* Corrado Neri, « Cui Zi'en (1958-) : Ivresse de la confusion du genre, entre art et réel ».
[14] *Cf.* Virginia Woolf, *Une Chambre à soi*, trad. par C. Malraux, Paris, Denoël, 1992 (rééd.).

16

la place des femmes dans l'histoire littéraire du Japon, aux écrits de ces femmes nouvelles, en rupture avec la tradition et qui expriment tant leur colère que leur tristesse et leur désarroi dans tout un ensemble de romans à partir de la fin du XIXᵉ siècle. Tamura Toshiko (1884-1945), qui en est l'une des figures représentatives, se montre dérangeante à bien des égards, entre une recherche d'elle-même qui se heurte tant aux normes et préjugés de la société qu'à ce qu'elle en a intégré et la colère qui naît de cette quête forcément frustrante. Elle défie, dans son œuvre, les attendus traditionnels en matière d'écriture féminine, s'appropriant celle-ci dans un mouvement de transgression violente et crue.

Du côté de la Chine, Jacqueline Estran s'intéresse au parcours de Su Xuelin (1897-1999). Cette intellectuelle, controversée pour sa liberté de parole et d'action, représente en Chine la génération des « femmes nouvelles » - ces femmes qui s'émancipent du modèle traditionnel et revendiquent leur égalité avec l'homme dans les années 1920 - mais avec cette particularité qu'on lui accole aussi le qualificatif de « conservatrice ». De fait, Su Xuelin entretient un dialogue très personnel tant avec la société et la culture chinoises traditionnelles qu'avec la tradition religieuse occidentale (catholicisme) sur la première partie de sa vie, jusque dans les années 1930, ses années d'apprentissage. Centrales dans sa construction identitaire, les traditions auxquelles Su Xuelin se confronte lui permettent de trouver progressivement sa voie, au travers de l'écriture, dans le domaine de la recherche et de la critique littéraires. Et si elle nie, d'une certaine façon, sa condition de femme, c'est pour se situer dans un au-delà de la dualité homme-femme.

Sandrine Marchand étudie, quant à elle, le cas particulier de Taïwan où le rapport à la tradition a été le garant d'une identité dans un contexte complexe entre occupation japonaise, cultures natives et culture chinoise de référence[15]. Si les femmes sont peu présentes dans les cercles littéraires taïwanais pendant la période de la colonisation japonaise (1895-1945), elles l'ont néanmoins été mais d'une façon toute particulière. Garantes de la tradition, elles se sont retrouvées prises entre, d'un côté, les premiers mouvements féministes et leur volonté d'émancipation et, de l'autre, la nécessaire résistance à l'occupant japonais. C'est au travers de la vie et des écrits de Jin Chuan (1907-1990), une intellectuelle qui a abordé tant la question de la condition féminine que le rapport à la tradition dans sa poésie, écrite en chinois classique, que cette situation particulière est envisagée. Si Jin Chuan subvertit la tradition par l'usage qu'elle en fait - en n'en respectant pas les codes d'écriture -, elle s'inscrit néanmoins dans une tradition littéraire, le chinois classique, ce qui lui permet de légitimer son statut tant dans le domaine littéraire que par rapport à sa communauté.

Françoise Robin interroge, pour sa part, les œuvres de trois écrivaines tibétaines sur leur conception de l'identité féminine, une identité qui se définit

---

[15] *Cf.* Sandrine Marchand, « Écritures féminines taïwanaises, entre langues et traditions ».

par rapport à la tradition et cela alors que les femmes ne sont traditionnellement que très peu représentées dans le panthéon littéraire tibétain et n'y ont trouvé que très récemment une place[16]. Parmi elles, Jamyangkyi et Tseringkyi, militantes engagées, dénoncent certaines pratiques traditionnelles propres aux femmes tibétaines et qui, pour elles, portent préjudice à l'ensemble de la nation tibétaine tandis que Dekyi Drolma célèbre, à l'inverse, les activités proprement féminines, en général négligées par la littérature (comme la traite des animaux) et les fait ainsi participer à la construction d'une identité tibétaine singulière, caractérisée par la compassion et l'altruisme. Entre rejet et accueil, Françoise Robin montre à quel point la question de la tradition est cruciale dans la construction identitaire des femmes au Tibet.

Entre deux mondes comme les écrivaines sus-mentionnées, mais pour d'autres raisons, se trouve également Elsa Triolet (1896-1970), moderne s'il en est, intimement liée à la tradition russe comme le fait ressortir Svetlana Maire dans son article[17]. Première femme à remporter le Prix Goncourt en 1945, Elsa Triolet, écrivaine française d'origine russe, a écrit des romans à caractère autobiographique - *Fraise-des-Bois* (1926) et *Rendez-vous des étrangers* (1956) - et laissé une correspondance avec sa sœur Lili Brick, qui mettent en évidence son rapport à la tradition russe, à la fois rejetée, dans ses pratiques contraignantes (au sein de la diaspora notamment) et appelée, en tant que garante d'une identité - au travers de la langue, présente sous forme d'expressions et russicismes dans son écriture. À la recherche d'une tradition « essentielle », Elsa Triolet fait aussi apparaître, dans ses textes, son questionnement sur la place de la femme dans la société et l'importance que revêt une activité professionnelle pour elle.

Avec Marie Laureillard, c'est dans le monde de Wu Mali, une artiste conceptuelle née en 1957 à Taïwan que nous sommes conviés[18]. Elève de Joseph Beuys, militante de l'Association des femmes artistes de Taïwan, engagée socialement, Wu Mali a dénoncé l'hégémonie artistique, sociale et culturelle des hommes sur les femmes au travers de ses installations, qui mêlent sculpture, vidéo, écriture et poésie. Ce faisant, elle s'est aussi investie dans l'écriture de l'histoire des femmes taïwanaises, oubliées de l'histoire officielle et doublement subalternes, soumises aux hommes et victimes de la colonisation japonaise. Iconoclaste, au fil de ses œuvres, Wu Mali déconstruit le « genre féminin » tel qu'il a été établi par la société taïwanaise de l'après-guerre, remettant en question toute forme de tradition (chinoise comme occidentale), et propose un nouveau rapport à la tradition qui doit être « actif, créatif et doit pouvoir induire une résistance, une réinterprétation et une

---

[16] *Cf.* Françoise Robin, « Abandonner ou s'abandonner ? Deux écrivains, deux attitudes face aux traditions au Tibet ».
[17] *Cf.* Svetlana Maire, « La tradition dans l'écriture romanesque d'Elsa Triolet ».
[18] *Cf.* Marie Laureillard, « Wu Mali, une artiste taïwanaise sur la tradition ou la reconstruction du genre féminin ».

reconstruction » ainsi que l'analyse Marie Laureillard, avec des œuvres qui parlent des souffrances des femmes au cours du XXᵉ siècle.

Le rapport à la tradition traverse toutes les civilisations et touche tous les êtres, il est constitutif de l'identité de tout un chacun, bien que ce soit, en général, de façon inconsciente. Les contributions ci-après explorent de quelle façon la tradition - au travers de multiples traditions - intervient au niveau de la société et dans la vie des femmes et des hommes et comment ceux-ci négocient avec elle, entre contestation et accueil, pour trouver leur voie et une voix qui leur est propre. La mise en regard de ces parcours dans différentes aires culturelles montre à quel point, au XXᴱ siècle, les problématiques identitaires se rejoignent, malgré des contextes socio-culturels et des histoires personnelles très divers, et met en lumière l'universalité de ce rapport à la tradition. Et regarder la tradition de l'Autre, n'est-ce pas aussi porter un regard réflexif sur la sienne, et, ainsi, apprendre à se situer dans une histoire qui nous transcende tout en étant constitutive de notre identité ?

Jacqueline Estran

Discours autour de la tradition

Expérience, identité et désir de la femme nouvelle face à la tradition

Christine LEVY

Tradition et genre : peut-on penser cette association sans passer par celle de modernité et genre, au contraste que peut receler l'une par rapport à l'autre ? À travers la question du genre face à cette opposition implicite, la problématique posée est celle de l'oppression de la femme et de sa capacité à s'en affranchir, à revendiquer l'égalité et la liberté pour elle-même, tout en affirmant son identité à travers l'expression de ses désirs. N'est-ce pas dans cette affirmation qu'elle regarde face à elle ce que représente la tradition ? Nous rappellerons donc les modalités de l'opposition des notions de tradition et de modernité pour examiner si l'émancipation de la femme est l'aboutissement d'un processus d'identification au groupe femmes, consolidé par des expériences communes de révoltes et de luttes contre la tradition. Comment les femmes se sont-elles ou se seraient-elles constituées en groupe identitaire revendiquant leurs aspirations, leurs désirs, affirmant leur rôle spécifique au sein de la société ? Comment le passage du collectif à l'individuel puis le retour au collectif se fait-il ? De quel poids pèse la société traditionnelle dans leur prise de conscience d'identité de femme ?

En m'inspirant des articles récents sur les théories critiques de l'historienne Joan Scott, je voudrais examiner à travers l'exemple de Hiratsuka Raichô (1886-1971)[19] et des membres de la revue *Seitô* [les Bas-bleus] (1911-1916)

---

[19] Dans le corps du texte, nous présentons les noms japonais selon l'ordre japonais : nom prénom. Dans les références bibliographiques en note de bas de page, le prénom précède le nom. Dans la bibliographie, nous indiquons le nom puis le prénom, pour tous les auteurs, qu'ils soient japonais ou occidentaux.

si leur prise de conscience relève d'abord de leur intégration à la modernité ou plutôt d'une révolte spontanée face à la tradition qui les enserrait. Dans ce cas, il est peut-être nécessaire d'opérer une distinction entre la tradition et les mœurs, car la modernité crée un nouveau rapport à la tradition qui est souvent reconstruite, voire réinventée, comme l'ont montré les historiens Eric Hobsbawm et Terence Ranger.

Autour de la notion de tradition

Le premier sens de tradition est un cadre temporel qui marque la fin de ce qui a précédé la période moderne. Dans ce sens, la tradition désigne ce qui agrège et homogénéise la culture prémoderne et positionne le passé historique par rapport auquel la condition humaine moderne peut se mesurer. Anthony Giddens oppose le « doute radical » de la modernité à la « sécurité ontologique » et le « lien moral » de la vie sociale traditionnelle. Ici, tradition est opposée à modernité.

Dans le second sens, tradition signifie une transmission culturelle continue dans une forme de pratique discrète du passé qui reste vivace au présent. Le cœur de la tradition est fortement normatif et favorise la reproduction des modèles culturels. Edward Shils indique que ce sont ces transmissions normatives qui relient les générations disparues aux générations présentes. Ici, plutôt qu'une tradition laissée derrière et abandonnée dans la transition à la modernité, la tradition est ce que la modernité exige afin d'empêcher que l'ordre social ne parte à la dérive.

Mais ces deux conceptions manquent d'historicité, reproduisant l'opposition binaire prémoderne/moderne, statique/changement, notions centrales dans les théories de la modernisation de l'après-guerre. La définition de Hobsbawm permet de rompre avec l'idée que la tradition est la somme des pratiques passées qui se perpétuent dans le présent ; la tradition est au contraire une représentation prescriptive des idées et des institutions désirables (pour certains, et pour d'autres parfois non désirables) qu'on croit avoir été transmises de génération en génération.

La différence que Hobsbawm fait entre la tradition et la coutume, c'est que cette dernière se transforme, évolue avec la société, alors que la tradition, celle dont il parle, la « tradition inventée », est une façon de structurer une partie de la vie sociale dans un cadre invariant. La tradition inventée se distinguerait ainsi de celle qui est « authentique », par le fait que son lien au passé est en grande partie une fiction.

C'est le contraste entre le changement permanent, l'innovation du monde moderne et la tentative de structurer au moins certaines parties de la vie sociale comme immuables et invariantes, qui donne à la notion « d'invention de la tradition » une valeur heuristique si intéressante pour les historiens des deux derniers siècles.

Nombre de spécialistes du Japon ont décrit ce pays comme l'exemple d'une modernisation réussie sur la base de l'héritage culturel traditionnel mais, examinées historiquement, bien des traditions ne remontent guère à un âge ancien. Citons par exemple les rites et règles du sumo, présenté comme un sport antique, qui ont été élaborées au XXe siècle. L'utilisation de l'icône du prince Shôtoku date des années 1930 et a servi à la « mobilisation mentale » en vue du contrôle de la population en temps de guerre. Les relations paternalistes au travail sont également le résultat de processus mis en place à la fin du XIXe siècle et dans les années 1920, par exemple[20].

La politique de la « bonne épouse et de la mère avisée » entre-t-elle dans le cadre de ces traditions inventées ? Ce principe a résulté à la fois de la volonté de moderniser la société et l'État en plaçant la femme au centre de la transformation de la famille[21], mais exclusivement au sein de celle-ci, après la répression menée par le gouvernement de Meiji contre le Mouvement pour les libertés et les droits démocratiques (1874-1884). Empêcher les femmes de participer à la vie politique était un volet essentiel du dispositif de cette répression, car la propagande idéologique contre la revendication de l'égalité des droits entre hommes et femmes (*danjo dôken*)[22] surgie au sein de ce mouvement, était une partie intégrante de la campagne gouvernementale contre l'idée d'égalité naturelle. C'est ainsi que le gouvernement dans une même loi restreignait les libertés de réunion et interdisait toute participation à la vie politique pour les femmes en 1890.

Les courants politiques et idéologiques, en assignant des visions bien déterminées sur la division sociale des sexes, viennent se mêler à l'entreprise de modernisation de l'État-nation. Quant à ceux ou celles qui entrent en dissonance, la tradition ne constitue-t-elle pas un repoussoir qui stimule imagination et créativité ?

---

[20] Andrew Gordon, « The Invention of Japanese-Style Labor Management », dans Stephen Vlastos (éd.), *Mirror of Modernity : Invented Traditions of Modern Japan*, Berkeley, University of California Press, 1998.

[21] Ulrike Wöhr cite Nakamura Masanao (1832-1891), Iwamoto Yoshiharu (1863-1942), Mori Arinori (1847-1889) comme les intellectuels les plus connus pour avoir insisté sur le rôle réformateur de la femme au sein de la famille, dans son article : « "Byôdô' to 'sa'i' o koete: Taishô shoki no zasshi *Shin Shin Fujin* ni mirareru 'bosei' no kôchiku » [Au-delà de l'égalité et de la différence : la construction de la maternité à travers la revue du début de l'ère Taishô *Shin shin fujin* (La nouvelle vraie femme)], dans Barbara Satô (éd.): *Nichijô seikatsu no tanjô: Senkanki Nihon no bunka henyô* [La naissance de la vie quotidienne : les évolutions culturelles dans l'entre deux guerres], Tôkyô, Kashiwa shobô, 2007, p. 107-145.

[22] Yamashita Etsuko, *Danjo dôken wa josei o kôfuku ni shinai : jojo kakusa shôshika o jochôshiteiru nowa dare ka* [L'égalité des droits hommes/femmes ne rend pas les femmes heureuses : qui favorise les différenciations de classes entre femmes, la dénatalité ?] Tôkyô, Pīeichipīkenkyūjo, 2009.

Hiratsuka Raichô et la révolte contre la « ryôsai kenbo »

Dans son autobiographie, ses expériences successives que sont sa vie au lycée, à l'université, ses méditations au temple zen, des cours d'anglais, de chinois classique alors réservé aux seuls hommes, et ses fréquentations de cercles littéraires et intellectuels, semblent constituer les jalons qui la conduisent de la révolte au féminisme. Comment serait-elle passée de son expérience de jeune fille à cette nouvelle identité ?

Dans l'autobiographie de Hiratsuka Raichô (1886-1971), nous pouvons distinguer deux périodes : la première qui va de son époque de révolte juvénile de lycéenne - elle sabote les cours de morale notamment - à la création de la revue *Seitô*, dans un univers marqué par la sororité[23]. La seconde période a pour point de départ cette activité éditoriale qui la conduira, face aux attaques de plus en plus violentes des médias, à chercher et à trouver un appui théorique dans l'œuvre d'Ellen Key, affirmant un féminisme de la différence, ou relationnel, pour reprendre un terme de Karen Offen[24].

Ces expériences ne sauraient être séparées des discours de son époque, car elles ne se produisent pas indépendamment des significations reconnues par leurs contemporains. L'émergence des concepts et des identités comme des événements historiques nécessite d'être explicitée. Cela signifie que l'apparition d'une identité autre ou nouvelle n'est ni inévitable, ni déterminée. Joan Scott expose dans son travail d'analyse de l'histoire du féminisme en France des arguments « qui indiquent que l'identité des femmes est moins une réalité de l'histoire, évidente en soi, que le résultat - dans des moments précis et remarqués sur l'instant - de l'effort d'une personne, ou d'un groupe de personnes, pour identifier et donc mobiliser une collectivité »[25]. Pour l'historienne, le dénominateur commun des femmes n'existe pas avant son invocation, et son émergence est assurée par les fantasmes qui lui permettent de transcender à la fois l'Histoire et la différence. Le mot « Femmes devient intelligible quand l'historienne ou la militante, qui cherche à s'inspirer du passé, donne sens (s'identifie) à ce qu'elle a pu en saisir »[26]. Pour elle, c'est la discontinuité, c'est le « fantasme » qui permet l'identification des femmes à des époques très différentes pour raconter une histoire, un récit linéaire. Et les

---

[23] Voir les travaux récents de Yumiko Mizobe, « *Seitô* sôsôki o sasaeta Nihon joshi daigakkô dôsôsei » [Les camarades de l'École supérieure nihon joshi, qui ont soutenu les débuts de la création de *Seitô*], dans *Atarashii onna kenkyûkai-hen, Seitô to sekai no atarashii onnatachi* [*Seitô* et les femmes nouvelles à travers le monde], Tôkyô, Kanrinshobô, 2011.

[24] Karen Offen, *Les féminismes en Europe 1700-1950 : Une histoire politique*, Angers, Presses Universitaires de Rennes, coll. « Archives du féminisme », 2012.

[25] Joan Scott, *Théorie critique de l'histoire. Identités, expériences, politiques*, Paris, Fayard, 2010, p.141.

[26] *Ibid.*, p. 147.

historiennes qui écrivent sur les femmes sont imbriquées par les effets d'écho à cette construction.

En situant l'expérience discursive de Hiratsuka Raichô dans son rapport au genre, à la modernité et à la tradition, nous voudrions examiner quels « fantasmes » lui ont permis ou non de s'identifier, comme femme, aux femmes ou au féminisme.

La revue *Seitô*

Raichô prit l'initiative de la création de la revue *Seitô*, ce qui représenta une expérience déterminante, à la fois individuelle et collective. Première revue littéraire créée uniquement par des femmes[27], publiée régulièrement de septembre 1911 à février 1916[28], son tirage oscilla entre mille et trois mille exemplaires. La question de savoir s'il faut qualifier *Seitô* plutôt de revue littéraire ou féministe fut l'objet de nombreuses études : la revue a, sans conteste, contribué à la formation d'un milieu féministe. Elle a ouvert une porte vers l'émancipation symbolique des femmes, assignant au domaine littéraire un rôle émancipateur. Même si elle n'a pas abouti à la création d'un mouvement politique - ce n'était pas son but -, certaines protagonistes organisèrent par la suite soit des sections féminines au sein d'organisations syndicales, soit créèrent des mouvements politiques pour obtenir la suppression de l'article 5 de la loi de 1900[29], puis pour le suffrage universel incluant le droit de vote des femmes.

Mais une certaine ambiguïté a présidé à sa naissance, d'une part dans la relation de Hiratsuka Raichô à son ancien professeur d'anglais, Ikuta Chôkô (1882-1936), critique littéraire et traducteur des œuvres de Nietzsche, et d'autre part dans le texte de Raichô « À l'origine, la femme était le soleil » publié dans le premier numéro de *Seitô*, présenté comme le « manifeste » de la revue.

Alors que Raichô avait rédigé le premier article de l'association, Ikuta exigea que le passage indiquant que celle-ci se donnait « pour but d'éveiller la conscience des femmes, de pousser chacune d'elles à déployer sa vocation personnelle et de faire naître un jour le génie féminin »[30] fut remplacé simplement par « se donne pour but de développer la littérature féminine », car il ne comptait pas encourager un mouvement féministe. S'il considérait

---

[27] Voir le dossier *Naissance d'une revue féministe au Japon : Seitô (1911-1916)*, Ebisu - *Études japonaises*, n°48, automne/hiver 2012.

[28] À l'exception de deux numéros : septembre 1914 et août 1915.

[29] Cette loi interdisait aux femmes toute participation politique, que ce soit dans des réunions ou par une adhésion à une organisation politique.

[30] Raichô Hiratsuka, *Genshi, josei wa taiyô de atta* [A l'origine, la femme était le soleil], Tôkyô, Ôtsukishoten kokumin bunko, (1ère éd. 1971-1973), 1992, vol. 1, p. 235.

qu'il fallait traiter la femme sur un pied d'égalité avec l'homme en tant qu'être humain[31] et que, par ailleurs, il préconisait le lien d'amour comme seule base du mariage, pour lui la femme demeurait plus proche de l'enfant, du sauvage, de l'animal et de la nature que ne l'était l'homme et il était hostile par exemple à l'idée de l'entrée des femmes dans le monde du travail[32].

Par ailleurs, Raichô, qui, dans son « manifeste », exhortait chaque femme à découvrir son génie, « le soleil enfoui », semblait également prendre ses distances avec les pionnières du féminisme du début de l'ère Meiji. Malgré son affirmation, selon laquelle elle ignorait tout du mouvement féministe de son époque[33], elle a, dès la rédaction du « manifeste » une idée de ce mouvement, comme le suggère le passage suivant :

« Libération ! Il y a déjà longtemps que sont parvenues jusqu'à nos oreilles les voix qui réclament la libération de la femme. Mais que cela peut-il bien être ? Est-ce que le sens des mots liberté et libération n'a pas été excessivement galvaudé … Se libérer des contraintes et des entraves de la société, recevoir une éducation supérieure, accéder à n'importe quel métier, obtenir le droit à la participation politique, échapper à la vie étriquée de la famille, s'affranchir des protecteurs que sont parents et mari, mener une vie indépendante, cela suffit-il à garantir notre libération ? Certes, ces conditions et circonstances seront ainsi propices à notre authentique émancipation. Mais elles n'en restent pour autant que des moyens et des ressources. Ce n'est pas notre but, ce n'est pas notre idéal[34] ».

Cependant, son texte eut un tel retentissement qu'il lui conféra en quelque sorte un leadership qu'elle dut assumer parfois contre son gré. Et bientôt la revue *Seitô* fut désignée comme le lieu où se concentraient les femmes nouvelles : celle-ci devint l'objet d'attaques de plus en plus violentes.

Que représentait le vocable de « femme nouvelle » ? On ne sait si cette expression alors à la mode désigne un fantasme ou une réalité. En 1910, le dramaturge Tsubouchi Shôyô (1859-1935), dans sa tournée de conférences, intitulée « La femme nouvelle dans le théâtre moderne »[35], souligne le caractère fantasmatique des descriptions dans les articles de presse où la femme nouvelle est tantôt idéalisée, tantôt vilipendée, tantôt critiquée pour son manque de féminité, ou au contraire accusée de développer à l'extrême des défauts typiquement féminins comme la préciosité, le caractère capricieux.

---

[31] Il refusait l'idée de hiérarchie entre les tâches domestiques dévolues à la femme et le travail social accompli par l'homme, mais il ne remettait pas en cause cette division sexuelle du travail.
[32] Voir l'article de Mami Watanabe, « Seitô to burû sutokkingu » [*Seitô* et les Bluestockings], in *Atarashii onna kenkyûkai, op. cit.*, 2011, p. 46.
[33] Raichô Hiratsuka, *op. cit.*, 1992, vol. 2, p. 93.
[34] Repris dans Kiyoko Horiba, *« Seitô », joseikaihô ronshû* [*Seitô*, textes sur l'émancipation de la femme], Tôkyô, Iwanami shoten, 1991, p. 23.
[35] Conférences qui seront publiées en avril 1912, dans *Iwayuru atarashii onna* [Les femmes nouvelles en question], Tôkyô, Seibidô.

La figure de Kanno Suga plane également dans son rôle de dangereuse révolutionnaire[36]. Ainsi il se demande si la « femme nouvelle » n'existerait pas que dans l'imagination de ceux qui défendent un idéal féminin, que celui-ci soit nouveau ou éternel. De son côté, il se propose d'en dégager des traits saillants à partir des héroïnes des pièces de théâtre, Nora, Hedda Gabler d'Ibsen, Magda de Sudermann, ou de pièces de Bernard Shaw comme *La profession de Madame Warren* (1893). Puis il s'interroge sur l'apparition ou non de ces types de femmes dans la société japonaise. Dans la presse, les articles sur les femmes nouvelles avaient commencé à fleurir, avant même la création de *Seitô*. En 1911, de mai à juillet, dans une série intitulée « Atarashiki onna » [La femme nouvelle], trente-cinq articles étaient publiés dans le *Tôkyô Asahi shinbun*. Le premier article de la série présentait le mouvement féministe comme un mouvement inexorable à l'échelle mondiale que personne ne pourrait arrêter. Le second poursuivait en présentant les thèses et l'historique du féminisme à travers le monde. Dans le septième des articles, Raichô était citée comme un cas connu, moralement condamnable, de ces femmes nouvelles. Mais dans le contexte de sa création, *Seitô* avait suscité d'abord une curiosité mêlée de bienveillance dans la presse. La rupture fut consommée lorsque la presse se gloussa de l'affaire dite du « cocktail aux cinq couleurs (*goshiki no sake*) »[37], et se scandalisa de la visite de certains des membres de *Seitô* au quartier de prostitution de Yoshiwara, espace interdit aux femmes[38]. Le ton passa à la critique, et la malveillance, l'ironie et la moquerie s'étalèrent dans la presse. Les attaques devinrent même physiques, avec jets de pierre au domicile de Raichô, lettres de menaces de mort, visites impromptues d'inconnus. Certains des membres commencèrent à démissionner déclarant qu'elles n'étaient pas des femmes nouvelles[39]. Les attaques vinrent aussi du milieu académique, certains professeurs d'université[40] les accusant de mettre en péril l'ordre social en détruisant la famille par l'augmentation du nombre d'enfants naturels (*shiseiji* et *shoshi*).

---

[36] Kanno Suga (1881-1911) fut exécutée lors de la répression du crime de lèse-majesté, connu sous l'expression *Taigyaku jiken*, le 25 janvier 1911.

[37] La presse produisit des caricatures sur ces femmes buvant ces cocktails à la mode à l'époque dans des bars qu'elles n'auraient pas dû fréquenter (Vera Mackie, *Feminism in Modern Japon*, Cambridge University Press, 2003, p. 47).

[38] Si on peut voir dans cette affaire la violation de la frontière qui doit rester infranchissable entre les femmes à marier et les femmes destinées à la prostitution, c'est aussi le reproche de frivolité qui leur est adressé. Car en 1905, des féministes socialistes avaient pénétré ce quartier, mais pour y mener des enquêtes sur les conditions de vie des prostituées et non pour y vivre une expérience. Cette affaire entraîna la création par Nishikawa Fumiko (1882-1960), Miyazaki Teruko (?), Kimura Komako (?), en mars 1913, de l'association Shin-shinfujin-kai (La nouvelle vraie femme) pour se démarquer des critiques émises à l'encontre de *Seitô* par les médias.

[39] Raichô Hiratsuka, *Genshi, josei wa taiyô de atta* [A l'origine, la femme était le soleil], Tôkyô, Ôtsukishoten, 1971, vol. 2, p. 376-378, 451.

[40] Par exemple Wadagaki Kenzô (1860-1919).

Pire, Naruse Jinzô (1858-1919), que Raichô avait admiré autrefois, écrivit par exemple :

« Les femmes nouvelles qui commencent à faire leur apparition au Japon … relèvent d'une manifestation maladive et de folie. Il existe des personnes qui ne veulent se préoccuper que d'elles-mêmes et qui ne veulent même pas s'occuper des parents ou de la famille. Je pense que ce sont des personnes qui ont des défauts physiologiques…[41] ».

A cela s'ajouta l'offensive de la part, non seulement des hommes, mais aussi des femmes qui étaient des partisans de l'éducation supérieure des filles comme Tsuda Umeko (1864-1929), Hatoyama Haruko (1861-1938) et Kaetsu Takako (1867-1949)[42].

Au départ, les membres de *Seitô*, Raichô en tête, privilégièrent l'affirmation de leurs propres valeur et talent, littéraire en l'occurrence, plutôt que de présenter des revendications féministes ; cette volonté d'exister en tant que femmes les exposa à des attaques auxquelles elles décidèrent de répondre, assumant ainsi une image ou un héritage[43] féministe, le plus souvent décrié et calomnié[44], au mieux considéré comme inadapté à la société japonaise.

L'affirmation de la femme nouvelle

Raichô décida de lancer un numéro spécial de *Seitô* en encourageant ses consœurs à répondre par elles-mêmes, à crever cette « baudruche remplie de notions fallacieuses » et à opposer aux détracteurs divers une identité définie par leurs propres mots et pensées.

Deux numéros furent consacrés aux femmes nouvelles, en janvier et février 1913. Raichô s'expliquait ainsi dans le premier numéro :

---

[41] Avril 1913 dans *Chûô kôron*, « Ôbei fujin-kai no shin keikô » [Les nouvelles tendances des associations féminines en Occident], cité par Raichô, *op. cit.*, 1992, vol.2, p. 132-133.

[42] Son livre sur la famille, publié en 1905, *Kasei kôwa* [Leçons sur l'art ménager], a été réédité en 2006 aux éditons Kuresushuppan (Tôkyô).

[43] Notamment en demandant à Fukuda Hideko de leur proposer un article. Celle-ci, connue pour avoir été une activiste du Mouvement pour les libertés et les droits démocratiques, est devenue ensuite socialiste et féministe.

[44] Ainsi Kamichika Ichiko fut contrainte de quitter l'association Seitôsha, lorsque la directrice de son école, Tsuda Umeko, eut vent de son appartenance. Elle obtint un poste d'institutrice à Aomori en échange, mais elle fut révoquée de son poste lorsque ses liens avec *Seitô* furent découverts (Raichô kenkyûkai (Groupe d'études sur Raichô) *Seitô jinbutsu jiten : hyaku jûnin no gunzô* [Dictionnaire des membres de *Seitô* : portrait collectif de 110 membres], Tôkyô, Taishukanshoten, 2001, p. 76*).

«… Par ailleurs, bien que tout à fait éloignée du contenu qu'en donne l'opinion publique, je reprends à mon compte la qualification de « femme nouvelle ». Mais en réalité, je ne me considère pas comme une femme […]. Que ce soit quand je réfléchis, quand j'écris, et même quand je suis amoureuse, la conscience d'être une femme n'entre pas en mouvement. Seule existe la conscience de mon moi [*jiga*]. Que ce moi se dirige vers la lumière ou vers l'ombre, mon seul désir, fondamental, est qu'il puisse se développer et s'étendre de toute son énergie puis vivre dans un monde élevé…[45] ».

Puis, elle poursuivait en citant un passage du texte qu'elle avait envoyé à la revue *Chûô kôron,* après les nombreuses sollicitations de cette revue.

« Je suis une femme nouvelle.
C'est du moins ce à quoi j'aspire tous les jours, devenir une vraie femme nouvelle…
Ce qui est nouveau pour de vrai et pour toujours c'est le soleil.
Je suis moi-même le soleil.
C'est du moins ce à quoi j'aspire tous les jours, devenir le soleil…[46] ».

Ces phrases renvoient à son « manifeste » dans lequel le soleil, pris parfois à tort pour une référence à la déesse-soleil Amaterasu de la mythologie japonaise, constitue une métaphore imprégnée de bouddhisme zen. C'est aussi une réponse directe à Nietzsche, et indirectement à Ikuta : à l'affirmation de Nietzsche « Surface est le cœur de la femme, … Mais profond est le cœur de l'homme… »[47], elle rétorquait que « La femme, soumise depuis longtemps aux travaux ménagers, a vu sa force de concentration spirituelle se détériorer complètement » et affirme que le « génie ne se trouve ni dans l'homme, ni dans la femme »[48].

Pour elle, la femme a été dépossédée, et c'est précisément la réappropriation de ses moyens intellectuels et spirituels qui est au cœur de son projet immédiat. Le soleil est à la fois le génie et l'être authentique, celui qui existe en soi sans dépendre de l'autre. Ces deux aspects sont maintes fois répétés dans son « manifeste » : « Le soleil qui, par sa lumière débordante, par sa chaleur, illumine le monde entier, lui qui fait croître toutes choses, est-il vraiment le génie ? Serait-ce l'être authentique ? »[49]. Pour illustrer le sens de cette image, qu'elle reprend dans le numéro spécial sur les femmes nouvelles, elle cite un poème chinois classique[50]. Le soleil, pour elle, est en fait une figure empreinte de mysticisme pour désigner le génie, un être qui se renouvelle tous

---

[45] Kiyoko Horiba, *op. cit.*, p. 88.
[46] *Ibid.*, p. 90.
[47] Nous reprenons la traduction française de cette citation de Nietzsche, Idées/Gallimard, p. 89.
[48] Kiyoko Horiba, *op. cit.*, p. 19.
[49] *Ibid.*, p. 22.
[50] *Ibid.*, p. 90.

les jours, et c'est donc ici et maintenant que la femme doit redevenir le soleil. « C'est du moins ce à quoi j'aspire tous les jours, devenir le soleil, et c'est ce à quoi je m'efforce tous les jours »[51] écrit-elle. Cette idée est liée à son entraînement à la méditation zen qui lui donne la possibilité de s'identifier à tout l'univers :

« …. Mon esprit s'agrandit, s'approfondit, s'étale, s'illumine, mon regard élargit son horizon, et j'embrasse le monde entier sans qu'il me soit nécessaire de regarder chaque chose une à une. … Je me laisse enivrer par un sentiment d'unité et d'harmonie indicible dans l'oubli total de mon corps comme de mon esprit[52] ».

Ce n'est pas non plus une référence à l'âge d'or de la littérature écrite par des femmes, à la fin de l'époque Heian, avec les grands noms de Murasaki Shikibu et de Sei Shônagon qu'elle admire certes, mais dont elle rejette la tradition. Elle reproche également à Higuchi Ichiyô (1872-1896) de véhiculer cette tradition, à travers la figure d'une femme toute dévouée à sa famille et prête à se sacrifier pour elle. L'idée d'une référence aux théories anthropologiques de Bachofen sur le matriarcat n'est pas non plus à retenir, car elle ne sera reprise que plus tard, dans les années 1930, par l'historienne Takamure Itsue (1894-1964) qui se disait son héritière spirituelle.

Pour Raichô, le génie est un être antérieur à la subjectivation sexuelle, et c'est à cet être là qu'elle aspire, malgré la découverte de son caractère sexuel. Dans un autre passage du « manifeste », cette idée est clairement exprimée :

« Lorsque j'ai su que s'était formé en moi ce que l'on nomme le caractère sexuel, le génie m'a abandonnée, comme une nymphe à qui l'on a volé son manteau de plumes céleste, comme une sirène échouée sur le rivage. J'ai crié, j'ai crié de douleur. D'avoir perdu mon ravissement, mon dernier espoir. Cependant cette angoisse, cette perte, cet épuisement, toute cette folie destructrice, le sujet qui les dominait toutes, c'était toujours moi[53] .»

Que désigne cette folie destructrice dont parle Hiratsuka Raichô ici et dont on lit entre les lignes les signes d'une dépression profonde ? Quel est le lien avec son identification en tant que femme et au groupe de femmes ? Cette expérience personnelle dont elle fait état est l'histoire d'une relation avec un homme de lettres qui, bien que platonique, l'exposa à l'opprobre public.

L'affaire Shiobara : un scandale assumé par une jeune fille

---

[51] *Ibid.*, p. 90.
[52] *Ibid.*, p. 22.
[53] *Ibid.*, p. 17.

Raichô avait connu Morita Sôhei (1881-1949)[54] au sein de la *Keishû bungakukai*[55], créée à l'initiative d'Ikuta dans le but de promouvoir des talents littéraires féminins. Raichô publia sa première nouvelle, *Ai no matsujitsu* [Le dernier jour de l'amour][56] dans la première et unique publication de cette association. Morita Sôhei, intrigué par le récit - une jeune étudiante tombe amoureuse puis abandonne celui qu'elle a aimé - et encore plus par son auteure, lui adressa une lettre élogieuse, en janvier 1908. Bien qu'elle déclare dans son autobiographie[57] que ce fut « la lettre la plus étrange »[58] qu'elle n'ait jamais reçue de toute sa vie, elle fut piquée de curiosité et lui répondit. Il s'ensuivit une correspondance régulière entre le maître et l'élève, d'une différence d'âge minime : Morita Sôhei a alors 27 ans et Raichô, 22 ans. Ce fut le début d'une histoire qui les conduisit à l'*affaire Shiobara*, une étrange affaire de double suicide (*shinjû*) raté.

Cette affaire bouleversa la réputation et la vie de Raichô bien plus qu'elle ne l'aurait imaginé ; plus que le fait lui-même[59], l'origine aisée de la jeune fille de même que l'appartenance au courant littéraire naturaliste du jeune homme déchaînèrent la critique de la presse de l'époque. Pour les médias et les contemporains, ces jeunes gens faisaient preuve d'un individualisme égoïste et capricieux, et, puisqu'ils avaient survécu à cette aventure, on ne retenait que ce dernier aspect de leur geste qui ne correspondait pas à l'image classique du *shinjû*, « double suicide » immortalisé dans une dizaine de pièces écrites sur ce thème par Chikamatsu Monzaemon (1653-1725), comme *Double suicide à Amijima*, ou *Double suicide à Sonezaki*[60].

---

[54] Il était alors disciple de Natsume Sôseki (1867-1916).

[55] Le mot sino-japonais *keishû* désigne les femmes au talent exceptionnel.

[56] Ce texte reste introuvable à ce jour. D'après les souvenirs divers (Yamakawa Kikue, de Raichô elle-même), c'est l'histoire d'une étudiante H qui prend la décision de quitter un homme, et selon les souvenirs de Yamakawa Kikue, l'héroïne avait des relations sexuelles avec son amant.

[57] Hiratsuka, 1992, p. 236.

[58] Dans un entretien personnel, elle reconnaît avoir été attirée par celui-ci lors de ses conférences (Tomie Kobayashi, *Hiratsuka Raichô, Century books 071, hito to shisô* [Hiratsuka Raichô, Century books 071, la personne et sa pensée], Tôkyô, Shimizushoin, 1983, p. 243). Mais elle précise que c'était pour ses faiblesses qu'elle avait ressenti de la sympathie : sa voix trop frêle, sa timidité qui faisait l'objet de moqueries des autres étudiantes. C'était peut-être une forme d'identification, car Raichô, depuis toute petite, souffrait elle-même d'un problème chronique de voix trop faible (Hideaki Sasaki, *Atarashii onna no tôrai, Hiratsuka Raichô to Sôseki* [L'apparition de la femme nouvelle, Hiratsuka Raichô et Sôseki], Nagoya daigaku shuppankai, 1994, p. 24-25).

[59] Le double suicide des amoureux était un thème classique de la littérature japonaise depuis l'époque Edo (1603-1868), et ces cas réels ne faisaient pas l'objet d'opprobre social.

[60] *Double suicide à Amijima* a été porté à l'écran par Shinoda Masahiro, et les pièces de Chikamatsu sont toutes traduites dans *Les tragédies bourgeoises*, P.O.F., coll. « Les Œuvres capitales de la littérature japonaise » (1992). Les *Amants crucifiés* de Mizoguchi est une des plus célèbres mises en scène cinématographiques des pièces de Chikamatsu.

Ce qui bouleversait encore plus ces schémas, c'était l'attitude de la jeune fille après l'affaire. Alors que Morita, après l'incident, regrettait son geste et jouait le rôle de celui qui devait survivre au déshonneur, l'attitude de Raichô fut tout autre. Elle n'était pas la fille naïve, bien élevée, de bonne famille, à laquelle la presse s'attendait. Dans les interviews qu'elle leur accorda[61], au lieu de s'effondrer, elle restait sûre d'elle, refusait de s'excuser. De plus, elle repoussait avec véhémence les propositions de mariage pour réparation, et donnait sa version des faits sans honte ni remords. Son comportement fut considéré comme une provocation, et elle fut violemment attaquée par les journalistes qui ne comprenaient pas cette absence de honte.

Raichô cherchait avant tout à briser les conventions. Et c'est ce personnage qui intrigue, dérange. Même Yamakawa Kikue qui lui rendit visite à l'époque fut surprise par son sang-froid[62]. Le terme qui sera consacré pour parler d'elle, « l'étudiante zen », dénote une ironie mais aussi une critique implicite contre sa « prétention » à maîtriser une pratique réservée aux hommes. Dans le numéro de mai 1908 de la revue *Jogaku sekai* [Le monde des étudiantes], quatre intellectuels célèbres sont invités à discuter des significations de cette affaire. Les uns et les autres dénient aux femmes toute capacité à comprendre le bouddhisme zen. L'un d'eux, Miwada Motomichi (1870-1965)[63], va jusqu'à déclarer que le Bodhiharma (? - 536 ?) aurait versé des larmes au spectacle de toutes ces femmes qui prétendent s'adonner aux études zen[64].

Que Raichô ait perdu ou non effectivement sa virginité, cela ne changeait rien à l'affaire, car aux yeux de la société, elle n'était plus vierge.

D'un autre côté, la liberté qu'elle montra fit d'elle un modèle. Des étudiantes louèrent son attitude, admirant son courage dès le lendemain de cette affaire, le 29 mars 1908, dans un article du *Jiji shinpô* [Journal des actualités] alors que le commentateur la considérait comme un poison, une menace sociale[65]. D'autres articles mettaient en garde les parents, les exhortant à surveiller leurs filles de près, et à les envoyer en centre de rééducation ou au couvent au moindre signe d'un manquement aux règles de conduite. La surveillance des lycéennes et des étudiantes devint une

---

[61] Le 27 mars 1908 dans le *Yorozu chôhô*, et le 28 mars à Tôkyô dans le journal *Asahi shinbun*.

[62] Kikue Yamakawa, *Nijisseiki o ayumu : aru onna no ashiato* [Avancer au cours du vingtième siècle : les traces d'une femme] Tôkyô, Daiwashobō, 1978, p. 67-68.

[63] Fils adoptif de Miwada Masako (1847-1923) fondatrice en 1902 du lycée pour filles Miwada ; elle prônait une conception nationaliste du précepte de « bonne épouse, mère avisée », basée sur les valeurs confucéennes. Miwada Motomichi lui succéda à la direction du lycée en 1927.

[64] Hideaki Sasaki, 1994, p. 19

[65] La presse provinciale à son tour s'en fait l'écho avec quelques jours de décalage. Nishizaki Hanayo (Ikuta Hanayo) qui plus tard rejoindra l'association Seitô, se souvient de son père qui s'était exclamé à la lecture du journal dans une ville de province (préfecture de Tokushima), en lisant le *Ôsaka Mainichi* « Oh ! ça alors à Tôkyô, il y a des femmes incroyables, vraiment extraordinaires ! ». Hanayo en ressentit même de la jalousie et, un peu plus tard, décida de monter à la capitale.

préoccupation pour tous les proviseurs de lycées de jeunes filles, et Raichô le contre-exemple à ne jamais suivre[66]. À la même époque, deux autres scandales concernant des filles de bonnes familles éclatèrent. L'une fut exclue de son lycée pour avoir participé à un concours de beauté[67] tandis que l'autre faisait la une de la presse pour être entrée dans une école d'actrices[68]. Ces scandales alimentèrent une campagne de dénigrement de l'éducation supérieure pour les filles, sous prétexte qu'elle ne servirait qu'à implanter des idées libérales dans leurs « cerveaux » : des femmes reconnues dans le monde académique comme Tsuda Umeko, Miwata Masako (1843-1927), Tanahashi Ayako (1839-1939) prônèrent un retour aux valeurs confucianistes dans l'enseignement assuré aux filles, et rédigèrent un texte sous le titre *Shin onna daigaku an* [Une proposition pour une nouvelle *Onna daigaku*][69], indiquant clairement leur volonté de défendre les valeurs confucéennes, fussent-elles « renouvelées ».

L'attitude de Hiratsuka Raichô lui valut la sympathie de beaucoup de jeunes femmes, parce qu'elle montrait qu'une jeune fille pouvait prendre une décision, choisir de rejeter un homme et cela impressionna. Ce n'est pas seulement Morita qui la prit pour modèle pour en faire une héroïne de son roman, mais également Natsume Sôseki dans le roman *Sanshirô* (1908), avec le personnage de Mieko. Cependant Raichô avait quelque chose de plus que Mieko ; son attitude ne pouvait se réduire à la coquetterie du personnage de fiction et son « hypocrisie inconsciente »[70] était la réponse à un homme chez qui elle décelait une absence de sincérité. Ainsi dans le roman *Tôge* [Le Col], publié en 1915[71], six ans après *Baien* [Suie][72], écrit-elle en réponse à son

---

[66] Dans une série d'articles consacrée à la femme nouvelle de mai à juillet 1911, dans l'*Asahi shinbun*, une partie concerne les enquêtes que l'auteur a menées dans différents établissements de l'enseignement secondaire et lors desquelles il s'enquiert des moyens de surveillance des jeunes filles. Une revue destinée aux jeunes filles *Shôjo sekai* [Le monde des jeunes filles] se lamente aussi de l'influence des femmes nouvelles même en province, en janvier 1913 (p. 14).

[67] Kuroiwa Hisako, *Meiji no ojôsama* [Les filles de bonne famille de Meiji], Tôkyô, Kadokawasensho, 2008, p. 52-58.

[68] Le métier d'actrice en soi était l'équivalent de la femme nouvelle dans ce pays où elle fut exclue de la scène théâtrale depuis la période Edo (Hiroko Tomida *Hiratsuka Raicho and Early Japanese Feminism*, Leiden, Boston, Brill.2004, chapitre 3). Voir notre introduction aux *Débats autour de Maison de poupée*, dans *Ebisu - Études japonaises*, n°48, automne/hiver 2012.

[69] Voir la traduction de Claire Dodane, « Le grand savoir des femmes (*Onna daigaku*) », IRIS, numéro « Imaginaire et poétique de la femme au Japon », Jean-Pierre Giraud (éd.), 2008, p. 157-166.

[70] L'expression est de Natsume Sôseki pour qualifier son personnage de fiction Mieko.

[71] Raichô Hiratsuka, *Hiratsuka Raichô chosakushû* [Œuvres de Hiratsuka Raichô], 1983, vol. 4, p. 79-80. Le roman resta inachevé.

[72] Le titre fut directement inspiré, d'après Raichô, de *Fumée* de Tourguéniev que Morita lui avait donné à lire dans une version anglaise. Il compare l'héroïne, Tomoko (Raichô pour tout lecteur de l'époque), à Nora, mais comme une femme plus sûre d'elle, et dont l'intelligence plonge l'homme dans l'incompréhension, le désarroi. L'écrivain Kojima Nobuo (Sasaki, *op.cit.*, 1994, p.4) considère que c'est le premier roman qui rend compte de la folie qui s'empare des Japonais,

auteur : « ne m'avait-il pas emmenée ici en me trompant ; qui aurait le devoir de lui répondre avec sincérité ? J'étais en droit de mentir, lui dire n'importe quoi ». Elle ressemblait encore moins dans la réalité au portrait de celle qui, à la fin du roman *Sanshirô*, se résigne à un mariage de convenance. Natsume Sôseki n'imaginait pas que quelques années plus tard elle se trouverait à la tête d'un groupe de jeunes femmes talentueuses qui allait être désigné comme « le nid des femmes nouvelles ».

De cet épisode, Hiratsuka Raichô tira des leçons du fonctionnement de la presse, apprenant à s'en méfier mais aussi à s'en servir. Son désir de résister aux forces traditionnelles de la société japonaise s'affermit. Cette publicité négative qu'elle dut subir, elle sut l'utiliser à son profit lorsqu'elle lança la revue *Seitô*.

Mais, avant tout, cette affaire la désigna comme la personnalité correspondant à la femme nouvelle dès que l'expression fit son apparition.

En effet, son aplomb face à ce scandale la classa dans la catégorie des « femmes nouvelles » dont elle avait eu vent lorsque, étudiante, elle avait lu un article d'un universitaire sur le personnage de Nora[73]. On découvre ainsi que quelques années avant même qu'elle ne reprenne à son compte le qualificatif de « femme nouvelle », en réponse à la pression des médias et de l'opinion, elle avait été désignée comme une figure de rupture d'avec l'image traditionnelle de la femme. Alors qu'elle ne l'avait pas revendiqué auparavant, puisque, dans son « manifeste », elle prenait ses distances d'avec le mouvement féministe auquel ces femmes nouvelles étaient identifiées, c'est pour ne pas reculer devant les attaques des médias et des milieux académiques officiels qu'elle revendiqua cette identité nouvelle. Ainsi, même si elle avait déjà été désignée comme une « femme nouvelle », elle ne veut le revendiquer alors qu'en lui donnant un sens par elle-même. C'est également à partir de ce moment qu'elle définit la femme du passé en opposition à la femme nouvelle, selon sa propre définition, en indiquant ce que celle-ci refuse, la domination d'un autre, en l'occurrence, de l'homme :

« La nouvelle femme ne peut se satisfaire d'une vie de femme d'autrefois, réduite à l'état d'ignorance, à l'esclavage, à un morceau de chair, pour satisfaire l'égoïsme masculin.
La femme nouvelle désire détruire l'ancienne morale, les anciennes lois fabriquées pour les commodités de l'homme[74] ».

Notons que dans ce numéro spécial, d'autres auteures affirmeront que les femmes nouvelles ont existé dans le passé aussi, en adéquation avec cette

---

et plus particulièrement des Japonaises qui tentent de se frayer un chemin dans un monde nouveau. Ce roman est régulièrement réédité.

[73] Kuwaki Genyoku, voir Christine Lévy, « Le premier débat public de Seitô : autour de Maison de poupée », dans *Ebisu*, *op.cit.* 2012.

[74] Horiba, 1991, p. 92.

définition. Pour Raichô, comme pour toutes les autres, la femme nouvelle demeure un royaume à conquérir, et pour cela, ce dont elles ont le plus besoin, ce sont des forces intérieures que Raichô trouve quant à elle dans la pratique du bouddhisme :

« La femme nouvelle ne cherche pas la beauté. Elle ne cherche pas le bien. Elle cherche des forces, des forces pour l'accomplissement de sa noble vocation, pour créer un royaume encore inconnu[75] ».

La fragilité qui menace celles qui se lancent dans cette entreprise est sa hantise :

« La femme nouvelle se bat tous les jours contre les fantômes du passé.
Un instant d'inattention, et la « femme nouvelle » est aussi une femme du passé[76] ».

Cette conclusion nous ramène à la seconde définition de la tradition dont nous avons parlé, celle de la transmission culturelle continue du passé qui, bien que discrète, reste vivace au présent. Le cœur de la tradition est fortement normatif. Et le problème de Raichô ici est de savoir comment ne pas reproduire ces schémas qui la travaillent à son insu. Pour refuser ces transmissions, elle affirme la nécessité de rompre avec les liens aux générations passées et elle s'attellera à cette tâche dans sa vie et son œuvre. Mais elle était aussi consciente de ce que les autorités académiques, dans le milieu de l'éducation des filles notamment, cherchaient à créer une « tradition » prescriptive, reprenant en grande partie des idées confucianistes ou néo-confucianistes de respect de la hiérarchie sexuelle ; présentées comme traditionnelles, celles-ci pouvaient servir à créer un cadre culturel invariant destiné à jouer un rôle de résistance contre la « menace » d'un mouvement d'émancipation de la femme revendiqué par des Japonaises. Deux visions antagonistes sur la place de la femme dans l'ordre social futur s'affrontaient ; dans un rapport de force tout à fait inégal, toutes deux étaient destinées à jouer un rôle structurant significatif à l'égard de la société japonaise.

---

[75] Horiba, 1991, p. 91-92.
[76] *Id.*

Bibliographie

BARDSLEY Jan, *The Bluestockings of Japan: New Woman Essays and Fiction from Seito*, 1911-16, Center for Japanese Studies, Ann Arbor, The University of Michigan, 2007.

LEVY Christine, Dossier : « Naissance d'une revue féministe au Japon : *Seitō* (1911-1916) », *Ebisu - Études japonaises*, n° 48, 2012.

HIRATSUKA Raichô, *Genshi, josei wa taiyô de atta* [À l'origine, la femme était le soleil], Tôkyô, Ôtsukishoten kokumin bunko, (1ère éd. 1971-1973), 4 vols, 1992.

HIRATSUKA Raichô (trad. et annoté par Craig Teruko), *In the Beginning, Woman was the Sun*, New York, Columbia University Press, 2006.

HOBSBAWM, E. & RANGER T. (trad. Christine Vivier), *L'invention de la tradition*, éd. Amsterdam, 2006 (*The Invention of Tradition*, Cambridge, 1983).

HORIBA Kiyoko, « *Seitô* », *josei kaihô ronshû* [*Seitô* : textes sur l'émancipation de la femme], Tôkyô, Iwanami shoten, 1991.

ODAIRA Maiko, *Onna ga onna o enjiru - bungaku, yokubô, shôhi* - [La femme dans le rôle de la femme - littérature, désir et consommation], Tôkyô, Shin.yôsha, 2008.

SCOTT Joan W., *La citoyenne paradoxale : les féministes françaises et les droits de l'homme*, Paris, Albin Michel, 1998. Trad. de *Only paradoxes to offer. French Feminists and the Rights of Man*, Harvard University Press, 1996.

SCOTT Joan W., « Le genre, une catégorie d'analyse toujours utile? » *Diogène*, vol. 57, n° 225, 2009, p. 5-14.

SEITO Fac-similé de la revue, Tôkyô, Ryukeishosha, 1980

SEITO Fac-similé de la revue, Kawagoe, Fujishuppan, 1983.

TOMIDA Hiroko, *Hiratsuka Raicho and Early Japanese Feminism*, Leiden / Boston, Brill, 2004.

YONEDA Sayoko, *Hiratsuka Raichô, - Kindai nihon no demokurashî to jenda* [Hiratsuka Raichô - Le Japon moderne et le genre], Tôkyô, Yoshikawa-kôbunkan, 2002.

La construction d'une identité de genre : les femmes dans les Mouvements pour une vie nouvelle (*Shinseikatsuundô*, 1947-1982)

Isabelle KONUMA

Dans les années 1990, de nombreux travaux ont remis en question la puissance et la légitimité du modèle familial tel que ressortant des politiques et du droit, une légitimité tirée en partie de son rayonnement qui se veut traditionnel, universel et unique. Ce modèle est celui d'une famille conjugale, avec la maîtrise de la conception, et fonctionnant sur la base d'une répartition sexuelle des tâches. Les années 1990 marquent en effet un tournant à plusieurs niveaux : en termes de fécondité, puisque le Japon connaît une baisse importante de celle-ci, ainsi qu'au niveau de la puissance du modèle marital, avec l'augmentation du célibat et du divorce. Le taux d'activité des femmes s'accroît par ailleurs, le tout provoquant un sentiment de crise vis-à-vis de ce modèle qui ne fonctionnerait plus, voire qui serait sur le point de mettre en péril « la » famille japonaise.

Ces travaux furent donc une réaction face à ce sentiment de crise familiale. L'idée est alors de démontrer que ce modèle n'avait pas toujours été dominant, puisqu'il aurait politiquement et juridiquement été propulsé dans les années 1950, pour connaître un succès certain jusque dans les années 1970/1980.

Les travaux de référence dans ce domaine sont, entre autres, ceux d'Ochiai Emiko, dont notamment un ouvrage, écrit en 1994 en japonais et traduit en 1996 en anglais[77]. Tout en niant l'idée d'un changement progressif et linéaire,

---

[77] Emiko Ochiai, *Nijû isseiki kazoku e - kazoku no sengo taisei no mikata, koekata* [Vers la famille du XXIᵉ siècle - comment analyser et dépasser le modèle familial d'après-guerre], Tôkyô,

Ochiai met en avant la formation très contemporaine du modèle familial en question, soit dans l'immédiat après-guerre, un modèle caractérisé par la séparation sexuelle des tâches, la quasi-généralisation du mariage, et la présence de deux enfants en moyenne par couple. Ses travaux eurent principalement deux apports : ils eurent le mérite de remettre dans son contexte le modèle familial conjugal qui, de par sa généralisation massive dans la société de la croissance économique, avait fini par être doté d'une légitimité tirée de concepts très flous tels que la « tradition » ou l'« universalité ». En marquant clairement ses débuts, la thèse d'Ochiai a rappelé que ce modèle, dit en crise, n'avait qu'une ancienneté très limitée dans l'histoire contemporaine japonaise. Cette remise en perspective a permis de réinterroger les tendances considérées comme « problématiques » telle l'évolution du travail féminin. En effet, si les femmes travaillaient, ce n'était pas pour autant que la famille pût disparaître, mais plutôt un mode de fonctionnement datant des années 1950, et qui eût contenu la femme dans une inactivité professionnelle. Dire que l'image des épouses-femmes au foyer fut normalisée dans les années 1950 permettait de « relativiser » l'évolution du travail féminin, un phénomène qui n'était pas totalement nouveau, et de lutter contre cet essentialisme familial.

Dans les années 1990, en suivant de près le travail des sociologues, les juristes féministes ou spécialistes des études féminines (Kinjô Kiyoko, constitutionnaliste, ou Fukushima Mizuho, avocate à l'époque) analysèrent le modèle familial du point de vue de la normalisation de la séparation sexuelle des tâches. L'analyse de l'aspect inégalitaire de la famille moderne fut renforcée par les études du genre, qui procédèrent à une mise en lumière du processus de formation et d'intériorisation des normes de séparation sexuelle des tâches. Ces travaux, qui mirent l'accent sur l'aspect inégalitaire de ce modèle familial, eurent le mérite de nuancer les écrits des juristes ou des sociologues du droit des années 1950, pour qui le modèle familial d'après-guerre était un modèle avant tout « démocratique » et « égalitaire ». Ces qualificatifs furent en effet employés pour mettre en contraste ce nouveau modèle familial avec le précédent, le modèle familial dit d'*ie*, en vigueur jusqu'en 1946, qualifié quant à lui de « prémoderne », de « confucianiste » ou de « féodal »[78].

La « modernité », pour les rédacteurs du Code civil réformé, était ainsi porteuse de valeurs d'égalité des sexes et d'individualisme. En effet, selon les juristes qui eurent un rôle central dans la réforme du Code civil en 1947, dont Wagatsuma Sakae (droit civil), Nakagawa Zennosuke (droit civil), ou Kawashima Takeyoshi (sociologie juridique), et pour qui il fallait à tout prix

---

Yûhikaku, 1994 ; Emiko Ochiai, *The Japanese family system in transition: a sociological analysis of family change in postwar Japan*, Tôkyô, LTCB International Library Foundation, 1996.

[78] Comme travail de déconstruction de cette famille qualifiée aussi de « traditionnelle », voir Chritian Galan et Emmanuel Lozerand (dir.), *La Famille japonaise moderne (1868-1912). Discours et débats*, Arles, Philippe Picquier, 2011.

« démocratiser la famille » (en abolissant le système familial élargi, inégalitaire, énoncé en 1898 dans le Code civil), il était important d'insister sur la rupture de 1946/47. Or, on se rend très vite compte que la famille dite « moderne », définie par ces juristes, et la famille « d'après-guerre » ou parfois dite « moderne », telle que décrite notamment par les sociologues dans les années 1990 - bien que l'on parle de la même entité -, ne renvoient pas aux mêmes critères de définition. Par exemple, pour les juristes des années 1950, cette famille « moderne » était une famille où l'homme et la femme étaient égaux, alors que pour les sociologues et les juristes des années 1990, la famille moderne est une famille « inégalitaire », dominée par la séparation sexuelle des tâches, et marquée par une inégalité substantielle malgré une égalité formelle[79]. La valeur de ce modèle change ainsi en fonction de l'époque, et l'emploi de termes sans travail de conceptualisation rend floue cette évolution de perception.

La formation du genre dans les politiques s'adressant à la famille, à l'emploi, ou encore à l'éducation montre que la répartition sexuelle des tâches résulte d'un choix lié aux besoins de l'époque, et cet angle est indispensable pour comprendre le processus de normalisation du genre. Pourtant, cette approche demande à être complétée avec un aspect, longtemps sous-estimé sous la tradition marxiste (*Kôza-ha*) : la présence d'une société civile au Japon, une société civile qui ne se limite pas à réceptionner les normes émises « par le haut » ou à contester ces dernières, mais qui aurait joué un rôle d'acteur dans le cadre de cette normalisation[80]. Ici, il ne s'agirait ni de l'État-formateur des normes, ni de la société-contestataire des normes imposées, mais des « relations complexes qu'ont pu entretenir les deux pôles, s'influençant mutuellement »[81].

Les Mouvements pour une vie nouvelle (*Shinseikatsu undô*), entrepris entre 1947 et 1982[82], illustrent parfaitement l'ambiguïté de la société civile, qui peut tantôt collaborer, tantôt contester, tantôt évincer l'État dans la formation des normes. Or, le recours au terme « mouvement », traduction du mot *undô*, a eu pour conséquence de rendre invisible cette ambiguïté. En effet, dans l'histoire du Japon moderne et contemporain, le mot *undô* a été assimilé à un « mouvement social », soit un mouvement de contestation mené à

---

[79] Le nom patronymique, l'autorité parentale en cas de divorce, ou l'accès au congé parental montrent par excellence l'ambiguïté qui existe entre l'égalité juridiquement assurée et la mise en pratique de cette égalité, qui aboutit à des situations inégalitaires.

[80] Sheldon Garon, *Molding Japanese Minds. The State in Everyday Life*, Princeton, Princeton University Press, 1997.

[81] Bernard Thomann, « Compte rendu de Sheldon Garon, *Molding Japanese Minds: The State in Everyday Life*, 1997 », *Le Mouvement Social*, n° 210 (janvier-mars 2005), p. 169-172.

[82] Notons que ces mouvements ont une profondeur historique, puisqu'ils furent également entrepris dans les années 1920.

l'encontre de l'État. Cette définition a rendu invisible ce mouvement impulsé à la fois par les pouvoirs publics et par la société civile, ce qui explique le peu de travaux jusque dans les années 2000, où l'on assiste à un élan d'intérêt pour ce type de mouvement[83]. La répartition sexuelle des tâches, tant interprétée et présentée comme venant des pouvoirs publics, ne résulterait-elle pas aussi d'un mouvement civil ? Quel serait à ce moment le rôle des femmes dans la formation de ces rôles genrés ? Le présent article tente de nuancer la vision selon laquelle le genre serait le fruit d'une pratique « culturelle » et « historique » (ces deux expressions comprennent le risque de faire du genre un produit de la « tradition »), imposée par le « haut ». La formation du genre au sein de la société civile, en particulier par les femmes ; tel est l'angle d'approche de cet article, qui se focalise sur le rôle des épouses et des responsables de la diffusion de la vie nouvelle. Le poids des femmes, à la fois cibles et actrices, et pour qui la rationalisation de la vie quotidienne se traduisait par la formation d'une nouvelle identité féminine, n'est pas à négliger dans la propagation des nouveaux repères genrés.

La refonte de la vie quotidienne : un enjeu politique

La période de l'immédiat après-guerre (1945) est marquée par l'entrée en application des nouveaux principes constitutionnels. Des structures de sensibilisation et de diffusion de ces nouveaux idéaux se formèrent durant cette période, dont la commission pour la diffusion de la Constitution (*Kenpô fukyûkai*, 1946) instaurée au sein de la Diète. Cette commission organisa des conférences à destination des fonctionnaires ou des populations non spécialistes, afin de propager les nouveaux idéaux. À cette même période, le Japon fut amené à renoncer à sa politique nataliste qui, durant la guerre de Quinze Ans (1931-1945), avait soutenu la politique expansionniste. Sous les directives des forces d'occupation américaines, une politique de contrôle des naissances fut lancée, laquelle, dans les années 1950, se transforma en planning familial. Or, la diffusion de cette nouvelle politique de la reproduction demandait une structure adéquate pour pénétrer dans la « vie quotidienne (*seikatsu*) » des Japonais.

Lancés en 1947 sous le Premier ministre Katayama Tetsu (1887-1978), issu du parti socialiste, et recourant dès 1953 au planning familial (*kazoku keikaku*), les Mouvements pour une vie nouvelle (*Shinseikatsu undô*) eurent un impact indéniable sur le comportement reproductif des Japonais. Notons avant tout que ces mouvements ne peuvent être résumés en un courant unique

---

[83] Masakatsu Ôkado (dir.), *Shinseikatsu undô to Nihon no sengo* [Le Mouvement pour une vie nouvelle et l'après-guerre au Japon], Tôkyô, Nihon keizai hyôronsha, 2012, p. 8.

et cohérent ; en effet, ils portent sur une durée assez longue (1947-1982), et englobent au moins trois périodes en leur sein[84] :

- De 1947 au début des années 1950 : le Mouvement du peuple pour la construction d'un nouveau Japon (*Shin Nihon kensetsu kokumin undô*) marque le début de cette période et du besoin de propager les nouveaux principes constitutionnels. Le premier ministre Katayama Tetsu lance dans ce cadre les Mouvements pour une vie nouvelle, dans le but de rationaliser la vie quotidienne, mais ceux-ci ne connaîtront pas un grand succès.

- À partir de février 1952 : les Mouvements pour une vie nouvelle seront récupérés par les entreprises et les quatre entités financières[85], avec le lancement de la déclaration du Mouvement pour une vie nouvelle (*Shinseikatsu undô ni kansuru kyôdô seimei*), ainsi que la formation du groupe du Mouvement pour une vie nouvelle (*Shinseikatsu undô no kai*). Le centre de recherches sur les questions de population (*Jinkô mondai kenkyûjo*) du ministère de la Santé, créé en août 1938[86], se rapprocha des entreprises dès 1952, et lança en 1954 des programmes de diffusion du planning familial entre autres dans de grandes entreprises, dont l'entreprise sidérurgique de Kawasaki (*Nihon kôkan kabushiki gaisha Kawasaki seitetsujo*, voir *infra*). Ces mouvements durèrent jusque dans les années 1960. Le présent travail s'intéresse principalement à cette deuxième période.

- En 1955, sous l'impulsion du ministère de l'Éducation et du premier ministre Hatoyama Ichirô (1883-1959), l'Association pour une vie nouvelle (*Shinseikatsu undô kyôkai*) est lancée. Cette troisième période peut être divisée elle-même en deux sous-périodes, avec une première moitié (1955-1960) marquée par des besoins hautement politiques, comme l'autonomie du peuple japonais dans la politique diplomatique, alors que la seconde (années 1960-1970) a mis davantage l'accent sur le dialogue (*taiwa*) à un niveau individuel, une période également menacée par des problèmes conceptuels, notamment autour des notions de « *seikatsu* (vie quotidienne) » et de « *kôkyôsei* (nature publique) », centrales au mouvement. La tenue des Jeux Olympiques à Tôkyô en 1964 a donné une impulsion forte au mouvement[87], se traduisant notamment par un mouvement pour l'embellissement du territoire.

---

[84] Synthèse tirée de Masakatsu Ôkado (dir.), 2012, p. 2.

[85] Il s'agit de la Fédération des organisations économiques japonaises (*Keidanren*), la Chambre de commerce et d'industrie du Japon (*Nihon shôkô kaigisho*), le Comité pour le développement économique du Japon (*Keizai dôyûkai*) et l'Union des organisations patronales (*Nikkeiren*).

[86] En 1996, cet institut a fusionné avec l'Institut de recherches sur la protection sociale (*Shakai hoshô kenkyûjo*), créé en janvier 1965, pour devenir l'Institut national des recherches sur la protection sociale et la population (*Kokuritsu shakai hoshô jinkô mondai kenkyûjo*).

[87] Sachant qu'un déséquilibre régional peut être constaté, avec une budgétisation importante pour la ville de Tôkyô.

Il conviendrait donc de parler du *Shinseikatsu undô* non pas au singulier, mais au pluriel. De plus, ces mouvements furent menés conjointement avec d'autres types de mouvements. En effet, le ministère de l'Agriculture et des Forêts (*Nôrinshô*) menait le Mouvement pour l'amélioration de la vie (*Seikatsu kaizen undô*) ; le ministère de la Santé (*Kôseishô*) menait des activités de sensibilisation à l'hygiène *via* les centres d'hygiène (*hokenjo*) ; l'Association pour une vie nouvelle (*Shinseikatsu undô kyôkai*) menait quant à elle depuis 1955 le Mouvement pour une vie nouvelle ; et le ministère de l'Éducation (*Monbushô*) menait des activités pour la démocratisation du peuple avec la création des centres culturels (*kôminkan*). Bien que les activités fussent menées par différents acteurs, il semblerait qu'au final, dans certaines localités, ces activités fussent réceptionnées comme un tout homogène par les populations locales[88].

Nous allons particulièrement nous concentrer sur le Mouvement pour une vie nouvelle, mené dans le cadre des entreprises d'un côté (deuxième période), mais avec le soutien non négligeable, voire déterminant des femmes, qui auraient contribué à la construction d'une identité genrée dans les années 1950.

Le rôle des entreprises dans la diffusion du planning familial (1952-)

La reconstruction du Japon est l'enjeu majeur à l'aube des années 1950. Nagai Tôru (1878-1973), haut fonctionnaire spécialisé dans les politiques sociales, définit ainsi ce mouvement :

« Puisque nous parlons aujourd'hui d'un mouvement pour une vie nouvelle, celui-ci devrait avoir pour objectif la reconstruction du Japon, ou plutôt la construction d'un Japon nouveau. Il doit être un mouvement organique, global, constructif et perpétuel. Il doit aussi être un mouvement renouvelant les aspects matériel et moral de notre vie, allant de la production, de la distribution jusqu'à la consommation[89] ».

Or, la spécificité de ces mouvements fut qu'ils ne s'arrêtèrent pas à la production, mais qu'ils intervinrent aussi - et massivement - dans le domaine de la famille. Ils se traduisirent par des tentatives de « rationalisation et de

---

[88] Sen.ichi Tanaka, « Shiojirishi kyû-Sebamura deno seikatsu kaizen eno torikumi » [Le mouvement pour l'amélioration de la vie, mené dans l'ancien village de Seba à Shiojiri], dans Sen.ichi Tanaka (dir.), *Kurashi no kakumei - Sengo nôson no seikatsu kaizen jigyô to shinseikatsu undô* [La révolution de la vie quotidienne - le mouvement pour l'amélioration de la vie et les mouvements pour une vie nouvelle dans les villages agricoles après la défaite], Tôkyô, Nôbunkyô, 2011, p. 289.

[89] Tôru Nagai, *Shinseikatsu undô no shushi* [Principaux traits du mouvement pour une vie nouvelle], Jinkô mondai kenkyûkai (dir.), 1956, p. 1-2.

socialisation » de la vie, dont en particulier la « socialisation de la maternité »[90].

Nagai fut à cet égard central dans l'introduction de ces mouvements dans les entreprises. L'initiative fut prise par le Centre de recherches sur les questions de population (*Jinkô mondai kenkyûjo*), créé au sein du ministère de la Santé[91], en accord avec le Groupe de recherches sur la population (*Jinkô mondai kenkyûkai*), rattaché quant à lui au gouvernement. Le centre décida de privilégier les entreprises devant les collectivités locales pour mener une politique de planning familial. Ce choix aurait été fait suite à une discussion, en 1952, entre Shinozaki Nobuo, du centre de recherches sur les questions de population, et l'entreprise sidérurgique de Kawasaki, une toute jeune entreprise créée en 1950. Les grandes entreprises, les entreprises minières et houillères, de chemins de fer, ou de l'industrie lourde se retrouvèrent ainsi au centre de cette politique[92]. En janvier 1953, l'entreprise sidérurgique de Kawasaki fut choisie comme « entreprise-témoin », dans le cadre du Mouvement pour une vie nouvelle. En mai de la même année, le groupe de recherches sur la population (*Jinkô monda kenkyûkai*) élabora l'Avis de diffusion du planning familial pour régulation de la population (*Jinkô taisaku toshite no kazoku keikaku no fukyû ni kansuru ketsugi*), dans lequel fut clairement avancé le besoin de sensibiliser la sphère professionnelle, comme l'usine ou le milieu industriel, à la nécessité d'introduire collectivement le planning familial. En juillet 1954, la Commission d'orientation vers une vie nouvelle (*Shinseikatsu shidô iinkai*) fut créée, convoquant une centaine d'hommes politiques, de financiers, de chercheurs et de syndicats, et en décembre 1954, un plan fut élaboré, pour guider le Mouvement pour une vie nouvelle (*Shinseikatsu undô shidô yôkô*), puis ce plan devint par la suite la ligne directrice du mouvement. Trois objectifs furent fixés :
-       Organiser matériellement et humainement une vie rationnelle et planifiée afin de mener une vie familiale heureuse (*kôfuku na katei*) ;
-       Favoriser le libre arbitre des couples dans le choix reproductif, tout en veillant à ce que ce choix s'oriente vers une réduction de la taille de la famille ;

---

[90] À titre d'exemple, Munakata Seiya, professeur à l'université de Tôkyô en sciences de l'éducation, considérait que ce mouvement, déjà mené durant la guerre, était absolument central dans la reconstruction de la société d'après-guerre (Senroku Uehara, Seiya Munakata, *Nihonjin no sôzô* [La fabrique de l'homme japonais], Tôkyô, Tôyô shokan, 1952, p. 125).

[91] Ce centre fut créé en août 1938 et eut pour mission initiale de mener une politique nataliste afin de consolider la politique colonialiste et populationniste.

[92] Toshinobu Katô, « Nihon no jinkô kakumei to shinseikatsu undô » [La révolution démographique au Japon et le mouvement pour une vie nouvelle], *Ajia daigaku keizaigaku kiyô* [Journal en économie de l'université Asie], vol. 1, n° 5, 1970, p. 28-35 ; Tomoko Iuchi, « Shokuba deno shinseikatsu undô » [Les Mouvements pour une vie nouvelle sur le lieu de travail], dans Masakatsu Ôkado (dir.), 2012, p. 137-169.

-       Ne pas se limiter à une préoccupation d'ordre quantitatif, mais aussi qualitatif.

Le rôle de Shinozaki Nobuo et du directeur du centre, Nagai Tôru, a été déterminant, les deux étant extrêmement liés au monde des entreprises (Nagai était responsable des problèmes alimentaires durant la guerre). Les deux hommes se déplacèrent, en deux ans et neuf mois, plus de 150 fois pour rendre visite aux entreprises, dont le nombre s'élève à 140[93]. Le choix des grandes entreprises se fit, entre autres, par le besoin d'institutionnaliser les épouses, ce qui ne fut possible que dans des structures dotées de logements de fonction, telles que les *shataku*.

Les entreprises étaient quasi unanimement favorables à l'introduction du planning familial (la contraception), car cela devait avoir à terme un impact, comme la réduction du coût salarial, et notamment des allocations familiales ; la réduction de la taille des logements de fonction qui étaient attribués en fonction de la taille de la famille ; la réduction des frais médicaux puisque 50% des frais d'avortement étaient à la charge de l'entreprise ; et enfin, l'amélioration des conditions de vie des salariés, réduisant par conséquent certains types de risques au travail, 70% des risques étant évalués comme provenant de problèmes d'ordre familial.

Les syndicats, quant à eux, ne furent pas si unanimes que cela, partagés entre le refus par les uns de toute intrusion de l'entreprise dans la vie privée des salariés (à l'image des Houillères de Yûbetsu à Hokkaidô, de la Construction navale de Hitachi, ou des Houillères de Miike), alors que certains suivaient d'un bon œil la « rationalisation » de la vie familiale. Il est arrivé qu'une entreprise, à l'image de la Société japonaise de transport (*Nihon tsûun kabushiki gaisha*), trouve un accord avec les employeurs et obtienne le reversement des sommes résultant de la réduction des allocations familiales au profit de la santé et du bien-être des employés.

Le mouvement fut mené concrètement par la distribution de pamphlets, la création de rubriques familiales dans les journaux d'entreprise, entre autres, avant de se voir « institutionnalisé » avec la formation de réseaux d'information et de rencontre des épouses, dans leur grande majorité des femmes au foyer. Le bonheur d'être mariée à un salarié d'une grande entreprise ; voilà l'image qui fut fortement mise en avant dans ce mouvement.

Ce mouvement fut mené dès avril 1953 au sein de l'entreprise sidérurgique de Kawasaki. La structure des logements de fonction (*shataku*), destinés exclusivement aux employés, fut exploitée à cette fin, des groupes (*han*) de

---

[93] Dont par exemple NKK, Houillères de Tokiwa, Toshiba, Nippon Light Metal Co., Construction navale du Japon, Toyota, Poterie du Japon, Industrie papetière de Honshû, Fuji Electric Co., Mitsui Mining Company, Tôbu Railway Co., Ebara factory, Shôwa denkô, Japanese National Railways, Houillères de Yûbetsu, Hitachi factory, etc. (Données de mars 1958, dans Yasuko Tama, « *Kindai kazoku » to bodî poritikkusu* [La « famille moderne » et la politique du corps], Kyôto, Sekai shisôsha, 2006, p. 111).

cinq à dix foyers furent formés avec désignation d'une responsable, puis plusieurs groupes se rassemblèrent pour former des blocs d'orientation (*shidô chiku*), chacun géré par un conseiller (*shidôin*), habilité dans le domaine du planning familial. Il s'agissait bien souvent d'une sage-femme ou d'une infirmière. On lança des sondages sur le nombre d'enfants souhaités, le nombre d'avortements, les difficultés en couche, et des conférences et des rencontres furent organisées autour de ces thématiques. Les conseillers assuraient des visites individuelles environ une fois tous les trois mois dans les premiers mois du mouvement. Il est toutefois intéressant de relever que les conseillers introduisaient une étude contraceptive physiologique, soit fondée sur la menstruation, conseillant aux femmes l'emploi des techniques contraceptives (principalement l'emploi simultané du gel contraceptif et du diaphragme[94], le stérilet ou les pilules contraceptives étant encore interdits au Japon), et ce uniquement pendant la période propice à la conception.

Après les appartements de fonction, certaines entreprises élargirent en quelques années ce réseau aux domiciles individuels des employés non-résidents des *shataku*, et réussirent à institutionnaliser entièrement le réseau, à l'image de l'entreprise sidérurgique de Kawasaki, ou encore de Hitachi. Ce type de mouvement fut initié dès 1953 au sein de 200 grandes entreprises dont le nombre total s'élevait à l'époque à un millier, et vers 1955, plus de 400 faisaient partie de ce mouvement[95]. Le nombre des salariés éduqués par ce biais s'élevait en 1961 à 1.700.000[96].

Ce modèle change fondamentalement de celui des mouvements menés dans les zones rurales où le centre d'hygiène, et non l'entreprise, jouait le rôle de régulateur de la famille. Ainsi, les entreprises se servirent également de ce réseau pour s'assurer d'une bonne entente au sein de l'entreprise, souvent constituée de travailleurs venant d'horizons différents[97]. Ces mouvements, qualifiés aujourd'hui de courant conservateur de démocratisation[98], furent de moins en moins suivis au sein des entreprises dès 1960. De plus, l'Association

---

[94] Notons que malgré l'encouragement quasi-systématique pour l'emploi de ces deux techniques contraceptives, le recours au diaphragme diminua à mesure qu'augmenta l'emploi du préservatif.

[95] Shinobu Matsuda, « Shinseikatsu undô kyôkai - 1940-nendai kôhan kara 1960-nendai nakaba » [Association pour une vie nouvelle - de la seconde moitié des années 1940 au milieu des années 1960], Masakatsu Ôkado (dir.), 2012, p. 39.

[96] Tomoko Iuchi, *op. cit.*, p. 137.

[97] Ce type d'action fut entrepris également dans le monde minier (Jôban tankô, par exemple) et dans les entreprises des chemins de fer (Akita tetsudôkyoku, etc.).

[98] Andrew Gordon, « Managing the Japanese Household : The New Life Movement in Postwar Japan », *Social Politics*, vol. 4, n° 2, 1997, p. 245-283 ; Andrew Gordon, « Gojûgonen taisei to shakai undô » [Le régime de 1955 et les mouvements sociaux], Rekishigaku kenkyûkai Nihonshi kenkyûkai (dir.), *Nihonshi kôza 10, Sengo Nihonron* [Cours de l'Histoire du Japon 10, Discours d'après-guerre sur le Japon], Tôkyô, Tôkyô daigaku shuppankai, 2005, p. 253-289.

pour une vie nouvelle (*Shinseikatsu undô kyôkai*) ne reprit pas le planning familial dans son agenda. Les entreprises ont ainsi incontestablement pallié à un manque de mesures étatiques dans la diffusion du planning familial, bien que l'État n'ait pas été tout à fait absent durant ces années : entre 1956 et 1962, deux personnes et 16 entreprises reçurent le prix du planning familial décerné par le ministre de la Santé[99] ; le prix pour une vie nouvelle fut également décerné à des municipalités.

La formation du genre dans la transformation de la vie quotidienne

Le mouvement pour une vie nouvelle, de nature hybride, ne fut ni une propagande politique unilatérale, ni un mouvement contestataire du régime en vigueur. Pourtant il n'avait de valeur que si chacun se l'appropriait. Certains emploient le terme de « *grassroots movement* » pour décrire ces actions qui, bien qu'impulsées dans un premier temps par le gouvernement en 1947, furent relancées par la population et les entreprises d'une façon spontanée à la fin des années 1940 et au début des années 1950, pour être reprises par le gouvernement de Hatoyama Ichirô (1883-1959) en 1955. Bien qu'il y eût des oppositions entre ceux pour qui l'initiative devait rester entre les mains des autorités politiques (parti démocrate, *Minshutô*) et ceux pour qui la population devait mener ce mouvement (réformiste, fractions de droite au sein de la gauche)[100], et malgré les diverses priorités des partis politiques, nous pouvons voir un consensus autour du besoin de diffuser les nouveaux principes constitutionnels, et de renforcer l'autonomie du peuple japonais (*Nihon minzoku*) *via* son « éveil (*jikaku*) », terme souvent utilisé.

Au-delà de ce consensus politique, le mouvement fut de nature à relier d'un côté la politique de contrôle des naissances lancée sous les forces d'occupation américaines, qui se transforma en une politique de planning familial dont l'effectivité dépendait largement de l'éducation de chacun, et de l'autre l'intérêt d'une population assoiffée de connaissances et révoltée après la politique répressive contre le contrôle des naissances, menée durant la guerre de Quinze Ans[101]. En effet, les épouses des années 1950 étaient nées et avaient grandi pendant la guerre de Quinze Ans, soit à une époque où l'ignorance dans le domaine du contrôle des naissances fut « fabriquée ». Le rôle des professionnels fut déterminant. En l'occurrence, ce furent les sages-femmes qui furent « rééduquées » afin de pallier à ce manque. En effet, formées

---

[99] Sur ces cas précis, voir Toshinobu Kato et Takeshi Takahashi, *Family Planning in Industry, with Experience in Japan - A Draft Report to ILO*, 1970, p. 86.
[100] Matsuda Shinobu analyse que les oppositions ne se faisaient pas entre les conservateurs (parti démocrate, parti libéral) et les réformistes (gauche), mais plutôt entre la fraction de droite du parti réformiste (la fraction de gauche, représentée par les syndicats, était contre ce mouvement), et le parti démocrate. Voir Shinobu Matsuda, *op. cit.*, p. 54.
[101] Yasuko Tama, *op. cit.*

exclusivement « pour donner la vie » sous le régime du Code pénal de 1907 et des lois relatives aux corps médicaux, elles durent suivre des formations sur les techniques contraceptives pour pouvoir accomplir cette nouvelle mission.

Au sein des entreprises, l'accent fut mis sur la diffusion des techniques contraceptives auprès des femmes, ce qui contribua à conférer davantage d'autonomie à celles-ci, mais aussi à fixer les normes de séparation sexuelle des tâches. En effet, alors que les mouvements rencontrèrent un rejet de la part de certains syndicats, ils trouvèrent un accueil très favorable dans les associations des épouses. Notons que ces mouvements avaient de ce fait comme objet une population non employée (épouses des employés), et des cadres spatio-temporels en dehors du travail (la vie familiale). Le planning familial suscita une baisse de la fécondité dès les années 1950 qui n'aurait probablement pas connu le même impact sans cette complicité entre l'aspiration des familles à un bonheur raisonnable, à savoir la stabilité de la vie ou l'espoir dans une vie future, et les objectifs de l'État ou des entreprises pour un redressement national recourant à l'industrie[102].

Résultats chiffrés (Entreprise sidérurgique de Kawasaki)

	Pratiquants d'une technique contraceptive	Nombre de grossesses	Nombre de naissances
1953	39,7%	238	154
1954	56%	67	25

La répartition sexuelle des tâches va jusqu'à séparer la formation des moniteurs de celle des monitrices (*seikatsu shidô fukyûin*) dans le cadre de l'Association pour une vie nouvelle (*Shinseikatsu undô kyôkai*). Dans un premier temps, la formation des moniteurs/monitrices fut improvisée, et des sages-femmes furent envoyées en tant que monitrices aux entreprises-témoins. En 1955, le Centre de recherches sur les questions de la population (*Jinkô mondai kenkyûkai*) lança le premier stage de formation dans le domaine de la vie nouvelle (*Shinseikatsu shidô kanbu kôshûkai*), qui fut repris une fois par an par la suite. Les monitrices sont ainsi formées à propager de nouvelles pratiques dans la vie alimentaire, dans la tenue des comptes du foyer, ou de l'amélioration de la vie maritale (*kekkon kaizen*).

L'implication des femmes dans la formation sexuelle des tâches est également visible dans le cadre du Mouvement pour l'amélioration de la vie (*Seikatsu kaizen undô*). Alors que les hommes s'occupaient de l'amélioration des techniques agricoles et des travaux d'aménagement, les femmes

---

[102] Miho Ogino, « "Kazoku keikaku" eno michi - haisen Nihon no saiken to jutai chôsetsu » [La voie vers le planning familial - la reconstruction du Japon après la défaite et le contrôle des naissances], *Shisô* [Pensée], n° 925, 2001, p. 169-195.

s'occupaient de la vie quotidienne (vêtements de travail, nourriture, habitat)[103]. Or, pour marquer cette séparation, il fallait que la direction fût aussi menée par une femme. Ainsi, le premier responsable de la section d'amélioration de la vie dans le ministère de l'Agriculture (*Nôrinshô, seikatsukaizenka*) fut une femme, Yamamoto Matsuyo. De ses écrits, nous voyons pleinement sa conviction pour le rôle de la femme. Ainsi, en décrivant la vie d'une famille suédoise qu'elle a visitée, Yamamoto fait-elle l'éloge de la reconnaissance par le mari et le fils du « travail » de la femme qui consiste à préparer les repas et à s'occuper du foyer. Elle déplore le manque de respect et de reconnaissance chez les hommes japonais de ce type de travaux féminins, qui deviendraient un objet de mépris[104]. Nous pouvons y apercevoir le recours aux normes de séparation sexuelle, qui se fit certes sous l'égide des autorités centrales, mais pleinement menées par les femmes, pour les femmes[105]. Nous pouvons également lire des témoignages des femmes ayant vécu cette transformation d'une façon extrêmement libératrice, puisque la nouvelle structure de vie proposée était celle où la jeune épouse retrouvait une certaine dignité/autonomie pour le cas des familles agricoles, alors que dans les entreprises, la famille ainsi décrite excluait les beaux-parents.

Conclusion

Les Mouvements pour une vie nouvelle furent engagés sous la politique des Alliés, qui portèrent un modèle de répartition sexuelle des tâches « à l'américaine »[106]. Le leader du Mouvement pour la vie nouvelle de l'immédiat après-guerre, Sasamori Junzô (ministre d'État), avait écrit à ce sujet : « les épouses au sein du foyer, avec leur sens de planification et leur tendresse, maintiennent la santé et la pureté de la vie familiale et représentent la plus forte puissance pour sauver l'homme de la dépravation »[107]. Les femmes, investies d'une certaine mission dans la restauration de l'économie et de la productivité japonaises, devaient en particulier œuvrer dans les domaines familial et moral. Nagai Tôru le soulignait tout en se référant à la « nature de compassion (*dôjôsei*) » et à « l'esprit de charité et d'amour (*jihi jiai no seishin*) » des femmes[108].

---

[103] Voir le cas du village de Seba dans Sen.ichi Tanaka, *op. cit.*, p. 291.

[104] Matsuyo Yamamoto, *Kurashi no ronri - seikatsu sôzô eno michi* [Théorie de la vie - vers la création de la vie quotidienne], Tôkyô, Domesu shuppan, 1975, p. 15-19.

[105] L'idée du progrès social marque l'ensemble de ces mouvements (Sheldon Garon, *Molding Japanese Minds. The State in Everyday Life*, Princeton, Princeton University Press, 1997, p. 162-172).

[106] Masakatsu Ôkado (dir.), 2012, p. 12.

[107] Shinobu Matsuda, *op. cit.*, p. 33.

[108] *Ibid.*, p. 63.

Sans vouloir en faire une cause générale, il semble important de ne pas sous-estimer l'impact de cette période, de ces mouvements et de ce milieu sur la formation du genre au Japon. En avril 2014, Abe Shinzô, Premier Ministre, décréta l'accueil de travailleurs immigrés pour pallier au manque chronique d'auxiliaires de vie, le but étant d'assister les femmes dans les tâches ménagères afin de les « libérer » et de leur permettre de poursuivre leurs activités professionnelles après le mariage, ou après la naissance du premier enfant. Le nombre de ces femmes, désireuses de poursuivre le travail, fut évalué à plus de deux millions, une mesure qui devrait non seulement relancer l'économie, mais aussi - et surtout - la natalité.

Cette mesure n'est qu'un des exemples nombreux qui montrent que le changement du mode de fonctionnement au sein de la famille est une priorité politique aujourd'hui. S'agit-il pour autant de déconstruire le genre ? S'agit-il d'une remise en question d'une modalité « traditionnelle » de la répartition sexuelle des tâches ? Par la présente, nous espérons proposer un élément de réponse, ou, du moins de réflexion, à ces interrogations.

Bibliographie

FUJIME Yuki, *Sei no rekishigaku* [Histoire de la sexualité], Tôkyô, Fuji shuppan, 1997.

GARON Sheldon, *Molding Japanese Minds. The State in Everyday Life*, Princeton, Princeton University Press, 1997.

GORDON Andrew, « Managing the Japanese Household: The New Life Movement in Postwar Japan », *Social Politics*, vol. 4, n° 2, 1997, p. 245-283.

GORDON Andrew, « Gojûgonen taisei to shakai undo » [Le régime de 1955 et les mouvements sociaux], Rekishigaku kenkyûkai Nihonshi kenkyûkai (dir.), *Nihonshi kôza 10, Sengo Nihonron* [Cours de l'Histoire du Japon 10, Discours d'après-guerre sur le Japon], Tôkyô, Tôkyô daigaku shuppankai, 2005, p. 253-289.

OGINO Miho, « "Kazoku keikaku" eno michi - haisen Nihon no saiken to jutai chôsetsu » [La voie vers le planning familial - la reconstruction du Japon après la défaite et le contrôle des naissances], *Shisô*, n° 925, 2001, p. 169-195.

ÔKADO Masakatsu (dir.), *Shinseikatsu undô to Nihon no sengo* [Le Mouvement pour une vie nouvelle et l'après-guerre au Japon], Tôkyô, Nihon keizai hyôronsha, 2012.

TAMA Yasuko, « *Kindai kazoku* » *to bodî poritikkusu* [La « famille moderne » et la politique du corps], Kyôto, Sekai shisôsha, 2006.

TANAKA Sen.ichi (dir.), *Kurashi no kakumei - Sengo nôson no seikatsu kaizen jigyô to shinseikatsu undô* [La révolution de la vie quotidienne - le Mouvement pour l'amélioration de la vie et les Mouvements pour une vie nouvelle dans les villages agricoles après la défaite], Tôkyô, Nôbunkyô, 2011.

État civil d'une femme (1946-47) de Sata Ineko : fictions idéologique, juridique et littéraire

Tomomi OTA

Dans le roman *Aru onna no koseki* [État civil d'une femme], publié par Sata Ineko entre le 22 août 1946 et le 25 septembre 1947 dans le journal *Fujin minshu* [Journal démocratique des femmes][109], l'héroïne dont le prénom est Ine, raconte sa vie à ses enfants. Comme l'on raconte ses souvenirs à quelqu'un en tournant les pages d'un album de photographies, de même, l'héroïne raconte sa vie en regardant sa nouvelle fiche d'état civil établie juste après son changement de nom. Derrière les événements « officiels » de sa vie, tels que naissance, adoption, deux mariages et deux divorces enregistrés dans son état civil, se dissimulent ce que l'héroïne appelle « la lumière et l'ombre de [sa] vie »[110]. Ce roman, qui dénonce l'état civil comme cause de sexisme dans la société japonaise de l'époque, est considéré comme emblématique par Hasegawa Kei, chercheuse spécialiste de la littérature féminine au Japon moderne, notamment de Sata Ineko, car sa problématique est étroitement liée à la question contemporaine de l'utilisation de patronymes distincts des époux (*fûfu bessei*)[111].

---

[109] Le premier numéro de ce journal hebdomadaire, qui existe encore aujourd'hui, a été publié le 22 août 1946 par le Fujin minshu kurabu (Club démocratique des femmes) dont l'une des fondatrices était Sata Ineko.

[110] Ineko Sata, *Aru onna no koseki* [État civil d'une femme], dans *Sata Ineko Zenshû* [Œuvre intégrale de Sata Ineko], Tôkyô, Kôdansha, 1978, p. 156.

[111] Kei Hasegawa, *Sata Ineko ron* [Essai sur Sata Ineko], Tôkyô, Orijin shuppan sentâ, 1992, p. 244.

L'état civil de Meiji en tant que nouvelle tradition

Le système d'état civil en question dans ce roman est celui qui a été instauré en 1871 (an 4 de Meiji) et appliqué jusqu'à l'introduction du nouveau système en 1947, deux ans après la fin de la Seconde Guerre mondiale. L'état de Meiji met en place certains instruments nécessaires à l'établissement de son pouvoir parmi lesquels l'état civil (*koseki*), selon la Loi relative à l'état civil, *koseki-hô*, adoptée en 1871 et mise en vigueur l'année suivante[112]. Avec la promulgation du Code civil en 1898 qui instaure le système de la famille hiérarchique de l'*ie*[113], le rôle de l'état civil dans l'organisation familiale s'affirme progressivement[114].

L'état civil (*koseki*) de 1871 met en place un système de fiches d'état civil (*seki*) sur lesquelles chaque unité familiale (*ko*) est enregistrée. Le chef de famille ou « chef de feu » (*koshu*) est responsable de la famille sur le plan légal. Il est par exemple le détenteur du sceau familial[115]. Dans le Code civil, l'autorité du chef de famille est renforcée par la succession exclusive prioritairement accordée au fils aîné[116]. Ce système ressemble à celui en vigueur dans les familles de guerriers depuis le moyen âge : le chef de famille (*kachô*) y détenait un statut absolu[117] mais l'autorité du chef de famille de Meiji (*koshu*) reconnue sur le plan juridique n'était ni illimitée ni sacrée[118].

Il est possible de considérer ce système de l'*ie* instauré par l'état civil et le Code civil de Meiji comme une « tradition » entérinée par la loi. En effet, selon Nishikawa Nagao, l'état nation (comme la France après la révolution, ou le Japon après la restauration de Meiji) détruit d'un côté une tradition et un système anciens, tout en créant de l'autre « une nouvelle tradition » avec « l'allure du passé » dans le but de consolider la nouvelle communauté politique par une intégration intellectuelle et idéologique[119]. Le système de la

---

[112] Collectif, « Panorama général des discours sur la famille dans le Japon des ères Meiji et Taishô (1868-1926) », dans Christian Galan et Emmanuel Lozerand (dir.), *La Famille japonaise moderne (1868-1926) : Discours et débat*, Arles, Philippe Picquier, 2011, p. 41.

[113] Dans l'ancien Code civil de 1898, c'est la communauté placée sous l'autorité du chef de famille (*koshu*), constituée par celui-ci et l'ensemble des membres de la famille. *Cf.* collectif, « Dire la 'famille' dans le Japon moderne et contemporain », dans *La Famille japonaise moderne (1868-1926) : Discours et débat*, *op. cit.*, p. 587.

[114] *Ibid.*, p. 44.

[115] *Ibid.*, p. 42-43.

[116] Isabelle Konuma, « Redéfinir l'*ie* dans une logique juridique », dans *La Famille japonaise moderne (1868-1926) : Discours et débat*, *op. cit.*, p. 142.

[117] Collectif, « Panorama général des discours sur la famille dans le Japon des ères Meiji et Taishô (1868-1926) », *op. cit.*, p. 43, et « Dire la 'famille' dans le Japon moderne et contemporain », dans *La Famille japonaise moderne (1868-1926) : Discours et débat*, *op. cit.*, p. 595

[118] Isabelle Konuma, *op. cit.*, p. 142.

[119] Nagao Nishikawa et Hideraru Matsumiya (dir.), *Bakumatsu Meiji-ki no kokumin kokka keisei to bunka henyô* [La formation de l'État-nation et les bouleversements culturels de la fin de l'époque d'Edo et de l'ère Meiji], Tôkyô, Shin.yôsha, 1995, p. 16.

famille japonaise instauré par l'état civil et le Code civil de Meiji serait ainsi une « nouvelle tradition » de l'époque moderne ayant « l'allure du passé ».

Que signifie alors cette nouvelle « tradition » qu'est l'état civil, dans la vie d'une femme japonaise avant 1947 ? Quelle force et quelle influence exerce-t-elle sur les choix d'une femme tout au long de sa vie ? Nous proposons d'observer cette nouvelle tradition au prisme du récit que fait l'héroïne à partir de son état civil.

Naissance

L'héroïne de ce roman est écrivain. L'histoire s'ouvre sur l'arrivée de son frère cadet à la maison. Il lui apporte la fiche d'état civil sur laquelle figure son nouveau nom : Tajima Ine. Elle ouvre l'enveloppe :

« Comme si elle recevait des photographies que l'on avait fait développer, Ine sortit la fiche d'état civil de l'enveloppe et la déplia :
Oh là là ! Ils ont dû ajouter une feuille car ils ne pouvaient pas tout indiquer sur une seule fiche, s'exclama Ine en riant[120] ».

Il y avait eu tellement de changements de situation dans sa vie qu'il avait fallu coller une autre feuille sur la fiche. Outre le format peu ordinaire de sa fiche d'état civil, le contenu en était inhabituel car elle « reprenait la maison administrativement abolie (*haika* 廃家)[121] dans son nouvel état civil et devenait chef de famille (*koshu*) d'un foyer dont elle était le seul membre »[122].

Sur la fiche, figuraient dans la case des parents les noms : « Tanaka Umetarô et Asa, décédés », et à côté, il était noté qu'elle était « la fille adoptive de Tahara Kiyofumi et Yuki, décédés ». Tels étaient les parents biologiques et les parents d'adoption déclarés sur sa fiche d'état civil, ce qui ne correspondait pas à la réalité.

« Tahara Kiyofumi et Yuki, parents d'adoption sur le registre d'état civil, étaient de fait les vrais parents d'Ine. Une fausse déclaration de naissance avait été faite. Tanaka Umetarô et Asa étaient en réalité le frère cadet de la grand-mère d'Ine, et son épouse, c'est-à-dire les oncle et tante de Kiyofumi[123] ».

---

[120] Ineko Sata, *op. cit.*, p. 156.
[121] Sur la maison administrativement abolie (*haika* 廃家), voir l'article 762 du Code civil de l'époque (avant la révision en 1947). Sur le rétablissement de la maison administrativement abolie (*hai-zekka saikô* 廃絶家再興), voir les articles 740, 743, 744, 762 du Code civil ainsi que l'article 146 de l'ancienne Loi relative à l'état civil. *Cf. Shintai sôgô chûshaku : Dai roppô zensho* [Recueil des six lois avec annotation, nouvelle édition], Tôkyô, Yûhikaku, 1940 (1945).
[122] Ineko Sata, *op. cit.*, p. 156.
[123] *Ibid.*, p. 158. Voir le schéma généalogique que nous avons établi à la fin de cet article.

Quand la mère (Tahara Yuki) avait accouché d'Ine, elle avait seize ans et son père avait dix-neuf ans. La mère était encore lycéenne. Leurs familles s'étant opposées à leur mariage, ils n'avaient pas pu déclarer la naissance de leur fille née le 1er juin. Ils avaient choisi de l'appeler <u>Fumi</u>ko en reprenant une partie du prénom du père : Kiyo<u>fumi</u>.

Elle fut déclarée à l'état civil le 25 septembre de la même année en tant que « fille aînée (*chôjo*) de Monsieur et Madame Tanaka Umetarô » avec le prénom Ine, comme « le riz (Ine) dans la rizière (signification du patronyme Ta-naka) »[124]. En dépit de son nom, Tanaka Ine a été élevée par ses parents biologiques. Monsieur et Madame Tanaka n'étaient que des parents en titre. Lorsque Ine est entrée à l'école primaire, elle a été adoptée par ses vrais parents. Elle est alors devenue Tahara Ine pour l'état civil.

Deux ans après, son frère Kiyoto est né. Sa mère Yuki est morte à l'âge de vingt-trois ans ; Ine avait huit ans.

Quatre lignes sont consacrées à l'adoption d'Ine sur sa fiche d'état civil. La vie d'Ine dans l'état civil débute ainsi avec des parents fictifs et une adoption fictive.

Mariage

Les trois lignes suivantes décrivent le mariage d'Ine à l'âge de vingt-et-un ans. En regardant la fiche d'état civil, l'héroïne plonge dans un abîme de réflexion :

« Depuis toujours, le nom d'une femme était transféré depuis la fiche d'état civil de son père sur celle de son mari, et une fois mariée le destin d'une femme était scellé jusqu'à sa mort. Tel était le bonheur auquel pouvait aspirer une femme. Aucune autre possibilité ne lui était accordée. Par exemple, Ine avait accouché de trois enfants, mais quand elle a été radiée de l'état civil de son mari, le lien entre elle et ses enfants n'était aucunement indiqué sur son nouvel état civil.

Pour constater qu'Ine était la mère de ses enfants, il fallait consulter la fiche d'état civil du père de l'enfant[125] ».

---

[124] *Ibid.*, p. 160.

[125] *Ibid.*, p. 162. Aujourd'hui encore, l'enfant enregistré sous le nom d'état civil du père au moment de sa naissance y reste après le divorce même si l'autorité parentale (親権) et le droit de garde (監護権) de cet enfant sont accordés à la mère. Il faut demander le changement du nom de famille de l'enfant (子の氏の変更許可申立書) au tribunal des affaires familiales (家庭裁判所), et s'il est autorisé, on peut enregistrer l'enfant sur la fiche de sa mère. Sous l'ancien Code civil, pour transférer l'enfant de l'état civil du père vers celui de la mère, il fallait l'accord des chefs de famille des deux maisons (*ie*). (*Cf.* article 737) De plus, comme la fiche d'état civil d'avant-guerre était en général composée de trois générations, et que, par conséquent, le père de l'enfant n'était souvent pas le chef de famille, il était très difficile de faire procéder à ce changement avec le seul accord des parents de l'enfant. Dans tous les cas, l'autorité parentale

Le fait de passer de la fiche d'état civil du père à celle de son mari, et de mourir en laissant son nom dans la fiche de son mari, autrement dit, de se marier et de rester mariée jusqu'à sa mort, était considéré comme le destin et le bonheur de femmes. Tel était l'usage conventionnel et traditionnel en matière d'état civil de la femme. Ine trouve ce système bien « étrange »[126] ; cependant, bien qu'elle ait divorcé deux fois et soit devenue chef de famille, détentrice de sa propre fiche d'état civil, elle ne nie pas pour autant la valeur d'une femme en tant qu'épouse. Elle se sent « publiquement fière que son premier mariage ait été déclaré [au registre d'état civil] peu après la cérémonie nuptiale »[127]. Elle se demande pourquoi elle regarde la date de déclaration de son mariage à la mairie comme l'attestation de quelque chose.

« De quoi voudrais-je que cela atteste ? sourit Ine amèrement en analysant sa propre pensée. En reconnaissant la lamentable vanité de femme qui continuait à loger dans son cœur encore aujourd'hui, Ine prend conscience [du poids] de l'Histoire de la vie des femmes. Le mariage d'Ine avait commencé, contrairement à celui de sa mère qui avait accouché d'elle à l'âge de seize ans, par une proposition de mariage arrangé par son entourage comme pour la plupart des filles. Ine s'est aussitôt pliée à cet arrangement. Elle s'est ainsi conformée au sens commun de la société[128] ».

Aujourd'hui encore, elle ne cache pas sa « lamentable vanité de femme » : elle est fière d'avoir été une femme mariée légitime bien qu'elle suive maintenant un chemin inverse au sens commun de la société.

Ce flottement entre deux idées conflictuelles serait ce que Nathalie Heinich analyse en tant qu'« ambivalence » de la femme moderne émancipée. Il s'agit de l'ambivalence entre le bonheur qu'est l'absence d'entraves et le malheur qu'est le manque d'attaches, entre la conquête triomphante de l'autonomie et l'inquiétude face au manque de repères identitaires, entre la joie et la peur de la liberté[129].

étant attribuée au père en principe, et l'enfant étant considéré comme appartenant à la maison (*ie*) de son père, il était extrêmement rare que l'enfant réintègre l'état civil de sa mère même si cela était théoriquement possible.

[126] Ineko Sata, *op. cit.*, p. 162.

[127] *Id.*

[128] *Ibid*, p. 162-163.

[129] Nathalie Heinich, *États de femme : L'identité féminine dans la fiction occidentale*, Paris, Gallimard, 1996, p. 303-304, et Nathalie Heinich, *Les ambivalences de l'émancipation féminine*, Albin Michel, 2003, p. 51-78. Au lieu du terme « femme libre », ou « femme émancipée », elle utilise le terme « femme non liée ». Selon elle, la femme « non liée » émerge à la suite de l'ancien ordre des « états de femmes » qui régnait jusqu'à la Première Guerre mondiale : celui où l'on était soit une « première » (femme mariée légitime), soit une « seconde » (maîtresse illégitime), soit une « tierce » dont l'indépendance économique se paie d'un renoncement à la vie sexuelle. (2003, p. 1-2)

C'est son chef de service dans l'entreprise où elle travaillait qui lui a proposé un mari : Kasai Iwao. Il était encore étudiant, mais ses parents étaient décédés, et son frère aîné ayant été déshérité (*haichaku* 廃嫡)[130], il était le chef de famille (*koshu*). Sa famille voulait choisir une bru sur laquelle ils pourraient compter en raison de la situation foncière compliquée du fait du frère déshérité. Ine, tombée dans un complet dénuement quand elle était jeune fille, avait travaillé sérieusement depuis, et ce mariage représentait une grande chance de sortir de la lassitude qu'elle éprouvait à l'égard de sa vie de « jeune fille de bonne conduite »[131]. Elle avait alors décidé d'épouser cet homme comme les filles ordinaires qui « mènent une vie conjugale normale après avoir accepté un rendez-vous arrangé (en vue d'un mariage) »[132]. Elle est ainsi devenue Kasai Ine.

Vie conjugale

Le mari d'Ine, Kasai Iwao, « manquait terriblement de confiance en soi »[133]. Il pensait qu'on l'avait forcé à devenir « gardien de la fortune » de sa famille et que sa femme l'avait épousé pour ses biens. Pour ce qui est de l'état civil, il pensait qu'il faisait une faveur à Ine en l'intégrant dans son état civil. À cause de cette attitude d'Iwao, cette faveur ne lui procurait aucune joie[134]. Iwao était morne, jaloux, et parfois violent. Il avait pourtant peur qu'Ine le laisse seul. Quand Ine est tombée enceinte, il lui a demandé la preuve qu'il était le père de l'enfant. Ne pouvant plus supporter son mari, Ine a fugué la veille du Nouvel an et est arrivée à Kisarazu, une ville au bord de la mer au sud-est de Tôkyô. Elle a cependant écrit dans le registre de l'auberge où elle a séjourné son adresse et son nom, Kasai Ine, en utilisant le nom de famille du mari qu'elle voulait quitter.

« Elle ne voulait pas écrire un faux nom. Ine n'était plus Tahara Ine ; elle était assurément Kasai Ine. Ine ne trouvait pas cela particulièrement étrange ; au contraire, elle se sentait rassurée en quelque sorte. Certes, elle s'était enfuie de la maison Kasai, mais, face au monde, porter le nom de son mari la rassurait[135] ».

Nous retrouvons ici encore l'ambivalence féminine entre liberté et sécurité, « entre l'aspiration à l'autonomie et le respect des règles morales dans

---

130 Ineko Sata, *op. cit.*, p. 164. Sur le déshéritement (*haijo* 廃除, *haichaku* 廃嫡), voir l'article 975 du Code civil.
131 *Ibid.*, p. 164.
132 *Ibid.*, p. 165.
133 *Ibid.*, p. 166.
134 *Ibid.*, p. 167.
135 *Ibid.*, p. 170.

lesquelles elles ont été éduquées »[136]. La conscience d'Ine est modelée sur celle d'un monde qui protège et respecte le statut d'épouse légitime.

Après quelques jours de fugue, c'est chez son mari, et non chez ses parents qu'elle est rentrée car « une fois mariée et entrée dans une autre famille », elle ne pouvait plus considérer la maison de ses parents comme sa propre maison. C'est parce qu'elle pensait très fort que « la position traditionnelle de la femme était de perdre sa place en quittant la maison (*ie*) de ses parents pour intégrer celle de son mari »[137]. Son désir de liberté et sa détermination à commencer une nouvelle vie n'étaient pas facilement conciliables avec les valeurs inculquées par ses parents et la société. Ce dilemme a suscité en elle le sentiment d'être « enchaînée à la maison (*ie*) de Kasai »[138] et l'a conduite à faire une tentative de suicide à l'aide de somnifères.

Décrire une femme comme un martyr des valeurs conventionnelles et traditionnelles est somme toute assez banal. Mais la force de ce roman réside aussi dans le fait que la femme n'est pas la seule victime de cette institution de la famille japonaise *ie* garrottée par l'état civil et le Code civil. Iwao avoue sa souffrance à Ine :

> « Je suis victime de cette maison (*ie*) qui a fait de moi l'homme que je suis. On m'a fait gardien de fortune, et je suis devenu si méfiant que je ne peux même pas faire confiance à ma femme[139] ».

Ce passage nous semble original car il suggère que les hommes peuvent être également victimes du système familial de l'époque, au lieu de les stigmatiser comme ennemis extérieurs des femmes, au même titre que la société.

Désespérés, ils commettent une tentative de double suicide en absorbant des somnifères. Après avoir repris connaissance, Ine est confiée à son père et sa nouvelle femme (donc sa belle-mère). Ce fut le début de la fin de la vie conjugale d'Ine et Iwao.

Divorce

Malgré deux tentatives de suicides, Ine a accouché d'une fille, Yôko, en bonne santé, et en dépit de la résistance d'Iwao, Ine décide de divorcer. Dans le Code civil de l'époque, il existait deux modalités de divorce : le « divorce

---

[136] Nathalie Heinich, 2003, p. 84.
[137] Ineko Sata, *op. cit.*, p. 173.
[138] *Id.*
[139] *Ibid.*, p. 175.

par consentement mutuel » et le « divorce judiciaire » [140]. Ine choisit la première.

Le problème qu'elle dut affronter concernait le droit de garde de leur fille car « l'autorité parentale » (*shinken*) était attribuée au père dans le Code civil[141]. À cause de cette « absurdité de la loi »[142], si Iwao insistait pour exercer sa garde, Ine aurait à faire un choix difficile : soit rester mariée avec lui, soit se séparer de sa fille. La négociation est confiée à des avocats. En attendant le divorce, Ine a commencé à travailler comme serveuse dans un café, où elle rencontre Makise Kichinosuke, son futur deuxième mari. Ils commencent à vivre ensemble alors qu'Ine est encore mariée au niveau de l'état civil. Ine et sa fille Yôko sont finalement radiées de la fiche d'état civil de Kasai Iwao ; Ine réintègre l'état civil de son père et redevient donc Tahara Ine, son quatrième nom officiel.

Yôko étant l'héritière de la maison Kasai, pour la radier de la fiche d'état civil familiale, son père Iwao a dû adopter un garçon à qui était conférée la succession exclusive. En apprenant cette procédure, Ine s'est dit que les complications de la loi relative à l'état civil (*koseki-hô*) étaient dues à des questions d'argent[143]. Par ailleurs, Yôko est devenue fille adoptive de Tahara Kiyofumi ; la mère et la fille sont ainsi devenues juridiquement sœurs.

Deuxième mariage

Makise Kichinosuke était un écrivain engagé dans le mouvement prolétarien. Encouragée par des amis de celui-ci, Ine a commencé à écrire des œuvres littéraires, et à publier sous le nom de Makise Ine, qui deviendra son cinquième nom officiel, avant qu'elle soit réellement enregistrée sur la fiche d'état civil de la maison Makise. Elle « avait plaisir à utiliser le nom de Makise » [144]. À ce stade, Ine n'était pas encore sensible au sexisme de l'institution matrimoniale, mais c'est au cours de ce deuxième mariage que sa conscience féministe prendra forme progressivement.

Dans la description du deuxième mariage, il y a quelques épisodes qui concernent la loi. Son second mari, Makise Kichinosuke, n'était pas chef de famille (*koshu*) ; c'est son frère aîné qui avait l'autorité. Quand leur premier enfant Kenzô est né, Ine trouvait gênant d'avoir toujours à demander le sceau

---

[140] Isabelle Konuma, « Le statut juridique de la femme mariée pendant l'ère Meiji », dans *La Famille japonaise moderne (1868-1926) : Discours et débat, op. cit.*, p. 405. Sur le divorce de l'époque, voir aussi l'article 808 à l'article 819 du Code civil.
[141] Voir l'article 877 du Code civil.
[142] Ineko Sata, *op. cit.*, p. 184.
[143] *Ibid.*, p. 189. Nous n'avons pas pu retrouver les articles qui correspondent exactement à cette description. Il faudrait sans doute vérifier les jurisprudences de l'époque.
[144] *Ibid.*, p. 191.

du chef de famille même pour des formalités concernant leur fils. Elle a donc proposé à son mari d'établir une famille (*ie*) séparée (*bunke*)[145], mais il s'y est opposé :

« La loi japonaise est familialiste. Si je suis arrêté, mon frère aîné peut aussi demander ma libération. La meilleure façon est de s'impliquer en tant que frère aîné, épouse, enfant etc. en s'appuyant sur la cause familialiste [du système][146] ».

Comme il était susceptible d'être arrêté en raison de ses activités politiques, il trouvait commode d'avoir beaucoup de parents membres de la famille qui puissent faire une demande administrative pour sa libération car, selon lui, le système juridique japonais accordait une grande importance à la famille en tant que valeur sociale.

Un autre épisode témoigne de la place de la femme au regard de la loi japonaise. Après l'emprisonnement et la libération de son mari, Ine a dû emprunter de l'argent à une caisse d'épargne populaire à la place de son mari qui avait perdu toute crédibilité auprès des banques. En lisant la reconnaissance de dette, elle s'est esclaffée :

« J'ai besoin de ton sceau pour emprunter de l'argent.
Oui, car au Japon l'épouse est considérée comme juridiquement incapable », dit Kichinosuke comme s'il voulait dire « la législation japonaise est absurde[147] ».

Le second mariage d'Ine était un mariage d'amour, contrairement au mariage de convenance avec son premier mari. « Le principe de la monogamie dans le système d'état civil est stipulé pour assurer la pérennité de la famille *ie*, mais pour Ine et son mari [Kichinosuke], l'idée de la monogamie était fondée sur l'amour »[148]. C'est pour cette raison que lorsque Kichinosuke s'est épris d'une autre personne, pour eux qui considéraient le mariage comme preuve de leur relation amoureuse, il n'y avait pas d'autre choix que de se séparer[149]. Finalement, Kichinosuke est retourné chez Ine, mais depuis lors

---

[145] Voir les articles 731 et 743 du Code civil.
[146] Ineko Sata, *op. cit.*, p. 192.
[147] *Ibid.*, p. 197.
[148] *Ibid.*, p. 202. Ils seraient influencés par le discours sur l'amour de l'ère Taishô chez les intellectuels comme Kuriyagawa Hakuson, qui prônaient l'union de l'âme et du corps dans l'amour (*reiniku icchi*) et le mariage d'amour (*ren.ai kekkon*). Sur ce point, voir notre étude « Quand les femmes parlent d'amour… : Le discours sur l'amour dans *Seitô* », *Ebisu*, n° 48, automne-hiver 2012, p. 101-118.
[149] Selon Nathalie Heinich, quand la sexualité, qui était la compétence des « secondes » (maîtresses illégitimes), devient un constituant de l'identité féminine même pour les « premières » (épouses légitimes), en cas d'infidélité du partenaire, elle « remet en cause l'identité de l'épouse comme objet de désir, alors que *traditionnellement* elle se définissait par

s'est installée « une certaine lourdeur »[150] entre eux. D'ailleurs, Ine désirait à l'époque « une vie dans laquelle sa vie professionnelle pourrait s'épanouir librement »[151]. Elle a ainsi commencé à éprouver la difficulté de concilier son statut de femme, considéré comme inférieur à celui de son mari au sein du couple marié, avec son identité professionnelle d'écrivain.

Entre temps, la guerre s'est intensifiée. Pendant cette période, Ine est envoyée par des médias sur les champs de bataille en Chine et en Asie du Sud-Est, pour aller voir les soldats japonais. Mais elle « n'a pas pris conscience du fait qu'en se rendant sur les champs de bataille, en tant qu'écrivain, elle en était venue à faire la propagande de la guerre »[152].

Deuxième divorce et changement de nom

Le 5 mai 1945, Ine et Kichinosuke ont divorcé « par consentement mutuel » et le divorce a été déclaré à l'état civil[153].

Après son divorce, Ine est retournée dans l'état civil de sa famille d'origine, et s'est appelée de nouveau Tahara Ine (son sixième nom officiel) mais pour publier ses écrits, elle utilisait encore le nom de Makise Ine. C'est avec ce nom qu'elle a obtenu son identité sociale et professionnelle, mais il ne correspond plus à son état civil. Ceux qui connaissaient l'écrivain Makise Ine ne la reconnaîtraient pas sous son patronyme Tahara ; de plus, dans l'état civil de la famille Tahara, c'est maintenant son frère cadet qui est chef de famille. Dans cette situation ambiguë, elle ne parvient pas à trouver sa place, ni sous le nom de Makise, ni sous le nom de Tahara. Par la suite, elle parle à son frère de sa décision de prendre un autre nom :

« Je vais, comme je l'envisageais avant, reprendre l'état civil de mon oncle. On m'a dit qu'il fallait demander le rétablissement de la maison administrativement abolie (*haika saikô*). [...] C'est embêtant de devoir te demander ton sceau de chef de famille chaque fois que je fais quelque chose[154] ».

---

d'autres qualités. D'où la fréquence des divorces pour cause d'infidélité ». (C'est nous qui soulignons.) Nathalie Heinich, 2003, p. 16.

[150] Ineko Sata, *op. cit.*, p. 203.

[151] *Ibid.*, p. 200.

[152] *Ibid.*, p. 205. La question de la responsabilité des écrivains durant la guerre est l'un des thèmes chers à Sata Ineko dans ses textes d'après-guerre. Nous nous contentons ici de le mentionner compte tenu de la nature et de la brièveté de cette présence étude.

[153] *Ibid.*, p. 199.

[154] *Ibid.*, p. 210

Elle a ainsi décidé de « briser elle-même l'absurdité de l'état civil »[155]. En même temps, dans la société japonaise après la Seconde Guerre mondiale, « les droits de l'homme, l'égalité entre homme et femme, et la liberté »[156] commençaient à être établis. L'héroïne aurait pu attendre le changement du Code civil qui allait mettre fin au système de la famille hiérarchique de l'*ie*, mais elle « n'a pas renoncé à son projet de devenir chef de famille »[157]. Elle s'appelle enfin Tajima Ine, le septième nom officiel dans la vie d'Ine.

« Pour Ine qui avait brisé le système avec témérité en acquérant puis en abandonnant le statut d'épouse, ceci [le changement de la société] aurait dû être un changement triomphant. Mais Ine n'avait pas renoncé à son projet de devenir chef de famille. Elle sentit en elle-même une sorte d'opiniâtreté, comme quelqu'un qui ne peut s'arrêter de lutter contre de vieilles choses[158] ».

Au lieu d'attendre que le problème soit résolu par le jeu des forces extérieures, elle veut prendre l'initiative de redéfinir et recréer sa vie elle-même par le biais de ce même état civil qui l'a, jusque là, enchaînée et tourmentée.

Trois fictions : tradition, état civil et roman

Ine a ainsi changé de nom de famille plusieurs fois dans sa vie. Ses noms étaient soit empruntés aux pères (Tanaka puis Tahara) soit aux maris (Kasai puis Makise). Cette pluralité signifie l'absence d'un nom qui lui soit vraiment propre, autrement dit l'absence d'identité autonome[159]. Le choix d'un nom de famille « Tajima » qui n'est ni celui de ses pères ni de celui de ses maris marque sa forte volonté d'émancipation. Elle veut inventer sa propre identité

---

[155] *Id.*

[156] *Ibid.*, p. 212.

[157] *Id.* En réalité, la nouvelle Constitution étant promulguée en novembre 1946 et mise en vigueur en mai 1947, le nouveau Code civil et la nouvelle loi relative à l'état civil également ont été promulgués en décembre 1947. Pendant la publication de ce roman dans le journal *Fujin minshu shinbun* entre le 22 août 1946 et le 25 septembre 1947, des articles sur la nouvelle Constitution et le nouveau Code civil ont été souvent publiés : « Comment le Code civil a été modifié : libération des femmes de la famille « ie », 31 août 1946, « Bientôt la promulgation de la nouvelle Constitution : vers l'égalité hommes-femmes » , 31 octobre 1946, « Fondement de l'égalité hommes-femmes : amorce du nouveau Code civil », 31 octobre 1946, « Nouveau projet du Code civil correspondant à la nouvelle Constitution : que deviendront le mariage et le divorce ? », 13 mars 1947, « Brillants société et tribunaux : formation du Code civil et pénal, grand espoir pour les femmes », 13 mars 1947, « Comment le Parlement va juger : l'abolition de la famille « ie » signifie la libération des femmes : que le nouveau Code civil soit démocratique », 29 mai 1947, « Que devient le crime adultère ? », 21 août 1947.

[158] *Id.*

[159] *Cf.* Nathalie Heinich, 2003, p. 70.

à l'aide de son nouveau nom de famille et de son nouveau statut en tant que chef de famille (*koshu*). Ce nouveau nom signifie pour l'héroïne une double création identitaire, à la fois juridique et professionnelle, car Tajima Ine est non seulement son nouveau nom d'état civil, mais aussi son nouveau nom de plume.

L'état civil est, comme nous l'avons vu au début de cette étude, une nouvelle tradition de l'époque moderne. Cette « tradition inventée » serait donc une idéologie fictive. D'ailleurs, l'état civil lui-même est par sa nature une sorte de fiction[160]. L'état civil est créé en fonction de déclarations qui ne reflètent pas forcément la vraie vie d'une personne, comme c'est le cas de l'héroïne de ce roman dont les parents déclarés sur l'état civil ne sont que des parents nominaux, donc fictifs. L'héroïne tente de reconstruire sa vie par le biais du pouvoir de cette « fiction » idéologique et juridique, autrement dit la « tradition » définie par la loi qu'est l'état civil. Au lieu de fuir l'état civil qui a pesé sur elle depuis sa naissance, elle décide ainsi de l'affronter et de transformer la cause de ses ennuis en arme pour pouvoir prendre sa vie en main. Ine, qui n'avait pas le statut d'enfant légitime d'un couple marié à sa naissance, aurait éprouvé le besoin de sortir de son statut marginal et d'établir sa représentation légitime et positive au moyen du statut de chef de famille.

La vie mouvementée d'Ine n'est rien d'autre que celle de l'auteure de ce roman, Sata Ineko[161]. Bien que les noms des personnages ne soient pas identiques, l'histoire de l'état civil mise en scène dans cette œuvre est celle de l'auteure. C'est la vraie vie de Sata Ineko racontée sous forme de fiction romanesque[162]. Comme l'héroïne Ine qui s'invente une autre identité après son divorce en créant un nouvel état civil, l'écrivain Sata Ineko tente, nous semble-t-il, de reconstruire sa vie d'écrivain après ses actes pendant la guerre. En retraçant son parcours de femme et sa trajectoire d'écrivain à travers la fiction

---

[160] Selon le « fictionnalisme » (Fictionalismus) de Hans Vaihinger, mis en scène dans la nouvelle *Kanoyôni* de Mori Ôgai (in *Chûô kôron*, janvier 1912), les concepts mathématiques, chimiques, religieux, juridiques (telle la volonté autonome) sont en fait des fictions, mais ils fonctionnent à condition qu'on les traite comme s'ils existaient. Hans Vaihinger, *Die Philosophie des Als-Ob*, Stuttgart, 1911, dans Miharu Nakamura, *Fikushon no kikô* [Mécanisme de la fiction], Hitsujishobô, 1994, p. 79. Ôgai Mori, *Ôgai Zenshû* [Œuvre intégrale de Mori Ogai], t. 10, Tôkyô, Iwanami shoten, 1972, p. 69-72.

[161] Le nom Sata (佐田) de l'écrivain est le nom de son oncle qu'elle a choisi en devenant chef de famille. Son nom d'état civil est Sata Ine (佐田イネ) et son nom de plume devient Sata Ineko (佐多稲子). Hiroko Kobayashi (éd.), *Sata Ineko*, Tôkyô, Nichigai asoshiêtsu, 1994, p. 243.

[162] Les circonstances de la naissance de l'écrivain sont en réalité plus compliquées que celles décrites dans ce roman. Elle a d'abord été déclarée comme enfant naturelle (illégitime) de Yamamoto Masa (« Asa » dans ce roman), puis après le mariage de Masa avec Tanaka Umetarô, frère cadet de la grand-mère d'Ine, Ine a été déclarée comme leur première fille. La découverte de ces faits est racontée dans *Toki ni tatsu* [Face au temps qui passe, 1976], un recueil de récits d'inspiration autobiographique.

littéraire, Sata Ineko semble avoir voulu contempler sa vie, affronter la vérité, admettre ses torts et assumer la responsabilité de ses actes, pour pouvoir par la suite rebâtir sa nouvelle identité littéraire.

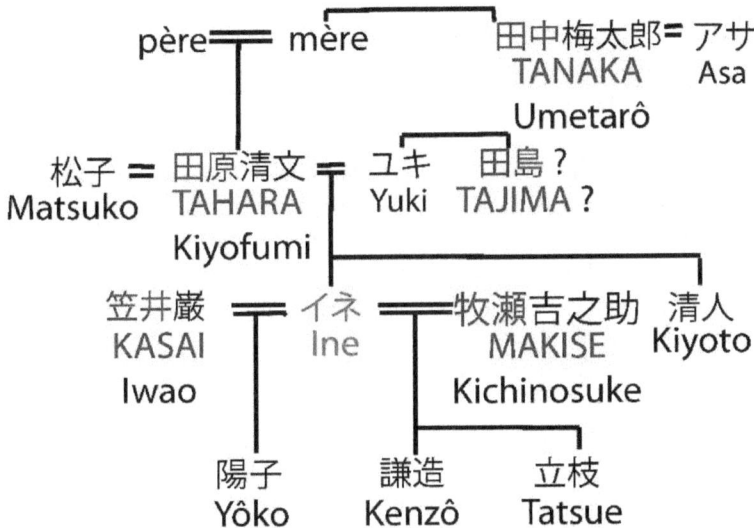

Bibliographie

Collectif, « Panorama général des discours sur la famille dans le Japon des ères Meiji et Taishô (1868-1926) », dans Christian Galan et Emmanuel Lozerand (dir.), *La Famille japonaise moderne (1868-1926) : Discours et débat*, Arles, Philippe Picquier, 2011, p. 35-89.

Collectif, « Dire la 'famille' dans le Japon moderne et contemporain », dans *La Famille japonaise moderne (1868-1926) : Discours et débat*, p. 585-627.

HASEGAWA Kei, *Sata Ineko ron* [Essai sur Sata Ineko], Tôkyô, Orijin shuppan sentâ, 1992.

HEINICH Nathalie, *États de femme : L'identité féminine dans la fiction occidentale*, Paris, Gallimard, 1996.

HEINICH Nathalie, *Les ambivalences de l'émancipation féminine*, Paris, Albin Michel, 2003.

KOBAYASHI Hiroko (éd.), *Sata Ineko*, Tôkyô, Nichigai asoshiêtsu, 1994.

KONUMA Isabelle, « Redéfinir l'*ie* dans une logique juridique », dans *La Famille japonaise moderne (1868-1926) : Discours et débat*, p. 135-145.

KONUMA Isabelle, « Le statut juridique de la femme mariée pendant l'ère Meiji », dans *La Famille japonaise moderne (1868-1926) : Discours et débat*, p. 391-409.

MORI Ôgai, *Ôgai Zenshû* [Œuvre intégrale de Mori Ogai], t. 10, Tôkyô, Iwanami shoten, 1972.

NAKAMURA Miharu, *Fikushon no kikô* [Mécanisme de la fiction], Hitsujishobô, 1994.

NISHIKAWA Nagao et Matsumiya Hideraru (dir.), *Bakumatsu Meiji-ki no kokumin kokka keisei to bunka henyô* [La formation de l'État-nation et les bouleversements culturels de la fin de l'époque d'Edo et de l'ère Meiji], Tôkyô, Shin.yôsha, 1995.

SATA Ineko, *Aru onna no koseki* [État civil d'une femme], dans *Sata Ineko Zenshû* [Œuvre intégrale de Sata Ineko], Tôkyô, Kôdansha, 1978.

Shintai sôgô chûshaku : Dai roppô zensho [Recueil des six lois avec annotation, nouvelle édition], Tôkyô, Yûhikaku, 1940 (1945).

Quand les femmes brisent leurs chaînes ou l'infériorisation normée par le conservatisme

André Michel FEUGAIN

Le déchirement de l'Espagne qui culmine avec la guerre civile (1936-1939) est avant tout un affrontement entre une Espagne républicaine et progressiste et une Espagne traditionnelle et conservatrice. Le regard porté sur la femme dans l'une et l'autre Espagne est aussi contradictoire que l'idéologie qu'elles promeuvent. Comment le processus révolutionnaire fondamentalement gravé dans la constitution approuvée le 9 décembre 1931, déterre-t-il la hache de guerre avec laquelle républicains et conservateurs vont s'affronter sur le rôle et la place de la femme dans la société espagnole des années 1930, lorsque, pour les uns, celle-ci est l'égale de l'homme et, pour les autres, la servante de ces derniers ? Un argumentaire basé sur l'analyse de quelques discours politico-doctrinaires et surtout des affiches de cette période, tentera de montrer l'enjeu d'une conquête d'autorité et d'autonomie chez certaines femmes lorsque d'autres estiment qu'elles sont faites, à cause d'un discours de propagande bien rôdé, pour seconder l'homme.

Idée prélogique sur l'inégalité des genres

Il y a un peu plus d'un demi-siècle, l'œuvre hautement novatrice de Lévy-Bruhl sur la pensée sociologique, encore aujourd'hui critiquée de toutes parts, posait cette évidence fondamentale pour le domaine de la connaissance que la logique n'est pas innée chez l'homme. Les démonstrations de l'auteur sur la mentalité des sociétés archaïques, d'après l'analyse et l'étude - à partir des affiches, des discours politiques et/ou de propagande sur la place de la femme dans l'Espagne - font état d'un conflit souterrain sur le genre. Ainsi, l'idée d'une conflictualité parmi les hommes n'est pas nouvelle et est loin d'avoir perdu du terrain. Cependant, qu'il s'agisse d'une conflictualité liée au genre et dont la femme serait la perdante au détriment de l'homme - à cause de son sexe - semble une idée si peu commune pour le bon sens que l'on voudrait croire que cela n'a jamais existé. Pourtant, les pages de l'histoire sociale de l'Espagne et des autres pays d'ailleurs - car il n'y a pas de marqueur type pour définir les sociétés ou les pays dans lesquels l'inégalité entre les genres serait ontologiquement nulle - témoignent d'une société où les hommes éprouvent systématiquement des difficultés lorsqu'il s'agit de comprendre le lien d'égalité qu'il y a entre les genres. Dès lors comment s'imaginer que les hommes puissent traiter la femme comme étant un être à part entière, un être doté de facultés intellectuelles, politiques, un être jouissant d'une capacité insoupçonnée à comprendre les enjeux d'une société sclérosée dans son conservatisme et condamnée à se réinventer un avenir sociétal et politique où les hommes et les femmes pourraient contribuer - sans discriminations ni préjugés quant à l'apport du citoyen lambda - à la construction de l'Espagne ? Certains politiques, notamment les tenants d'une vision féodale, patriarcale de la société, ont à imaginer - pour ne pas dire rendre possible, non pas que ce droit leur incombe pour être des mâles[163] - une société égalitaire du point de vue des droits et des devoirs civiques et surtout d'admettre que la femme n'est pas un être inférieur à l'homme. On l'aura donc compris, la perspective spécifique de cette étude tente de comprendre l'équivoque qui subsiste sur l'hypothétique infériorité de la femme face à la domination de l'homme. Au regard du mépris dont les femmes ont fait l'objet, y compris dans ce siècle commençant[164], et l'existence d'une raison déraisonnée, prélogique, subsiste une conscience collective acquise à la toute puissance de l'homme devenu - en termes que nous empruntons à Descartes - « maître et possesseur de la

---

[163] On peut déplorer que Primo de Rivera - qui souligna avec véhémence s'être inspiré du fascisme italien pour fonder le mouvement phalangiste - n'eut pas étendu son inspiration à la notion moins conflictuelle du genre dans la Rome antique où on ne naissait pas homme, mais on le devenait. *Cf.* Michèle Riot-Sarcey, *De la différence des sexes. Le genre en histoire*, Paris, Bibliothèque historique Larousse, 2010.

[164] L'actualité du mardi 27 septembre 2011 a été marquée par une lutte singulière contre l'inégalité. La question du statut social de la femme a été portée par des mouvements féministes qui dénonçaient l'emploi de la civilité « mademoiselle » comme étant l'infériorisation normée dans une société où le statut marital de l'homme n'a aucune incidence sur sa civilité. Entre autres faits, celui-ci « En 2007, l'association Mix-Cité saisit la Halde pour le cas d'une femme à qui on réclamait 145 euros pour modifier le « Mademoiselle » en « Madame » sur sa carte grise ». *Cf.* L'Essentiel Oneline/ AFP, *Féminisme : « Mademoiselle », c'est du « sexisme ordinaire »*, http://www.lessentiel.lu/fr/lifestyle/story/31573561, date de la dernière consultation, 06 nov. 2012, à 19h 15. Le 30 septembre 2011, pouvait-on lire sur le site d'information libanaise, *Iloubnan*, : « Le roi Abdallah d'Arabie Saoudite a gracié jeudi la jeune femme condamnée à 10 coups de fouet pour avoir conduit un véhicule », http://www.iloubnan.info/social/actualite/id/66947/titre/Le-roi-Abdallah-annule-la-sentence-de-10-coups-de-fouet-contre-la-Saoudienne-arrêtée-au-volant.

nature »[165]. La conceptualisation et la contextualisation de la propagande à tendance conservatrice révèlent que l'opposition entre les genres n'est pas réduite à sa plus simple expression. Bien au contraire, c'est une propagande qui théorise et légitime une pratique inégalitaire qui nie, lorsqu'elle ne fait pas passer sous silence, la bravoure et l'œuvre innombrable et inqualifiable des femmes. Pour des raisons évidentes par elles-mêmes - la censure, la persécution et la répression de la plus infime tentative de communiquer, de faire connaître l'héroïsme des femmes et l'injustice dont elles ont été victimes sous le franquisme - la raréfaction des écrits et des images sur l'épopée des femmes contrasterait avec l'abondance quant aux mêmes hauts-faits côté masculin[166].

Dispositif manipulatoire d'embrigadement de la femme par le conservatisme

La perception phalangiste de la femme est l'une des plus précieuses pour comprendre le monde dans lequel baignaient les femmes pendant la IIᵉ République espagnole. Et pour cause, ce serait faire un faux procès aux idéologues politiques de la Phalange espagnole que de dire qu'ils ignoraient la situation d'injustice maintenue par la politique et la tradition depuis des lustres contre la femme. À cet effet, force est de constater que le conservatisme a la subtile prétention de condamner toute manipulation des affects qui a, ni plus ni moins, pour finalité l'embrigadement de la femme dans un coin isolé de la société. Pour cela, les conservateurs procèdent par un diagnostic fort précis. Au nom même de cette précision, on aurait du mal à penser qu'ils puissent faire partie de ceux dont ils critiquent les pratiques et les agissements. À ce jeu de manipulation, la flatterie, l'adulation et l'emploi des termes de galanterie plantent le décor où la femme est mise au devant des éloges frivoles et impertinents au détriment des véritables valeurs qu'elle défend. L'éloquence de José Antonio Primo de Rivera n'est plus à démontrer, puisque, avocat de profession, il a l'aisance de la rhétorique en disant :

La galantería no era otra cosa que una estafa para la mujer. Se la sobornaba con unos cuantos piropos, para arrinconarla en una privación de todas las

---

[165] René Descartes, *Discours de la méthode*, Paris, Gallimard, (1637 pour la 1ère éd.), 1966, p. 80.
[166] Cette amnésie qui frappe la mémoire masculine, quant aux similarités des épreuves endurées par les hommes et vécues par les femmes dans les prisons franquistes, est d'ailleurs déplorée par Juana Doña, *Desde la noche y la niebla (mujeres en las cárceles franquistas)* [De la nuit et du brouillard (femmes dans les prisons de Franco)], Madrid, La Torre, 1978, p. 40.

consideraciones serias. Se la distraía con un jarabe de palabra, se la cultivaba una supuesta estúpida, para relegarla a un papel frívolo y decorativo[167].

[La galanterie n'a pas été autre chose qu'une escroquerie pour la femme. On la subornait avec quelques propos galants, pour la mettre au rebut, en marge des considérations sérieuses. On l'a distraite avec des propos mielleux, on l'a élevée telle une idiote, pour la reléguer à un rôle frivole et décoratif.]

Dans quel but fait-il ce brillant constat ? Quelle démonstration le chef de la Phalange veut-il apporter à l'auditoire qui, s'il est présent, lui est déjà tout acquis ? La galanterie serait ce qu'il y a de plus vulgaire dans le féminisme :

El verdadero feminismo no debiera consistir en querer para las mujeres las funciones que hoy se estiman superiores, sino en rodear cada vez de mayor dignidad humana y social a las funciones femeninas[168].

[Le vrai féminisme ne devrait pas consister à vouloir pour les femmes les fonctions, aujourd'hui estimées supérieures, mais plutôt à entourer, chaque fois, de grande dignité humaine et sociale les fonctions féminines.]

C'est effectivement la raison pour laquelle le féminisme va être rabattu pour laisser entendre que les phalangistes ne sont point tenant d'une vision proclive à la galanterie, donc au féminisme. Il y a dans l'argumentation de Primo de Rivera, deux mécanismes rhétoriques subtils non contradictoires : la comparaison et le syllogisme. Il démontre que la galanterie est mauvaise ; puisqu'elle est semblable au féminisme. Or, lui comme le mouvement qu'il promeut, récuse la galanterie ; ceci est dit pour mieux condamner le féminisme. Soit ! Mais le bât blesse lorsque la mission de la femme lui est due au nom de son incapacité à accomplir les rôles masculins. La mission de la femme serait sacrée, inviolable et par conséquent immuable à tous les égards. La mission sacrée de la femme, son rôle et son apport dans la tradition et la modernité, reste soumise à la non reconnaissance des aptitudes qu'elle a pu glaner au fil du temps. Ceci constitue le véritable rideau d'encastrement du genre dans une conception du rôle inférorisé de la femme, sans cesse réinjectée dans l'histoire au gré des tendances idéologiques. Les champs de compétence du genre féminin sont donc naturellement subordonnés à ceux du genre masculin, justement parce que les fruits des compétences féminines ne sont, aux niveaux professionnel, social et familial, que secondaires, voire facultatifs par rapport à celui de l'homme. La vision phalangiste de la femme est une vision primaire. Une vision qui « sous-catégorise » les compétences féminines dans les tâches ménagères ou domestiques, indépendamment du fait que l'on récuse sous la Phalange, le traitement de la femme comme simple destinataire de propos galants. L'incapacité de la vision universaliste genrée et celle à éviter la

---

[167] José Antonio, Primo De Rivera, *Obras completas* [Œuvres complètes], Madrid, Eds la Vicesecretaría de Fet y de las Jons, 1945, p. 143.
[168] *Id.*

bipartition des vices et attributs, acquis au fil du temps et selon les contextes et les intérêts, se manifestent sous le conservatisme primorivérien en termes d'égoïsme et d'abnégation :

Los movimientos espirituales del individuo o de la multitud responden siempre a una de estas dos palabras : el egoísmo y la abnegación. El egoísmo busca el logro directo de las satisfacciones sensuales; la abnegación renuncia a las satisfacciones sensuales en homenaje a un orden superior. Pues bien: si hubiera que asignar a los sexos primacía en la sujeción a esas dos palancas, es evidente que la del egoísmo correspondería al hombre y la de la abnegación a la mujer[169].

[Les mouvements spirituels de l'individu ou de la multitude répondent toujours à l'un de ces deux mots : égoïsme et abnégation. L'égoïsme cherche le gain direct des satisfactions sensuelles ; l'abnégation renonce aux satisfactions sensuelles en hommage à un ordre supérieur. Or s'il fallait assigner aux sexes la suprématie sujette à ces deux leviers, il est évident que celle de l'égoïsme correspondrait à l'homme et celle de l'abnégation à la femme.]

Dans cet extrait où les expressions les plus significatives à notre entendement sont « toujours » et « évident », l'auteur implore l'indulgence des femmes qui seraient déçues qu'il confesse cette sombre vérité :

El hombre - siento, muchachas, contribuir con esta confesión a rebajar un poco el pedestal donde acaso lo tenéis puesto - es torrencialmente egoísta ; en cambio, la mujer, casi siempre acepta una vida de sumisión, de servicio, de ofrenda abnegada a una tarea[170].

[L'homme - je suis désolé, les filles, de contribuer, par cette confession à rabaisser le piédestal où peut-être vous l'avez placé - est torrentiellement égoïste ; en revanche, la femme, accepte presque toujours une vie de soumission, de service, de sacrifice volontaire pour une tâche.]

L'étude de la pensée de Primo de Rivera sur la question de la femme révèle un penchant légitimiste pour un discours universaliste qui, en niant les rapports de soumission ou de domination d'un sexe sur l'autre, occulte la difficulté réelle qu'ont les femmes à émerger dans une société dans laquelle tout se conjugue d'abord en termes de bravoure, agressivité et allégeance à l'esprit de conquête guerrière porté par le genre masculin. Il y a chez Primo de Rivera un degré élevé de confusion sur la différence biologique et anatomique des sexes. Or c'est cette différence surévaluée qui apparaît chez lui, comme une raison naturelle de la différenciation sociale entre les genres. Par conséquent, sa pensée s'enferme dans une tautologie, où la différence physique des sexes est à la fois cause et conséquence du système sexué de sa perception du monde. Pourtant le propre du discours universaliste est de

---

[169] *Id.*
[170] *Ibid.*, p. 144.

mettre la question du genre féminin en arrière-plan dès lors que le but est précisément de la mettre au centre des préoccupations. À ce propos d'ailleurs, c'est fort justement bien vu par Nicole Gadrey, lorsqu'elle affirme que « La catégorie femme est soit oblitérée, soit traitée en annexe d'un discours universaliste, soit isolée en tant que catégorie spécifique »[171].

De la société traditionnelle à l'émancipation empreinte de féminisme

La société traditionnelle a des caractéristiques - primitivisme, esclavagisme et féodalisme, entre autres - qui lui sont propres indépendamment des lieux et des espaces ; même si elle peut avoir quelques attributs spécifiques selon quelques legs culturels. D'après Durkheim[172], la société dite traditionnelle se particularise surtout par sa faible division du travail social. Pour le cas de l'Espagne, la Catalogne du XIXe siècle, qui ne serait différente des autres régions que par son avancée vers la modernité, présentait encore cette faible division du travail social d'autant que l'espace familial se confondait avec l'espace socio-professionnel. La promiscuité des espaces privés et publics est donc un marqueur considérable pour délimiter historiquement notre approche traditionnelle de l'Espagne. C'est d'ailleurs en considérant ce marqueur chronologique que, pour Catherine Jagoe - l'une des pionnières de la question féminine - l'étude de l'émancipation de la femme en Espagne prend tout son sens. Elle écrit :

La fluidez física que caracterizaba las actividades familiares y laborales en Barcelona, por ejemplo, empieza a cambiar a finales del siglo XIX con una serie de edictos municipales prohibiendo tener el taller en casa[173].
[Le confort physique qui caractérisait les activités familiales et professionnelles à Barcelone, par exemple, a commencé à changer à la fin du XIXe siècle avec une série d'ordonnances municipales qui interdisaient d'avoir un atelier à domicile.]

À la suite de Jagoe, M.-A. Barrachina souligne aussi à ce propos que c'est à la fin du XIXe siècle, et surtout au cours du siècle suivant que l'avènement

---

[171] Nicole Gadrey, « L'enseignement "sociologie des rapports sociaux de sexe et de genre". Apports et difficultés. L'expérience de Lille », dans *Le genre comme catégorie d'analyse - Sociologie, histoire, littérature*, Dominique Fougeyrollas-Schwebel, Christine Planté, Michèle Riot-Sarcey et Claude Zaidman (dir.), Paris, L'Harmattan, 2004.

[172] Émile Durkheim, *De la division du travail social*, Paris, Puf, (1ère éd. 1893), 2004 pour l'édition citée.

[173] Catherine Jagoe, « La misión de la mujer » [« La mission de la femme »], Catherine Jagoe ; Alda Blanco ; Cristina Enriquez De Salamanca, *La mujer en los discursos de género, textos y contextos en el siglo XIX*, [Les femmes dans les discours du genre : textes et contextes au XIXe siècle], Barcelona, éd. Icaria, 1998, p. 25.

de l'ordre bourgeois et son implantation idéologique à tous les niveaux de la société ont consacré la séparation entre espace public et espace privé ou domestique[174]. Outre la division du travail social comme caractéristique, intervient aussi la notion de « solidarité négative » ou « solidarité mécanique »[175] qui est la résultante d'un relationnel presque fusionnel de la trop grande proximité entre les membres de la communauté. La solidarité négative ou mécanique crée en conséquence une conscience collective, gage d'équilibre pour la société dite traditionnelle et moderne aussi d'ailleurs, nous y reviendrons pour ce cas. Ceci pousse, bien évidemment, certains à penser que cet équilibre doit être défendu et maintenu indépendamment des mutations incontournables de chaque société. Ici on pense, notamment chez les conservateurs, que le droit et la morale doivent être au service de cette solidarité et partant, de cet équilibre. Le passage de la société traditionnelle à la société moderne s'opère à partir du moment où les marquages entre espaces publics et privés deviennent nets et que, par spacialisation, les membres de la communauté n'éprouvent plus le sentiment de la solidarité mécanique. Ainsi les espaces privés/ publics se parallélisent, les fonctions et les professions se singularisent et se pluralisent, et c'est l'équilibre même de la solidarité devenue « organique », cette fois-ci dans la société de type moderne, qui émerge.

Précisons que la conséquence de la division du travail dans la société, traditionnelle ou non, et notamment selon l'approche de Durkheim aboutit à une différenciation entre les cerveaux des hommes et des femmes, d'autant qu'il souligne la préférence de ces dernières pour les fonctions affectives, ramenées à la sphère familiale ; et pour les hommes des fonctions intellectuelles ouvertes sur l'univers professionnel. Ce courant de pensée traverse l'Europe, y compris l'Espagne, comme en témoignent ces écrits de Martínez Cerecedo :

La sensibilidad altamente exquisita de la mujer es el origen de sus más tiernos afectos, es la base de su carácter moral: la extremada delicadeza de su sistema nervioso, la figura excepcional de sus fibras elementales, es la condición física de su organismo, la razón anatómica de su exquisita sensibilidad[176].

---

[174] Marie-Aline Barrachina, *Femmes et démocratie : Les Espagnoles dans l'espace public (1868-1978)*, s. l., Sedes, 2008, p. 12.

[175] Durkheim parle aussi de solidarité par similitude justement parce que les membres de la communauté traditionnelle sont si proches, du fait de la contiguïté des espaces public et privé, qu'ils se solidarisent mécaniquement.

[176] Adolfo Martínez Cerecedo, « La educación de la mujer: razones a priori y a posteriori. Congreso médico de Brighton », *El Siglo Médico*, año 34 [« L'éducation de la femme : raison a priori et a posteriori. Congrès médical de Brighton », Le Siècle Médical], 1887, p. 113. Pour une lecture complémentaire, voir également Francisco de Paula Campá, « Las dos edades críticas de la vida de la mujer », *Discurso en la Real Academia de Medicina,* [« Les deux âges

[La sensibilité hautement exquise de la femme est l'origine de ses affects les plus tendres, c'est la base de son caractère moral : l'extrême délicatesse de son système nerveux, le reflet exceptionnel de ses fibres mentales, est la condition physique de son organisme, la raison anatomique de sa sensibilité exquise.]

Le discours pseudo-scientifique ou non et la théorie sur la division du travail tendent à légitimer une certaine différenciation entre les hommes et les femmes, ce qui aura pour conséquence de dresser un mur de discriminations explicites ou souterraines pour la femme qui doit, bon gré mal gré, s'affranchir d'une certaine délimitation de ses champs de compétences. Toutefois, pour les historiens[177], c'est la Révolution de 1868 qui sonne le glas de l'émancipation des femmes en Espagne. Ainsi le *sexenio révolutionario* ou *sexenio democrático* (septembre 1868 à décembre 1874) aura le mérite de braquer les projecteurs sur la lutte individuelle et collective des femmes qui sera certes, extrêmement difficile, d'autant que dix ans plus tard, la constitution du 30 juin 1878 est intraitable sur la soumission des femmes à leurs maris, comme le souligne l'alinéa 3 de l'article 603, devant punir de cinq à quinze jours d'arrestation et de répréhension *las mujeres desobedientes a sus maridos que les maltrataren de obra o de palabra[178]* « les femmes désobéissantes à leurs maris qui les maltraitent physiquement ou verbalement ».

Les femmes doivent obéissance à leurs maris, sans quoi, elles seraient punies, détenues et condamnées. Voilà qui ouvre la brèche permettant à certains conservateurs espagnols du siècle dernier de vouloir confiner la femme dans des rôles ou tâches outrancièrement subalternes. Comment va s'articuler le rapport entre hommes et femmes dans la pensée, l'idéologie et leurs formes - discursives et imagées - de représentations pendant la IIe République et la guerre civile ? Signalons qu'à la fin du XIXe jusqu'au XXe siècle, l'implication de la femme dans le mouvement d'émancipation ne s'est pas opérée avec la même acuité chez les conservateurs que chez les démocrates, progressistes et républicains.

Forces motrices de l'émancipation et du féminisme espagnol

---

critiques de la vie de la femme », Discours à l'Académie Royale de Médecine], Valencia, Imp. Ferrer de Orga, 1876.
[177] Campo Alange, *La mujer en España, cien años de su historia, 1860-1960*, [La femme en Espagne, cent ans de son histoire, 1860-1960], Madrid, Aguilar, 1963 ; Geraldine Scanlon, *La polémica feminista en la España contemporánea, 1868-1974* [La controverse féministe dans l'Espagne contemporaine, 1868-1974], Madrid, Akal, 1976.
[178] Constitución de la Monarquía Española de 30 de junio de 1876. En *Constituciones españolas y extranjeras* [Constitutions espagnoles et étrangères], éd. Jorge de Esteban y Javier García Fernández, Madrid, Taurus, 1978, p. 388.

Les conservateurs vont être attachés, plus que d'autres, à l'idée d'une différenciation des tâches hommes/ femmes ; aussi entendent-ils peu ou pas du tout leur donner l'occasion de s'affranchir de leur domination que sacralisent la tradition d'une part, et la religion d'autre part. Pour ce faire l'instruction et l'éducation permettront à ces femmes de s'affirmer et de tenter de briser l'infériorisation due à leur genre. Alors que le « genre » qui, pour nous, récuse le déterminisme biologique pour s'articuler sur une problématisation des rapports entre les sexes, s'est conceptualisé à la fin des années 1880 [179], les différents mouvements révolutionnaires, grèves et résistances ouvrières du XIX\ :superscript:`e` siècle permirent aux Espagnoles de lutter et d'avancer toujours un peu plus dans la conquête de leur liberté et de leurs droits. On peut citer, à cet effet, l'apparition en 1869 de la *Asociación Republicana de la Mujer* ; l'apparition aussi en juin 1870 de la section espagnole de l'*Asociación Internacional de los Trabajadores*. L'émergence de ces associations à tendance progressiste ou révolutionnaire caractérisera l'ensemble des revendications des femmes espagnoles et surtout celles acquises à l'idée d'une rupture avec la traditionnelle soumission à l'homme et à son autorité.

La religion comme facteur de soumission et d'émancipation

L'approche sociologique de l'état des lieux de la femme espagnole au XIX\ :superscript:`e` siècle témoigne d'un parallélisme glacial entre la morale religieuse quant à la subordination de la femme face à l'homme et la servitude de celle-ci, née pour être ce que j'appelle la moitié d'un homme et que j'oppose à la moitié de l'homme, née pour devenir épouse, mère et garante de la morale conjugale à laquelle elle est naturellement assujettie. Et pour cause, la dépréciation de la femme, du point de vue religieux, commence avec le fait-même que le péché vient au monde par elle. Ainsi il n'est pas certain que Adam eût péché sans le concours d'Eve, c'est d'ailleurs pourquoi il faut l'éviter, s'éloigner d'elle car elle serait pire que la mort. En effet « j'ai trouvé plus amère que la mort - écrit l'Ecclésiaste au chapitre 7 verset 26 -, la femme dont le cœur est un piège et un filet ». Par conséquent, il faut construire des systèmes ou des paradigmes

---

[179] À ce sujet, on pourra lire Judith Butler, *Trouble dans le genre. Le féminisme et la subversion de l'identité*, Paris, La Découverte, 2006, qui dénonce pour cette période (p. 90) l'idée véhiculée et défendue qui cantonne la femme dans l'irrationalité, l'émotivité et l'incapacité d'exercer des métiers voués aux attributs masculins. Ou encore Joan W. Scott, *Le genre et l'histoire*, *Les Cahiers du Grif*, n° 37-38, Françoise Collin (dir.), Paris, Tierce, 1988. Voir aussi Pilar Ballarín, *La educación de las mujeres en España contemporánea (siglos XIX y XX)*, [L'éducation des femmes dans l'Espagne contemporaine (XIX\ :superscript:`e` et XX\ :superscript:`e` siècles)], Madrid, Síntesis, 2001, ch.1 et Marie-Aline Barrachina, *Femmes et démocratie : Les Espagnoles dans l'espace public (1868-1978)*, s. l., Sedes, 2008, p.10.

qui permettraient aux hommes de ne point succomber à son charme. On l'aura compris, c'est le caractère sensuel de la séduction féminine et partant celui du péché charnel qui sont implicitement convoqués ici. Que ce soit dans l'*Ancien* ou le *Nouveau Testament*, la femme apparaît comme un être secondaire - « la femme de » - et/ ou assimilée à une chose[180] : « Tu ne convoiteras point la femme de ton prochain ; tu ne désireras point la maison de ton prochain, ni son champ, ni son serviteur, ni sa servante, ni son bœuf, ni son âne, ni aucune chose qui appartienne à ton prochain » (Deutéronome 5: 21). Ces quelques exemples de l'*Ancien Testament,* loin d'être exhaustifs, ne font pas zone d'ombre sur l'idée de subordination féminine que véhicule le *Nouveau Testament.* Ce n'est donc pas sans raison que Matthieu (14: 20-21) oublie de compter les femmes lorsqu'il raconte le miracle que le Christ a accompli avec « cinq pains et deux poissons », car « Tous mangèrent […] ceux qui avaient mangé étaient environ cinq mille hommes, sans compter les femmes et les enfants ». Certains dogmes religieux ont ceci de commun avec la tradition qu'ils tentent de cloisonner les champs de compétences des femmes par rapport aux hommes. De ce cloisonnement s'ensuit la supériorité de Dieu sur l'homme et celle de l'homme sur la femme : « Je veux cependant que vous sachiez que Christ est le chef de tout homme, que l'homme est le chef de la femme » (1er Épître aux Corinthiens 11: 3).

Les textes doctrinaires des conservateurs ont puisé abondamment, et peut-être à l'excès, dans le répertoire biblique des versets qui leur permirent de légitimer du point de vue moral et religieux leur supériorité sur les femmes. Ainsi, elles doivent garder le silence, car l'acceptation de leur présence est déjà une preuve de la magnanimité des hommes. Ce n'est donc pas contradictoire si les traces de leurs luttes, leurs revendications - surtout côté conservateurs - sont presque inexistantes dans les affiches et les discours de propagande [181] . On verra comment l'idéologie phalangiste corrobore outrageusement ces paroles bibliques du *Nouveau Testament* : « Que les femmes se taisent dans les assemblées, car il ne leur est pas permis d'y parler ;

---

[180] Les citations tirées de la Bible viennent à propos, notamment pour la compréhension que le Phalangisme aura des femmes, de leur rôle et de leur statut, et de l'État comme le souligne le 25e point programmatique du parti (1934) : « Notre mouvement intègre le sentiment catholique - qui a une glorieuse tradition et qui prédomine en Espagne - dans la reconstruction nationale. L'Église et l'État feront des accords sur leurs compétences respectives, sans que soit pour autant autorisée la moindre intromission ou toute activité qui mettrait à mal la dignité de l'État ou de l'intégrité nationale », José Antonio Primo De Rivera, « Norma programática de la Falange » [« Norme programmatique de la Phalange », Œuvres complètes], Madrid, Eds la Vicesecretaría de Fet y de las Jons, 1945, p. 526.

[181] Voir Michel Feugain, « Lectura contrastiva de los signos iconológicos de la mujer en los carteles de la Guerra Civil Española 1936-1939 » [Lecture contrastive des signes iconologiques de la femme dans les affiches de la Guerre civile espagnole 1936-1939], dans *La otra dictadura : El régimen franquista y las mujeres* [L'autre dictature : le régime franquiste et les femmes], Madrid, éd. Mª Pilar Amador Carretero et Rosario Ruiz Franco, 2007, p. 95-111.

mais qu'elles soient soumises, selon que le dit aussi la loi. » (1 Corinthiens 14 : 34). Toutefois, il n'y a pas que les conservateurs qui soient attachés à cette subordination de la femme. C'est la société même qui était ainsi conditionnée à ne point admettre l'émancipation de la femme même quand l'Espagne fût, comme pendant le *sexenio*, plus ouverte que par le passé. Ainsi, en dépit de son caractère progressiste, le gouvernement de 1872, refusa d'accorder aux femmes le droit de travailler dans les services des postes, des télécommunications et des chemins de fer au prétexte qu'il n'était pas - souligne M.-A. Barrachina - convenable que les femmes soient au contact avec le public[182].

Comment donc la religion devient-elle source d'émancipation pour les femmes ? Le catholicisme espagnol va penser le rôle de la femme en termes de charité. Ce qui permettra aux femmes de sortir du foyer conjugal pour s'investir dans les organisations caritatives notamment la *Asociación para el Socorro de los Heridos* fondée en 1874 pendant la seconde guerre carliste, la *Junta de Damas de Honor y Mérito*, l'*Asilo de Huérfanos* fondée par la marquise de Vilena ou l'*Asilo para hijos de lavanderas* créé par la Reine Mª Victoria, épouse de Amadeo de Saboya. Ces organisations caritatives se revendiqueront d'un féminisme catholique dont l'idéal est de pouvoir former, grâce à un « catéchisme positiviste », les femmes afin qu'elles s'investissent dans les missions de charité, de santé, de gestion du foyer, à l'exception des missions politiques. Ici, la politique est mal perçue pour la plupart des féministes espagnoles du XIXe siècle, notamment Concepción Gimeno de Flaquer pour qui la *Eva moderna* ne doit pas jouir des droits politiques parce qu'ils ont démoralisé un sexe (le sexe masculin), par conséquent les féministes doivent éviter que les droits politiques ne corrompent aussi la femme[183]. Le XXe siècle va donc être un siècle de grande conquête de liberté individuelle et collective pour les femmes qui se saisiront des différents mouvements ouvriers pour faire entendre leur cause. Le krausisme - dans ce qu'il promeut comme épanouissement de l'individu par l'étude, convaincu de la perfectibilité humaine et condamnant toute morale tendant à réduire les capacités providentielles de l'être, indépendamment de son sexe - servit aussi de vivier aux femmes désireuses de s'instruire, de s'épanouir par le travail personnel.

L'instruction et l'éducation

L'instruction et l'éducation furent des outils essentiels que la politique volontariste du mouvement révolutionnaire de 1868 mit en œuvre pour

---

[182] Marie-Aline Barrachina, *op. cit.,* p. 29.
[183] Concepción Gimeno De Flaquer, « El problema feminista », [« Le problème féministe »], Catherine Jagoe, *op. cit.,* p. 533.

favoriser et promouvoir l'émancipation des femmes. On assista au renforcement de la loi Moyano du 9 septembre 1857 qui établissait l'obligation de s'instruire et de se scolariser pour tous les enfants âgés de 6 à 9 ans. Bien que la séparation école de filles / école de garçons fut encore en vigueur au siècle dernier, on prit des mesures afin que chaque municipalité ouvrit au moins deux écoles afin de ne point faire entorse à l'inviolabilité de la séparation garçons/ filles dans les milieux éducatifs. En 1869, l'instruction et l'éducation des filles étaient conditionnées par le besoin de responsabiliser les filles afin qu'elles sussent mieux, le moment venu, jouer leur rôle d'épouses, mères et femmes au foyer, mieux, des « anges du foyer »[184]. L'Église ne pouvait être que favorable à une telle initiative d'autant que l'émergence de l'enseignement privé menaçait l'idée de ne dispenser aux femmes que des enseignements subordonnés à leur rôle de femme. La création de la *Escuela Normal de Institutrices* - fin 1869, début 1870 -, la création de la *Asociación para la Enseñanza de la Mujer*, en 1870, témoignent de l'évolution des mentalités[185] quant à l'éducation et l'instruction des femmes afin qu'elles s'épanouissent dans l'entreprise, l'activité commerciale, bref dans la vie sociale et professionnelle. D'ailleurs, dans ce contexte d'une Espagne en mouvement vers l'émancipation des femmes, une loi autorisant le mariage civil fut votée en juin 1870. Des conférences dominicales virent le jour et dans la foulée, le périodique féminin *La Violeta* (créé en 1863) poussa sa fondatrice, Faustina Sáez de Melgar à créer l'hebdomadaire *La Mujer*, sous-titré « Revista de Instrucción General para el Bello Sexo » d'après lequel, l'année 1868 devrait asseoir leur émancipation en les faisant participer à la vie sociale et politique. L'accent fut également mis sur la formation des institutrices.

Du Krausisme, de l'instruction et de l'éducation dans l'Espagne de la fin du XIXe siècle, émergèrent des intellectuelles à forte renommée : Concepción Arenal, Emilia Pardo Bazán pour ne citer que celles-ci[186]. Mais le lavage de cerveau auquel avaient été soumises des générations et des générations de femmes, a rendu parfois difficile l'affranchissement d'un catholicisme

---

[184] Dénomination qui vient de « El ángel del hogar », ouvrage de la conservatrice catholique Pilar Sinués, publié en 1959, qui, comme bien d'autres ouvrages et d'autres femmes, théorise l'inviolabilité du rôle familial de la femme ainsi que sa propension à la religiosité.

[185] Guadalupe Gómez Ferrer Morant, « Otra visión del proceso de modernización : la perspectiva de las mujeres » [« Autre vision du processus de modernisation : perspective pour les femmes], Cristina Segura et Gloria Nielfa, (dir.), *Entre la marginación y el desarrollo: mujeres y hombres en la historia. Homenaje a María Carmen García-Nieto*, [Entre la marginalisation et le développement : des femmes et des hommes dans l'histoire. Hommage à María Carmen García-Nieto], Madrid, Ediciones del Orto, 1996, p. 488.

[186] María Isabel Cabrera Bosch, « Las mujeres que lucharon solas, Concepción Arenal y Emilia Pardo Bazán » [Les femmes qui ont lutté seules, Concepción Arenal y Emilia Pardo Bazán], dans *El feminismo en España. Dos siglos de historia* [Le féminisme en Espagne. Deux siècles d'histoire], Madrid, Fundación Pablo Iglesias, Pilar Folguera (dir.), 1988.

dogmatique. C'est en ce sens qu'« à la fin du XIXᵉ siècle - souligne Marie-Aline Barrachina - les femmes […] célèbres ou anonymes, enseignantes, journalistes, femmes de plume, revendiquent sereinement leur catholicisme qui ne les trouble pas dans leur démarche, d'autant moins, d'ailleurs, que le christianisme apparaît aux catholiques les moins bornés comme un grand moment de l'humanité en faveur de la reconnaissance de la dignité des femmes »[187].

Briser les chaînes de la soumission

Les images et les textes des républicains et surtout l'idéologie - réparatrice des injustices sexuées et sociétales - portée par la constitution espagnole du 9 décembre 1931 n'avaient aucune prétention à l'universalisme qui ne fut celui d'une vision égalitaire entre les genres. Il y a une prise de conscience du mal-être des femmes longtemps mises au banc des personnes de seconde zone, des êtres dont l'accès à la citoyenneté était encore obstrué par un traditionalisme furibond. On comprend pourquoi la République ne put que susciter l'adhésion de l'immense majorité des femmes auxquelles elle donnait - pour la première fois - l'outil juridique et la parole politique pour défendre leurs droits et participer à la construction d'une Espagne nouvelle dont le départ précipité du Roi Alfonso XIII sonnait définitivement le tocsin. À l'aube de la République, les artistes ont peint sur des affiches des femmes dont la République brisait en partie les chaînes ; enchaînées qu'elles étaient, à ne pouvoir braver l'interdit de travailler au dehors du foyer, à ne pouvoir faire valoir leurs droits civiques en participant aux différents scrutins électoraux, etc. Et, quelques années plus tard, c'étaient les chaînes de l'asservissement et du fascisme esclavageant les travailleuses et les travailleurs de Valence et de la Catalogne, de l'Espagne tout entière qu'il fallait briser : « Travailleurs, Le Fascisme c'est l'exploitation », lit-on sur une affiche de Bardasano.

L'historiographie iconographique de la IIᵉ République espagnole est chargée de symboles forts qui placent la femme au cœur du dispositif d'équité et de justice. Les affiches de la première République espagnole (1873-1874) qui font la part belle à la déesse Thémis, resurgirent en 1931, braquant ainsi les projecteurs sur une volonté manifeste d'avancer dans l'égalité sans discrimination sexuée. Même si la pratique fut différente, les textes et les images républicaines surent dire combien la femme était aussi une martyre - religieuse[188] ou révolutionnaire, on se souvient d'Odena qui se tira une balle

---

[187] Marie-Aline Barrachina, *op. cit.,* p. 42.
[188] À titre indicatif, lire Ricardo de La Cierva, « Persecuciones religiosas y militar » [Persécutions religieuse et militaire], dans *La historia se confiesa* [L'histoire se confesse],

dans la tête le 14 septembre 1936 lorsque, à Jaén, son chauffeur se trompa de chemin et tomba dans une embuscade phalangiste[189]. Nous avons montré (Feugain, 2006) quelle importance les républicains surent donner à la lutte constante de la femme - niée au fil du temps -, nous avons montré que les souffrances physique et morale endurées, au nom d'une prétendue infériorité, devaient être réparées. La femme était ainsi le phare éclairant les injustices indifféremment des sexes, pour avoir été longtemps soumise à la discrimination patriarcale du genre. C'est pourquoi la IIe République va tenter de réparer les torts institutionnels qui auront survécu et bravé le courage des libéraux, républicains et progressistes au cours du siècle précédent. Cette République est mue par le désir d'établir l'égalité entre hommes/ femmes en supprimant d'ailleurs de la constitution, la différence sexuée pour ne retenir que le terme citoyen. En effet, dans le Code civil de 1889, aux articles 1.353, 1.381 et 1433 limitant les droits des époux, on constate dans la section des droits et obligations entre mari et femme :

Art. 54 El marido debe proteger a la mujer, y ésta obedecer al marido.	Art. 54 Le mari doit protéger la femme, et celle-ci doit lui obéir.
Art. 60 El marido es el representante de la mujer [...].	Art. 60 Le mari est le représentant de la femme.
Art. 59 El marido es el administrador de la sociedad conyugal.	Art. 59 Le mari est l'administrateur de la société conjugale.

Autrement dit, l'Espagne des années 1930 doit repenser son regard sur la discrimination constitutionnelle des genres. Et de fait, l'avant-projet de la constitution de 1931 faisait encore allusion aux sexes comme marqueur différentiel :

No podrán ser fundamento de privilegio jurídico: el nacimiento, la clase social, la riqueza, las ideas políticas, ni las creencias religiosas. Se reconoce en principio la igualdad de los sexos.

[Ne pourront être sources de privilège juridique : la naissance, la classe sociale, la richesse, les idées politiques ni les croyances religieuses. On reconnaît en principe l'égalité des sexes.]

Grâce à la députée radicale Clara Campoamor - féministe engagée et farouchement attachée à l'égalité hommes/ femmes -, l'article deviendra :

Barcelona, Planeta, t. 3, 1976, p. 16-17. Le martyre des femmes pour la conquête des libertés est notoire dans plusieurs pays (Russie, Grande-Bretagne, France), voir Joaquín Seró Sabaté, « La mujer republicana » [La femme républicaine], dans *El niño republicano*, [L'enfant républicain], Madrid - México - Buenos Aires, EDAF, (1ère éd. 1979), 2000 pour l'édition consultée, p. 171-175.

[189] *Cf.* Juan Eslava Galán, *Una historia de la guerra civil que no va a gustar a nadie* [Une histoire de la Guerre Civile qui ne plaira à personne], Barcelona, Planeta, 2005, p. 105.

No podrán ser fundamento de privilegio jurídico: la naturaleza, la filiación, el sexo, la clase social, la riqueza, las ideas políticas, ni las creencias religiosas. El Estado no reconoce distinciones o títulos nobiliarios.

[Ne pourront être sources de privilège juridique : la nature, la filiation, le sexe, la classe sociale, la richesse, les idées politiques ni les croyances religieuses. L'État ne reconnaît pas les distinctions ou titres nobiliaires.]

La constitution de 1931 va donc être un pare-feu aux Codes Civil (1889), Pénal (1870) et de Commerce (1885) qui refusaient à la femme toute autonomie personnelle et professionnelle, toute autonomie financière et économique d'autant que celle-ci ne pouvait disposer - prétendait-on[190] - de ses biens sans le consentement de son époux. Ces Codes assujettissaient la femme au consentement du mari, allant jusqu'à lui nier sa capacité à gérer le fruit de son travail sans le contrôle de l'époux. Outre cela, le Code Pénal renforçait le pouvoir de l'homme sur la femme et la punissait d'une peine de prison pour désobéissance ou pour insulte. L'adultère de la femme était sévèrement puni (y compris la prison à perpétuité), alors que les relations extraconjugales de l'homme étaient à peine mentionnées comme répréhensibles[191].

Nous avons montré comment le mécanisme institutionnel s'appuyait sur la religion pour asseoir sa morale. Nonobstant l'incompatibilité associative entre le religieux et le politique au risque de se mettre une bonne partie du peuple à dos, les institutions de la IIe République firent le pari de s'attaquer à l'Église, notamment en reconnaissant le mariage civil et le divorce. On se souvient que les phalangistes, par la voix de J.-Antonio Primo de Rivera, réagirent fermement contre la reconnaissance du divorce : *Desde el punto de vista religioso, el divorcio, para los españoles, no existe*[192]. « Du point de vue religieux, pour les Espagnols, le divorce n'existe pas. »

On a attribué, à tort ou à raison, ces paroles à Manuel Azaña, chef du gouvernement au moment de l'approbation de la constitution de 1931 : « L'Espagne a cessé d'être catholique ». À la veille de la IIe République, la non séparation du religieux et de l'État était à ce point insupportable que la nouvelle constitution se devait de stipuler en son article 3 : « L'Espagne n'a

---

[190] Il convient de nuancer « ne devoir disposer de quelque chose » et « ne pouvoir disposer de quelque chose ». La première reconnaît le pouvoir que le droit restreint ; alors que la seconde implique, d'après l'esprit même du législateur, une incapacité naturelle pour la femme à disposer de ses biens qui, de fait, appartenaient au mari.

[191] Pour approfondir la lecture à ce sujet, voir Mary Nash et Susana Tavera, *Experiencias desiguales : conflictos sociales y respuestas colectivas* [Expériences inégales : conflits sociaux et réponses collectives], Madrid, Síntesis, 1995.

[192] José Antonio Primo De Rivera, « El divorcio » [Le divorce], dans *Obras Completas* [Œuvres complètes], Madrid, Eds. Fetes y de las Jons, 1945, p. 944-946, paru aussi dans *Arriba*, n° 16, 4 juillet 1935. « Du point de vue religieux, pour les Espagnols, le divorce n'existe pas. »

pas de religion officielle ». La marche vers une Espagne laïque fut accueillie en grande pompe par les femmes rompues à la tradition revendicative et révolutionnaire. Elles y voyaient le moyen de s'affranchir du joug d'une société inféodée et hostile à toute émancipation. En effet, les avancées réalisées aux siècles précédents n'avaient pas ébranlé l'autorité de la morale religieuse (qui reviendra en force sous le franquisme). D'après Blasco Herranz, au XIXe siècle, la religion était « une affaire de femmes »[193]. Par conséquent, sous la IIe République, contrairement à leurs aînées - au cours des deux derniers siècles -, les femmes républicaines s'affranchissent d'une soumission exclusivement religieuse. Avant la proclamation de la IIe République (14 avril 1931), l'éducation était encore majoritairement sous l'autorité de l'Eglise, les femmes étaient victimes d'une discrimination qui trouvait sa source, nous l'avons vu, dans la tradition et le *Nouveau Testament* (1 Corinthiens 14 : 35) : « Si elles veulent s'instruire sur quelque chose, qu'elles interrogent leur mari à la maison ; car il est malséant à une femme de parler dans l'Eglise ».

Ce verset n'est pas sans nous rappeler l'énervement de la déléguée provinciale d'Almería qui se plaignait des filles qui, parce qu'elles avaient étudié, trouvaient du travail dans le monde extérieur à la *Sección Femenina*[194]. Ainsi, c'est grâce aux différents mouvements d'émancipation du siècle dernier pour l'accès à l'égalité, que les femmes furent admises à l'école même si, il faut le reconnaître, le contenu de leur enseignement était essentiellement orienté vers l'art et la maîtrise des rênes du foyer conjugal. La *Sección femenina* créa, par exemple, les *Escuelas del Hogar* au début du franquisme. D'ailleurs, en 1945, l'un des objectifs du Movimiento fut que « la femme travaille sans bouger de la maison »[195].

Dans cette lutte, chez les républicains, les femmes comptent souvent parmi les plus exaltés ; elles marchaient à la tête des volontaires regroupés dans les factions de l'Armée Populaire. Depuis les remarquables figures de Dolores Ibárruri ou Federica Montseny, les femmes occupent, pendant la IIe République et la Guerre civile, une place de tout premier plan. On se souvient d'Aida Lafuente, tombée, mitrailleuse à la main, lors de la révolution asturienne de 1934. La politique républicaine que la propagande relaie, témoigne d'une brillante assise féminine dans l'action pour le changement et l'avènement d'une ère nouvelle pour l'Espagne. La surexposition aussi bien dans la photographie que dans les affiches, pendant les mouvements sociaux

---

[193] Inmaculada Blasco Herranz, « Género y religión : de la feminización de la religión a la movilización católica femenina, una revisión crítica » [Genre et religion : de la féminisation de la religion, à la mobilisation catholique], *Historia Social*, n° 35, Mónica Moreno et Pilar Salomón (dir.), Valencia, Instituto de Historia Social, 2005, p. 119-136.

[194] AHPAI, *Sección Femenina* G-49, Correspondencia de la Secretaria Provincial (16 nov. 1950).

[195] AHPAI, SF G-168, Departamento de personal. Carta-Circular (25-VIII-1941) y Circular 112 (27-II-42).

et la Guerre civile est, d'après Mary Nash, une iconographie séductrice et subversive tendant à motiver les hommes à aller au front[196]. Nonobstant cela, on remarquera que la propagande iconographique républicaine est particulièrement avant-gardiste dans ce qu'elle consent à représenter la femme hors du domaine sacré, le foyer conjugal. La femme vêtue du bleu de travail, *el mono azul*, avait pour fonction symbolique, la rupture des barrières qui voulaient que la femme reste au foyer pendant que l'homme gagne, hors du foyer, de quoi subvenir aux besoins de sa famille. Cette représentation de la femme hors du foyer conjugal est contraire aux dogmes de la Phalange et du franquisme qui, par la voix de leur idéologue scientiste estime que « Si la femme lutte pour son existence en même temps qu'elle remplit sa mission biologique de la maternité, elle sera trop vite épuisée par le poids d'un si grand effort. [...] Il faut absolument que la femme mariée n'ait jamais besoin de travailler »[197].

Sous la IIe République, les femmes vont prendre une part importante dans les revendications ouvrières et sociales. Elles se regroupèrent de fait dans les associations telles que l'*Asociación de las Mujeres Antifascistas* (créée en 1933 et consolidée en 1934 par Dolores Ibárruri et d'autres communistes) pour la défense de leurs droits ; l'association *Pro Infancia Obrera* (créée fin 1934), pour secourir les enfants blessés ou orphelins suite aux grèves des Asturies. Ces républicaines, et sous la bannière du socialisme et du communisme, poussèrent leur émancipation dans un mouvement beaucoup plus vaste, bien qu'il faille faire une nette différence entre les femmes républicaines selon les différentes obédiences idéologique et politique. Ainsi Federica Montseny, ministre de la Santé et de l'Assistance sociale (novembre 1936-mai 1937) fonda *Mujeres Libres,* dont les activités étaient connexes à celles de la *Confederación Nacional de Trabajadores*, l'*Unión de Muchachas* ou encore les *Juventudes Socialistas Unificadas* (rapprochement entre les femmes de diverses tendances socialistes). Ces associations étaient fondamentalement caractérisées par une activité qui dépassait la simple revendication sociale pour se politiser au point de se radicaliser avant et pendant la guerre. Les années 1930 constituèrent pour les femmes un canevas propice à la revendication bien que toutes ne prirent pas part au mouvement. En effet, si la République leur reconnut un grand éventail de droits, les femmes conservatrices ou à tendance de droite se retirèrent de la scène publique pour s'adonner exclusivement aux tâches domestiques ou, mieux, aux tâches en conformité à leur sexe. C'est le cas de celles qui, au sein de la *Sección Feminina* - sous la direction de Pilar Primo de Rivera, déléguée nationale de

---

[196] Mary Nash, *Rojas. Las mujeres republicanas en la Guerra Civil* [Rouges. Les femmes républicaines pendant la Guerre civile], Madrid, Taurus, 1999, p. 93.

[197] Dr. José Botella Llusiá, « Peligro de la civilización moderna para la biología de la mujer », conférence prononcée le 18 février 1943, *Consigna*, n° 27 [« Danger de la civilisation moderne pour la biologie de la femme », Consigne], avril 1943.

la Phalange - confectionnaient des vêtements pour les victimes des grèves Asturiennes et, plus tard pour ceux - maris ou enfants - qui feront don de leur vie en allant combattre pour Dieu, la Patrie et Franco. Elles avaient également pour mission pendant la guerre d'assister les blessés, d'assurer la logistique et surtout de renseigner la hiérarchie de l'activisme des citoyens anti-phalangistes. Certaines furent des marraines de guerre, chargées de maintenir le moral des soldats sur le front grâce à un échange épistolaire. Les partis politiques de droite, la CEDA de Lerroux, le Parti Radical et leurs différents regroupements féminins, fusionneront avec la *Sección Femenina* qui servira plus tard d'appareil idéologique d'encadrement à Franco[198]. Ici l'encadrement porte ses parures les plus doctrinaires, puisqu'une fois, la guerre terminée, Pilar Primo de Rivera dira :

La paz nos trae por adelante la obra enorme de las escuelas del hogar, de artesanía y agricultura, de música, de educación física, la formación, nacionalsindicalista de todas las mujeres, nuevas etapas que el Estado tiene el propósito de confiarnos[199].
[La paix nous ouvre le chemin vers la grande œuvre des écoles du foyer, de l'artisanat et de l'agriculture, de la musique, de l'éducation physique, la formation nationale syndicaliste de toutes les femmes, des étapes nouvelles que l'État prévoit de nous confier.]

Cette mission était déjà présente dans l'Espagne en guerre grâce à *Auxilio Social* (Secours d'Hiver) calqué sur le Secours d'Hiver allemand, suite à l'idée du phalangiste Javier Martínez de Bedoya, et sous la direction de Mercedes Sanz Bachiller, veuve de Onésimo Redondo y Ortega, l'un des fondateurs de la Phalange Espagnole des Juntes Offensives Nationales Syndicalistes (FET de las JONS). C'est la raison pour laquelle la Phalange fera fusioner Secours d'Hiver et la Section Féminine, après le décret d'unification en avril 1937. Par la suite, Franco ne reconnaîtra plus qu'*Auxilio social*. Mais l'objectif de l'organisation suivra toujours ce principe inconditionnel que Pilar Primo de Rivera a semé à tout vent - comme stipulé au chapitre premier des statuts de la *Sección Femenina* de 1937 - : *la mujer debe servir de perfecto complemento al hombre, formando con él, individual o colectivamente una perfecta unidad social* [200] « la femme doit être un parfait complément de l'homme, être à lui dans une parfaite unité sociale ». En outre, le discours laissera entendre que la vraie femme est celle qui répond en tout point aux attentes du mari afin que

---

[198] Marie-Aline Barrachina, *Recherches sur les ressorts de la propagande franquiste, (1936-1945), discours, mise en scène, supports culturels*, Lille, Septentrion, 1997, vol.1, p. 167-168.
[199] Circular 129 de *Sección Femenina*, *Discursos, circulares y escritos* [Discours, circulaires et écrits], Madrid, Gráficas Afrodisio Aguado, 1942, p. 270.
[200] *Cf.* Mª Teresa Gallego Méndez, *Mujer, Falange y Franquismo* [Femme, Phalange et Franquisme], Madrid, Taurus, 1983, p. 660-661.

ce dernier ait toujours le plaisir de retourner à la maison, une fois sa journée de travail terminée.

Les années 1930 sous la IIe République sont marquées par le sens de la dignité humaine reconnue à la femme, restée jusque là une simple adjuvante de l'homme. Elles connaissent ainsi la cession ou la conquête, au moins théorique, de l'égalité de la femme dans la plupart des domaines, notamment l'égalité entre les conjoints (Art. 43 de la constitution).

On a souvent soutenu que c'est l'absence d'hommes, allés combattre au front, qui a ouvert la porte à la véritable émancipation féminine. Cependant, il convient de dire que la jeune République a su, dès l'aube de ses premiers pas, donner un signal fort dans le sens de la respectabilité et de la dignité des femmes. L'égalité politique n'est pas véritablement la panacée des hommes politiques d'alors, eux-mêmes victimes d'une société ankylosée dans un traditionalisme réfractaire à toute idée d'égalité civique. La République veut que subrepticement l'autorité parentale supplante l'autorité paternelle. La propagande ne dit pas comment la femme a géré l'égalité du droit au travail devant l'épineux problème de concilier les fonctions traditionnelles de mère et d'épouse et des responsabilités militantes, syndicales presque identiques à celles des hommes. À partir du moment où l'émancipation des femmes se trouve en mouvement, celles-ci semblent épouser des revendications d'intérêt général. À cet effet, les actions d'une Pasionaria, d'une Margarita Nelken, d'une Federica Montseny sont loin d'être suspectes ou essentiellement romantiques. Ces actions sont autant de preuves que les révolutions sociales et ouvrières, et la guerre civile furent autant de véritables opportunités dont elles surent se servir pour occuper le piédestal que la tradition et le dogmatisme religieux leur avaient refusé. Leurs représentations sont les plus osées sur les premières de couverture de revues à tendance libertaire telles que *Estudios, Esfuerzo, Voluntad, Tiempos Nuevos, Tierra y Libertad* ou *Mujeres Libres*. Les peintres et affichistes Monleón et Gallo en font des nus où les attributs féminins sont célébrés au milieu des symboles antifascistes et pro-républicains ; le tout exposé tantôt dans des lieux publics, tantôt sur des véhicules de propagande.

De leur côté, les hommes acquis à la cause du changement, les progressistes, et dirions-nous les meilleurs d'entre eux, refusèrent de se plier aux exégètes de la société qui les avaient formés intellectuellement, et ce dans un esprit de continuité idéologique sociétale. Bon nombre de ces hommes sont majoritairement des républicains qui ne veulent pas se soumettre aux lois d'une société traditionaliste. Car la contrepartie en termes de progrès et en termes d'équité hommes-femmes, leur paraît insuffisante pour réaliser l'Espagne républicaine que les plus radicaux clament de tous leurs vœux au prix même d'être incompris de concitoyens tiraillés entre un progrès trop inespéré et un conservatisme modéré. À cet effet, rappelons que lors des élections de 1933, les votes[201] féminins bénéficièrent majoritairement à la droite, la plupart des femmes trouvant que les idées progressistes de la gauche - notamment le mariage civil, la reconnaissance du divorce, les mêmes droits autorisés aux enfants naturels et légitimes - mettaient à mal l'équilibre familial tel que la tradition, les associations féminines conservatrices, le dogmatisme primorivérien et l'Église leur avaient enseigné.

La contestation politique des hommes de gauche contre la monarchie peut donc être lue comme une réelle machine de guerre qui, sur le plan des idées, s'affranchit des divisions abjectes entre les hommes et les femmes. Ils ont compris qu'« une République qui maintiendra les femmes dans une condition d'infériorité ne pourra pas faire des hommes égaux »[202]. Le refus d'une Espagne dans laquelle la femme n'était pas l'égale - du moins sur le plan social, juridique et politique - de l'homme se transpose métaphoriquement sur le plan de la volonté d'un nouveau vocabulaire - le terme *camarada* se généralisa et brisa les hiérarchies en même temps qu'il enfonça les barrières entre les classes - d'une nouvelle nation, la nation des hommes libres et égaux. On verra d'ailleurs certaines affiches reprendre les symboles clés de la Révolution française et faire un rapprochement entre l'effort des femmes républicaines et celui des communards. En effet, si dans la nation, il y a l'idée forte de partage de la même histoire, une base solide d'idéal sociétal, force est de constater que l'Espagne républicaine que forgeaient des politiques progressistes d'après leurs sensibilités, certes disparates, était en marche vers les valeurs universelles de dignité humaine et du respect d'autrui. On l'aura compris, l'égalité républicaine hommes/ femmes est restée, même sous la République et pendant la guerre, un idéal plus qu'une réalité. Mais cela ne sera jamais fait au mépris de la femme, puisque compte tenu des circonstances et des enjeux, c'est elle, à travers la voix stridente de Dolores Ibárruri qui dira : *Los Hombes al frente, las mujeres a la retaguardia,* « Les hommes au front, les femmes à l'arrière » bien que dans certaines circonstances, elles aient lutté coude à coude avec les hommes.

L'attention portée, côté conservateur, sur le discours de propagande[203] des idéologues et penseurs avant et pendant la IIe République, révèle l'existence d'expressions phono-motrices et auditives caractéristiques d'une mentalité bornée par des « concepts sauvages[204] » qui sont des complexes de sons ayant, au fil du temps et au gré des courants de pensées, reçu un certain sens : foyer, sainte, charité, chasteté, mère, épouse, gardienne, ange de foyer, etc. L'enjeu

---

[201] Contrairement à 1924 - d'après le nouveau *Estatuto Municipal* [Statut municipal] du 8 mars - où le droit de vote ne fut accordé qu'à certaines femmes et sous certaines conditions ; sous la IIe République, le suffrage universel est étendu à toutes et à tous y compris aux soldats.
[202] Hubertine Auclert, « Hubertine Auclert (1848-1917) », *Grandes voix du féminisme*, Nicole Pellegrin (dir.), Paris, Flammarion, 2010, p. 154.
[203] Pour approfondir le versant sociologique de la propagande franquiste et son incidence sur le formatage de l'esprit, voir Feugain, Michel, *Iconologie et iconographie...*, p. 479-482.
[204] Jean Ziégler, *Sociologie et contestation*, Paris, Gallimard, 1969, p. 45.

est alors de savoir identifier ces concepts, de les saisir au-delà de ce qu'ils peuvent fondamentalement signifier afin de mieux comprendre leur symbolique idéologique quant à la chosification de la gente féminine. L'éloge qui pullule ici et là dans les textes de propagande, dans les slogans politiques de la Phalange et autres *Auxilio Social* et *Sección Femenina*, ne devrait pas simplement susciter l'adhésion d'une catégorie de destinataires dépourvus de sens critique vis-à-vis d'une culture qui reconnaît à la femme des vertus qu'elle refuserait à l'homme pour la simple raison de leur différence sexuée. On l'a vu, la femme est un ange. Mais un « ange du foyer ». Même certains intellectuels les plus insoupçonnés s'inscriront dans ce registre qui ne perçoit la femme que par sa maternité et sa soumission à l'homme :

La mujer debe ser madre ante todo, con el olvido de todo lo demás si fuera preciso; y por ello, por su inexcusable obligación de su sexo [...]. Tú, mujer parirás; tú, hombre, trabajarás[205].
[La femme doit être mère avant tout, faire table rase de tout le reste si cela est nécessaire ; et ce, pour l'inexcusable obligation de son sexe [...]. Toi, femme enfanteras ; toi, homme, travailleras.]

Le propos est d'asseoir l'idée selon laquelle - et bien des théoriciens et idéologues du franquisme, notamment Giménez Caballero, l'ont compris - la femme est dépositaire de la race, non pas biologique essentiellement mais spirituelle et morale surtout. Et ce serait loi naturelle pour elle de contribuer à la perpétuité de la race espagnole par la procréation et la transmission des valeurs propres à l'être espagnol. Ces valeurs [206] seraient entre autres : sacrifice, patriotisme, religion. Nous ne citons que ces trois valeurs pour rester fidèles à la construction triadique de la plupart des slogans phalangico-franquistes. La propagande franquiste s'évertuera à faire admettre aux femmes qu'elles ont un rôle divin d'autant que Franco est la figure messianique pour l'Espagne dont elles sont garantes de la pureté raciale:

Franco, figura excelsa de la Raza hispana, encierra en estos momentos todo el simbolismo y toda la realidad de la España que lucha por su tradición y que vence por imperio de un mandato histórico, que es el mandato de vencer siempre, bajo la sombra protectora, bajo el pensamiento de Dios de España[207].
[Franco, figure éminente de la Race hispanique, concentre actuellement tout le symbolisme et toute la réalité de l'Espagne, lutte pour sa tradition et gagne pour l'empire un mandat historique, mandat qui consiste à toujours vaincre, sous la couche protectrice, sous la pensée de Dieu d'Espagne.]

---

[205] Dr. José Botella Llusiá, *op. cit.*
[206] Une affiche (n°865) révèle une liste non-exhaustive de ces valeurs - honneur, héroïsme, foi, autorité, justice, efficacité, intelligence, volonté, austérité - incarnées par Franco pour l'immortalité de l'Espagne, *Cf.* Michel Feugain, *Iconologie et iconographie...*, p. 316.
[207] « Recaredo » (pseudonyme), « Franco, figura excelsa de la raza », *Acción Española* [Action espagnole], Buenos Aires, 12 oct. 1937, p. 5.

Cet extrait n'est qu'une infime partie des discours de propagande soumis à l'Espagne en guerre et sous la dictature. Et les femmes n'étaient finalement perçues que par rapport à leur fécondité qu'elles devaient préserver par une hygiène irréprochable. Ici, c'est l'homme qui va conseiller à la femme (obliger la femme ?) de faire du sport en quantité nécessaire pour favoriser la rentabilité hormonale nécessaire à son pouvoir procréatif. Car *muchas esterilidades, muchos defectos de desarrollo femenino, muchas incapacitaciones para la maternidad, nacen de esta excesiva tendencia al deporte*[208] « beaucoup de stérilités, beaucoup de défauts du développement féminin, beaucoup d'incapacités à la maternité, proviennent de cette tendance excessive pour le sport ».

De l'absence de logique entre « nous » et « vous »

Le fragment du monde hispanique décrit et étudié dans cette analyse s'inscrit, on l'aura compris, aussi bien dans une perspective linguistique, socio-historique, politique que propagandiste. Propagandiste d'abord : les images et les textes cités ont été réalisés dans un but de propagande qui ne saurait être mis en doute. En effet, la période est propice à l'émergence même du propos propagandiste : élections, grèves, révoltes sociales et contestations de l'autorité juridique et administrative, changement de statut pour la femme face au droit et devoir civique. Linguistique ensuite, car c'est au cœur même de la propagande iconique et/ ou textuelle que l'on retrouve les items qui singularisent le traitement doctrinaire hommes/ femmes. L'étude des signes de l'iconicité et du lexique, qui ne peut être menée dans son exhaustivité dans un travail peu conséquent, révèle bien une dichotomie entre les genres et leur traitement selon que l'on est républicain, libertaire, anarchiste ; conservateur, phalangiste ou franquiste. Quant à la dimension socio-historique, il n'est plus à démontrer que l'homme et la femme ont, pour des raisons qui se situeraient certainement hors de l'entendement, joué des rôles parallèles. Quel que soit le domaine considéré, il y a un « nous » masculin et un « vous » féminin, et vice-versa, marqués du sceau du genre qu'il faut tenter de comprendre dans son « acception rationnelle »[209] aussi bien chez les républicains que chez les conservateurs. Pour ces derniers, le « nous » masculin est ontologiquement supérieur au « vous » féminin. C'est inscrit dans la nature et c'est aller à contre-courant que de placer l'un et l'autre dans un rapport d'égalité. Sur le terrain du combat politique et de la guerre, le « vous » féminin doit rester à la maison, assurer l'équilibre familial alors que le « nous » masculin doit être

---

[208] Dr. José Botella Llusiá, *op. cit.*
[209] Lucien Lévy-Bruhl, *La mentalité primitive*, Paris, Félix Alcan, 1933, (9ᵉ éd.), p. 544.

dans le domaine public, dans le champ politique, être au dehors pour gagner sa vie, défendre la Patrie pour laquelle il fait admirablement don de sa vie. Le rapport genré chez les conservateurs est aussi prélogique[210] qu'il est enraciné dans une société normée de substrats patriarcaux qui n'existeraient plus si l'on convoquait la raison. Femme de caractère, Mercedez Sanz Bachiller, chez les conservateurs, aura très souvent tenté de faire entendre raison à ses coreligionnaires, hommes comme femmes, afin que la femme phalangico-franquiste ne soit plus exclue de la sphère politique :

> *Mujeres hay, muchas mujeres a las que la intervención en la política les parece cosa exclusiva de hombres. ¿Acaso España y el destino de España les importa e interesa exclusivamente a los hombres? Pues si así no es, si España pertenece lo mismo a mujeres que a hombres, ¿por qué entonces la mujer no ha de estudiar, se ha de preocupar y, en muchos casos, ha de intervenir en la política española?*
> *[...] La feminidad no se pierde ni se gana interviniendo en la política. La feminidad es algo que la mujer lleva o no dentro [...]*[211]
> [Il y a des femmes, beaucoup de femmes qui pensent que l'intervention dans la politique est une exclusivité des hommes. Se pourrait-il alors que seuls les hommes soient jaloux de l'Espagne et de son destin ? Si tel n'est donc pas le cas, si l'Espagne appartient aussi bien aux hommes qu'aux femmes, pourquoi la femme ne doit-elle pas étudier, s'intéresser et, très souvent, intervenir dans la politique espagnole ?
> [...] La féminité ne se perd ni ne se gagne en intervenant dans la politique. La féminité est quelque chose que la femme a ou n'a pas [...].

Dans l'Espagne des années 1930, pendant la guerre civile et le franquisme, les conservateurs ont lutté - entre autres multiples raisons - pour la bipartition de l'univers fantasmé qui n'est pas sans nous rappeler l'étude ethnologique que Bourdieu[212] a réalisée sur la société kabyle. Étude dans laquelle l'analyse de l'opposition féminin/ masculin est exemplifiée sur plusieurs domaines. Et dans laquelle l'auteur remarque que l'opposition entre les genres est arbitraire et répond à la fois à une nécessité tantôt objective, tantôt subjective, dont voici le résultat : masculin/ féminin = sec/ humide ; chaud/ froid ; plein/ vide ; épicé/ fade ; clair/ obscur ; dehors/ dedans et dur/ tendre[213]. Bien des points

---

[210] La lecture attentive de Lévy-Bruhl ne permet pas d'affirmer avec certitude que l'étape prélogique de la pensée humaine du langage humain est, pour l'auteur, une entité chronologique. *Cf.* Lucien Lévy-Bruhl, *Les fonctions mentales dans les sociétés inférieures*, s. l., Puf, 9e éd., 1951, p. 446-447.

[211] Mercedes Sanz Bachiller, « La mujer y la política » [La femme et la politique], *Diario Regional*, jeudi 18 novembre 1937.

[212] Pierre Bourdieu, *Le sens pratique,* Paris, éd. de Minuit, 1980, p. 367.

[213] Ces oppositions ne sont pas exclusives de la société kabyle. Elles sont au fondement même de la structuration spatiale de l'être. En cela, et à la lumière des récents travaux sur la question - notamment ceux de Françoise Héritier, *Masculin / Féminin. La pensée de la différence*, Paris, Odile Jacob, 1996 - on s'aperçoit qu'elles structurent encore la pensée scientifique et politique contemporaine.

développés ci-avant corroborent l'applicabilité de ces résultats sur des représentations et des discours étudiés.

D'après les données iconographiques et textuelles, sources premières de notre étude, il convient de souligner l'inégale systématisation de la binarité du monde dans l'esprit républicain et phalangico-conservateur de l'Espagne de la IIe République. La différenciation genrée dans les écrits et les affiches de la gauche républicaine est substantiellement limitée à la différence naturelle qui ne s'objective point dans une perspective d'assujettissement du féminin, même s'il est difficile de défendre avec véhémence l'absence absolue d'une certaine forme de sexisme ou de machisme. Ceci étant écrit, l'immense majorité des images et des écrits appelant à un traitement égalitaire de la femme et de l'homme, comme étant l'une et l'autre face d'une même réalité historique existentielle, atténue quelques spécificités dites féminines - assistante sociale, aide-soignante, l'exclusivité ou presque de leur rôle dans l'arrière-garde - au plus fort des atrocités de la guerre.

La critique littéraire chinoise à la rencontre de l'Occident au XXᵉ siècle : une aventure de la modernité face à la tradition

JIN Siyan

Genèse de la problématique

En 1993, la revue *Wenxue pinglun* 文學評論 [Critique littéraire] a publié dans son n° 3 un article intitulé « Shijimo de huigu : Hanyu biange yu Zhongguo xinshi chuangzuo » 世纪末的回顾: 汉语变革与中国新诗创作 [Fin de siècle : regard rétrospectif sur l'évolution de la langue chinoise et l'écriture de la nouvelle poésie en Chine]. L'article est signé par Zheng Min 鄭敏, critique littéraire et poétesse de l'École du *Jiuye* 九葉 [Neuf feuilles] connue en Chine depuis les années 1940. Dans cet article, l'auteur met en cause le mouvement du chinois moderne « *baihua* » (langue parlée) sur la base duquel est née la Nouvelle littérature chinoise en 1917. Zheng Min prend comme référence la linguistique moderne pour argumenter son attitude critique à l'égard du mouvement. Ce texte a provoqué dans le monde littéraire chinois une polémique entre les partisans du mouvement et ses opposants[214]. De nouveau, réapparaît le problème de la tradition et la modernité, un sujet de débats acharnés lors du mouvement de 1917.

---

[214] Voir Huang Yu 黄钰, « Jiushiniandai xinshi yu hanyu muyu guanxi lunzheng shuping » 九十年代新诗与汉语母语关系论争述评 [A propos d'une polémique des années 1990 sur la nouvelle poésie et ses liens avec le chinois, résumé et critique], *Zhongguo wenxue yanjiu* 中国文学研究, 2005, n° 5, p. 105-108.

Zheng Min ne pense pas que le chinois vernaculaire, le *baihua,* soit plus riche et ait plus de valeur évocatrice que le chinois ancien, le *wenyan,* qui avait vu naître la littérature canonique dont la poésie d'auteur. Les partisans du mouvement de 1917 contre la tradition et le *wenyan* et pour une nouvelle littérature en *baihua* ont ainsi commis une erreur historique en déracinant la nouvelle poésie de ses sources inépuisables et lointaines.

Quatre arguments ont été déployés pour soutenir sa critique du mouvement anti-traditionnel de 1917. Tout d'abord, selon elle, aucune langue ne peut se faire par une seule volonté idéologique ou politique. Les partisans du mouvement de la Nouvelle littérature prennent pour référence le *baihua,* langage utilisé seulement depuis les temps modernes (dynastie des Yuan au XIIIe siècle), en renonçant au *wenyan,* langue d'origine divinatoire. C'est, pour Zheng Min, une attitude extrême, non constructive. En ce sens, Zheng Min rejoint Léon Vandermeersch, pour lequel le *wenyan* n'est pas une écriture « naturelle », mais est d'origine divinatoire, graphique, révélatrice[215].

Le deuxième argument de Zheng Min sur la force du chinois classique s'appuie sur le fait que de nombreux poètes occidentaux du XXe siècle jusqu'à nos jours s'inspirent de la poésie classique chinoise. L'écriture poétique de la Chine ancienne n'est donc pas si démodée ou figée, comme ce que critiquaient et critiquent les partisans du mouvement anti-traditionnel. Bien au contraire, elle est même une source d'inspiration pour les poètes occidentaux. Pour preuve, la poésie moderne anglaise et américaine du début du XXe siècle s'est inspirée de l'écriture chinoise poétique, représentée par Du Fu 杜甫 (712-770), Bai Juyi 白居易 (772-846) ou Tao Yuanming 陶渊明 (environ 365-427). S'inspirant de cette écriture poétique orientale et classique, le linguiste Ernest Fenollosa (1853-1908)[216] et le poète américain Ezra Pound (1885-1972) ont fondé leur théorie esthétique de la poétique moderne. Avec sa force évocatrice et son système symbolique, la poésie classique chinoise continue à fournir aux poètes occidentaux d'aujourd'hui une source d'inspiration.

Ensuite, la critique de Lacan et la théorie du déconstructionnisme insistant sur l'inconscient et ses relations avec la langue fournissent des fondements à Zheng Min pour sa réflexion sur la langue et l'écriture poétiques. Le langage représentant le plus profond de l'inconscient ne peut se laisser contrôler entièrement ni par la raison ni par les sentiments du poète qui est dans un état conscient. L'essentiel, c'est de laisser parler ce langage, et ce « je » du plus profond du « moi ». Il faudrait saisir, comme ce que Mallarmé souhaite, pour l'expérience particulière de l'écriture poétique, un langage générateur qui s'oppose au langage informatif de la vie quotidienne. De ce point de vue, les

---

[215] V. Léon Vandermeersch, « Divination et rationalisme divinatoire », dans *Le mythe : pratiques, récits, théories,* vol. 3 : *Voyance et divination,* sous la direction de Bertrand Méheust, Paul-Louis Rabeyron, Markos Zafiropoulos, Paris, Economica, Antropos, 2004, p. 23-40.
[216] Ernest Fenollosa, *Le Caractère écrit chinois, matériau poétique* [*The Chinese Written Character as a Medium for Poetry*], trad. par Ghislain Sartoris, Paris, L'Herne, 1972.

revendications de Chen Duxiu et de Hu Shi, de « *construire* une littérature populaire aux sentiments simples » et de « rechercher une construction grammaticale » pour une nouvelle poésie, ne peuvent qu'apparaître comme des idées simples du volontarisme.

Enfin, les réflexions de Derrida sur la différance des mots et l'effacement de la mémoire, sont entièrement partagées par Zheng Min qui s'oppose aux pensées dites scientifiques et rationnelles. Tout est relatif. Il n'y pas de pôles éternels. Seule la force de l'écriture est la source vitale de la langue. Et cette force doit être évocatrice, mouvante, les mots assurent alternativement le rôle du signifiant et celui du signifié. Ainsi, l'abolition du *wenyan* ne peut être une mesure politique ou idéologique, il se trouve partout, dans l'écriture, en interligne et dans la mentalité.

Il serait trop simple de placer la critique de Zheng Min au niveau du pour ou du contre le mouvement de 1917, au niveau du retour à l'ancienne polémique littéraire lancée par ce mouvement. Certes, la problématique est réapparue, mais elle est mise en examen avec un siècle de distance et d'expériences heureuses ou douloureuses de la nouvelle littérature chinoise. Un siècle passé, l'heure de repenser le mouvement de la nouvelle littérature est arrivée. Repenser cette histoire, non pas pour juger en bien ou en mal le mouvement, non plus pour s'interroger sur une approche se voulant scientifique qui est la critique littéraire, aujourd'hui en crise - pour suivre Roland Barthes, la critique équivaut à une mise en crise -, mais pour repenser la relation entre tradition et modernité de la critique littéraire en Chine d'aujourd'hui. En ce sens, l'article de Zheng Min nous fournit un riche document contextuel, historique et transculturel.

Naissance de la nouvelle critique littéraire en Chine (1917) : contre la tradition en se référent à un *Autre* - l'Occident

Le thème apparaît pour la première fois dans le fameux article « Wenxue geming lun » 文學革命論 [De la Révolution littéraire][217] écrit par Chen Duxiu 陳獨秀 (1880-1942) dans la revue *La jeunesse*[218] (*Xinqingnian*, II-6) en février 1917. Un mois plus tard, la revue publia « Wenxue gailiang chuyi » 文學改良芻議 [Propos sur la réforme littéraire] de Hu Shi 胡適 (1891-

---

[217] Dans *La jeunesse (Xin qingnian)*, 1917, n° 1, p. 72. La revue est mensuelle, le premier volume s'intitulait *Qingnian zazhi* [Revue de la Jeunesse] paru le 15 septembre 1915, son rédacteur en chef était Chen Duxiu.
[218] Sur la couverture de la revue, fut imprimé le titre en français : « La jeunesse ».

1962)[219]. Un mouvement pour une révolution littéraire fut ainsi déclenché. Il visait à « renverser » la littérature classique chinoise.

Hu Shi proposait, dans son article, huit points [220] pour une nouvelle littérature : 1. Parler en ayant un sujet en tête. 2. Ne pas imiter les anciens. 3. Rechercher une construction grammaticale. 4. Pas de pleurs sans vraie douleur. 5. Eliminer les tournures démodées. 6. Pas de citations ni allusions tirées des textes classiques. 7. Pas de parallélisme. 8. Ne pas éviter le langage ou les mots populaires.

Quant à Chen Duxiu, il lança trois actions révolutionnaires qui étaient : de *renverser* la littérature jugée par lui « noble », « ciselée et ondulante » pour *construire* une littérature populaire aux sentiments simples (peu singuliers, non obscurs), de *renverser* la littérature classique « périmée et pompeuse » pour *construire* une littérature fraîche et sincère, et enfin de *renverser* la littérature « absconse » et « difficile », celle des « monts et des bois par exemple » [221], pour *construire* une littérature sociale, populaire et claire[222].

Ainsi, toutes les bases de la littérature chinoise ancienne et classique furent rejetées par Chen Duxiu et son camarade Hu Shi, étudiant à l'époque aux États-Unis. Quand le parallélisme (contrepoint tonal, contrepoint sémantique) fut rejeté, suivant la proposition de Hu Shi, la poésie chinoise classique fut en péril. L'attitude de Chen Duxiu est beaucoup plus violente. Selon lui, pour construire une nouvelle littérature chinoise, il faut comme condition préalable « renverser » d'abord toute la littérature ancienne et classique de Chine. Cette attitude devint aussitôt la position commune prise par les jeunes écrivains du mouvement.

Suivant leurs idées sur la révolution littéraire, la *Jeunesse* publia en janvier 1918 (vol. IV-1), pour la première fois, des poèmes en *baihua*, sous *forme de vers libre*. Ces nouveaux poèmes ont joué un rôle exemplaire dans la construction d'une nouvelle littérature. Et la Nouvelle littérature chinoise prit naissance avec ces nouveaux poèmes, la poésie étant l'âme de la littérature chinoise.

Dans ce numéro 1 du volume IV, trois poètes publièrent neuf poèmes. Hu Shi en écrivit quatre : « Gezi » 鴿子 [La colombe], « Yinian » 一念 [Une idée], « Jing buxi » 景不徙 [Paysage immobile], « Renlichefu » 人力車夫 [Un pousse-pousse]. Shen Yinmo 沈尹默 (1882-1971) proposa trois poèmes : « Gezi » [La Colombe], « Yueye » 月夜 [Nuit de Lune], « Renlichefu » [Un

---

[219] Zhao Jiabi 赵家璧, *Zhongguo xinwenxue daxi 1917-1927* 中国新文学大系 1917-1927 [Grande anthologie de la nouvelle littérature chinoise 1917-1927], Shanghai wenyi chubanshe, 1980, vol. I, p. 62.

[220] Voir Hu Shi, *Hu Shi wenji* 胡适文集 [Œuvres complètes de Hu Shi], Beijing, Beijing yanshan chubanshe, 2009, vol. I, p. 3-5.

[221] Selon Chen Duxiu, il s'agit d'une littérature qui parle d'histoires de dieux, de fantômes, de gens bizarres qui séjournent dans des endroits peu fréquentés.

[222] *Grande Anthologie*, I, p. 56.

pousse-pousse]. Liu Bannong 劉半農 (1891-1934) en écrivit deux : « Xiangge yicengzhi » 相隔一層紙 [Séparés par une feuille], « Ti nüer zhousui zhaoxiang » 題女兒周歲照相 [Dédicace sur la photo de ma fille pour son premier anniversaire].

La première vague des nouveaux poètes apparut alors. De février 1918 à mai 1919, la *Jeunesse* publia 66 poèmes en *baihua*, 24 poèmes traduits de langues étrangères, 3 essais sur la Nouvelle Poésie. La revue est donc devenue le premier et le plus important terrain pour la Nouvelle Littérature.

Aux poètes de *La Jeunesse* se joignent bientôt les poètes de la *Renaissance* 新潮 (*Xinchao*)[223] et de *Shaonian Zhongguo* 少年中國 [Jeune Chine][224]. Sur la voie ouverte par la *Jeunesse*, la revue *Renaissance* fait apparaître un groupe important de nouveaux poètes dont beaucoup sont étudiants de Beida (Université de Pékin). Les plus actifs sont Kang Baiqing 康白情 (1896-1958), Luo Jialun 羅家倫 (1897-1979), Fu Sinian 傅斯年 (1896-1950), Zhu Ziqing 朱自清 (1898-1948). En font partie également les premiers poètes de la *Jeunesse*, Hu Shi, Zhou Zuoren 周作人 (1885-1967), Yu Pingbo 俞平伯 (1900-1990).

Une question se pose ici : les revendications révolutionnaires de ces militants du mouvement sont radicalement contre la tradition. Mais de quelle tradition littéraire ?

Si la vieille Europe fonda ses pensées de la critique littéraire en poétique, rhétorique depuis l'époque de la Grèce ancienne, et herméneutique depuis le XVIIIe siècle, la Chine ancienne prit comme origine pour la critique littéraire chinoise, cinq facteurs fondamentaux qui sont regroupés et explicités dans l'œuvre phare de Liu Xie 劉勰 (465 ?- 532 après notre ère) et son *Wenxin diaolong* 文心雕龍 [Le cœur du *wen* en dragon sculpté].

Toute l'œuvre traite du phénomène de la création, de l'intuition, de l'inspiration, de l'esprit du *wen* pour écouter, observer et écrire différemment ainsi que des genres littéraires. Liu Xie, auteur de l'œuvre, étudiait des perspectives historique et esthétique.

Ces cinq facteurs de base pour la critique littéraire sont parfaitement bien résumés par les titres des cinq premiers chapitres du livre : 1- [Remonter à la source du *dao*] *Yuandao* 原道 ; 2- [Appeler[225] les sages] *Zhengsheng* 徵聖 ;

---

[223] *Xinchao* [Nouvelle vague], revue mensuelle dont le premier numéro prend le titre de *Renaissance* en français. Parue le premier janvier 1919, disparue fin 1920, elle a Fu Sinian et Luo Jialun, étudiants de Beida, comme fondateurs et rédacteurs.

[224] *Shaonian Zhongguo* [Jeune Chine], revue mensuelle, fondée par l'*Association Jeune Chine* en 1919. C'est la plus importante revue après la *Jeunesse*, qui se consacre presque entièrement à la Nouvelle Poésie.

[225] *Zheng*, quatrième note de la gamme pentatonique, harmonie du son de cloche, signifie appeler, percevoir, prouver, mettre en évidence, convoquer pour faire connaître au grand jour.

3- [Se ressourcer aux *jing* - livres canoniques] *Zong jing* 宗經 ; 4- [Normaliser les textes de pronostication et de trame[226]] *Zheng wei* 正緯 ; 5- [Argumenter sur le *sao*[227]] *Bian Sao* 辨騷. On constate là, clairement, l'absence d'herméneutique. La poétique étant au centre (5ᵉ chapitre du *Wenxin diaolong*) avec le Dao, les ancêtres et les documents canoniques, la rhétorique interprétée par les formes d'écriture et le langage est mise au second plan par Liu Xie.

Cet attachement aux ancêtres ne touche point les jeunes poètes chinois du mouvement. Ils cherchaient la nouveauté, la modernité ailleurs, hors de leur territoire. La France était prise en compte et considérée comme la première référence pour la nouvelle poésie chinoise.

Les premières années engagées de la nouvelle critique chinoise (1921-1936) : pour une modernité littéraire contre/pour la tradition

Dès la naissance de la nouvelle littérature, les jeunes écrivains partisans se sont orientés vers la France comme première référence pour leur mouvement. De 1919 à 1924, *Shaonian Zhongguo* [Jeune Chine] a publié 84 essais critiques[228] portant sur le monde étranger, dont 28 (33,33%) textes écrits ou traduits sur la France littéraire qui arrivait aussi à la première place dans l'interprétation littéraire opérée par la revue.

Dans les 24 essais[229] publiés, 116 écrivains étrangers furent mentionnés comme références exemplaires. Ils étaient répartis sur les siècles suivants :

---

[226] *Weishu* 緯書, gloses ésotériques des Classiques, ce sont des écrits connus sous le terme générique d'apocryphes, de nature prophétique ou oraculaire. Le *wei*, désigne les fils de trame d'un tissu de soie. Les commentaires représentent les fils de trame par rapport aux fils de chaîne qui sont les Classiques.

[227] *Sao* 騷, genre littéraire classique, complainte. Qu Yuan, poète célèbre du pays de Chu (340-278 avant notre ère) écrivit le *Lisao* 離騷 [Rencontrer le chagrin]. Membre du clan royal, après avoir été accusé d'intriguer contre la Cour, il fut exilé par deux fois. Avant de se suicider en se noyant, il écrivit le *Lisao*. *Sao* [chagrin] qui veut dire : lamentation, tristesse, séparation, trouble, devait désigner plus tard un genre poétique.

[228] Vingt-quatre essais littéraires ([I-11] - 2 textes, [II-3], [IV-9]*), plus vingt essais critiques écrits par les présentateurs chinois, dont 11 concernent la littérature française. Quatre essais sur l'art (II-4*-2 textes), II-9*, II-10*. Deux essais sur la musique (IV-8, IV-10). Huit essais politiques ([I-7], [I-10], [II-4]*, [II-7], III-9, III-11, IV-5, IV-11. Neuf essais sur la question religieuse ([II-8], [II-11]), [III-1]*-3 textes, III-9 (deux textes, III-11, [IV-11]). Deux essais sur la biologie ([I-7], IV-12), ainsi que les mathématiques (II-4*, IV-8). Sur la sociologie, quatre textes ([I-10], [II-4])*, [III-10], III-12). Sur l'éducation, trois essais ([I-10], [III-6], [IV-10]). Sur la psychologie, quatre textes ([III-4], [III-5], [IV-2], [IV-8]*. Sur les sciences naturelles, cinq textes (III-4, III-8, III-8, III-12, IV-11). Un essai sur l'histoire (III-6*), même cas pour l'économie ([IV-7]*).

[229] Les vingt-quatre essais sont les suivants :

Ecrivains mentionnés	Total	Classique (avant 18e s.)	18e s.	19e s.	20e s.	(?)
Français	74	17	9	23	25	
Non Français	42	9	2	19	6	6(?)

Le champ de références ne se limite pas aux Français, bien que le sujet de ces textes d'interprétation porte sur la poésie française. Quarante écrivains étrangers (presque tous occidentaux) sont mentionnés dans ces essais. Les auteurs chinois qui manifestent une assez riche connaissance des littératures occidentales expriment ainsi leur volonté de s'inspirer du monde littéraire occidental. Or, l'attention se focalisait sur la période moderne des XIXe et XXe siècles, avec les écrivains mentionnés qui vivaient à l'époque. Pourtant les écrivains des époques classiques sont aussi très présents. Les critiques de *Shaonian Zhongguo* étaient ouverts aussi bien aux temps modernes que classiques. Ils introduisirent de nouvelles méthodes dans le champ de la critique littéraire, tentant de suivre les lointains critiques européens. Pendant les dix premières années (1915-1925), c'est le *symbolisme français* qui est

---

1. « Centenaire du poète populaire Walt Whitman », Tian Han, vol. I, n° 1, juillet 1919.
2. « La Pensée du poète anglais William Blake », Zhou Zuoren, vol. I, n° 8.
3. « Six grands poètes contemporains français et belges », Wu Ruonan, vol. I, n° 9.
4. « Biographie du grand poète russe Alexandre S. Pouchkine », Xi Man, vol. I, n° 9.
5. « Biographie de Rabindranath Tagore », Huang Zhongsu, vol. I, n° 9.
6. « La Pensée de Goethe à travers ses poèmes », Tian Han, vol. I, n° 9.
7. « Le Poète Maurice Maeterlinck », Yi Jiarong, vol. I, n° 10.
8. « L'Essence du Néo-réalisme », Liu Guojun, vol. I, n° 11.
9. « Philosophie de vie du Néo-réalisme », Fang Xun, vol. I, n° 11.
10. « Le Néo-romantisme poèmes », Tian Han, vol. I, n° 12.
11. « Tendances de la littérature française moderne », Li Huang, vol. II, n° 4.
12. « Conception de la religion chez Romain Rolland », (Shen) Yanbing, vol. II, n° 11.
13. « La Versification française et sa libération », Li Huang, vol. II, n° 12.
14. « La Poésie lyrique en France depuis 1820 », Huang Zhongsu, vol. III, n° 3.
15. « À la mémoire du centenaire du poète diabolique Charles Baudelaire », Tian Han, vol. III, n° 4, 5.
16. « Le Roman de Guy de Maupassant », Li Huang, vol. III, n° 6.
17. « Le Roman français après le Naturalisme », Li Jieren, vol. III, n° 10.
18. « Polémique entre Henri Barbusse et Romain Rolland », Li Huang, vol. III, n° 10.
19. « Biographie du poète Alfred de Vigny », Huang Zhongsu, vol. IV, n° 1.
20. « John Milton et la Chine », Tian Han, vol. IV, n° 5.
21. « Le Néo-Réalisme », écrit par Ralph B. Perry, trad. par Cha Qian, vol. I, n° 11.
22. « L'Épistémologie du Néo-Réalisme », Ralph B. Perry, trad. par Cha Qin, vol. I, n° 11.
23. « L'Interprétation de la Russie chez Tolstoj », Durant Drake, trad. par Li Xiaoyuan, vol. 11, n° 3.
24. « La Critique Littéraire française », Gustave Lanson, trad. par Huang Zhongsu, vol. 1V, n° 9.

l'une des écoles littéraires les plus étudiées dans l'interprétation des littératures étrangères en Chine. La revue *Shaonian Zhongguo* est un haut lieu pour la poésie française et pour le symbolisme.

La nouvelle critique littéraire chinoise a été engendrée et est née des critiques littéraires occidentales, à partir de la sensibilité symboliste française, et cela dès sa naissance.

Pendant le mouvement pour une nouvelle littérature lancé en 1917, nombre de poètes et de critiques ne partageaient pas les avis de Chen Duxiu et de Hu Shi. Dans les années vingt, le poète Li Jinfa (1900-1976) s'engagea pour une autre poésie nouvelle qui ne renonce pas à la poésie classique, même s'il était nécessaire de changer le langage. Ses oeuvres à l'empreinte française proposaient une écriture poétique dans un chinois mi-*wenyan* mi-*baihua*, un champ d'expérimentation particulière qui suscite encore des critiques.

A la même époque, en 1926, le poète Mu Mutian 穆木天 (1900-1971) adressa du Japon une lettre à Guo Moruo 郭沫若 (1892-1978), poète romantique. Cette lettre, intitulée « À propos de la poésie », est traversée par des rêveries substantielles, des postulats eudémonistes. Elle est un bon exemple des emprunts, des rejets, des partages, du champ poétique français avec, pour seule idée, d'en nourrir la nouvelle poésie. Mu Mutian qualifia cette nouvelle écriture de « poésie pure » (*chunshi* 純詩). Poésie pure comme de la soie. Mu Mutian suit en cela le discours de l'abbé Brémond qui délimite expressément le champ de la poésie et celui de la prose. Dans ce courant littéraire pour la poésie nouvelle mais associée à l'ancienne, on doit citer aussi Dai Wangshu 戴望舒(1905-1950), poète symboliste, Feng Naichao 馮乃超 (1901- 1983), Zhu Xiang 朱湘 (1904-1933), formalistes et les poètes de l'école dite des « Neuf feuilles » dont la jeune Zheng Min fait partie, ainsi que Su Xuelin 蘇雪林 (1897-1999), femme écrivain engagée, non pour une littérature nouvelle idéologique et anti-traditionnelle, mais pour une littérature moderne enracinée dans la littérature classique. Et c'est dans ce sens qu'elle se voulait une opposante à l'engagement politique de Lu Xun[230].

Retour à la tradition et réouverture au monde extérieur (1990-2010)

En 1983, du 30 mars au 5 avril, dans le cadre d'un programme d'échange du Service de la Culture de l'Ambassade de France en Chine, Jean Pérol, poète français, est venu du Japon à l'Université de Pékin (Beida) pour donner aux étudiants de français un séminaire sur la poésie française contemporaine. Les trois conférences de Jean Pérol étaient centrées sur la problématique de la poésie française contemporaine : aspects, tendances, nouveau concept de la

---

[230] Voir Su Xuelin, *Wo lun Lu Xun* 我論魯迅 [A propos de Lu Xun], Taibei, Aimei wenyi chubanshe, 1979.

poésie, conscience du langage des poètes français nés dans les années trente, et influence constante de Mallarmé.

La critique réagit activement à la poétique de Mallarmé. En 1986, la revue *Shikan* 詩刊 [Poésie] a publié un article intitulé « Shide jinyu yu nuxingde fangdang » 詩的禁欲與奴性的放蕩 [L'ascétisme de la poésie et le libertinage de la servilité]. Pendant très longtemps, les rapports entre la littérature et la langue ont été négligés. L'écriture était considérée seulement en tant qu'outil pour noter le discours. L'écrivain, quant à lui, se prenait avec confiance pour un maître du langage. « Ce qui se conçoit bien s'énonce clairement. » (Boileau). Les expressions coulent de source. Mais l'écriture peut-elle disposer de l'écrivain ? Certains écrivains chinois contemporains ont commencé à douter de leur position de maître sur le langage. Comment faire sentir le brin de vitalité de la poésie dans ce monde débordant de publicité, statistiques et normes ? L'écrivain est contraint de retourner à l'espace du langage. La littérature est une vision particulière, une manipulation sur tous les plans et un roulement de la langue.

Gao Xingjian a remis en question le langage formé, politisé et conventionnel. Il s'engage, dans son écriture et ses réflexions, pour une nouvelle prise de conscience de la langue contre la crise de l'écriture. Cette crise de l'écriture est proche de l'expérience de Mallarmé. Il s'agit de bâtir un langage qui soit un jeu, un réseau proliférant, ondoyant, à flux multiples, inconstant, avec des énergies diffuses, pour ne pas tomber dans le langage de la hiérarchie, de la linéarité, de la totalité.

Le langage générateur de Mallarmé devient un questionnement métaphysique pour Duo Duo, poète chinois de nos jours. Un entretien a eu lieu sur ce sujet, le 15 mars en 2003 à Paris, pour la revue *Kuawenhua duihua* 跨文化對話 [Dialogue Transculturel].

En 2005, la revue a publié « Yizhong shige piping guannian - de Mallarmé » 一種詩歌批評觀念 [L'idée d'une autre critique de la poésie à partir de la lecture de Mallarmé], article dans lequel l'auteur pense que « le degré zéro de l'écriture » résume bien la compréhension des poètes chinois contemporains vis-à-vis de Mallarmé. La conscience du langage poétique provoque une crise chez les jeunes poètes chinois. Le langage constitue à la fois un système d'identité vis-à-vis de l'auteur et un système de relations entre l'auteur et les mots. Ce double système a très rapidement provoqué une crise de l'écriture dans la littérature chinoise contemporaine.

Pour la première fois depuis 1949, le langage social dominant, vide et conceptuel, est rejeté par les jeunes poètes chinois, pour lesquels le langage poétique n'est pas destiné à transmettre un message collectif, communautaire, idéologique, mais un message personnel. Il doit être précis et indéfinissable, vide d'informations mais plein de paradoxes et d'ambiguïtés. Cette nouvelle prise de conscience de la nature du langage poétique a suscité un débat sur le modernisme littéraire dans le monde de la critique littéraire.

La femme écrivain Can Xue (1953-), s'inspirant de la force évocatrice et musicale de la langue chinoise, reprend le chemin déjà tracé par les écrivains occidentaux (Kafka, Proust …). Elle refuse d'être considérée comme un écrivain réaliste, ou fantastique, elle se veut tout simplement « hors du commun de tout à partir du monde commun »[231]. Can Xue écrit presque autant d'essais que de romans. Un cas représentatif chez les écrivains chinois d'aujourd'hui. Elle mène une critique littéraire sur elle-même, indiquant comment son écriture a été travaillée, on pourrait même dire « torturée » sur le plan narratif, ayant pris conscience d'un langage nouveau, moderne. En effet, le double temps, par exemple - intérieur (dans le récit historique) et extérieur (en dehors du fil du récit historique) - permet à cette écriture de devenir destructrice pour laisser finalement agir le *je* seul. Ce dernier s'impose avec une véritable évidence, il est au plus haut point réel : l'écriture est la tension infinie.

Pour la femme écrivain Zhai Yongming 翟永明 (née en 1955), le plus important dans l'écriture, c'est le langage propre à soi, intuitif, imaginaire et évocateur, un langage non conceptuel, mais génératif, non formé mais formant, non défini mais indéterminé. Cette forte conscience du langage confère à Zhai Yongming, aux côtés de Chen Ran, une place primordiale dans l'écriture féminine chinoise d'aujourd'hui.

我不反對詩歌口語化，也絕不有意把詩歌寫得複雜。 關鍵是當一種時尚取代另一種時尚時，我沒有必要加入任何一方。只用自己的語言寫詩，它和我個人分不開，如果它們是意向的、暗示的、或口語化的，那是極其自然的。我盡量用直覺去把握，而不是故意製造什麼，我不向某種公共的東西靠攏[232].

[Je ne m'oppose pas à la langue parlée poétique, je n'ai pas l'intention non plus d'écrire des poèmes compliqués. L'important est de ne m'associer ni à l'une ni à l'autre. Les modes se remplacent. J'écris la poésie seulement avec mon propre langage qui est inséparable du moi personnel. Si ce langage est imaginaire, évocateur, ou parlé, c'est tout à fait normal. Je fais tous mes efforts pour le maintenir avec mon intuition, sans vouloir produire quoi que soit avec préméditation, je ne m'approche pas du commun.]

Pour Zhai Yongming, la conscience du langage féminin est la source de la « pensée féminine » (*nüxing sixiang* 女性思想). Pour la poétesse, le point ultime de cette conscience est la poésie.

Se fait jour en Chine, depuis les années 1990, une critique littéraire féminine moderne, ouverte aux théories littéraires occidentales, tout en étant

---

[231] Voir Can Xue, *Weile baochou xie xiaoshuo - Can Xue fangtanlu* [L'écriture romanesque comme une forme de vengeance - Entretiens avec Can Xue], Changsha, Hunan wenyi chubanshe, 2003.

[232] Zhou Jun (dir.), 周俊 (dir.), *Dangdai qingnian shiren zijian daibiaozuo xuan* 當代青年詩人自荐代表作選 [Pages de jeunes poètes contemporains choisies par eux-mêmes], Nanjing, Hehai daxue chubanshe, 1989, p. 42.

enracinée dans sa propre tradition. Elle essaie de mettre à la fois un pied dans un fleuve et l'autre dans un autre. Cet entre-deux, est-il possible ? Dans quel sens la critique littéraire chinoise serait-elle moderne ?

En guise de conclusion - Pour une écriture graphique, autrement créative

Léon Vandermeersch vient rejoindre cette réflexion sur l'écriture. En 2008, son étude « La lettre qui révèle et la lettre révélée - La glose confucianiste aux antipodes de l'herméneutique biblique » est publiée en version chinoise dans le n° 22 de la revue *Kua wenhua duihua* 跨文化對話 [Dialogue transculturel][233]. L'auteur essaie de repenser l'écriture chinoise dans toute sa complexité, avec un regard comparatiste. Le problème du langage et celui des fondements de la critique littéraire chinoise sont à nouveau posés.

En 2009, la revue a publié, dans son n° 23, la suite de la réflexion de Léon Vandermeersch, « Le principe méthodologique de l'« hétérotopie » (« 異托邦 ») chinoise dans mes propres travaux». En 2011, la troisième étude du même auteur, « La culture chinoise d'origine manticologique, comparée à la culture occidentale d'origine théologique » a paru dans le n° 28.

En 2011, l'Université de Pékin a organisé une « école d'été des études orientales ». Le programme comprenait les études de Vandermeersch sur la Chine ancienne, la rencontre de la Chine avec l'Occident et son éventuel rôle à jouer dans l'avenir. Vandermeersch, au lieu de porter un jugement, une critique, à distance ou de près, sur la Chine, entreprend depuis sa jeunesse avec longue haleine, une recherche minutieuse, philologique et philosophique. Pour Vandermeersch, la pensée chinoise a été forcée à la modernité par le choc que lui a fait subir la civilisation occidentale qui lui était étrangère.

Selon Vandermeersch, le *wenyan*, langue graphique et d'origine divinatoire permet à celui qui écrit une relation créative, non interprétative. Ses réflexions et études ouvrent de nouvelles perspectives, aux étudiants de l'école, composés de jeunes chercheurs et critiques littéraires, tous préoccupés par la problématique de la modernité face à la tradition.

Zhang Yiwu 张颐武, critique littéraire très actif dans le monde intellectuel chinois d'aujourd'hui, a participé à la polémique, publiant un article intitulé « Chonggu 'xiandaixing' yu hanyu shumianyu lunzheng » 重估"现代性"与汉语书面语论争 [Repenser « la modernité » et la polémique sur le chinois écrit][234]. Selon l'auteur, le mouvement de 1917 est un mouvement des lumières chinoises, qui représentait une vive volonté de modernité chez les

---

[233] Dans *Kua wenhua duihua* 跨文化對話, n° 22, p. 10-15.
[234] Son article ainsi que d'autres essais sur le même thème sont publiés dans la revue *Wenxue pinglun* 文学评论, n° 4, 1994.

jeunes Chinois. Ses partisans avaient la ferme conviction que seule la modernité pouvait sauver la Chine, et pour cela, il fallait rompre avec leur propre tradition et se brancher sur le monde occidental. Et c'est toujours avec la même référence dans la tête que Zheng Min, Can Xue, Zhai Yongming réclament le retour à la tradition, aujourd'hui en Chine. Zhang Yiwu ne pense pas que ce soit un bon chemin pour conduire la Chine vers une modernité qui lui soit propre. La modernité n'est pas une identité, ni un problème de temps ou d'espace, mais de mentalité, de langage. Zhang Yiwu pense que le temps est arrivé pour un « post-*baihua* » (post-chinois moderne) qui aidera à franchir la pensée antagoniste du « je » / « l'autre », ainsi que celle du *wenyan* (chinois classique) / *baihua* (langue parlée).

Une nouvelle poétique attachée à l'écriture chinoise est née dans les années 1990 de cette polémique[235].

La naissance de la nouvelle critique littéraire chinoise suite à la traduction des littératures étrangères en Chine depuis le début du XXᵉ siècle s'opère avec la problématique du genre poétique et de sa critique. L'horizon d'attente de la critique littéraire chinoise face à la modernité de la poétique est ouvert, sensible mais semble un peu perdu.

---

[235] La revue *Shitansuo* 诗探索 [Exploration de la poésie] a ouvert une rubrique «'Zisiwei' yu Zhongguo xiandai shixue » "字思维"与中国现代诗学 ['La pensée en caractères' et la nouvelle poétique moderne chinoise], dans laquelle de nombreux critiques ont exprimé leurs idées sur les liens entre l'écriture chinoise et la poésie.

Genre et tradition(s)

Des vies de femmes dans l'œuvre de Yamakawa Kikue (1890-1980)

Marion SAUCIER

Le féminisme japonais a suscité relativement peu d'études pour le moment en France. Cependant, un certain nombre de phases d'avancée marquées ont bien eu lieu au Japon depuis l'entrée dans l'ère moderne. Aux premières activistes alliées au mouvement des droits civiques au début de Meiji, qui revendiquent des droits politiques, succède la période de *Seitô*, *Blue Stocking*, la revue des années 1911-1916, qui marque de son empreinte toute la première moitié du XXe siècle. La guerre constitue une rupture majeure avant les bouleversements de la fin des années 1940. La deuxième vague de féminisme des années 1960-1970 se manifeste de façon plus feutrée au Japon qu'en Occident, mais les idées de Simone de Beauvoir par exemple trouvent un large écho dans l'archipel, et les années 1980, période faste sur le plan économique, sont le moment de récolter certains fruits d'un combat de longue haleine, notamment à travers la loi sur l'égalité des opportunités d'emploi et l'arrivée aux affaires de femmes ministres.

Une femme a traversé presque toutes ces périodes en agissant sans relâche pour la reconnaissance des droits des femmes : Yamakawa Kikue, née en 1890 et morte en 1980. Personnage sans doute moins flamboyant qu'une Hiratsuka Raichô (1886-1971) ou Yosano Akiko (1878-1942), dont elle est contemporaine, elle ne suscite pas de scandale, ni de commentaires négatifs. Moins exposée à la lumière, elle se caractérise par une grande constance dans le combat. Ses œuvres sont en cours de réédition depuis le cent-vingtième anniversaire de sa naissance en 2010, et c'est l'occasion pour nombre de Japonais de découvrir ou redécouvrir cette femme qui ne s'est jamais compromise avec le pouvoir et n'a jamais abandonné la lutte. Elle a consacré sa vie à écrire sur et pour les femmes, en majeure partie des articles dans des organes de presse divers. Elle a également occupé des fonctions importantes au ministère du Travail juste après la guerre. Mais ici nous voudrions surtout nous attacher à rendre hommage à ses oeuvres autobiographiques, sans doute les plus connues du public japonais. Non seulement Yamakawa Kikue y développe un vrai talent littéraire, mais, d'autre part, elle apporte sa pierre bien personnelle au genre autobiographique. Elle donne explicitement une autobiographie à deux voix dans *Onna nidai no ki* [L'histoire de deux générations de femmes] en 1956. Et avant cela, dans *Buke no josei* [Les femmes dans les familles de guerriers] en 1943, Kikue donne la parole aux femmes de sa famille qui vivaient deux générations avant elle, les contemporaines de sa grand-mère. On est donc en présence d'une sorte d'autobiographie familiale intergénérationnelle de femmes. Si la recherche de l' « antériorité », et pas seulement de l' « intériorité »[236], est une donnée récurrente dans de nombreuses autobiographies, l'auteur cherchant à se situer dans un milieu, dans une époque, dans une filiation, la démarche de Yamakawa Kikue a ceci de particulier qu'elle limite son examen des faits aux femmes. Par ailleurs, les détails vraiment intimes sont rares : on est plutôt face à une œuvre historique.

Après avoir résumé les grands traits de l'œuvre de Yamakawa Kikue ainsi que sa vie, nous nous pencherons plus précisément sur ces deux textes pour tenter de montrer ce que ce regard sur soi et l'autre apporte à la littérature féministe et à la pensée de Yamakawa Kikue.

Une vie à écrire

Née en 1890, Yamakawa Kikue arrive au monde dans un Japon en pleine modernisation. La restauration de Meiji a eu lieu en 1868 ; les années 1890 sont le moment de la révolution industrielle et du premier conflit avec la Chine, qui signe le passage du Japon dans le clan des pays « modernes ». 1890 est aussi l'année où le gouvernement interdit aux femmes de participer à des rassemblements ou mouvements politiques, mettant ainsi un frein au mouvement féministe embryonnaire. Les femmes doivent donc trouver d'autres moyens d'expression, et c'est la revue littéraire *Seitô* (*Blue Stocking*) qui offrira en 1916 à Yamakawa Kikue l'occasion de publier son premier véritable texte, une réponse à Itô Noe (1895-1923) sur la question de la prostitution. Dans une position de débat avec la revue, Yamakawa Kikue se construit en tant qu'auteur en opposition aux auteurs de *Seitô*. Elle leur reproche leur individualisme, leur romantisme, et préfère des arguments rationnels et documentés. Elle a d'emblée une vision plus politique de leur combat, même s'il faut bien reconnaître que la revue elle-même a beaucoup évolué. Son éducation l'a protégée et armée contre la morale ambiante qui

---

[236] Voir Dominique Viart et Bruno Vercier, *La littérature française au présent*, Paris, Bordas, 2005, p. 76, cité dans Eliane Lecarme-Tabone « L'autobiographie des femmes », *Dossier n°7*, LHT, avril 2010, [http://www.fabula.org/lht/7/lecarme-tabone.html, consulté le 27 juillet 2015].

domine la vie des femmes de Meiji, sous le slogan de « bonne épouse, mère avisée », et la visite d'une usine textile avec des membres de l'Armée du salut à la fin de ses études lui fait découvrir la réalité du monde du travail. Elle est horrifiée par les conditions de travail de ces jeunes filles à peine sorties de l'enfance, mais est également révulsée par le sermon que les membres de l'Armée du salut infligent à ces ouvrières. Quand elle passe l'examen pour entrer à l'école de Tsuda Umeko, Kikue doit rédiger un texte présentant ses objectifs personnels. Elle explique qu'elle veut consacrer sa vie à la libération des femmes. Elle saura beaucoup plus tard qu'elle a bien failli être recalée ce jour-là[237]. Ainsi dès l'entrée dans l'âge adulte, Kikue possède cette conscience du sort injuste fait aux femmes, et est animée de la volonté de lutter pour changer les choses. Sa rencontre avec Yamakawa Hitoshi (1880-1958), qu'elle épouse en 1916, va définitivement la rapprocher du mouvement socialiste, dont il est un porte-parole déjà reconnu.

Yamakawa Kikue publie de nombreux articles et plusieurs recueils de textes avant la guerre, sur les sujets lancés par *Seitô* comme le débat sur la maternité, ou sur les droits politiques des femmes, mais son thème de prédilection est l'accès des femmes à la formation et au travail, et donc à l'indépendance économique. Elle publie également des traductions, de l'anglais mais aussi du français. Cependant, il faut dire qu'une part non négligeable de son énergie est utilisée à persuader ses compagnons de lutte masculins de la nécessité d'accorder une place particulière aux femmes au sein du mouvement socialiste puis au sein des instances syndicales.

La guerre va forcer Yamakawa Kikue à interrompre ses activités normales. Son mari Hitoshi est emprisonné et la censure empêche toute publication de textes d'opinion. Yanagita Kunio (1875-1962), considéré comme le fondateur des études folkloristes du Japon, ethnologue reconnu, va lui offrir une planche de salut en lui confiant la rédaction de deux ouvrages qui paraîtront dans une série sur la vie des femmes japonaises : *Wa ga sumu mura* [Le village où j'habite] et *Buke no josei* [Les femmes dans les familles de guerriers]. Ainsi, Yamakawa Kikue franchit la période de la guerre sans se compromettre avec le pouvoir, ce qui n'est pas le cas d'autres militantes féministes, à commencer par la plus connue sans doute, Ichikawa Fusae (1893-1981), qui participa activement à la propagande nationaliste, alors qu'elle fut la militante la plus en vue du mouvement pour l'obtention par les femmes du droit de vote.

Aussitôt après la guerre, en 1947, Kikue va être nommée par le gouvernement de coalition, dirigé par un socialiste, Katayama Tetsu, à la tête du Bureau pour le travail des femmes et des enfants au ministère du Travail, haute fonction évidemment très nouvelle pour une femme[238], qu'elle occupera jusqu'en 1951. Elle s'illustre en féminisant largement le personnel de ses

---

[237] Kikue Yamakawa, *Onna nidai no ki* [L'histoire de deux générations de femmes], Tôkyô, Tôyô bunko, 1972, p. 131.
[238] La fonction est nouvelle en elle-même aussi.

services, en parcourant le pays pour recueillir des données sur la situation des femmes au travail et en encourageant l'action des bureaux locaux de la direction du travail. Sous son impulsion, des données statistiques précises sont rassemblées et compilées, dans une période où le Japon révise en profondeur sa législation du travail, interdisant notamment le travail de nuit des femmes et des enfants.

Dans les années qui suivent son départ du ministère, elle effectue de nombreux voyages en Europe ou en Chine, tout en reprenant ses publications, et, en 1956, elle publie son autobiographie, *Onna nidai no ki* [L'histoire de deux générations de femmes], en y mêlant la vie de sa mère qui a vécu à ses côtés plusieurs années à la fin de sa vie. Dans les années 1960, elle lance un groupe de recherche sur les problèmes des femmes. En 1975, elle obtient le prix Osaragi Jirô pour un livre historique sur le clan de Mito à la fin de l'époque d'Edo, rédigé grâce aux documents laissés par son grand-père. La fin des années 1970 est marquée par la publication de différents recueils de textes reprenant ses écrits antérieurs.

Si les nombreux textes de Yamakawa Kikue sont souvent en phase avec des actions concrètes sur le plan politique, nous voudrions maintenant nous tourner vers un aspect plus spécifique de son œuvre, la partie autobiographique, qui nous semble remarquable par la volonté de témoigner et faire témoigner sur soi et les autres.

Buke no josei [Les femmes dans les familles de guerriers] (1943) et *Onna nidai no ki* [L'histoire de deux générations de femmes] (1956)

A. Le contexte familial

Yamakawa Kikue est née dans une famille d'anciens guerriers, originaire du fief de Mito, par sa mère. De l'ascendance paternelle, il n'est presque jamais question. Le fief de Mito occupe une place importante dans l'histoire du Japon, puisqu'il est dirigé depuis le début du XVIIᵉ siècle par une branche de la famille Tokugawa, au pouvoir pendant deux siècles et demi. Le clan engage dès le XVIIᵉ siècle la rédaction d'une « Histoire du grand Japon » donnant naissance à une école de lettrés, l'école de Mito. Celle-ci fait référence en matière de morale confucianiste et de conscience nationale. À la fin de la période d'Edo (1603-1868), le fief est la proie de violentes luttes politiques, entre le clan au pouvoir, qui soutient la politique du *bakufu*, et des opposants xénophobes et partisans de la restauration du pouvoir impérial. Pris dans cette lutte, le grand-père de Yamakawa Kikue, qui dirige une école, est assigné à résidence plusieurs années et doit donc repousser son départ pour Tôkyô, même après la restauration de Meiji. Il en résultera pour lui une carrière probablement moins prestigieuse que s'il avait pu « se placer » tout de suite après le changement de régime, et pour sa fille Chise, la mère de Kikue, une impatience grandissante à l'idée d'aller à Tôkyô et d'y entrer à l'école.

Dès les premières pages de [L'histoire de deux générations de femmes], Yamakawa Kikue nous décrit sa mère attendant avec impatience de déménager à Tôkyô et d'aller à l'école « les livres sous le bras » :

« Même pendant la période d'assignation à résidence, les rumeurs sur Tôkyô arrivaient on ne sait comment aux oreilles de Chise, et en particulier, ayant entendu dire que même les filles allaient à l'école avec leurs livres sous le bras, elle rêvait de la capitale qui se transformait à vue d'œil sous l'effet des bouleversements. Comme elle a dû se sentir excitée en pensant au jour où elle aussi fréquenterait l'école[239] ! »

Autrement dit, dans ce fief marqué par une longue tradition de lettrés confucianistes peu susceptible d'être le siège des idées les plus innovantes, le milieu des gens éduqués abrite cependant des esprits curieux ; ceux-ci ont su transmettre le goût de l'étude et de la nouveauté à leurs enfants, même à leurs filles, qui pourtant ne fréquentent pas d'école. Le personnage de la mère, Chise, correspond totalement à l'image du nouveau régime de Meiji encourageant l'acquisition de connaissances nouvelles. Cependant, bien que le gouvernement ait envoyé dès 1871 cinq jeunes filles aux États-Unis pour qu'elles y réalisent leurs études[240] (la plus jeune, Tsuda Umeko, avait sept ans[241] !), cette politique de formation et d'ouverture semble à l'époque quasiment exclusivement réservée aux garçons. Si les filles sont concernées par l'école élémentaire obligatoire mise en place dès 1872, il faut attendre les années 1880 pour que le gouvernement se préoccupe de les faire accéder à un niveau d'enseignement supérieur en ouvrant des lycées.

Il est particulièrement intéressant de lire cette histoire de famille « par les femmes » ; la famille au Japon étant patrilinéaire, on ne fait généralement même pas mention de l'histoire de la famille maternelle (sauf, ce qui arrive aussi, si le gendre a été adopté par la famille pour perpétuer une lignée qui menaçait de s'éteindre faute de descendant mâle). En même temps, notons que la lignée bute sur le personnage du grand-père en remontant « deux générations de femmes ».

À aucun moment on ne sent chez Kikue de révolte contre son milieu. Elle le décrit avec sérénité et précision, et met surtout en valeur le niveau intellectuel dans lequel elle a baigné.

B. La relation entre Kikue et sa mère Chise

En voyant l'auteur associer ainsi sa mère à sa propre vie, de façon si étroite, le lecteur pourrait penser qu'elles furent unies dès la naissance de Kikue par

---

[239] Kikue Yamakawa, *Onna nidai no ki*, p. 10.
[240] Ce sera la seule expérience d'envoi de filles à l'étranger pour études.
[241] Malgré son jeune âge, cette expérience ne fut pas perdue puisque parvenue à l'âge adulte, de retour au Japon, Tsuda Umeko fonda une école d'anglais, devenue de nos jours une université de jeunes filles célèbre pour son enseignement des langues étrangères. C'est dans cette école d'ailleurs que Yamakawa Kikue fit ses études supérieures.

un lien particulièrement fort. Il n'en est rien. Kikue est la troisième enfant, après une sœur aînée qui, dit-elle, avait la particularité d'être la première, l'aînée de la fratrie, puis un frère qui fut le premier garçon, signe distinctif s'il en est ; après Kikue vint une dernière fille, la benjamine de la famille, titre qui lui conférait également une spécificité. Ainsi Kikue se décrit comme ayant peu de signes distinctifs dans la famille ; elle semble avoir été une enfant assez effacée, et longtemps gênée par sa timidité. Qui plus est, sa mère, qui fut très attentive pour les deux premiers, ne le fut pas autant pour son troisième enfant. Kikue évoque pour l'expliquer un possible manque d'intérêt ou plus simplement la fatigue. Sa sœur aînée, ou encore la seconde épouse de son grand-père, furent plus souvent ses compagnes de jeux (ou le refuge tendresse) que sa propre mère[242]. Par ailleurs, Chise vient vivre avec sa fille relativement tard. Mais, dans un texte intitulé « Ma mère », Yamakawa Kikue évoque la mort de sa mère, en 1947 à 90 ans : « Elle a vraiment vécu une longue vie. Et pour ma part, depuis toute petite, j'ai grandi en l'entendant raconter ses souvenirs, au point d'avoir l'illusion d'avoir vécu cette vie avec elle »[243].

On sent donc une affinité entre les deux femmes qui tient davantage de l'affinité intellectuelle que du lien charnel entre mère et fille. Mais il y a bien transmission d'un patrimoine de souvenirs. Et le choix de lier son destin à celui de sa mère lors de la rédaction de son autobiographie peut sans doute se lire comme la volonté de rendre hommage à une femme qui a dû batailler pour faire des études, et n'a jamais pu réaliser ce qu'elle aurait voulu ; cela peut également s'interpréter comme la reconnaissance de cet héritage intellectuel lui ayant permis, à elle, Kikue, de mener la vie qu'elle a choisie et d'aller au bout de ses idées. Son texte « Ma mère » se conclut d'ailleurs par :

« L'échec de ma mère fut de ne pas montrer d'autonomie lors de son mariage et de s'en remettre complètement à ses parents pour cette question, ce qui était peut-être naturel pour l'époque. Pour sa génération, elle se mariait tard, et son choix était extrêmement restreint car il était nécessaire que son mari entre dans la famille comme

---

[242] Voir Kikue Yamakawa, « Watashi no ukete kita kyôiku » [L'éducation que j'ai reçue], *Nijusseiki o ayumu -Aru onna no ashiato* [Parcourir le vingtième siècle - Sur les pas d'une femme], Tôkyô, Daiwa shobô, 1978, p. 4, ou dans le même ouvrage, « Wakaki hi no omoide » [Souvenirs de ma jeunesse], p. 59.
[243] Voir Kikue Yamakawa, « Wa ga haha » [Ma mère], *Nijusseiki o ayumu - Aru onna no ashiato*, p. 30.

gendre adopté[244] ; sa longue vie maritale fut une suite de difficultés, ce qui est bien triste, mais constitua en tant que tel un bon enseignement pour ses enfants[245] ».

C. La vie quotidienne des femmes dans *Buke no josei*

Dans *Buke no josei* [Les femmes dans les familles de guerriers], les individualités sont au centre du propos. Mais on est frappé ici aussi par l'affirmation tranquille de la personnalité de ces différentes femmes, la mère et la grand-mère de Kikue, mais aussi les tantes de Chise. Comme si Yamakawa Kikue leur reconnaissait cette personnalité que la société de l'époque leur déniait. Comme si l'auteur extrayait de l'ombre et mettait en pleine lumière des êtres dotés de sentiments. Ces femmes sont radieuses, même lorsqu'elles sont en proie à des difficultés parfois tragiques. Elles vivent devant nous et l'auteur sait vraiment les faire parler.

Le livre est organisé autour de thèmes : l'étude, les jeux, la nourriture, les vêtements ou encore le mariage et le divorce. Kikue décrit la vie quotidienne à Mito. Cette description met en évidence de façon criante le contraste qui existait jusqu'à Meiji[246] entre la place prépondérante des femmes dans les intérieurs et leur absence totale dans la vie publique. On les voit aux prises avec des problèmes impliquant parfois de nombreuses personnes puisque les familles regroupaient plusieurs générations, mais également du personnel qu'il fallait diriger. Par ailleurs, chez Chise, le père dirige une école, et les élèves sont souvent présents et font presque partie intégrante de la famille, ce qui accroît la tâche de la mère, Kiku. Les problèmes de gestion domestique auxquels les femmes sont confrontées ne sont donc pas minces et requièrent de leur part énergie et organisation. Yamakawa Kikue met vraiment en valeur ces qualités d'organisatrices des femmes et leur travail.

Par ailleurs, dans son autobiographie [L'histoire de deux générations de femmes], décrivant le peu d'intérêt que son père avait pour son foyer, Kikue explique que tout naturellement les enfants ont grandi autour de leur mère. Celle-ci avait perdu toute illusion ou espoir sur son mari. Comme il était souvent absent, elle s'appuyait beaucoup sur son propre père. Mais le foyer de

---

[244] Le frère aîné de Chise étant mort prématurément, il n'y a plus d'héritier mâle pour perpétuer le nom et l'adoption du gendre permet de régler ce problème. Le récit de l'union de Chise avec Morita Takinosuke, le père de Kikue, est confondant. Les deux jeunes gens se sont vus une seule fois. La précipitation et la négligence avec laquelle cette affaire est menée se solde par le fait qu'on découvre après coup que ce gendre ne peut pas être adopté parce qu'il doit lui-même assurer la descendance de sa propre famille. On comprend alors combien le sort de cette jeune fille brillante qu'était Chise a été réglé sans grande réflexion. Le résultat est qu'à la mort du grand-père en 1906, Kikue sera désignée pour reprendre le nom et s'appellera donc quelque temps Aoyama avant de se marier et de prendre le nom de Yamakawa.

[245] Voir Kikue Yamakawa, « Wa ga haha » [Ma mère], *Nijusseiki o ayumu - Aru onna no ashiato*, p. 36-37.

[246] Yamakawa Kikue parle des générations antérieures, mais cet état de fait est sans doute encore vrai jusqu'à la guerre.

111

Chise lui-même devint un foyer matriarcal : « pendant que notre père oubliait son foyer, la maison évolua vers une famille matriarcale atypique »[247]. On ne peut s'empêcher de penser en lisant ces lignes au sort de toutes ces familles dont le père est absent pour son travail et où la mère prend les rênes du foyer concrètement de nos jours. Ce foyer de Chise et ses enfants anticipe complètement le modèle des foyers de la période de forte croissance à partir de 1955 environ.

D. La méthode Kikue

La première qualité qui frappe chez Yamakawa Kikue, c'est la clarté du propos. La langue est fluide et précise en même temps. Elle choisit d'écrire ses textes autobiographiques au style poli, réservé d'habitude à une conversation ou à la correspondance, ce qui donne à ses textes une douceur familière, comme si elle s'adressait directement au lecteur. La précision de son propos n'exclut pas l'humour, et ses ouvrages se lisent vraiment avec plaisir. Haga Tôru dans sa postface des [Femmes dans les familles de guerriers] souligne aussi cette caractéristique de son style[248].

Elle s'appuie toujours sur des chiffres. Par exemple, dans *Nijusseiki o ayumu- aru onnna no ashiato* [Parcourir le vingtième siècle - Sur les traces d'une femme][249], au sujet de l'évolution des garçons et des filles depuis son époque, elle écrit en 1956 :

« Quand on compare avec l'époque Meiji, la corpulence des garçons et des filles a changé, en particulier les filles ont beaucoup grandi, elles ont gagné quatre centimètres, alors que les garçons n'ont grandi que de la moitié. On voit ainsi à quel point les filles subissaient des contraintes contre nature ».

Ce souci des données chiffrées précises et objectives se remarque dès ses premiers textes publics, ainsi dans la lettre ouverte à Itô Noe pour contredire ses idées sur la prostitution publique et l'article qui suit sur le même sujet dans *Shinshakai* [La nouvelle société], en 1916. Yamakawa Kikue s'appuie sur des chiffres pour prouver que l'augmentation de la prostitution suit toujours une crise économique, ce qui prouve bien qu'elle est liée à la pauvreté et non à des choix librement consentis. Tout au long de sa vie, elle semble avoir cherché à rassembler des données précises, et le fonds de livres que sa famille a légué à la bibliothèque du Centre pour les femmes du département de Kanagawa compte nombre de recueils de statistiques sur les femmes et le travail. Ses ouvrages autobiographiques ne donnent pas lieu à des indications chiffrées, mais on y décèle le souci de la précision des faits.

---

[247] Kikue Yamakawa, *Onna nidai no ki*, p. 94.
[248] Kikue Yamakawa, *Buke no josei* [Les femmes dans les familles de guerriers], Tôkyô, Iwanami bunko, 1983, p. 187-201.
[249] Kikue Yamakawa, *Nijusseiki o ayumu - Aru onna no ashiato*, p. 191.

Une autre caractéristique des écrits de Yamakawa Kikue est son souci de l'histoire. Les faits sont toujours replacés dans un courant plus large, et le Japon toujours resitué dans le monde. Cela est vrai également dès ses textes sur la prostitution, puisqu'elle s'appuie sur des statistiques internationales. Dans ses écrits autobiographiques, elle dévoile un véritable talent pour replacer l'évolution de la vie quotidienne dans le contexte politique ou économique. Ainsi, par exemple, quand elle retrace l'évolution de la tenue qu'arboraient les élèves ou étudiants, au fur et à mesure de la politique d'occidentalisation ou au contraire de renforcement du nationalisme[250]. La description des difficultés rencontrées par sa mère pour trouver un établissement où suivre une formation supérieure laisse peu de place aux sentiments de la jeune fille, qui apparaît de ce fait très « bien dans sa peau », très forte. Elle ne doute pas de ses capacités ni de son droit à suivre un cursus scolaire. On trouve peu d'introspection dans ces pages. C'est la société tout entière, le fonctionnement du Japon de l'époque qui nous sont révélés, de même, fondamentalement, que la place laissée aux femmes.

Les faits relatés dans [L'histoire de deux générations de femmes] sont clairement centrés sur une préoccupation : l'enseignement, la formation des femmes. La quête de Chise d'une école rappelle les démarches d'un Fukuzawa Yukichi (1835-1901) pour trouver un enseignant d'anglais ou pour se procurer des dictionnaires[251], ce qui décrit bien une caractéristique de l'époque, mais nous montre aussi comment Chise se rattache à cette soif de savoir qui semble avoir saisi beaucoup de Japonais au tournant de Meiji ; cela révèle aussi combien les femmes ont été oubliées dans la construction du système éducatif. Chise devra insister beaucoup pour accéder à un enseignement supérieur, et obtiendra gain de cause parce que son père est très lié à Nakamura Masanao, premier directeur de l'École normale supérieure de filles de Tôkyô. Conçu pour former de futures enseignantes, cet établissement est ouvert par dérogation spéciale à certaines jeunes filles dont on sait qu'elles n'entreront pas dans la carrière, parce qu'il n'existe pas à leur époque d'établissement pour les recevoir. Et Kikue, en reprenant ces éléments dans l'autobiographie, révèle bien à quel point elle est préoccupée par cet aspect du destin des femmes.

Chise appartient à la génération charnière de ces femmes auxquelles on a concédé du bout des lèvres le droit à l'éducation. Le rôle de Nakamura

---

[250] Kikue Yamakawa, *Onna nidai no ki,* p. 101 et suivantes.
[251] Yukichi Fukuzawa, *Plaidoyer pour la modernité*, Paris, éd. du CNRS, 2009, ou encore *La vie du vieux Fukuzawa racontée par lui-même*, Paris, Albin Michel, 2007. Cette autobiographie de Fukuzawa est considérée comme un classique et Yamakawa Kikue l'évoque, ce qui laisse penser qu'elle a peut-être été inspirée par ce modèle quand elle a entrepris sa propre autobiographie.

Masanao dans ce processus est très important[252]. D'après Chise, Nakamura est le premier à avoir utilisé l'expression *ryôsai kenbo*, « bonne épouse, mère avisée ». En Angleterre, Nakamura qui était déjà enseignant, a suivi des cours dans une école primaire dans le souci de parfaire son accent en apprenant comme les enfants. Il a été surpris des connaissances scientifiques des enfants, supérieures aux siennes, et plus encore quand les enfants lui ont dit qu'ils savaient tout cela de leur mère. C'est ce qui lui aurait donné l'idée que les mères doivent être éduquées pour mieux éduquer leurs enfants[253]. Cette idée de Nakamura de mieux former les mères s'oppose au départ à l'idéologie des Tokugawa, et notamment de Matsudaira Sadanobu pour qui les filles devaient rester illettrées (il suffisait largement qu'elles connaissent les kanas, c'est-à-dire l'écriture phonétique et non les idéogrammes). Chise a raconté à sa fille que l'une de ses professeurs de calligraphie se cachait la nuit pour apprendre les caractères quand elle était plus jeune[254]. Kikue conclut le passage consacré aux études de Chise en évoquant l'évolution de l'école normale supérieure vers la « morale ryôsai kenbo », qui va littéralement enfermer les femmes dans leurs rôles d'épouse et de mère, en replaçant cette tendance dans l'évolution politique du Japon[255].

Lorsque les autorités se sont préoccupées de former les jeunes filles, elles se sont trouvées dans l'obligation de leur fournir des professeurs femmes, qui se sont révélées introuvables. Et elles recrutent parfois des femmes incompétentes. Chise a été sollicitée pour travailler alors qu'elle était encore étudiante, et l'une des enseignantes de l'école normale, après quelque temps comme professeur, est passée de l'autre côté et retournée sur les bancs de l'école.

À la génération de Kikue, la question s'est déplacée vers la possibilité d'exercer un travail. La plupart des épisodes que Kikue raconte concernant ses anciennes condisciples ont trait à leurs études et leur métier. Parlant de son entrée à l'école supérieure, sorte d'équivalent du « lycée », Kikue explique :

« Des soixante-dix ou quatre-vingts condisciples de l'école primaire, seules quatorze ou quinze sont entrées à l'école de filles. Parmi celles-ci, aucune fille de commerçants[256]. Ce n'était pas un problème financier, mais une question de mode de pensée. Comme les enfants des milieux populaires n'étaient pas censés aller à l'école,

---

[252] Voir Christian Galan et Emmanuel Lozerand (dir.) *La famille japonaise moderne*, Picquier, 2011, et plus précisément sur Nakamura l'article d'Eddy Dufourmont « Nakae Chômin et Nakamura Masanao : un discours sur les femmes, au croisement des pensées chinoise et européenne », p. 411-420.

[253] Kikue Yamakawa, *Onna nidai no ki*, p. 33.

[254] *Ibid.* p. 39.

[255] *Ibid.* p. 58

[256] Les classes de l'époque d'Edo ont été abolies dès 1871, mais Kikue nous montre bien ici combien la société est encore marquée par les classes sociales et combien sa propre famille, venant de la classe des guerriers, fonctionne différemment de celles des milieux populaires.

la question ne se posait même pas, et cette discrimination était encore ancrée dans les têtes de ces enfants[257] ».

La norme pour les filles des milieux de commerçants sortant de l'école primaire supérieure était d'apprendre la couture et le shamisen, de servir dans une maison comme apprentie pendant un an environ avant de se marier.

Parmi les camarades de Kikue issues de la classe des guerriers et qui ont poursuivi leurs études, peu d'entre elles ont pu les mettre à profit pour exercer une profession. La seule possibilité est l'enseignement. Kikue consacre plusieurs pages à Tokunaga Yuki, qui s'est convertie au christianisme et qui a consacré sa vie à une école maternelle, l'école de Futaba. Il s'agissait du premier établissement dévoué à la garde des jeunes enfants dont la mère travaillait. Le cas de son amie Yô, condisciple à l'école de Tsuda Umeko, qui rêvait d'être chercheur ou médecin, est également décrit avec précision. Dans l'impossibilité d'entrer dans un cursus universitaire de sciences, inexistant pour les filles à l'époque, elle a épousé un professeur de physiologie, et a essayé de suivre les cours de son mari pour se former, mais l'hostilité du milieu universitaire et les grossesses à répétition l'en ont détournée alors qu'elle en avait les capacités.

Conclusion

« Je pose mon pinceau en exprimant mon profond respect et ma gratitude envers ces chères grands-mères de la génération avant moi ou de la génération encore précédente, qui ont traversé calmement mais fermement une société où il était difficile de vivre, une époque brutale, et qui ont posé le socle d'une époque future encore lointaine où il ferait bon vivre[258] ».

C'est par ces mots que Yamakawa Kikue conclut l'ouvrage *Buke no josei* [Les femmes dans les familles de guerriers]. On y lit explicitement cette affection pour ses héroïnes qui transparaît dans chaque ligne de son livre, et qui nous rend ces personnages si vivants et proches. On y trouve également la mission que l'auteur s'est assignée de témoignage de cette époque et de l'évolution de la condition des femmes. On comprend bien en lisant ces lignes combien l'ouvrage écrit pendant la guerre est un acte de résistance en même temps qu'un acte de survie. Et le lecteur ne peut s'empêcher de penser aux textes de *Seitô* évoquant le rôle de pionnières des femmes nouvelles, sous la plume d'Itô Noe[259] par exemple. Le mérite de Yamakawa Kikue est d'avoir su rendre hommage à ces générations et nous transmettre leur héritage.

---

[257] Kikue Yamakawa, *Onna nidai no ki*, p. 104-105.
[258] Kikue Yamakawa, *Buke no josei*, p. 185.
[259] Kiyoko Horiba (dir.), *Seitô josei kaihô ronshû* [*Seitô* - recueil de textes sur la libération des femmes], Tôkyô, Iwanami bunko, 1991, p. 93-95.

Bibliographie

FUKUZAWA Yukichi, *La vie du vieux Fukuzawa racontée par lui-même* (trad. par Marie-Françoise Tellier), Paris, Albin Michel, 2007.

FUKUZAWA Yukichi, *Plaidoyer pour la modernité* (trad. par Marion Saucier), Paris, éd. du CNRS, 2009.

GALAN Christian et LOZERAND Emmanuel (dir.), *La famille japonaise moderne (1868-1926) Discours et débats*, Arles, Philippe Picquier, 2011.

HORIBA Kiyoko (dir.), *Seitô josei kaihô ronshû* [*Seitô* : recueil de textes sur la libération des femmes], Tôkyô, Iwanami bunko,1991.

LECARME-TABONE Eliane, « L'autobiographie des femmes », *Dossier n°7*, LHT, publié le 01 janvier 2011 [http://www.fabula.org/lht/7/lecarme-tabone.html, consulté le 27 juillet 2015].

SUZUKI Yûko, *Yamakawa Kikue hyôronshû* [Recueil d'articles de Yamakawa Kikue], Tôkyô, Iwanami bunko, 1990.

SUZUKI Yûko, *Jiyû ni kangae, jiyû ni manabu - Yamakawa Kikue no shôgai* [Penser librement, apprendre librement - La vie de Yamakawa Kikue], Tôkyô, Rôdô daigaku, 2006.

YAMAKAWA Kiku, *Onna nidai no ki* [L'histoire de deux générations de femmes], Tôkyô, Tôyô bunko, 1972 (1ère édition : 1956).

YAMAKAWA Kikue, *Buke no josei* [Les femmes dans les familles de guerriers], Tôkyô, Iwanami bunko, 1983 (1ère édition : 1943).

YAMAKAWA Kikue, *Nijusseiki o ayumu - Aru onna no ashiato* [Parcourir le vingtième siècle - Sur les traces d'une femme], Tôkyô, Daiwa shobô, 1978.

YAMAKAWA Kikue, *Wa ga sumu mura* [Le village où j'habite], Tôkyô, Iwanami bunko, 1983 (1ère éd. 1943).

Conflit entre la spiritualité et la vie séculière : l'identité des femmes chamanes modernes selon l'écrivain Kim-Dong-ri (1913-1995)

WANG-LE Min-Sook

En Corée, l'apparition des femmes écrivains en grand nombre, leur activité créative, et en conséquence, leur popularité et l'engouement suscité auprès des critiques littéraires font des années 1990 une période florissante de la littérature féministe, fondée sur l'idéologie du genre. Ce succès des deux dernières décennies repose-t-il sur la seule logique du marché de l'édition ? La formule simpliste et tendancieuse « femme = victime, homme = agresseur », à laquelle certaines femmes écrivains recourent, suffit-elle à transformer la relation entre hommes et femmes ? Ces femmes écrivains réussissent-elles à changer la velléité des hommes pour leur cause ? Ces questions sont loin d'être élucidées.

D'un double point de vue sentimental et théorique, il est vrai que l'on est interpellé par l'injustice sociale subie par les femmes dans une société dominée par les hommes. On ne peut que donner raison à la dénonciation des femmes écrivains visant la société coréenne dans laquelle le statut social des femmes laisse beaucoup à désirer. Par ailleurs, l'annonce systématique des promotions de femmes dans l'ensemble des secteurs de la société aussi bien que dans le monde littéraire peut cacher une autre réalité des femmes plus alarmante.

Or, la question du genre ne concerne pas moins les hommes écrivains coréens. À leur tour, ils réfléchissent sur le masculin et ce par rapport au féminin, au féminisme. Le *Namja-ui tansaeng* 남자의 탄생 [La Naissance d'un homme] de Jeon In-gyeon (1954-2005), publié en 2003, parle des caractéristiques de l'homme coréen moderne. Dans ce roman, l'auteur essaie de prouver que la « masculinité » ou le « sexe masculin », admis jusqu'à présent comme un élément inné et naturel, émane d'une idéologie fabriquée par les codes de la division des genres opprimé et dominant dans la société coréenne, et que cette manipulation découle de la culture familiale de l'enfance. Jeon se démarque de la masculinité traditionnelle définie par la société patriarcale et tend vers le postulat selon lequel le sexe n'est pas donné mais se construit.

Prétendre que le masculin est aussi inventé, c'est supposer qu'il appartient, à l'instar du féminin, à la catégorie du genre indéterminé. Ce sont des thèses qui figuraient déjà dans *L'un est l'autre. Des relations entre hommes et femmes* d'Élisabeth Badinter[260]. Si l'on applique au cas masculin la fameuse phrase de Simone de Beauvoir : « On ne naît pas femme : on le devient. », ce sera : « On ne naît pas homme : on le devient. » La manière d'expliquer les qualités de la « féminité » selon des critères admis par l'appareil socio-culturel, le système patriarcal, les coutumes et préjugés atteint aujourd'hui l'homme coréen qui se livre à un examen introspectif. Ce n'est pas donc un pur hasard si l'on voit, dans les romans coréens récemment publiés, les personnages masculins dotés d'une sensibilité ou d'une psychologie féminines. Les romans *Bitsalmunui togi-ui chueok* 빗살무늬토기의 추억 [Souvenir d'une poterie de l'âge néolithique] et *Kal-ui norae* 칼의 노래 [La Chanson de l'épée] de Kim Hun (1946-) vont exactement dans ce sens. Placés dans un contexte de guerre ou de catastrophes, ses personnages masculins, pompiers luttant contre le feu entre la vie et la mort ou généraux armés d'une vocation et d'un patriotisme infaillibles, manifestent pleinement leur masculinité. Mais ces hommes, apparemment virils, se tournent discrètement vers l'intériorité, la passivité et la fragilité, définies comme qualités féminines. L'ambiguïté de leur psychologie transparaît en filigrane sous sa plume.

Certaines œuvres de Kim Dong-ri (1913-1995), notre auteur, révèlent des résidus de l'influence phallocratique qu'il a subie dans sa jeunesse. Les personnages masculins y ont un rôle souvent fondamental et les personnages féminins, qui offrent pourtant un dynamisme dans la narration, sont relégués au second plan. Le corps féminin y est parfois morcelé tandis que le corps masculin, peu présent, conserve son intégrité. Cependant, il existe chez ce grand écrivain un autre type de romans où les personnages féminins triomphent. Il s'agit notamment des femmes chamanes qui y revêtent un rôle prépondérant. Celles-ci donnent un nouvel élan à son écriture et instaurent sa façon d'inscrire la présence du corps féminin. Tel est le cas dans le *Munyeodo* 무녀도 [Portrait d'une chamane][261], l'*Eulhwa* 을화 [La Chamane Eul-hwa][262], le *Danggogae*

---

[260] Élisabeth Badinter, *L'un est l'autre. Des relations entre hommes et femmes*, Paris, Odile Jacob, 1986.
[261] Kim Dong-ri, « Munyeodo » [Portrait d'une chamane], *Kim Dong-ri jeonjip* [Œuvres de Kim Dong-ri], t. 1, Séoul, Mineumsa, 1995.
[262] Kim Dong-ri, « Eulhwa » [La Chamane Eul-hwa], *Kim Dong-ri jeonjip* [Œuvres de Kim Dong-ri], t. 6, Séoul, Mineumsa, 1995.

mudang 당고개무당 [La Chamane du col Dang][263] et le *Manjadonggyeong* 만자동경 [Le Miroir de la reine Seon-deok][264]. Particulièrement sensible au chamanisme de son pays, historiquement menacé par le confucianisme, le bouddhisme et ensuite par le christianisme aux alentours du XXᵉ siècle, cet écrivain ne cesse d'explorer les différents aspects de cette tradition autochtone dont l'origine même est liée aux femmes. Dans son enfance, il a vu de ses propres yeux comment le chamanisme était éclipsé par la culture chrétienne pénétrant profondément dans la vie des Coréens avec la fondation d'une église protestante à Gyeongju, son pays natal et qui fut capitale de Silla (57 av. J.-C.-935). Plusieurs de ses récits romanesques sont consacrés aux conflits entre la vie moderne et les pratiques ancestrales - superstitieuses pour certaines - des chamanes qui, reléguées à un statut social de plus en plus précaire, doivent subir des pressions à la fois sociales et familiales. Face à la dégradation de leur position, ces femmes chamanes se lancent-elles dans une lutte revendicative ou s'y résignent-elles pour préserver l'harmonie de la société ? À travers ses œuvres littéraires, l'auteur s'interroge sur les conditions existentielles des chamanes modernes, sur leur relation avec le monde environnant et enfin sur la portée esthétique des rites chamaniques. Nous allons voir chez lui une forte marginalisation des chamanes coréennes modernes qui doivent cumuler plusieurs fonctions : femme, mère et en même temps travailleuse dont le statut est de moins en moins reconnu dans une société de tradition patriarcale.

Une chamane adombrée : Eul-hwa

En coréen, *mudang* 巫堂 est le terme réservé à la femme chamane, alors que *baksu* 박수 ou *hwarang* 花郎 désignent un chaman masculin. Cet usage linguistique illustre la prééminence du chamanisme chez les Hwarang de Silla, « fleuron de la jeunesse » voué au service du roi. Leur maquillage semblable à celui des filles Weonhwa (nom originel du Hwarang), Nam-mo et Jun-jeong, hérite de la tradition chamanique coréenne, car aujourd'hui même, les *baksu*, minoritaires par rapport à leurs consœurs, se vêtent et se maquillent comme celles-ci selon la coutume transmise par les Hwarang de Silla. La plupart des chamans sont des femmes. Elles exercent un métier hérité d'une longue tradition dans la société coréenne où peu de femmes travaillaient. À l'époque de la dynastie de Joseon (1392-1910), sous l'influence du confucianisme, les femmes mariées et les filles des familles respectées ne pouvaient même pas aller au marché, lieu de rencontres. Les femmes des paysans ne travaillaient qu'aux champs mais n'entraient pas dans la rizière sauf pendant les périodes d'absence

---

[263] Kim Dong-ri, « Danggogae mudang » [La Chamane du col Dang], *Kim Dong-ri jeonjip* [Œuvres de Kim Dong-ri], t. 3, Séoul, Mineumsa, 1995.
[264] Kim Dong-ri, « Manjadonggyeong » [Le Miroir de la reine Seon-deok], *Kim Dong-ri jeonjip* [Œuvres de Kim Dong-ri], t. 4, Séoul, Mineumsa, 1995.

de leurs maris qui partaient au front. En revanche, les *gisaeng* (courtisanes) et les *mudang* (chamanes) faisaient partie des femmes travailleuses. Il était difficile aux *gisaeng* de fonder une famille. Mais les *mudang* se mariaient comme les gens ordinaires et élevaient des enfants. Elles devaient assurer ce rôle de travailleuse dans la société traditionnelle.

Il existe en général deux types de chamanes : chamanes adombrées (*gangsinmu* 降神巫, descente d'un esprit divin) et chamanes héréditaires. Les premières commencent l'épreuve par une souffrance physique, ce qu'on appelle une maladie chamanique (*mubyeong* 巫病), deviennent ensuite des apprenties avant d'être éveillées par un rite d'initiation au cours duquel elles accueillent dans leur corps un esprit divin qui va devenir leur maître. Nombre d'entre elles reçoivent l'appel des dieux lorsqu'elles sont confrontées à un sentiment d'abandon dans la société : elles sont souvent pauvres, n'ont pas fait beaucoup d'études. Elles ont été souvent victimes d'une injustice du système patriarcal. Se sentant opprimées et n'arrivant pas à apaiser leurs colères et tristesses, elles sont guidées par les dieux. Devenir chamanes à l'appel des dieux, c'est la voie la plus connue d'accès à cette fonction en Corée, l'autre étant liée à la transmission héréditaire, indépendante de la volonté personnelle.

Les chamanes dans les œuvres de Kim Dong-ri telles que Mo-hwa, Eul-hwa, Danggogae et Yeon Dal-rae sont élues, au cours de la cérémonie de l'initiation, par un esprit tutélaire. L'*Eulhwa* (La Chamane Eul-hwa) nous livre notamment en détail l'apprentissage d'une chamane à l'appel des dieux, avec les rites qui l'accompagnent. La vie d'Ok-seon, avant de devenir chamane et de prendre Eul-hwa pour pseudonyme, a été une suite de malheurs qui correspond au schéma traditionnel d'une initiation religieuse : son père meurt dans un tripot et sa mère gagne durement sa vie en faisant des travaux subalternes ; elle a une liaison hors mariage avec un voisin et met au monde à l'âge de seize ans un fils, Yeong-sul. Parce que la famille de son enfant n'autorise pas leur mariage en raison de la situation sociale de la jeune fille, celle-ci est obligée de quitter le village où sa réputation est en cause. Elle s'installe finalement avec sa mère et son fils dans le village de son père, où sa mère ouvre une taverne. Ok-seon se marie avec un homme âgé de 52 ans, riche et honnête dont c'est le deuxième mariage. Très amoureux de sa nouvelle femme, il meurt dès l'âge de 55 ans. Sa mère, qui s'occupe de son fils à la taverne, est morte empoisonnée par un poisson-globe. Après la vente de la taverne de sa mère, elle vient habiter avec son fils dans le village de Jatsil (Baekgok).

L'instabilité de sa vie est encore aggravée par la maladie de son fils survenue après son déménagement. Pour épargner la vie de son fils, elle va prier à l'autel où l'on vénère l'esprit tutélaire du village. Là, elle entend une voix lui demandant d'aller chez la chamane du village : Ppak-ji. Grâce à la cérémonie chamaniste qui chasse, avec grelots et éventails, les mauvais esprits, Yeong-sul est guéri :

« Mais lors de ses convalescences, Ok-seon finit par être alitée à la place de son fils. Elle avait tellement mal à la tête qu'elle crut que son crâne allait exploser. Elle n'avait plus d'appétit et son sommeil était troublé. Elle souffrait d'un étouffement insupportable. [...]

En dépit des aliments réputés excellents pour la santé et des remèdes de tout genre qu'elle avait avalés, son teint s'altéra et ses yeux s'enfoncèrent profondément dans leurs orbites[265] ».

Violents maux de tête, troubles du sommeil, perte de l'appétit et sensations d'étouffement, tous ces symptômes de sa maladie coïncident exactement avec les épreuves conventionnelles du stade pré-chamanique. Aucun médicament n'a d'effet. En général, le candidat à la formation de chaman voit en rêve les âmes des ancêtres puis celles des chamans décédés qui le préparent à des révélations ultérieures et l'initient en lui infligeant tortures et terreurs. Une divinité chamaniste se manifeste ensuite au candidat à travers des hallucinations visuelles et auditives[266]. C'est ce qu'expérimente Ok-seon. Dans son sommeil, elle voit d'abord sa mère défunte et ensuite une vieille femme :

« Au début, à peine fermait-elle les yeux qu'elle voyait sa défunte mère lui faire signe de la main. Les gens pensaient que l'âme de celle-ci s'apprêtait à l'emporter dans l'au-delà. Un bon mois s'écoula. Au lieu de sa mère, maintenant une vieille aux traits émaciés et aux cheveux blancs faisait son apparition, l'emmenant à travers montagnes, champs, rivières et bois. Dès qu'elle fermait les yeux pour dormir, cette vision se poursuivait durant son sommeil léger [...] [267] ».

À bout de souffle, elle décide d'aller prier devant l'autel. Dans la nuit du troisième jour de prière, la vieille femme maigre réapparaît et lui indique le village du mât totémique (Jangseung) situé aux environs de la ville de Gyeongju. Sous le mât où Ok-seon creuse la terre, elle trouve un coffre en pierre dans lequel il y a un miroir en bronze, une paire d'anneaux de jade et un grelot. Par ailleurs, au dos du miroir est inscrit le nom de son propriétaire : *Seondo seongmo* [la déesse de la montagne Seondo]. Après la découverte de ces objets rituels, elle continue à faire des cauchemars. Elle se rend encore une fois à l'autel où elle entend une voix devenue familière qui lui demande d'aller chez la chamane Ppak-ji. Celle-ci organise publiquement les cérémonies initiatiques d'Ok-seon qui devient chamane devant un public composé de femmes du village :

« Revêtue du costume rituel, elle [Ok-seon] se prosterna par deux fois en direction de l'autel, sur les instructions de Ppak-ji. [...]

[265] Kim Dong-ri, *La Chamane*, trad. par John et Geneviève T. Park, Paris, Maisonneuve et Larose, 2001, p. 55-56. Traduction largement remaniée.
[266] John et Geneviève T. Park, « Introduction » à *La Chamane*, *op.cit.*
[267] Kim Dong-ri, *La Chamane*, *op.cit.*, p. 56.

« J'ai adopté une fille. J'ai une filleule. Dame Seonwang de la montagne Seondo veillera sur elle, la soutiendra, l'assistera et la guidera pour toujours. »
Et elle se mit à danser en bondissant de joie[268] ».

Grâce au parrainage de Ppak-ji, l'esprit de la déesse (femme immortelle) de la montagne Seondo est transmis à l'élue Ok-seon. Ok-seon, devenue désormais la *mudang* Eul-hwa du fait qu'elle a entendu pour la première fois la voix divine à l'autel du village ainsi nommé, poursuit son apprentissage auprès de son maître Ppak-ji. Plus tard, sa puissance chamanique dépasse celle de son initiatrice tandis que les rituels d'exorcisme organisés par elle sont réputés dans tout le village et au-delà.

Devenue chamane, Eul-hwa a connu une nouvelle liaison. Tombée amoureuse d'un *baksu* (chaman) du nom de Bang-dol, elle donne naissance à sa fille Wol-hui. Cette relation suscite le mécontentement de sa protectrice spirituelle. Les problèmes surgissent dès lors dans son entourage. Surdoué mais ayant peu d'avenir en tant que descendant d'une chamane, son fils Yeon-sul est envoyé dans un temple bouddhique pour y étudier. Sa fille devient peu à peu sourde :

« Néanmoins, pendant cette période de joie et de plaisir, Eul-hwa frissonnait parfois de crainte et d'appréhensions vagues. […]
Puis un jour, sans raison apparente, Wol-hui ne put avaler aucune miette de nourriture et ne subsista qu'avec de l'eau froide. Quinze jours plus tard, sa langue se retirant un peu en arrière vers la gorge, elle commença à avoir des difficultés à articuler.
Sans l'ombre d'un doute, pensait Eul-hwa, c'était le châtiment infligé par Dame Seonwang[269] ».

Eul-hwa perd elle-même son pouvoir surnaturel et la faveur divine. Elle passe son temps à boire à la taverne. L'accomplissement de rites, de plus en plus inefficaces, se raréfie. Son mari quitte la maison familiale. Le rêve de fonder une famille est de nouveau brisé.

Les chamanes face au drame familial

Depuis la société primitive, les chamanes sont une sorte de prêtres, intermédiaires entre les esprits divins et les humains. Elles président les rituels pour faire des exorcismes ou des offrandes aux Esprits qui posséderaient le pouvoir de guérir la maladie, de chasser les mauvais esprits ou les malchances. Quand il y a un malheur ou une maladie dans la famille, on fait appel à une chamane qui préside la cérémonie de *gut* (굿 cérémonie chamaniste), pendant

---

[268] *Ibid.*, p. 61-63. Traduction légèrement modifiée.
[269] *Ibid.*, p. 79. Traduction légèrement modifiée.

laquelle elle danse et chante. Entrée en transe, elle est censée établir une liaison entre les êtres vivants et les morts. Elle exécute une cérémonie de *gut* et reçoit une somme d'argent. Les vœux formulés sont de toutes natures : le bonheur et la prospérité du village, la bonne récolte, la pluie indispensable à la riziculture, la bonne pêche, la sauvegarde de la vie des marins et des pêcheurs, la protection des biens, etc. Les cérémonies chamaniques du village organisées par les chamans ou les chamanes ont un caractère de fête populaire car il s'agit de prières collectives pour la bonne récolte ou pour la bonne pêche. Elles assurent aussi le passage de l'esprit des morts d'un monde à l'autre. Outre son rôle intermédiaire entre les esprits et les humains, une chamane a pour fonctions de prédire l'avenir et de guérir la maladie. C'est pourquoi les chamanes étaient considérées comme des médecins même à l'époque de Joseon (1392-1910) fondée sur l'idéologie confucéenne.

Mais les chamanes coréennes sont solitaires. La plupart d'entre elles n'ont pas une vie familiale facile ou n'en ont tout simplement pas. Elles vivent seules ou dans l'indifférence de leurs maris. La relation avec leurs enfants s'avère souvent conflictuelle car être descendant d'une chamane est un lourd fardeau pour eux. Ils ont, par conséquent, tendance à désobéir à leurs mères. Le conflit pourrait ressembler à un champ de bataille, s'ils avaient, une fois adultes, une croyance différente de celle de leurs mères. Ils s'apprêtent à rompre avec elles si elles ne renoncent pas aux pratiques chamanistes, perçues comme des superstitions[270].

Kim Dong-ri trace dans son œuvre cette réalité des chamanes coréennes, sujettes au système patriarcal fondé sur l'ordre du masculin. Il dépeint à merveille les caractéristiques des chamanes modernes à travers les drames familiaux ou passionnels. L'absence du père ou du mari, leur silence sont des traits propres à cet univers des chamanes qui appartient à l'ordre matriarcal, fort différent de l'ordre patriarcal que proclament la société et ses normes.

Conflit entre le désir de vie et la mort : Danggogae et Yeon Dal-rae

La Chamane du col Dang, dans l'œuvre éponyme, doit trancher le conflit entre les liens familiaux et l'appel du dieu. Ses deux filles Bo-reum et Ban-dal, devenues adultes, s'installent en ville et y ouvrent une auberge. Elles dissuadent de toute leur force leur mère de pratiquer les rites chamaniques, car les enfants de chamans sont très mal vus et méprisés. Obligée d'accepter pour le bonheur de ses filles, la Chamane du col Dang arrête toute activité de chamane, ce qui lui cause un fort mal de tête :

---

[270] Hwang Si-ru, *Uri mudang iyagi* [Une Histoire des chamanes coréennes], Séoul, Publit, 2000, p. 173.

« C'était en automne, près de la fête de la lune. La chamane du col de Dang restait allongée, la tête ceinte d'une serviette, comme si elle avait été possédée par un esprit divin. Elle appela sa fille aînée :

« Bo-reum, laisse-moi aller faire le rite chamaniste une dernière fois par pitié », la supplia-t-elle d'une voix faible.

Sa fille aînée se mit en colère :

« Jusqu'à quand veux-tu me faire souffrir ? », réprimanda-t-elle sa mère[271] ».

Ses deux filles ne veulent pas admettre son rôle de chamane et l'obligent même à aller au temple bouddhiste. Face à cette situation impossible, elle finit par se jeter du pont d'une haute montagne.

La raison pour laquelle elle choisit la mort est la méconnaissance de son identité par sa progéniture qui l'empêche de pratiquer les cérémonies chamanistes, son unique accès aux voies de la Providence, aux lois de la nature et à sa divinité tutélaire. Bien que toujours prête à se soumettre à l'esprit protecteur et à répondre à son appel, elle ne peut réellement communier avec lui à cause de l'opposition acharnée de ses deux filles. Son suicide (tête fracassée) la délivre de sa douleur et lui permet en même temps de rejoindre le monde des esprits.

Le drame de la Chamane du col Dang résulte du sentiment d'incommunicabilité avec ses propres filles, soumises aux normes de la société, et de la solitude absolue qu'elle éprouve dans le monde réel. La mère chamane ne peut aider à l'évolution du statut social de ses filles et accepte de renoncer à des pratiques chamaniques. Mais sa décision dépend aussi de la volonté de la divinité tutélaire face à laquelle elle est totalement impuissante. La mort devient ainsi la seule issue à ce conflit entre sa spiritualité et la vie séculière de ses enfants.

Dans la nouvelle *Maja Donggyeong*, Yeon Dal-rae est devenue chamane à l'appel de la reine Seon-deok, célèbre souveraine (règne 632-647) du Royaume de Silla et l'un des personnages historiques déifiés du panthéon chamaniste coréen. Sur l'ordre de la reine, maîtresse de son corps, elle va un jour chercher un miroir dans une hutte située au pied d'un château et occupée par un vieil homme solitaire, descendant de la lignée du roi Seok Tal-hae. Avec son aide, elle trouve le « miroir de bronze en forme de caractère *man* 曼 », symbole de la reine Seon-deok. Elle accomplit ainsi sa mission. De là, elle considère sa rencontre avec ce vieux Seok comme la volonté de la reine et souhaite passer le reste de sa vie avec lui. Yeon Dal-rae noue donc une relation amoureuse avec le vieux Seok. Mais ce dernier ne l'accueille pas avec joie, car, en tant que descendant de la famille royale de Silla, il ne peut se marier avec une chamane d'humble origine :

---

[271] Kim Dong-ri, *Danggogae mudang*, *op.cit.*, p. 58.

« Je sais bien ton sentiment pour moi. Mais, en tant que descendant de la famille royale de Seok, comment puis-je vivre publiquement avec toi, où que nous allions. Tu seras déçue de l'entendre. Mais si j'acceptais ta proposition, ce serait trahir mes ancêtres. Comment faire ? Pense plutôt à ta vie au lieu de me montrer ta tristesse. Car les gens viennent de me dire cette nuit même qu'ils vont démolir cette hutte.

Je ne peux pas. Je ne peux partir en vous laissant tout seul[272] ! »

Ils cohabitent tendrement dans la hutte jusqu'à la démolition des vestiges du château ordonnée depuis longtemps par la mairie. Le vieux Seok veut mourir en ce lieu qui avait appartenu jadis à sa famille. Il projette d'incendier sa maison, mais ne parvient pas à convaincre Yeon Dal-rae de quitter l'endroit, car elle le considère comme homme donné par son idole, la reine Seon-deok, malgré son désir de vivre. Le lendemain matin, à côté du cadavre du vieux Seok, on découvre le corps de Yeon Dal-rae qui n'est pas complètement consumé, ce qui signifie son désir de vie où l'amour (Éros) l'a emporté sur la mort (Thanatos).

En effet, une chamane est un prêtre par définition et occupe, à ce titre, la même position que celle d'un prêtre catholique ou d'un moine bouddhiste. Mais elle est très différente de ces derniers, car elle n'est pas devenue chamane par son propre choix. Cependant, être choisi par le divin est un caractère commun à toutes les professions de foi. Les prêtres, les pasteurs et les moines croient être sélectionnés par le divin et acceptent ce destin comme une grâce. Mais le rôle des chamanes est plus marginal, puisque leur religion (le chamanisme) n'est pas reconnue dans la société. Pour cette raison, elles connaissent un grand conflit intérieur lorsqu'elles sont élues par les esprits divins. Car devenir chamane peut signifier une dégradation du statut social. Elles doivent s'adapter au regard extérieur qui est souvent méfiant sinon méprisant.

Conflit entre mère chamane et fils protestant : Mo-hwa et Uk-i

La mort de Mo-hwa donne lieu à l'une des scènes les plus frappantes de l'œuvre de Kim Dong-ri. Le noyau de l'intrigue du *Munyeodo* [Portrait d'une chamane] est constitué par la confrontation entre la vieille croyance (Mo-hwa) et le christianisme (Uk-i). Chamane, donc panthéiste, Mo-hwa a l'habitude de se montrer attentive et respectueuse vis-à-vis de la foule des esprits qui l'entourent : les animaux, les arbres, les objets quotidiens. Elle essaie d'attirer l'attention du chien et du cochon et discute avec un tisonnier[273]. Elle ne met jamais en doute le pouvoir qu'elle a reçu de l'esprit de la Nature. Elle ne se pose pas de questions inutiles et soigne les malades qui le souhaitent, qu'ils viennent de son propre village ou d'ailleurs. De nombreux patients qui lui font confiance se rendent chez elle avant de consulter un médecin, parce que la séance est plus

---

[272] Kim Dong-ri, *Manjadonggyeong*, *op.cit.*, p. 87-88.
[273] Kim Dong-ri, *Munyeodo*, *op. cit.*, p. 82.

efficace et moins coûteuse. La chamane guérit beaucoup de malades grâce aux esprits. Sa réputation d'exorciste et sa capacité à organiser des rituels chamanistes sont connues de toute la région de Gyeongju et ses environs, et ce jusqu'avant la pénétration du christianisme dans son village, considérée comme un symbole de la modernisation. Sa maison commence à être moins fréquentée au fur et à mesure du déclin du chamanisme et de la dégradation de son statut de chamane :

« Sa maison, à l'écart, se distinguait des autres par son toit de tuiles affaissé, couvert de champignons terreux à l'odeur entêtante. Elle était entourée d'un muret en pierre, à moitié démoli, qui serpentait autour d'une cour, un vaste terrain vague sans cesse inondé par les dernières pluies, envahi de mousse, d'herbes sauvages et de fougères si hautes qu'un homme aurait pu s'y cacher. La terre humide y grouillait de vers de terre monstrueux, longs comme des serpents, et de crapauds ventrus, tapis dans l'ombre à attendre la nuit...[274] ».

La ruine de la maison de Mo-hwa, hantée, effrayante et abandonnée, reflète exactement la menace planant sur son identité de chamane. Le mur de la maison est démoli, le toit effondré et la cour envahie de ronces et de reptiles. Ici, la maison remplit une fonction métonymique.

Mo-hwa a deux enfants, un fils (Uk-i) et une fille (Nang-i) nés d'un père différent. La mère doit affronter le fils qui regagne brusquement son foyer après une dizaine d'années d'absence. Uk-i, envoyé dès son jeune âge dans un temple bouddhique pour y étudier, revient chrétien. Après le bref moment de joie suscitée par les retrouvailles, le conflit entre mère chamane et fils chrétien commence à prendre forme dans leur triste maison. La différence de religion entre eux rend les rapports conflictuels. L'action principale de Mo-hwa est de transmettre sa croyance et de chasser le fantôme de Jésus du corps de son fils par des techniques d'exorcisme ; celle d'Uk-i est de prêcher sa foi chrétienne et de sauver sa mère et sa sœur, possédées, selon lui, par les mauvais esprits.

Or, Mo-hwa ne s'appuie pas sur la sorcellerie, mais sur l'esprit à qui elle peut directement communiquer ses vœux. Elle n'a aucunement l'intention de faire du mal à son fils. Son vrai ennemi est le fantôme de Jésus qu'elle entrevoit en lui. Elle recourt aux esprits dans l'espoir de le vaincre. Uk-i, quant à lui, fait preuve d'une volonté plus ferme que celle de sa mère. Il pense d'abord que sa mère et sa sœur sont victimes de mauvais esprits. Pour les sauver, il fait ses prières au Dieu et demande par écrit au pasteur Hyeon, son initiateur, de fonder une église dans sa région, où la plupart des habitants sont « en proie aux superstitions ou à l'idolâtrie ». Par ailleurs, il se rend auprès de la communauté des chrétiens de la région et essaie de leur faire mieux connaître *la Bible*. Son prosélytisme est la cause directe de la diminution du nombre de visiteurs chez Mo-hwa et de la déchéance de son pouvoir de chamane. Il devient désormais un

---

[274] *Ibid.*, p. 79.

obstacle à la survie de sa mère, convaincue que son fils est victime d'un mauvais esprit. Bien entendu, l'esprit chamanique et Jésus n'existent qu'à travers la conscience de Mo-hwa et celle d'Uk-i, mais ils donnent à l'histoire sa structure fondée sur le conflit. Uk-i, chrétien et adversaire de l'esprit auquel Mo-hwa est soumise, en devient l'agent. Le drame de la famille de Mo-hwa est dû à la lutte des religions mais aussi des ordres patriarcal et matriarcal. Converti au christianisme, Uk-i, fils bâtard, a retrouvé son père dans *la Bible* et dans la figure du pasteur Hyeon. Il n'y renonce plus jamais et défie l'autorité de sa mère qui était aussi, avant son retour, chef de famille.

Au paroxysme de leur conflit spirituel, Mo-hwa, vêtue d'une robe cérémonielle, essaie de chasser le « démon de Jésus » en psalmodiant des incantations et en brûlant *Le Nouveau Testament* auquel son fils tient à tout prix :

> « Le démon de Jésus, venu de l'Occident éloigné de dix mille *li*, rentre enfin chez toi ! [...] Va-t'en ! Au pas, au tintement des clochettes, tu franchiras les cols et tu traverseras les ruisseaux. Déjà parti, pourras-tu revenir ? Non, tu ne le pourras pas de sitôt, parce que tu auras trop mal aux pieds. Alors, pourras-tu revenir à la belle saison du printemps ? Non, tu ne le pourras pas, parce que tu auras trop faim. [...]
> Misérable démon d'Occident, retire-toi...[275] ».

Uk-i, en voulant l'en empêcher, reçoit un coup de couteau fatal de sa mère en transe, totalement unie à l'esprit. Après avoir poignardé son fils et l'avoir grièvement blessé, Mo-hwa revient à une pure relation maternelle avec lui durant ses derniers jours. Uk-i meurt au terme de longues souffrances et Mo-hwa, accablée de tristesse, répond de plus en plus rarement aux sollicitations de ses clients. Elle reste chez elle, se nourrit à peine, tourne en rond dans les petites pièces en répétant inlassablement : « Va-t'en, diable d'esprit occidental... C'est le fantôme de Jésus qui m'a pris mon fils ».

Plus le temps passe, plus son conflit intérieur de mère et de chamane s'intensifie, la transforme. La mort de son fils n'apporte pas de solution, car elle n'a pas pu venir à bout du fantôme de Jésus. Le mauvais esprit de Jésus reste ancré dans son entourage. Qui plus est, le nombre de convertis s'accroît, le village fonde une église qui attire de plus en plus d'habitants. Menacée par la puissance du christianisme envahissant progressivement le village, Mo-hwa peine à défendre son univers. C'est dans ces circonstances désespérantes qu'elle finit par accepter d'assurer un rite chamaniste pour consoler et « repêcher » l'âme de Mme Kim, belle-fille d'un riche propriétaire qui vient de se jeter dans le lac Yegiso, lieu de prédilection de l'auteur pour décrire les morts. L'eau de ce marais naturel conduit les gens à la mort après les avoir ensorcelés. C'est dans cet espace mythique que Mo-hwa livre sa dernière

---

[275] *Ibid.*, p. 94.

prestation chamaniste, composée de plusieurs éléments : discours, danse, chanson et musique, lamentations :

« Accompagnée de la musique de tambour, de flûte et de cithare à sept cordes [*haegeum*] que jouaient des *hwarang* (chamans), elle se mit à danser lentement. Sa voix n'avait jamais été aussi mélancolique, son corps se mouvait en rythme. On aurait dit qu'elle n'avait plus d'os ni de chair… […] Possédée par l'âme de la défunte, prise d'un profond remords, Mo-hwa laissait échapper des pleurs plaintifs aigus. Son énergie semblait absorber les étoiles prises dans les tourbillons silencieux de l'eau du lac[276] ».

Le tambour (en forme de sablier, fait de deux peaux d'animal entrelacées), la flûte et la cithare à sept cordes (*haegeum*)[277] sont les trois instruments essentiels à la cérémonie chamanique. L'ensemble, qui pourrait être qualifié de « chorégraphique », est rythmé suivant une codification que maîtrise la seule chamane. L'auteur met en relief le corps dansant de Mo-hwa, sa légèreté et son énergie-souffle. Légèreté, parce que son corps est réduit à un rythme, dépourvu d'os et de chair, c'est-à-dire seulement animé d'un esprit - elle est libérée des éléments corporels - ; énergie-souffle, car elle est capable d'« absorber les étoiles », les incorporer, bref, faire un avec ces éléments naturels. Elle joue ici le rôle d'intermédiaire entre la divinité et l'humain : son esprit n'est pas seulement en communion avec la divinité, mais aussi avec celui de la défunte. L'absorption du souffle des spectateurs, ou des spectatrices - ces séances attiraient traditionnellement davantage de femmes que d'hommes - produit une synergie énergétique. Entraîné par la danse rituelle de Mo-hwa, le public parvient à un état extatique dans lequel il n'est plus maître de lui-même : les esprits se dirigent vers Mo-hwa, force centripète vers laquelle convergent toutes les énergies.

« Sa voix qui n'avait jamais été aussi mélancolique » et « ses pleurs plaintifs aigus » ne sont pas dus à l'unique évocation de la vie de la femme disparue, mais aussi à une série d'événements issus de son propre vécu : la mort de son fils, son sentiment de culpabilité, le triomphe du christianisme, le triste avenir du chamanisme, sans doute aussi le pressentiment de sa propre fin et enfin le poids de sa fille sourde-muette. En effet, le texte a déjà annoncé le caractère décisif de cette nuit-là pour le sort de la chamane et de son entourage. Pour Mo-hwa, il s'agira bel et bien de l'ultime rituel qu'elle aura pratiqué et de son dernier jour de vie en ce bas monde. Puisque le rite effectué sur le sol, au bord de l'eau, ne produit pas d'effet : pas la moindre réaction de l'âme appelée (« pas même une chevelure n'apparaît dans le bol de riz sacrificiel », ce qui signifie que la morte ne répond pas à l'appel), elle s'apprête à entrer dans l'eau :

---

[276] Kim Dong-ri, *Munyeodo*, *op. cit.*, p. 197-198.
[277] *Haegeum* : instrument de musique coréen traditionnel à deux cordes dont on joue avec un archet.

« Lève-toi, reviens ! Toi, l'enfant chérie, perdue à la fleur de l'âge… Toi, dont l'âme est précieuse, épanouie comme une fleur, soignée comme une prunelle de jade… […]

Et, disant ces mots, elle pénétra lentement dans la profondeur du lac. L'onde enlaça peu à peu son corps, épousant les plis de sa robe, tandis que s'étalait lentement à la surface de l'eau noire, la corolle pâle de son voile. Le flot saisit sa taille, enserra sa poitrine et se jeta vers son cou […][278] ».

Son rappel de l'âme met en avant la jeunesse et la beauté physique de la noyée. Le terme « fleur » apparaît à deux reprises. Ses propos destinés à consoler l'âme de la défunte (la robe flotte, corolle du lotus, dont la chevelure se dénoue) annoncent son acte. La ressemblance entre la femme défunte et la chamane est à la fois physique comme le constatent des spectateurs de la scène (« Regardez comme elle lui ressemble déjà ! ») et spirituelle. Son entrée dans l'eau profonde revêt une dimension très sensuelle (elle « pénétra lentement dans la profondeur de la rivière, l'onde enlaça son corps, épousant… »). Tout est corporel. L'eau, l'élément vivant, finit par s'emparer de la jeune chamane (« saisit sa taille, enserra sa poitrine et se jeta vers son cou »). En quelque sorte, l'esprit aquatique (dieu de la nature) avec qui elle est en phase la conduit vers l'autre monde en la délivrant des souffrances et des contradictions qu'elle n'a pas pu surmonter.

Rien n'indique ici que la chamane se donne la mort en échange de l'âme de la femme défunte. Elle se laisse caresser, transporter et emporter par l'eau, par son esprit. Sans doute sa communion avec l'esprit de la défunte, dans le lac Yegiso, lieu de fascination pour la mort où reposent de nombreux esprits, lui a-t-elle permis d'atteindre le bonheur. Par conséquent, l'élégie à la femme défunte contient aussi ses propres adieux en cette nuit du printemps :

« Quand il y aura des fleurs sur les pêchers au bord de la rivière… ma fille, ma petite fille… en costume de deuil, ma fille, ma petite fille… […]

On vit flotter, quelques instants encore, le voile de sa robe, puis le chant se noya dans l'obscurité. Puis la nuit se referma.

Après qu'elle eut prononcé quelques dernières lamentations, le corps de Mo-hwa commença à s'enfoncer dans l'eau. […] La danse et l'onde se mêlèrent l'une à l'autre selon un même tempo, un même rythme[279] ».

Ses adieux s'adressent à sa fille, sourde-muette, qui, au dénouement de la nouvelle, retrouve sa voix en voyant revenir son père à la maison. « Peut-être était-ce là le dernier effet de l'ultime cérémonie de Mo-hwa », dit le texte. C'est un effet quasi providentiel. Le départ définitif de la mère laisse place au

---

[278] Kim Dong-ri, *Munyeodo*, *op. cit.*, p. 198-199. Traduction de Kim Jin-Young et Jean-Paul Desgoutte, *Tableau de Sabbat*, *op. cit.*, p. 59-60.
[279] *Id.*

retour du père, de sorte que l'enfant ne sera pas orpheline. L'accent mis sur la concordance de la cadence de la danse de la chamane et de l'eau signifie leur union. Mo-hwa est d'ores et déjà transformée en eau, en esprit de l'eau. Nulle part dans la nouvelle, on ne trouve la trace de son corps noyé ni celui de la femme défunte, car Mo-hwa a réalisé ici son passage, sa traversée vers un ailleurs. Son corps physique s'est désormais fondu à l'eau, il en fait partie. Ce n'est pas une simple disparition, encore moins un suicide au sens propre du terme, mais un accès à la transmigration des âmes.

Gaston Bachelard considère l'eau comme un « élément plus féminin et plus uniforme que le feu, élément plus constant qui symbolise avec des forces humaines plus cachées, plus simples, plus simplifiantes »[280]. Le contact de Mo-hwa avec l'eau est sensuel et gracieux : les prédicats « enlacer », « épouser », « serrer », « se jeter » relèvent tous du domaine du toucher. Mourir dans l'eau pour elle, c'est épouser sa douceur, c'est retourner à la source primordiale, c'est enfin renaître dans un autre monde, celui des esprits. Mais il y a plus, car, derrière l'apparente descente dans la profondeur (physique), s'effectue également une ascension, celle de l'âme.

Conclusion

L'identité des chamanes coréennes connaît une évolution au fil du temps. Aujourd'hui, le chamanisme coréen est désigné comme patrimoine culturel avec ses rites. Mais force est de constater que cela ne concerne qu'une partie mineure des chamanes. La plupart d'entre elles continuent à subir l'injustice sociale. Kim Dong-ri eut cette conscience bien avant les autres. Par ses romans, il voulait faire l'élégie de cette classe de chamanes sous-estimées. Ce qui est le plus difficile, c'est qu'une chamane n'est pas propriétaire de son propre corps, capturé par les esprits divins. Elle est en fait non-sujet ou sujet fonctionnel de son corps. En devenant chamane, elle perd son identité de femme, de mère dans la société. La rupture familiale et sociale est chose fréquente dans le passé comme dans le présent. Le triomphe de la spiritualité sur la vie séculière est possible seulement dans le roman alors que, dans la réalité, les normes sociales sont beaucoup plus pesantes. Doit-on accorder aux chamanes la possibilité d'avoir d'autres métiers ? C'est une question qui mérite réflexion.

Les gens modernes n'éprouvent pas de besoin de communiquer tous les jours avec les dieux. Ils y recourent seulement en cas de détresse et demandent à ce moment-là l'intervention des chamanes. Mais on oublie qu'elles sont elles-mêmes des êtres sociaux tentés aussi par la vie séculière. Ce qui est le plus dramatique, c'est qu'elles peuvent aussi être punies, rejetées par leur esprit tutélaire, dès la moindre désobéissance. Entre la vie spirituelle et la vie

---

[280] Gaston Bachelard, *L'eau et les rêves*, Paris, José Corti, 1942, Livre de Poche, p. 12.

séculière, elles n'ont souvent pas de solution, sinon la mort qui constitue une ultime délivrance. Dans les nouvelles *Munyeodo, Danggogae mudang, Manja donggyeong*, les chamanes-héroïnes connaissent toutes une survie difficile face à la modernité et un destin tragique. Parmi les représentations de morts de chamanes, nous constatons des différences importantes : la Chamane du col Dang dans le *Danggogae mudang* [La Chamane du col Dang] meurt en se jetant d'un pont de montagne. Un insupportable conflit familial et des maux de têtes lancinants ne peuvent être résolus que par cette mort violente. En revanche, Yeon Dal-rae dans le *Manja donggyeong* [Le Miroir de la reine Seon-deok] meurt pour une passion, pour l'amour d'un homme, d'où l'élément feu dans le dénouement de l'histoire. La dernière scène consacrée au rite chamaniste dans le *Munyeodo* exercé dans le lac est marquée par le mystère de la disparition de Mo-hwa.

Kim Dong-ri s'intéresse à la pensée de la production conditionnée par le principe karmique, noyau de la pensée bouddhique, selon lequel toute chose est formée par la combinaison de liens de cause à effet. C'est une théorie selon laquelle tous les changements phénoménaux ne se réalisent pas par hasard, mais par un lien de causalité inéluctable. Ainsi les créatures de l'univers tout entier entretiennent-elles un lien réciproque pour se soutenir et s'entraider. Aucune chose ne peut par conséquent demeurer isolée[281]. Tandis que le corps de l'homme périt à sa mort, son âme continue donc à transmigrer selon les liens de cause à effet dépendant du bien et du mal réalisés de génération en génération. C'est un principe selon lequel le passé, le présent et le futur circulent à l'infini. Dans ce cycle de transmigration des âmes, la vie humaine n'est qu'un fugitif instant face à l'éternité. Le présent n'est qu'une partie infime d'une série infinie de vies et d'âmes. Ainsi, la mort n'apparaît plus comme une fatalité pour l'homme, ni la fin de la vie, mais comme le seuil d'une vie nouvelle. Ce point de vue conduit Kim Dong-ri à éprouver un sentiment de liberté, ne fût-ce que momentané, face à l'angoisse de la mort :

« Tout être vivant, quelle que soit sa forme, peut renaître après sa mort soit en changeant de forme (la vie antérieure) soit en reprenant sa forme initiale (la réincarnation). On appelle transmigration, à laquelle j'adhère, l'ensemble de ces transformations. Tout le monde ne réalise pas forcément sa vie antérieure ou sa réincarnation, car certaines existences peuvent être soumises à une période de purgatoire, laquelle peut être éternelle[282] ».

---

[281] Sur « *karma* et renaissance », nous renvoyons à l'ouvrage de Walpola Rahula, *L'enseignement du Bouddha, d'après les textes les plus anciens*, Paris, Seuil, 1961, p. 53-56.
[282] Kim Dong-ri, « Entretien avec Kim Jeong-suk, le 16 octobre 1989 », *Kim Dong-ri sam-gwa munhak* [Vie et œuvre littéraire de Kim Dong-ri], Séoul, Unggin chulpan, 1995, p. 77.

Pour lui, le salut serait donc de lier la vie à l'éternité[283]. C'est ainsi qu'il lie la présente vie, si éphémère, à celle, illimitée, de l'univers[284]. Dans toutes ces œuvres, la « forme de l'ultime finalité de l'existence » se parachève, lorsque l'homme embrasse l'Univers et rejoint la vie éternelle par la mort. La mort est un passage nécessaire à la réalisation de cette « ultime finalité de l'existence ». Par ce passage, les chamanes qu'il met en œuvre dans son écriture s'unissent à l'Univers, leur berceau. Le sentiment de l'absurdité du destin humain, tel qu'il se présente chez les philosophes de l'existentialisme comme Sartre et Camus, est évacué de la scène existentielle que Kim Dong-ri assume pleinement dans sa propre vision métaphysique qui relativise la vie et la mort. C'est dans ce sens-là qu'il s'oppose à Camus, qui a traduit dans ses romans le sentiment de l'absurdité du destin né du choc de la Seconde Guerre mondiale, et à Sartre, qui disait que l'existence précède l'essence. Pour Kim Dong-ri, c'est plutôt le contraire, c'est-à-dire que chez lui, l'essence prime sur l'existence. Un pas de plus, et l'on pourrait dire qu'il est plus « essentialiste » qu'« existentialiste ».

D'une façon encore plus globale, le feu, l'eau, voire la mort ne sont pas une finalité en soi mais un moyen dans l'économie générale de l'esthétique de Kim Dong-ri, un « moyen de transit » dans le passage, la traversée vers l'autre rive. Telle est sans doute la leçon que nous transmet la mort de Mo-hwa et d'autres chamanes modernes desquelles l'œuvre de Kim Dong-ri constitue une émouvante élégie.

---

[283] Kim Dong-ri, *Bap-gwa sarang-gwa geurigo yeongwon* [Le Riz, l'amour et l'éternité], Séoul, Sasayeon, 1985, p. 43.
[284] *Ibid.*, p. 149.

L'itinéraire de Ye Guangqin : de la tradition chinoise à la modernisation du pays

YUE Yue

La source autobiographique à laquelle Ye Guangqin puise pour composer ses romans familiaux, véritable saga chinoise qui embrasse la seconde moitié du XXᵉ siècle, amène à considérer la romancière comme l'écrivain de la noblesse par excellence[285]. Son mode d'écriture réaliste et son témoignage sociologique incitent à la comparer à Cao Xueqin, l'incontournable référence du XVIIIᵉ siècle avec son roman-fleuve *Le Rêve dans le pavillon rouge*[286] qui rend compte du destin de la famille Jia, proche de l'empereur de Chine. La critique chinoise compare aussi Ye Guangqin (née en 1948) à son aînée Zhang

---

[285] Jia Xiangjuan 贾香娟, « Xushu yuwang - Lun Ye Guangqin ji qi 'Jiazu xiaoshuo' *Cai' sangzi* » 叙述欲望—论叶广芩及其"家族小说"《采桑子》 [L'envie de raconter - Critique du roman saga 'Cueillir des mûres'de Ye Guangqin], *http://www.lw23.com/lunwen_580586377/*, voir aussi l'interview de Chen Hong 陈红, « Ye Guangqin : laoxiancheng zuihou yige guizu » 叶广芩：老县城最后一个贵族 [Ye Guangqin : la dernière noblesse d'un vieux district], *Wenhua yishu zazhi*, 7/2010, p. 27.

[286] Qiu Shaoyang 邱绍洋, « Huangru geshi de jiyi - du Ye Guangqin de *Dou zhiji* » 恍如隔世的记忆——读叶广芩的'豆汁记' [Souvenir lointain - Lecture du roman 'Recette du lait de soja' de Ye Guangqin] », *Journal de Tengzhou*, 22/12/2010, p. 18.

Ailing[287] (née en 1920) connue pour ses romans témoins des années 1940[288]. Pourtant l'œuvre de Ye Guangqin est unique en son genre, car elle épouse une époque qui s'inscrit entre deux bouleversements radicaux dans la société chinoise : la rupture créée avec le début de l'ère maoïste en 1949, et les métamorphoses nées avec l'ouverture économique à la fin du siècle dernier.

Ye Guangqin est la petite cousine d'Aijuexinluo Puyi, dernier empereur de Chine. Orpheline de père à l'âge de dix ans, elle est la benjamine d'une nombreuse fratrie. Privations et pauvreté ont été le lot de son enfance. Elle a 20 ans, lorsqu'en 1968, elle est envoyée à la campagne dans la province du Shaanxi où elle demeure encore aujourd'hui. Animée par le désir de raconter l'histoire de la famille [289], Ye Guangqin expérimente divers genres romanesques : sagas familiales, romans sociaux, romans épistolaires, et s'adonne également au journal intime. Parmi sa trentaine de publications, on compte une vingtaine de récompenses depuis 1996[290].

Depuis son premier roman saga *Qianqing mennei* 乾清门内 [A l'intérieur de la porte de Qianqing] jusqu'à son récent roman *Douzhi ji* 豆汁记 [Recette du lait de soja][291], Ye Guangqin déroule sa saga familiale en dessinant une galerie de portraits, qui permettent d'entrevoir tous les milieux sociaux de la Chine d'hier et d'aujourd'hui. À cette démarche classique se greffe une mise en perspective innovante sur la relation entre le monde des hommes et celui des animaux, déjà exploitée dans la littérature chinoise moderne[292], une vision originale qui livre en arrière-plan une réflexion sur la tradition culturelle en Chine.

[287] Zhong Hailin 钟海林, « Ye Guanqin xiaoshuo de duomianxing shelie » 叶广芩小说的多面性涉猎 [A propos des sujets variés des romans de Ye Guangqin], *Mingzuo xingshang*, Taiyuan, 9/2007, p. 1.

[288] Zhang Ailing 张爱玲 (Chang Eileen), *Bansheng yuan* 半生缘 [Le destin d'une demi-vie] publié en 1968, *Hongmeigui yu baimeigui* 红玫瑰与白玫瑰 [Rose rouge et rose blanche] trad. par Emmanuelle Péchenart (Bleu de Chine, 2001).

[289] Ye Guangqin, *Cai' sangzi* 采桑子 [Cueillir des mûres], Beijing, Shiyue wenyi chubanshe, 1999, p.1.

[290] Ye Guangqin, *Zufen* 祖坟 [Tombe des ancêtres] a été récompensé par la revue *Xiaoshuo xuankan* en 1996.

[291] Ye Guangqin, *Dou zhiji* 豆汁记 [Recette du lait de soja] a reçu le prix Laoshe (4e éd) en 2010.

[292] Ye Guangqin, *Dahu dafu* 大虎大福 [Grand tigre, grand bonheur] Xi'an, Taibai wenyi chubanshe, 2004 ; *Zhuyi xiong chumo* 注意熊出没 [Attention à la sortie de l'ours], Jinan, Shandong chubanshe, 1998. « Hou cunzhang » 猴村长 [Le chef du village des singes], « Shangui muke » 山鬼木客 [Le monstre de la montagne], « Heiyu qiansui » 黑鱼千岁 [Le poisson noir de mille ans], « Changchong erchan » 长虫二颤 [Les tremblements du grand serpent], dans *Dahu Dafu* 大虎大福 [Grand tigre, grand bonheur]. « Lao xiancheng » 老县城 [Vieux district], *Zhongguo zuojia*, Beijing, 1/2003, p. 1-130.

Les leçons paternelles de Confucius

Souvent, dans les sagas familiales chinoises, le père est le garant et le passeur d'une tradition sévère, voire inhumaine, pour les enfants soumis à l'autorité paternelle. Ye Guangqin se démarque des auteurs du genre. Elle ne dénigre pas, comme Lu Xun[293], la manière d'éduquer des pères ni ne vole au secours des cris des enfants maltraités. Elle ne montre aucun enfant révolté contre la tyrannique autorité paternelle comme Juemin ou Juehui chez Ba Jin[294], pas de père monstrueux comme Sun Guangcai chez Yu Hua[295] ni d'enfant fugueur comme Ku Dongliang chez Su Tong[296]. Notre romancière présente, au contraire, le père sous une lumière chaleureuse. Si l'enfance n'est pas une période heureuse de la vie, la présence paternelle fait contrepoids et laisse un souvenir tendre et apaisant. La tradition, pour Ye Guangqin, ne renvoie plus à un monde froid, austère et pesant. Transmises par celui qui a éduqué l'enfant au cours de ses premières années, les valeurs de la tradition représentent un savoir aussi respectable que le père bienveillant. Ce sont des valeurs non plus engoncées dans le carcan d'une morale aussi répressive qu'obsolète, mais des connaissances habillées de l'aura d'un classicisme intellectuel qui a fait ses preuves.

Ye Guangqin campe une narratrice qui lui ressemble beaucoup. Ses récits se situent avant 1966. Elle est la treizième enfant d'une grande famille noble. Le père, cousin du dernier empereur et héritier du titre de général impérial des Qing, a reçu une éducation stricte selon les préceptes du confucianisme. Puis, après des études aux Japon, il est devenu professeur à l'Institut National des Beaux-Arts à Beijing, côtoyant ainsi les artistes les plus doués de son époque. Lorsque la narratrice vient au monde, le père a déjà la soixantaine. La société se situe dans une phase de changement. À la fin du XIXᵉ siècle, après trois cents ans de gloire, la dynastie des Qing s'est éteinte et, au terme de guerres douloureuses, le pays s'apprête à vivre selon le dogme du Parti Communiste Chinois. Pérenniser la tradition culturelle s'avère, pour la famille impériale déchue, le seul moyen de ne pas disparaître complètement. Respecter la

---

[293] Lu Xun 鲁迅, *Kuangren riji* 狂人日记 [Le Journal d'un fou] 1918, *Na han* 呐喊 [Cris] 1923, nouvelles trad. par Joël Bellassen, Feng Hanjin, Jean Jouin et Michelle Loi (Albin Michel, coll. « Les Grandes Traductions », 1995). *Panghuang* 彷徨 [Errances] 1925, trad. par Sébastien Veg (éd. Rue d'Ulm, « Versions françaises », 2004).

[294] Ba Jin 巴金, *Jia* 家 [Famille] 1933, *Chun* 春 [Printemps] 1938, *Qiu* 秋 [Automne] 1940, *Qiyuan* 憩园 [Le jardin du repos] 1944.

[295] Yu Hua 余华, *Zai xiyuzhong huhan* 在细雨中呼喊 [Cris dans la bruine], Shanghai wenyi chubanshe, 2004.

[296] Su Tong 苏童, *He an* 河岸 [Le bord de rivière], Beijing, Renmin wenxue chubanshe, 2009.

tradition, c'est faire acte de résistance, ou c'est du moins une tentative pour survivre. Pas question pour Jin Zaiyuan, membre de l'ancienne famille impériale que sa fille devienne un « cochon sauvage »[297]. La parole de Confucius guidera l'éducation de ses enfants. Elle est la règle d'or aussi pour tout l'entourage[298]. Transmettre la tradition signifie insuffler l'esprit de la culture ancienne et initier à son art, notamment à la poésie. La narratrice se souvient qu'en se promenant un jour dans le palais d'été impérial, son père lui expliquait, alors qu'elle n'était qu'une enfant de six ans, strophe par strophe, les poèmes que l'on récitait à la cour : ses explications étaient, dit-elle, « comme des conférences merveilleuses, comme des mélodies musicales agréables, comme des paysages inoubliables »[299]. Il s'agissait d'éveiller chez la petite fille l'admiration, l'émerveillement, facteur indispensable à l'adhésion aux valeurs inculquées. Évoquant de hauts personnages magnifiés dans les livres, le père racontait deux mille ans d'histoire de la Chine, à une enfant à jamais fascinée.

À l'instar de ses aînés, amateurs d'opéra et de peinture, la narratrice, enfant, est quotidiennement imprégnée de culture traditionnelle. C'est parce qu'elle tient cette culture en haute estime, que la famille Ye Henala signale son appartenance à la grande noblesse de la dynastie Qing. Installés à Beijing, depuis le règne de Nuerchi et de son fils Huang Taiji, les fondateurs de la dynastie Qing, sensibles à la culture chinoise, s'intéressent à l'éducation des princes. L'empereur Huang Taiji impose d'apprendre à lire aux enfants de 8 à 15 ans, et les princes s'initient aux caractères chinois dès l'âge de 6 ans[300]. Les empereurs des Qing désiraient transformer leurs guerriers nomades en lettrés chinois, des personnes telles que les concevait le confucianisme : cultivées, élégantes, courtoises, également férues d'art chinois, et respectueuses de tous les rituels traditionnellement pratiqués en Chine. Obéissant aux exigences de l'empereur, les nobles mandchous ont étudié scrupuleusement la culture chinoise et sont devenus ainsi de vrais adeptes du confucianisme, tant sur le plan de leur apparence que dans le domaine des choses de l'esprit. Selon Deng Youmei, « les enfants mandchous des Huit Bannières de la dynastie des Qing sont élégants, cultivés et très polis, d'un niveau culturel et mental supérieur à celui des Chinois Han. En revanche, ils sont incapables de travailler manuellement »[301].

La famille impériale veille à appliquer de manière rigoureuse cette éducation aristocratique à ses enfants, même à la plus jeune. Dans un des

---

[297] Ye Guangqin, *Meiyouriji de Luofuhe* 没有日记的罗敷河 [La rivière Luofu sans journal], Changchun, Jilin renminchubanshe, 1998, p.15.
[298] Ye Guangqin, *Cai sangzi*, p. 341.
[299] Ye Guangqin, *Feng ye xiaoxiao yu ye xiaoxiao* 风也萧萧雨也潇潇 [Vent soufflant avec la pluie], Beijing, Beijing chubanshe, 1999, p. 445.
[300] *Qing Taizong shilu* 清太宗实录 [Archives de l'empereur Taizong de Qing], t. 10, p. 28.
[301] Deng Youmei 邓友梅, préface du roman *Cai sangzi*, p. 2.

chapitres de son roman *Cai sangzi* [Cueillir des mûres], Ye Guangqin met en relief le comportement éducatif du père. Il apprend, par exemple, à sa fille à faire la distinction entre l'accent pékinois et la prononciation académique du mandarin, la langue de la cour impériale qu'il faut privilégier si elle souhaite sortir en sa compagnie. Depuis l'instauration de la dynastie des Qing, la langue chinoise a évolué en mandarin dont l'usage symbolise l'intégration des Mandchous en Chine. L'empereur Yongzheng avait créé des ateliers linguistiques au sud-est de l'empire, et, la sixième année de son règne, il promulgua une loi qui ordonnait au peuple de parler le mandarin sur l'ensemble du territoire, afin de faciliter la communication entre les gens des différentes régions. On publia alors de nombreux manuels pour enseigner la prononciation du mandarin[302] qui devint le sceau de l'identité culturelle et sociale des Qing. Cette langue officielle nourrit la littérature[303]. Le savant chinois Hu Shi indique que les Mandchous savent très bien parler le mandarin, que les ouvrages comme le *Hong lou meng* 红楼梦 [Le rêve dans le pavillon rouge] et le *Ernü yingxiong zhuan* 儿女英雄传 [Biographies des enfants héros] [304] sont, en leur temps, de mièvres manuels d'apprentissage du mandarin[305], leurs auteurs respectifs étant mandchous.

La jeune narratrice de *Cai sangzi* [Cueillir des mûres], Xiaoba Yaya, prend conscience de son identité culturelle, le jour où elle doit passer le réveillon chez les veuves de l'oncle de son père. Le grand-oncle était le plus beau des princes du palais. Il est l'héritier du grand monarque mongol et a été éduqué dans la plus pure tradition impériale. Il est le protégé de l'impératrice Cixi qui est aussi l'organisatrice de ses mariages. Malheureusement, le prince, loin des steppes de sa Mongolie natale, dépérit. Sa liberté d'autrefois au milieu de ses troupeaux lui manque tristement. Il meurt très jeune et laisse deux épouses. Elles sont issues de la grande aristocratie, ont reçu une éducation stricte et sont au fait des usages protocolaires de la cour. Les deux veuves du grand prince demeurent comme le symbole des valeurs et des vertus de la culture traditionnelle. Ainsi chaque rencontre avec les deux princesses s'apparente à une sorte d'examen pour la petite fille, qui doit connaître la manière extrêmement codifiée de saluer. De nombreuses répétitions à la maison ont été au préalable nécessaires et l'enfant parvient à adresser ses vœux selon les

---

[302] Guan Jixin 关纪新, « Manzu dui Beijing wenhua de gongxian » 满族对北京文化的奉献 [Contribution des Manchous à la culture de Beijing], *Beijing shehui kexue zazhi,* Beijing, 3/2007, p. 83-92.

[303] Zhao Jie 赵杰, *Manzuhua yu Beijinghua* 满族话与北京话 [La langue des Manchous et celle de Beijing], Shenyang, Liaoning minzu chubanshe, 1996, p. 3.

[304] Wen Kang 文康, l'auteur de *Ernü yingxiongzhuan* 儿女英雄传 [Biographies des enfants héros], a vécu durant la première moitié du XIXᵉ siècle.

[305] Hu Shi 胡适, « *Ernü yingxiongzhuan* xu » 儿女英雄传序 [Préface à *Biographies des enfants héros*], *Hu Shi wencun* [Anthologie de Hu Shi], t. 3, Hefei, Anhui jiaoyu chubandhe, 2003, p. 542.

règles de l'art. Satisfaites, les princesses lui font observer que l'appartenance à l'élite passe par une éducation sans faille. L'anecdote est fidèle à une réalité historique[306] dont Ye Guangqin se soucie de rendre compte. Aussi s'applique-t-elle à révéler également les conditions de vie difficiles que connaissent les Mandchous à Beijing. Installés au pouvoir, les fondateurs des Qing interdisent à tous les Mandchous de quitter Beijing, quelle que soit leur catégorie sociale, sauf exception. La ville devient une sorte de cage, telle que la décrivent les œuvres de Lao She, de Liu Xinwu et de Deng Youmei, qui montrent comment la politique des Qing conduit les membres des Huit Bannières à la pauvreté. Ces derniers sont prisonniers de la capitale et de nombreux métiers leur sont interdits. Seuls les plus aisés ont les moyens de pratiquer les arts chinois classiques, d'où sont exclus les pauvres. Pourtant l'accès à la culture et au savoir reste, chez ces Mandchous, la plus vive de leurs aspirations.

En révélant un secret de famille, la narratrice jette une lumière sur la vie privée de ces gardiens de l'ancien monde. L'amour peut faire fi des barrières sociales, tel celui qu'éprouve Jin Zaiyuan pour Xieniang, de condition modeste. La nature scandaleuse d'une telle idylle est détournée par le témoignage naïvement étonné de la fillette. « Elle est moins belle que ma mère, paraît plus âgée que ma mère. Mais mon père est très heureux. La femme est très heureuse. Mon père, la sueur dégoulinante sur son torse nu, répare la maison de Xieniang »[307]. Lui, ce père si fier, si autoritaire et qui ne fait rien à la maison sait donc être simple, tendre et attentionné ![308] Accompagnant son père dans le quartier pauvre où habite son amoureuse, elle le voit manger avec plaisir des mets humbles et boire du thé grossier. Cela l'amuse de partager la double vie de son père, mais elle devra renoncer à ce plaisir lorsque sa mère interviendra pour mettre fin à cette idylle extraconjugale. La petite comprend le sentiment profond qu'éprouve son père : il cherche ailleurs la douce et naturelle simplicité qu'il ne trouve pas dans sa demeure impériale. Sur le chemin du retour, comme pour expliquer le bonheur de leur escapade, ne lui récite-t-il pas ces vers ? « Un bol de nouilles, une tasse de thé, dans la petite ruelle simple, je n'ai plus de souci, la joie m'accompagne à la maison », strophe que la petite fille clôt avec enthousiasme par un « c'est extraordinaire ! ». Si le mariage est affaire d'alliances sociales, l'amour est un domaine qui les ignore. Le père est obligé de respecter la convention traditionnelle pour le mariage.

L'angoisse face à la modernisation

---

[306] Wu Yiyun 吴伊匀, « Qingdai de huangzi jiaoyu » 清代的皇子教 育 [Education des princes des Qing], *pb1.ed.ntnu.edu.tw/~seph/0408-2.htm*.
[307] Ye Guangqin, *Cai sangzi*, p. 349.
[308] *Id.*

Lu Xun et Ba Jin, représentants de ce qu'on a appelé « la nouvelle littérature » marquent un tournant important dans l'histoire de la littérature chinoise, en évoquant dans leurs romans les retrouvailles avec leur famille, après des années de séparation. Malgré le temps qui passe, la tradition y demeure immuablement respectée.

Lu Xun, de retour au pays natal à l'est de la province du Zhejiang, décide d'y rester une dizaine d'années pour comprendre la souffrance et les besoins de son peuple. Ses œuvres comme Ah Q 阿 Q, *Panghuang* 彷徨 [Errance], *Yao* 药 [Remède], *Guxiang* 故乡 [Pays natal] et *Zhufu* 祝福 [Le sacrifice du nouvel an] sont les fruits d'une enquête où transparaît une critique acerbe du milieu social qui l'entoure. Ba Jin, depuis son retour dans sa famille, souffre également de la domination du système féodal et de la morale confucianiste et montre dans son court roman *Qi yuan* 憩园 [Le jardin du repos] pourquoi et comment une grande famille tombe en décadence.

En traitant également le thème des retrouvailles familiales, Ye Guangqin innove en confrontant les valeurs de la tradition à celles de la modernisation en marche.

Dans un texte de prose littéraire[309], au terme de plus de vingt ans d'une douloureuse séparation, la narratrice Ye Guangqin retourne auprès des siens à Beijing. Bien loin de ses proches, elle a dû se plier à la rééducation à la campagne. Une vingtaine d'années après, elle a aussi approché la culture occidentale lors de ses études au Japon. Aussi jette-t-elle un regard critique sur la nouvelle situation des membres de sa famille. Ce qui n'est pas sans paradoxe, car les liens du sang sont forts et l'amènent à prendre conscience qu'elle ne cesse de rechercher ses propres racines. Les éléments de ce tiraillement donnent au récit une dimension esthétique inouïe [310]. Contrairement aux auteurs de la littérature des cicatrices, qui dénoncent les souffrances de la Révolution Culturelle, Ye Guangqin opte pour une attitude distancée - comme pour mieux juguler l'intensité de sa souffrance personnelle - et s'applique davantage à souligner le fossé creusé entre la tradition culturelle et la modernisation. Dans sa quête du passé, elle veut trouver une valeur qui pourra se substituer au contraste entre le passé et le présent[311].

Les retrouvailles avec les membres de sa famille ont un goût amer. À cause des travaux dans la ville, on est obligé de déménager les ossements des ancêtres, et la narratrice assiste avec désarroi au spectacle de ses proches, qui abandonnent à la poussière les restes de leurs défunts et se battent pour

---

[309] Ye Guangqin, « Shaoxiao lijia laoda hui - Ye Guangqin zishu » 少小离家老大回 - 叶广苓自述 [Retour dans la famille après de nombreuses années - Autobiographie de Ye Guangqin], *Xiaoshuo yanjiu*, Beijing, 5/2008, p. 44-45.

[310] Ye Guangqin, *Meiyourijide Luofuhe*, p. 233.

[311] *Ibid*, p. 234.

récupérer quelques offrandes précieuses, faisant fi du respect que l'on doit aux morts et à leur souvenir[312].

Ye Guangqin campe trois catégories de personnages au sein de la famille, qui correspondent à trois types de réactions face à la modernisation.

La première catégorie comprend le septième garçon de la fratrie ainsi que les enfants de la deuxième sœur aînée. Ils demeurent fidèles à leur éducation et préfèrent connaître le dénuement - le frère aîné de la narratrice n'a pas de quoi se faire soigner à l'hôpital - plutôt que vendre leur âme pour de l'argent[313].

La deuxième catégorie concerne la nouvelle génération, celle des neveux. Quelle que soit leur profession, ces jeunes ne pensent qu'à faire du profit ou à devenir célèbres pour gagner toujours plus d'argent[314].

La troisième catégorie de personnages appartient à la même génération que la narratrice. Ils tirent profit de leurs connaissances culturelles et artistiques, et, sous prétexte d'œuvrer à la sauvegarde de la tradition, font du commerce. Le comportement du troisième frère aîné est particulièrement choquant car se faisant passer pour un expert en antiquités, il trompe ses clients. Il aide son fils dans des affaires fort lucratives et spolie son neveu orphelin de l'unique objet paternel laissé en héritage : un bol en porcelaine rare[315]. Les liens du sang ne résistent pas face à l'appât du gain.

Ce changement d'époque favorise les mauvais penchants de l'âme humaine. Les relations sociales deviennent de plus en plus compliquées, écrit l'auteur. Cette complexité est le miroir de ressorts psychologiques qui sont corrélés à l'intérêt matériel. À courir après le profit et la célébrité, on perd le sens de l'honnêteté[316]. La modernisation conduit à la mort de la vertu et du sens moral. Vouloir être moderne, c'est vouloir s'enrichir matériellement. Le renouveau de l'art culinaire et la vogue de la médecine traditionnelle de nos jours ne sont que de nouveaux filons pour se faire de l'argent. La culture et le savoir sont mis au service de l'argent-roi.

L'éloignement d'avec les siens est désormais plus définitif car la narratrice à présent se sent complètement différente de ses proches, et son cœur n'appartient plus à Beijing[317]. Loin d'apporter le vrai bonheur aux gens, la modernisation est, pour Ye Guangqin, source d'une angoisse profonde.

Où est alors le progrès ? En 2000, Ye Guangqin, répondant à l'appel du gouvernement, décide d'aller travailler à la campagne. Dans un petit bourg, au fin fond de la chaîne des montagnes Qin, elle découvre une autre sorte de modernisation, celle qui a déjà eu lieu avant 1949 et l'avènement de l'ère

---

[312] Ye Guangqin, « Zufen » 祖坟 [Tombeaux des ancêtres], dans *Feng ye xiaoxiao yu ye xiaoxiao*, p. 177.
[313] Ye Guangqin, *Cai sangzi*, p. 127.
[314] *Ibid.*, p. 80-81 et 201.
[315] *Ibid.*, p. 269-271.
[316] *Ibid.*, p. 386.
[317] *Ibid.*, p. 435.

maoïste. L'expérience de Ye Guangqin donnera naissance à un roman publié en 2007, *Qingmu chuan* 青木川 [La Vallée d'aoki][318] dont l'histoire se déroule entre le début du siècle dernier et 1952. Le récit commence par la mort du personnage principal, Wei Futang, un personnage très complexe. Chef d'une bande de malfrats locaux, il pense néanmoins à l'intérêt des habitants dans son village. D'un côté, il favorise la culture de l'opium, d'un autre côté, il interdit aux gens de son pays d'en fumer. Il fait construire des routes et des ponts pour développer l'économie locale et, dans son souci d'apporter le confort de la modernité à ce bourg perdu dans la montagne, il y fait venir des pièces détachées de voitures, de téléphones et de réfrigérateurs. Il s'inspire de l'architecture occidentale pour construire les maisons et est séduit par les connaissances du monde moderne. L'illettré Wei Futang sait que le progrès commence par l'éducation. Alors il décide de construire un lycée selon des critères occidentaux. Les élèves du pays y sont accueillis gratuitement. Leur bienfaiteur fait appel à des enseignants de renom et l'apprentissage de l'anglais devient obligatoire. Il prend à sa charge les frais d'études du meilleur élève envoyé à l'université. Malheureusement, Wei Futang n'est pas membre du PCC, alors il finira par être exécuté pour cause de banditisme et d'anticommunisme. À la fin du roman, le petit-fils de Wei Futang gravera le nom de son grand-père sur une stèle en face du lycée où ce dernier a été fusillé. Inspiré d'un personnage réel, ce personnage atypique campé par Ye Guangqin ressemble beaucoup aux entrepreneurs chinois actuels qui inspirent la littérature de reportage dont Yu Hua avec *Brothers* 兄弟[319] et Zheng Yanying avec *Fu chen* 拂尘 [Balayer la poussière][320] sont les plus représentatifs. Le personnage de Ye Guangqing fait réfléchir sur l'histoire de la société chinoise et sur les conséquences de la modernisation. Ses ouvrages édifiants sont une manière d'apprendre aux lecteurs chinois d'en éviter les dérapages.

En quête de « l'anneau de Salomon »

Dans son roman *Feng ye xiaoxiao, yu ye xiaoxiao* [Vent soufflant avec la pluie], Ye Guangqin évoque le jour d'été où, enfant, elle jouait avec son père à chercher « Halamen », caché quelque part dans le paysage magnifique du parc impérial. Son père lui apprend que « Halamen » est une sorte de créature qui vit dans la nature, tantôt ici, tantôt ailleurs, tantôt visible, tantôt invisible,

[318] Ye Guangqin, *Qingmu chuan* 青木川 [La vallée d'aoki], Xi'an, Taibaiwenyi chubanshe, 2007.
[319] Yu Hua 余华, *Xiongdi* 兄弟 [Brothers], Shanghai, Wenyichubanshe, 2005. Trad. par Angel Pino et Isabelle Rabut (Actes Sud, 2008).
[320] Zheng Yanying 郑彦英, *Fu chen* 拂尘 [Balayer la poussière], Beijing, Renmin wenxue chubanshe, 2007.

mais dont on peut sentir la présence lorsque l'on est concentré. Ce n'est que bien des années plus tard, que, mûrie par les expériences douloureuses de l'existence, la narratrice saisit la finalité éducative de ce jeu. Son père, cet homme cultivé et plein de talents, désirait avant tout que sa fille apprenne à vivre en recherchant toujours la vérité, accessible à ceux qui sont sincères[321].

Quarante années après, elle n'a toujours pas rencontré « Halamen ». En revanche, en côtoyant tous les milieux, y compris les plus défavorisés, et en restant sensible à la souffrance de ceux qui luttent pour survivre, Ye Guangqin croit avoir trouvé l'anneau de Salomon[322]. Il lui permet enfin de communiquer avec les animaux[323]. Dans *King Solomon's Ring[324]*, l'écrivain et scientifique Lorenz Konrad, pour montrer les points communs entre l'homme et l'animal, emploie la métaphore de ce sceau royal qui, selon le mythe biblique, donnait à Salomon le pouvoir de commander aux démons, aux génies, et de parler avec les animaux. Un bon nombre des récits de Ye Guangqin a pour personnages principaux des animaux[325] mis en scène de manière innovante. En y traitant le thème des rapports entre l'environnement naturel et la société humaine, Ye Guangqin pose la question : où donc est la Nature[326] depuis que les hommes ont entrepris de la détruire ?

Les premiers animaux décrits dans la littérature chinoise sont les créatures imaginaires de la mythologie, comme dans le *Shanhaijing* 山海经 [Classique des monts et des mers], le *Mu tianzi zhuan* 穆天子传 [Chronique de l'empereur Mu] et quelques poèmes du *Shijing* 诗经 [Classique des vers]. Les hommes et les animaux mythiques y vivent en harmonie[327]. Les premiers se font aider par les seconds car les animaux sont dotés de forces et de pouvoirs supérieurs qu'ils transmettent volontiers aux hommes. Par exemple, l'un des fondateurs du taoïsme, Zhuangzi, se métamorphose en aigle à travers son imagination ou en papillon dans un rêve, parce que c'est possible, puisque l'Homme n'est qu'une partie de la Nature parmi d'autres espèces vivantes. Dans la période Wei-Jin du nord et du sud, où la pensée de Confucius cède du terrain au bouddhisme qui pénètre en Chine, et où la pensée se libère, la littérature crée des animaux fantastiques dont le plus représentatif est celui du roman fantastique, le *Soushen ji* 搜神记 [A la recherche des esprits] - recueil

---

[321] *Feng ye xiaoxio, yu ye xiaoxiao*, p. 448.

[322] Ye Guangqin, « Lao xiancheng » 老县城 [Vieux district], *Zhongguo zuojia*, 1/2003, p. 88.

[323] Ye Guangqin, *Dahu dafu*, p. 225.

[324] Voir la version française : *Il parlait avec les mammifères, les oiseaux et les poissons* (traduit de l'allemand), Paris, Flammarion, 1968.

[325] 大虎大福 [Grand tigre, grand bonheur], « 黑鱼千岁 » [Le poisson noir de mille ans], « 大雁细狗 » [Le grand aigle et le petit chien], « 长虫二颤 » [les tremblements du grand serpent], « 猴子村长 » [Le chef du village des singes].

[326] Ye Guangqin, *Wo benshi sandande ren* 我本是散淡的人 [Je suis une personne indifférente aux biens matériels], Beijing, Xiyuan chubanshe, p. 204.

[327] On trouve dans le *Classique des vers* (诗经 « 大雅.生民 » *Shijing*. Daya.shengmin) comment la vache, la chèvre et l'aigle aident le héros Houyi à survivre.

d'histoires étranges compilé par Gan Bao - jusqu'à ceux présentés dans le *Taiping guangji* 太平广记 [Grand recueil de l'ère de la Paix], le *Ren shi zhuan* 任氏传 [Biographie de la Dame Ren], et, plus tard, le *Xiyouji* 西游记 [Voyage vers l'ouest], le *Fengshen yanyi* 封神演义 [Investiture des Dieux] ou le *Liaozhai zhiyi* 聊斋志异 [Chroniques de l'étrange]. Sous l'influence de la pensée taoïste, les animaux sont anthropomorphisés : chacun devient le symbole d'un sentiment humain dans des ouvrages qui relèvent d'un genre très populaire.

En revanche, dans la pensée confucéenne dominante, les animaux sont réduits à être mangés ou bien ils représentent la sauvagerie et la cruauté, car la supériorité de l'homme ne fait aucun doute. Sous le règne de l'empereur Han Wudi, Dong Zhongshu[328] rétablit la vision de Confucius selon laquelle 天地之性人为贵 « Entre le ciel et la terre, l'Homme est le plus précieux ». Cette conscience a été renouvelée par Zhu Xi au XIIᵉ siècle. Il insiste sur l'impossibilité de mettre les animaux au même rang que les hommes[329]. La conscience sociale en Chine reproduit cette inégalité entre les humains et les animaux en pensant les rapports sociaux en termes confucéens de dominants/dominés, possédants/possédés. Le vocabulaire chinois désigne l'animal de manière très péjorative. Les opéras présentent les animaux, soit en tant que symbole de mort comme par exemple dans la légende, 梁山伯和祝英台 *Liangshanbo et Zhu Yingtai* qui se sont donné la mort, et dont les corps se sont métamorphosés en papillons pour représenter l'amour interdit et éternel ; soit en tant que symbole du malheur, comme dans l'opéra de la dynastie des Song, le *Baishe zhuan* 白蛇传 [Le Serpent blanc]. Ce reptile représente, en effet, selon la conception populaire, une malédiction[330]. Le roman *Yuewei caotang biji* 阅微草堂笔记 [Notes de la maison Yuewei] qui date de 1789 et traite le thème animal de manière favorable est une exception parmi les romans classiques.

Il faut attendre le XXᵉ siècle pour que cela change. Les études de Darwin et de Mendel ont modifié la conception traditionnelle de l'Humain ; de même la réification du vivant, l'extinction massive d'espèces ou les xénogreffes, jusqu'aux pandémies les plus actuelles ont exercé une influence notable sur la

---

[328] « Dong Zhongshu zhuan » 董仲舒传 [Biographie de Dong Zhongshu] » dans *Qian Han shu* 前汉书 [Histoire de la dynastie des Han antérieurs], t. 56, Beijing, Zhonghua shuju, 1962, p. 25.

[329] Zhu Xi 朱熹，*Sishu zhangjieju jizhu. Mengzi jizhu. Gaozi* 四书章句集注.孟子集注.告子 [Notes sur les quatre livres classiques : Notes sur Mengzi. Leçon pour les enfants], Shanghai, Guji chubanshe, 1987, p. 90.

[330] Ying Tang 唐英，« Cong dongwu xiaoshuo de xingqi kan woguo ertong wenxue de fazhan » 从动物小说的兴起看我国儿童文学的发展 [Regard sur le développement de la littérature pour enfants en Chine à partir de l'essor du roman animalier], *Journal de l'Université des minorités du sud-ouest*, Chengdu, 8/2003, vol. 24, p. 138.

nouvelle littérature chinoise. Les intellectuels chinois qui ont vécu un temps en Europe veillent tout particulièrement à tisser des liens entre le monde animal et celui des êtres humains.

En 1921, Xu Dishan publie la nouvelle « Mingming niao » 命命鸟 [L'oiseau du destin] et réintroduit une image positive de l'animal dans la littérature chinoise, avec ses jeunes gens qui se métamorphosent en oiseaux pour vivre un amour libre et éternel. Ailleurs, il donne encore une place de choix à la cigale[331].

En 1928, Xia Wenyun propose une définition de ce nouveau genre romanesque[332]. À sa suite, Lu Xun, Zhou Zuoren[333], Guo Moruo, Ye Shentao, Feng Zikai, Shen Congwen, Laoshe et Ba Jin font de l'animal le symbole du réveil des consciences, moteur du progrès de l'Humanité. Les grands peintres de la même époque, Qi Baishi, Xu Beihong restituent cette esthétique revalorisée des animaux chez les Chinois après le peintre Zhuda.

La propagande du PCC exclut à nouveau les animaux[334]. Mais, à partir de 1962, aux États-Unis, les romanciers ont l'habitude d'établir des parallélismes[335] entre le monde animal et la société humaine. Ce courant littéraire exercera une influence sur les auteurs chinois à partir des années 1980 jusqu'à nos jours.

Ainsi, au cours des années 1980, les animaux retrouvent leur place dans la littérature pour la jeunesse[336]. Il faut attendre les années 1990 pour que la thématique sur les relations entre le monde de la Nature et la société des hommes s'enrichisse et nourrisse des romans qui, à travers la personnification

---

[331] Voir Xu Dishan, « Chan » 蝉 [Cigale], *Kongshan lingyu* 空山灵雨 [La pluie sacrée dans la montagne vide], Tianjing, Jiayu chubanshe, 2007.

[332] Xia Wenyun 夏文运, « Yishi tonghua yanjiu » 艺术童话研究 [Étude sur l'art de la fable], *Zhonghua jiayujie,* Beijing, vol. 17, n°1, 1928.

[333] Zhou Zuoren 周作人 a publié trois articles à propos des fables destinées aux enfants qui mettent en scène des animaux. Il s'agit de « Tonghua lüe lun » 童话略论 [A propos des fables pour enfants], « Ertongwenxue xiaolun » 儿童文学小论 [Brève discussion à propos de la littérature pour enfants], « Waiguo zhi tonghua » 外国之童话 [Les fables étrangères pour enfants]. Voir Zhong Shuhe (dir.), *Zhou Zuoren wenleibian* 周作人文类编 [Anthologie des textes de Zhou Zuoren], Changsha, Hunan wenyi chubanshe, 1998, p. 680-681, et dans *Ertong shuju*, Beijing, 3/1932, p. 34-35.

[334] Voir Ba Jin, « Xiaogou baodi » 小狗胞弟 [Le petit chien Baodi], dans *Tansuo* 探索 [Recherches], Hong Kong, Sanlian shudian, 1981. Dans cette nouvelle, avec une tristesse profonde et tendresse, Ba Jin raconte comment il fut obligé de donner son petit chien Baodi, un animal de compagnie, au laboratoire de l'hôpital afin d'éviter d'être considéré comme un contre-révolutionnaire.

[335] Rachel Carson, *Silent Spring*, Boston, Houghton Mifflin, 1962 (rééd. Mariner Books, 2002). Traduction française: éd. Wildproject, 2009.

[336] Wang Quangen 王泉根, « Dongwu wenxue de jingshen dandang yu duowei jiangou » 动物文学的精神担当与多维建构 [L'esprit de la littérature animalière et autres réflexions], *Wenyibao,* Beijing, 05/08/2011, p. 1.

des animaux présentés, interrogent les comportements humains [337]. Du symbole dont ils étaient le vecteur, les animaux deviennent des êtres à part entière. Ce changement de perspective se calque sur les métamorphoses qui gagnent la Chine. D'un pays fermé sur lui-même où l'homme est le centre de tout, on passe à un peuple ouvert sur le monde et à la diversité qui prend en considération le destin des animaux[338].

Au terme d'un parcours singulier, ayant vécu un contact direct avec la Nature, Ye Guangqin défie la tradition chinoise avec sa conception moderne d'un environnement qu'il faut protéger. Si l'on considère son roman *Zhuyi xiong chumo* 注意熊出没 [Attention à la sortie de l'ours][339] comme une première approche des relations entre la Nature et la société humaine, le propos que l'écrivaine livre dans « Lao xiancheng » 老县城 [Le vieux district] alerte de manière officielle sur les dégâts écologiques provoqués par la croissance du pays. Le livre narre la vie d'un ours. Adopté quand il était petit, il est ensuite enfermé dans un zoo où il est maltraité, pour finir dans l'assiette d'un parvenu amateur de mets raffinés.

Le court roman *Dafu dahu* 大虎大福 [Grand tigre, grand bonheur] raconte l'assassinat du dernier tigre du Huanan. La peau du bel animal sauvage est mise en vente au prix fort pour le plaisir des humains. Avec beaucoup d'émotion et de tristesse, Ye Guangqin décrit le dernier regard du tigre qui va mourir. Dans *Dayan xigou* 大雁细狗 [Le grand aigle et le petit chien], en choisissant le point de vue de l'oiseau, elle montre également la cruauté des villageois dévorant la chair du grand aigle juste par vengeance. Les portraits des animaux dans ce texte ainsi que dans « Heiyu qiansui » 黑鱼千岁 [Le poisson noir de mille ans] et « Changshe erchan » 长虫二颤 [Les tremblements du grand serpent] mettent en relief la férocité des hommes envers les animaux.

Dans la nouvelle « Houzi cunzhang » 猴子村长 [Le chef du village des singes], la bru d'un chef de village incite son beau-père à organiser une chasse aux singes. Elle souhaite offrir la peau d'un spécimen au patron de son mari afin que celui-ci obtienne une promotion. En ne respectant pas la nature, l'homme manque de respect envers lui-même.

Selon notre romancière, les innovations technologiques améliorent les conditions de vie mais rendent les besoins de plus en plus sophistiqués, à tel

---

[337] Shi Guilin 史桂林, « Dongwu xiaoshuo: yige zhide guanzhu de leixing » 动物小说：一个值得关注的类型 [Le roman animalier: un type d'écriture intéressant], *Wenxue bao*, Beijing, 16/06/2005, p. 5.

[338] TangYing 唐英, « Cong dongwu xiaoshuo de xingqi kan woguo ertong wenxue de fazhan » 从动物小说的兴起看我国儿童文学的发展 [Regard sur le développement de la littérature pour enfants en Chine à partir de l'essor du roman animalier], *Journal de l'Université des minorités du sud-ouest*, Chengdu 8/2003, vol. 24, p. 126.

[339] Ye Guangqin, *Zhuyi xiong chumo*.

point que les Chinois en arrivent à détruire la vie sur terre et à se délecter d'une nourriture qui les avilit. Les animaux sont les victimes innocentes d'hommes devenus monstrueux[340].

La satire des hommes sert en contrepoint la beauté de la Nature et l'admiration dont sont dignes les animaux[341]. Dans « Houzi cunzhang » 猴子村长 [Le chef du village des singes], Ye Guangqin rapporte une anecdote véridique, celle d'une guenon poursuivie par deux chasseurs. Elle se sauve avec son petit accroché à son cou. Lorsqu'elle comprend qu'elle ne pourra pas échapper à la mort, elle dépose son petit près d'un arbre, tire son lait recueilli dans de larges feuilles. Puis se tenant face aux deux chasseurs, elle cache ses yeux de ses deux mains, et attend le coup fatal. Une telle réaction trouble les deux chasseurs, surpris par la dignité et l'amour maternel dont l'animal est capable. Alors non seulement ils renoncent à abattre cette courageuse maman-singe, mais ils cessent aussi leur activité meurtrière. Voilà une très belle leçon pour réveiller la conscience humaine. Le récit de Ye Guangqin porte un dessein pédagogique bien précis : respecter la vie sous toutes ses formes.

Les animaux comme l'ours dans *Gouxiong shujuan* 狗熊横泰 [L'ours Shujuan][342] et l'écureuil dans *Shangui muke* 山鬼木客 [Le monstre de la montagne] peuvent cohabiter de manière harmonieuse avec les hommes et sont une source naturelle de bonheur.

Le vrai progrès concerne celui de l'esprit. Ye Guangqin veut toucher les mentalités, voire les ébranler et appelle ses semblables à faire confiance aux animaux, à pactiser avec la nature pour mieux la comprendre[343].

Ye Guangqin erre entre la tradition et la modernité et parvient à faire se rejoindre dans ses œuvres les deux versants de la culture chinoise. La culture traditionnelle qui a baigné son enfance ne meurt pas en elle. L'écrivaine s'adapte au monde moderne avec sincérité mais aussi avec appréhension. Le compromis bénéfique entre le passé quelque peu figé et le présent en pleine transformation est sans doute trouvé dans l'hommage qu'elle rend au monde animal, un hommage unique sur la scène littéraire chinoise contemporaine mais qui apparaît ici comme le meilleur moyen de réconcilier les hommes avec eux-mêmes.

---

[340] Ye Guangqin, « Lao xiancheng », p. 97.

[341] Tang Kelong 唐克龙, « Lun dangdai wenxuezhong de dongwu xushi » 论当代文学中的动物叙事 [Étude sur les descriptions d'animaux dans la littérature contemporaine], *Journal de l'Institut Littéraire de l'Université de Nanjing*, 2005, p. 83.

[342] Ye Guangqin, *Jingfuge de yue* 景福阁的月 [Le temps dans la maison de Jingfu], Xi'an, Shaanxi lüyou chubanshe, 1998, p. 353-355.

[343] Ye Guangqin, « Lao xiancheng », p. 112.

Costas Taktsis, *Le troisième anneau* : d'une Grèce patriarcale à une Grèce matriarcale ?

Sophie COAVOUX

Costas Taktsis, poète et prosateur incontournable de la scène littéraire grecque moderne, fut aussi un marginal, homosexuel, travesti, prostitué, activiste, qui connut un destin comparable, à certains égards, à celui de Pier Paolo Pasolini. Son œuvre majeure, *Τοτρίτοστεφάνι, Le troisième anneau*[344], publiée d'abord à compte d'auteur, en 1962, demeure l'un des romans grecs les plus importants de la seconde moitié du XXᵉ siècle. Taktsis y décrit la Grèce du début du siècle jusqu'aux années 1950, dans un tableau impitoyable, en donnant la parole aux femmes de la classe moyenne. La narratrice, Nina, fait le récit de sa vie de femme au foyer à son ami Ekavi, qui se confie en retour, toutes deux ayant suivi des parcours qui oscillent entre la tragédie grecque et la tragi-comédie. Taktsis, qui prétendait avoir toujours « vu la vie avec les yeux des femmes » - et qui déclara un jour, en référence explicite au double Flaubert/Madame Bovary, « Nina, c'est moi » - porte un regard totalement neuf sur la société grecque traditionnelle, tant sur le plan sociologique que sur le plan littéraire. Mettant à mal le modèle traditionnel grec, patriarcal depuis l'Antiquité, il réinterroge les identités individuelles genrées et les rapports de pouvoir entre les sexes. Il faut souligner que ce questionnement sur le genre traverse en réalité son œuvre tout entière. Deux textes, *ΤαΡέστα* (*La petite*

---

[344] Costas Taktsis, *Le troisième anneau*, trad. du grec par Jacques Lacarrière, Paris, Gallimard, 1967. Tous les extraits du roman sont empruntés ici à la traduction de Jacques Lacarrière.

monnaie[345]), recueil de nouvelles publié dans la revue *Πάλι* en 1966[346], et *Τοφοβερόβήμα*[347] [Le terrible pas], récit autobiographique publié après sa mort, en 1989, constituent en effet la suite et le commentaire (et non le simple complément[348]) du *Troisième anneau*. Dans cette trilogie, Taktsis aborde ainsi la dialectique des rapports homme-femme, dans la sphère privée de la famille grecque de la classe moyenne en milieu urbain. Dans *Le troisième anneau*, la réalité est abordée au travers du regard des femmes, dans un univers à huis-clos presque exclusivement féminin, le foyer, sorte de gynécée de l'époque moderne. Le roman de Taktsis, qui offre une image terrifiante de la famille grecque, recèle nombre d'ambiguïtés, de paradoxes même, autour d'une conception en apparence duale : matriarcat / patriarcat, tradition / modernité, discours féministe / discours misogyne, écriture féminine / travestissement de l'écriture. On est donc en droit de se demander s'il s'agit là d'une simple fable, fondée sur une utopie négative[349], ou du reflet prétendument sociologique de la réalité grecque ?

Pour comprendre la singularité du regard que porte Taktsis sur la société grecque, il faut rappeler quelques données permettant d'éclairer le contexte socio-historique du roman. La première moitié du XXe siècle est une période de transformation profonde de la société hellénique. Dans un contexte d'urbanisation massive, qui coïncide avec l'émergence d'une classe moyenne urbaine, les mouvements féministes grecs ont fait leur apparition dès la fin du XIXe siècle, dans les classes moyennes des grandes villes. Les femmes militent alors pour leurs droits civiques, pour le droit à l'instruction (d'abord *via* l'accès aux études secondaires) et pour l'exercice d'un métier qualifié. À partir des années 1920, marquées par une forte mobilisation des mouvements féministes, les périodes de l'entre-deux guerres, de la Seconde Guerre mondiale et de la Guerre civile en particulier constituent une véritable rupture dans les rapports entre les hommes et les femmes. Les femmes grecques, notamment par leur participation à la Résistance, trouvent l'occasion de sortir du foyer mais, surtout, de se soustraire aux rôles traditionnels que leur assigne la société. Par la suite, le développement dans les années 1950 de l'industrie textile, qui recrute massivement des salariées femmes, jouera un rôle

---

[345] Costas Taktsis, *La petite monnaie*, trad. du grec par Michel Volkovitch, Paris, Gallimard, 1988. Tous les extraits de ce recueil cités ici sont empruntés à la traduction de Michel Volkovitch.

[346] Revue *Πάλι, ένα τετράδιο αναζητήτσεων*, 6 déc. 1966, p. 27-32

[347] Cet ouvrage n'a encore jamais été traduit en français. Costas Taktsis, *Τοφοβερόβήμα* [Le terrible pas], texte présenté et établi par Thanassis Th. Niarchos, Athènes, Exantas, 1989.

[348] Voir Préface de *La petite monnaie*, p. 12

[349] Constantin Bobas, « Espaces génériques et formes singulières de composition - thématiques utopiques dans la littérature néo-hellénique du XXe siècle », *Masculin / Féminin dans la langue, la littérature et l'art grecs modernes*, Actes du XXIe Colloque international des néo-hellénistes des universités francophones, Sophie Coavoux (éd.), Lyon, Publication de l'IETT, Presses de l'Université Jean Moulin - Lyon 3, 2011, p. 175.

déterminant dans l'émancipation de la femme grecque et dans la redéfinition du rapport traditionnel entre les sexes. Il faut cependant attendre 1952[350] pour que les femmes obtiennent le droit de vote et 1975 pour que l'égalité des sexes soit enfin inscrite dans la Constitution grecque. Ces évolutions, qui suivent l'effort de modernisation de l'État grec, permettent donc progressivement aux femmes de se rendre de plus en plus visibles dans des domaines qui, suivant la conception traditionnelle, leur étaient interdits. Malgré tout, du début du XXᵉ siècle jusqu'à nos jours, la société grecque reste encore marquée par un androcentrisme tenace, conséquence de la supériorité de fait du masculin sur le féminin, qui relève, selon l'anthropologue Françoise Héritier, de la construction sociale du genre. Selon les conceptions traditionnelles - méditerranéennes -, la société grecque du début du XXᵉ siècle répond, nous l'avons dit, à un modèle avant tout patriarcal. Ce constat doit pourtant être nuancé par la dichotomie public/privé puisque c'est essentiellement dans la sphère publique que s'exerce le mécanisme de domination masculine sur les femmes ; alors qu'en ce qui concerne la sphère privée, plus précisément le foyer, les anthropologues s'accordent pour évoquer une forme de matriarcat. Qu'on ne s'y trompe pas : ce rapport de pouvoir, « inversé » en apparence, n'est pourtant pas synonyme d'émancipation, de liberté ou encore d'équilibre. La femme, toute matriarche qu'elle soit, reste en effet exclusivement identifiée tant à la domesticité qu'à la maternité : mère et maîtresse de maison avant tout[351].

Dans la nouvelle « La première image », c'est précisément l'idée que semble développer Taktsis. En manière de préambule ou de postulat de départ à la réflexion sur *Le troisième anneau*, en voici un extrait, dans la traduction de Michel Volkovitch :

> « La Grèce n'a jamais été pour moi une patrie, mais une « matrie » : une Grèce d'avant les dieux de l'Olympe, un matriarcat barbare, primitif, plein d'ignorance noire, de magie noire, de mystérieux cultes aux serpents, et de sacrifices humains où l'on ne tuait que des hommes… Au centre de ce monde, source et aboutissement de toutes choses, bonnes ou mauvaises […], il y avait le sexe de la femme…[352] ».

---

[350] Sur l'histoire des femmes en Grèce, voir Efi Avdela, *Le genre entre classe et nation - Essais d'historiographie grecque*, Paris, Syllepse, 2006.

[351] Voir Efi Avdela, « Les *études de genre* en Grèce : ce champ qui n'en est pas un ? », Colloque du RING, Paris, octobre 2006 (http://www.univ-paris8.fr/RING/activites/rencontres.euro/avdela.grece.html), p. 9 : « Enfin, les études concernant la période bouleversante des années 1940 ont mis en évidence la participation significative des femmes aux confrontations politiques et militaires. En même temps, elles ont laissé apparaître que cette participation s'est faite sous condition d'un retour aux conceptualisations traditionnelles de la différence sexuelle et surtout à l'identification des femmes avec la maternité et la domesticité. Dans ce contexte, l'obtention des droits politiques aux débuts des années 1950 a été présentée comme une récompense offerte aux femmes pour l'accomplissement de leurs devoirs féminins ».

[352] Costas Taktsis, « La première image », dans *La petite monnaie*, p. 174.

En nuançant la portée généralisante de l'exemple de sa famille, le narrateur développe l'idée d'un patriarcat de façade.

« Officiellement, bien sûr, la société où je suis né était patriarcale. Mais ce n'était qu'une façade. Si les hommes avaient partout la préséance, ils étaient à l'image des souverains constitutionnels : de simples fantoches. […] J'avoue que ma famille n'était pas tout à fait typique. Mais s'il y avait des différences entre elle et les autres familles grecques, ce n'était sans doute qu'une question de degré[353] ».

En définitive, tout en feignant faire le jeu du patriarcat, ce sont les femmes qui détiennent le pouvoir.

« Les femmes laissaient les hommes jouer le rôle du maître. Mais toujours avec un sourire caché, ironique. Les instruments du pouvoir étaient entre leurs mains. Et il était d'autant plus fort, ce pouvoir, qu'il se déguisait en soumission aux hommes, qui pour elles ne cessaient jamais d'être des enfants - des enfants turbulents. […] les femmes sont au fond capables d'une plus grande férocité que les hommes […] dans les sociétés patriarcales elles acquièrent fatalement la psychologie de l'esclave, et il n'est pas de plus implacable tyran que l'esclave auquel on donne droit de vie et de mort sur d'autres esclaves[354] ».

D'abord décrites comme des esclaves, les femmes se muent en créatures dévoreuses d'hommes.

« […] les femmes restaient à la maison comme une araignée derrière sa toile, attendant la venue des mâles sans cervelle afin de les dévorer ; et leur plaisir n'était pas dû à la dévoration, mais à cette occasion qu'elles trouvaient de se mettre en noir et pleurer. […] ce cannibalisme devait nécessairement se sublimer, et la victime être maintenue en vie à tout prix en attendant l'androphagie rituelle[355] ».

Néanmoins, la réflexion sur cette mascarade de patriarcat définit les relations entre les sexes selon une géométrie chiasmique.

« Le résultat, c'est que ces relations prenaient un caractère sadomasochiste aigu, créant un cercle vicieux que seule la mort naturelle, définitive, pouvait briser. Et puisque les hommes étaient les vraies victimes - tout en étant les bourreaux par ailleurs, bien sûr - c'étaient les femmes qui se souciaient de prolonger la vie des hommes le plus longtemps possible et qui tremblaient, redoutant qu'il n'arrive malheur aux vivants et précieux supports de leur plaisir[356] ».

---

[353] *Ibid.* p. 175.
[354] *Id.*
[355] *Id.*
[356] *Id.*

La violence et la complexité des images employées ici - manifestement provocatrices, comme souvent chez Taktsis - soulèvent nombre de questions. D'un côté, l'image de la Pietà, de la Mater Dolorosa, accolée à celle de la femme dévoreuse d'hommes, mante religieuse, femme araignée cannibale ; de l'autre, des hommes tout à la fois victimes et bourreaux, pris dans une mécanique sadomasochiste, dans une dialectique de l'esclave et du tyran.

Est-ce ce même message qui se trouve véhiculé dans *Le troisième anneau* ? L'auteur, qui prétend se mettre dans la peau d'une femme, y défend-il un discours féministe ou y insère-t-il une idéologie misogyne larvée ? Prône-t-il la guerre des sexes ? Quelle relation entretient sa représentation avec la réalité grecque ?

L'univers féminin dépeint dans *Le troisième anneau* est perçu à travers le prisme subjectif du regard féminin, au fil des récits imbriqués des deux protagonistes, en qui l'on peut voir l'incarnation de deux archétypes complémentaires, sortes de doubles inversés : Nina et Ekavi.

Nina est l'exemple-type de la femme moderne, libérée, qui par sa soif d'indépendance se heurte sans cesse aux normes traditionnelles du comportement féminin. Elle se marie trois fois (c'est là le sens premier du titre du roman). Bien qu'ayant eu une fille de son premier mariage, elle se trouve aux antipodes de la figure maternelle traditionnelle puisqu'elle abhorre cet enfant non désiré, Maria, qu'elle appelle la « méduse », la « comtesse », le « monstre », « l'ingrate créature », et nourrit pour elle une haine d'une violence extrême qui apparaît dès l'*incipit* du roman :

« Non, non et non, je ne la supporte plus !... Quel fléau, mon Dieu, m'as-tu envoyé là ? Qu'ai-je fait pour mériter un pareil châtiment ? Jusqu'à quand vais-je l'avoir sur le dos ? Jusqu'à quand va-t-il falloir l'endurer, voir chaque jour sa figure et entendre sa voix, jusqu'à quand ? Ne se trouvera-t-il pas quelque imbécile pour l'épouser et me débarrasser de ce monstre que son père m'a sûrement légué pour se venger de moi ? Que la terre engloutisse tous ceux qui m'ont empêchée d'avorter[357] ! »

À la sortie du lycée, Nina avait à cœur de faire des études de Droit. D'abord encouragée par son père, homme lettré, progressiste, qu'elle décrit d'ailleurs comme « ayant des idées avancées » et qui « croyait en l'émancipation de la femme »[358], elle renonce finalement, face aux réticences de sa mère, qui ne souffre aucun écart par rapport à la tradition. Pour cette dernière, « la place des femmes [est] au foyer, avec pour seule vocation le mariage et l'éducation des enfants »[359]. Elle croit en outre que si sa fille étudiait le Droit, elle cesserait d'être une femme, considérant par ailleurs « le mariage comme le moins

---

[357] *Le troisième anneau*, p. 13.
[358] *Ibid.* p. 50.
[359] *Ibid.* p. 51.

pénible des travaux »[360]. Ailleurs, elle dit à sa fille : « Si tu comptes devenir une suffragette, […] autant quitter la maison dès à présent »[361]. Nina se plie donc à son destin de femme au foyer et doit renoncer à l'indépendance que lui aurait conférée un travail[362]. La seule possibilité qui s'offre à elle est par conséquent le mariage, qu'elle envisage comme une simple transaction, qui n'a rien à voir avec l'amour ou la quête du bonheur. Ainsi, par exemple, son deuxième mariage est un mariage de raison. Pour remédier à ses problèmes d'argent, elle épouse Antonis, de vingt ans son aîné, qui présente le triple avantage, selon elle, d'être riche, vieux et cardiaque. Elle incarne le modèle d'une femme en transition, en rupture avec le rôle assigné à son sexe, mais qui ne parvient pas à se soustraire au poids des conventions sociales. Si elle n'a finalement pas beaucoup d'estime pour les hommes, qu'elle considère comme « d'étranges créatures qui ne nous ressemblent en rien, à nous les femmes »[363], c'est surtout avec les femmes qu'elle entretient des relations conflictuelles. Sa mère d'abord, sa fille ensuite, puis toutes les femmes de son entourage, bigotes, frustrées, prostrées, qui lui reprochent sans cesse ses accès d'indépendance. Seule fait exception son amie Ekavi.

Ekavi représente la Grèce traditionnelle[364]. Comme son nom l'indique, elle est en quelque sorte une Hécube moderne. À l'instar de la figure mythologique et tragique, elle est d'abord une mère et incarne, plus particulièrement, le symbole de la douleur maternelle (la Mater Dolorosa). Contrairement à Nina, elle défend une conception traditionnelle de la femme. Elle croit « fermement en l'indissolubilité du mariage (« surtout quand il y a des enfants ») »[365]. Son mari - son unique mari -, qu'elle aimait et qu'elle considérait « comme son dieu »[366], l'abandonne. Profitant de son hospitalisation pour un cancer de la matrice[367], il entame une procédure de divorce pour abandon du domicile conjugal et se remarie avec la cousine de sa femme ! Malgré tout, Ekavi, mère possessive, ne se départit jamais de son dévouement, de son abnégation même, pour ses enfants avec qui elle entretient des relations passionnelles. Fondamentalement, elle est convaincue de la supériorité de l'homme sur la femme, puisque, selon elle, « il a ce qu'il lui faut entre les jambes et quoi qu'il fasse, personne n'a à lui donner de leçon ». Si elle pense que « les hommes manquent de bon sens », c'est parce qu'ils sont, dit-elle, « comme des enfants ». Leurs erreurs, même les plus graves, sont de ce fait imputables à la fatalité. En tant que femme donc, mais aussi en tant que mère et grand-mère,

---

[360] *Id.*
[361] *Id.*
[362] *Ibid.* p. 44.
[363] *Ibid.* p. 66.
[364] « Tu es comme la Grèce : folle, mais avec un cœur d'or », *ibid.* p. 188.
[365] *Ibid.* p. 110.
[366] *Ibid.* p. 83.
[367] *Ibid.* p. 94.

sa préférence va toujours aux hommes. Elle déteste sa fille Hélène, qui refuse son rôle d'épouse et de mère, et ne comprend pas sa soif de liberté : « Libre ! Qu'est-ce que cela veut dire, pauvre imbécile, être libre ? Où te mènera cette liberté ? »[368], « Que vas-tu devenir sans ton protecteur ? »[369]. À contrario, elle se sacrifie pour son fils, un voyou, jouisseur invétéré, amant des hommes comme des femmes, totalement dévoyé, et ferme les yeux devant toutes ses frasques : il commet des larcins, fait de la prison, se prostitue même au Mont Athos[370]. Elle élève également son petit-fils qu'elle berce en lui chantant des chansons qui exaspèrent sa fille (« J'ai un fils et la joie de devenir un jour belle-mère, j'ai une fille et le chagrin de n'avoir pas de dot pour elle »[371]). Elle délaisse par contre sa petite-fille qu'elle trouve laide.

À première vue, Nina et Ekavi se situent donc aux antipodes l'une de l'autre sur tous les plans (maternité, vie conjugale, vision des hommes, croyances). Il n'en demeure pas moins que l'aspect parfois caricatural de leurs personnalités respectives comporte des ambiguïtés. Aux côtés de ces deux figures emblématiques complexes, Taktsis campe également une multitude d'autres personnages féminins, offrant ainsi un kaléidoscope de catégories intermédiaires si l'on peut dire : Hélène, la fille rebelle d'Ekavi, qui rejette son enfant, Phrosso, « Circé » moderne et marâtre, voleuse d'homme, Maria, fille de Nina, vierge et vieille fille, Polyxène qui se sacrifie pour sa famille, sainte Euphémia, avatar chrétien de l'oracle de Delphes… Ces personnages archétypaux entretiennent des relations compliquées, échos de mythes primordiaux, de tabous et de tout ce que la famille recèle de noirceur : complexe d'Œdipe et inceste, infanticide, jalousie, dépendance, conflit et frustration. Cependant, les frontières entre les différents archétypes sont quelquefois ténues, même entre les figures inversées de Nina et Ekavi. Si les caractères dépeints semblent de prime abord confiner à la caricature, ou répondre à des clichés, une analyse plus fine permet d'écarter tout manichéisme dans la vision de Taktsis. Cet effet se trouve accentué par la technique narrative mise en œuvre par l'auteur. Les récits des deux femmes se trouvent en effet littéralement enchevêtrés, procédant d'une sorte de brouillage énonciatif, qui mélange à l'envi style direct, style indirect libre et monologue intérieur, et tend à égarer ainsi le lecteur entre la subjectivité des deux femmes. Par exemple, l'image dépréciative de la fille et de la petite-fille, récurrente dans le roman, trouve un contrepoint dans la sympathie qu'éprouve Nina pour Hélène, la fille d'Ekavi : « C'est inouï [se dit-elle]. Est-il possible que cette femme sympathique et agréable soit le monstre que sa mère m'a si souvent décrit ? »[372]. Finalement, tout est brouillé dans le roman :

---

[368] *Ibid.* p. 130.
[369] *Ibid.* p. 129.
[370] *Ibid.* p. 117.
[371] *Ibid.* p. 136.
[372] *Ibid.* p. 357.

objectivité/subjectivité, tragédie/comédie, réalité/fiction. Par ailleurs, sa structure même est à cet égard porteuse de sens : *Le troisième anneau* ne répond pas à une architecture construite et cohérente, mais se présente plutôt comme un flot ininterrompu de paroles. Certains critiques ont cru voir chez Taktsis l'héritier de la tradition littéraire néo-hellénique de l'étude de mœurs, en grec « ηθογραφία », qui s'inscrit dans le mouvement folkloriste, de 1880 à la Seconde Guerre mondiale. Pourtant, avec *Le troisième anneau*, il est bien loin du roman folkloriste, dans lequel l'étude de mœurs, dont le sujet de prédilection est par ailleurs la société paysanne[373], se caractérise par une intrigue simple, par une vocation documentaire et ne se départit jamais d'un côté moral. La réalité dépeinte y passe donc nécessairement par le prisme déformant des préjugés et des présupposés des auteurs. Chez Taktsis, l'intrigue est, nous l'avons souligné, particulièrement alambiquée, faite de péripéties multiples et parfois invraisemblables, les éléments réalistes sont noyés dans la subjectivité des personnages, que ne régit aucun regard omniscient. La réalité que saisit Taktsis est donc avant tout individuelle, psychologique, plurielle et subjective : elle comporte autant de failles que de contradictions. Si l'auteur s'inspire de stéréotypes, présents dans la réalité grecque, c'est pour mieux les subvertir. Loin des conventions du réalisme, il campe un univers cruel où tous les êtres, jouets du destin, se heurtent les uns aux autres et sont tour à tour victimes et bourreaux. Le roman semble n'avoir d'autre but que de montrer les tensions et les conflits de la famille et de la société grecques et le chaos engendré par le poids des conventions sociales. D'ailleurs l'auteur ne propose aucune alternative, ni aucun dénouement. Il récuse simplement une conception binaire du monde, qui englobe au premier chef, la différenciation des sexes. Derrière l'ambiguïté initiale qui caractérise l'image de la femme, il y a aussi un refus de la dualité homme-femme. Refus que Taktsis met en œuvre également par le biais de l'écriture. Christopher Robinson évoque au sujet du *Troisième anneau* la notion de « travestisme littéraire » - notion qui rejoint, sur le plan biographique, le travestisme de l'auteur. Selon lui, le roman met en scène un débat sur la représentation littéraire des stéréotypes sur le genre, derrière l'apparence réaliste de ces stéréotypes[374]. Ce refus d'une conception antithétique des hommes et des femmes apparaît très explicitement dans la nouvelle « La première image » :

« [...] si au début j'ai vu en femme la vie et les hommes, je n'ai jamais cessé d'être un homme, bien sûr. Femme, je me réjouissais des défaites masculines. Homme,

---

[373] Henri Tonnet, *Histoire du roman grec des origines à 1960*, Paris, L'Harmattan, 1996, p. 121.
[374] Christopher Robinson, « Gender, Sexuality and Narration in Kostas Tachtsis: a Reading of *Ta resta* », *Kambos*, n°5, 1997. Voir aussi, du même auteur : « Social, Sexual and Textual Transgression : Kostas Tachtsis and Michel Tremblay, a Comparison », dans *Greek Modernism and Beyond*, Dimitris Tziovas (éd.), Lanham: Maryland, Rowman and Littlefield, 1997, p. 205-214.

j'éprouvais pour eux un mépris qui devait plus tard se changer en pitié [...] cette situation a provoqué en moi une dichotomie aux effets funestes, inévitables en pareil cas[375] ».

Néanmoins, l'élément féminin et l'élément masculin se trouvent inextricablement associés dans une relation d'interdépendance.

« Très tôt, deux forces contraires ont lutté en moi, qui tendaient à s'équilibrer - ou se neutraliser -, se déterminant ainsi l'une l'autre. Plus l'élément féminin greffé sur moi se développait, en effet, plus le côté masculin devait se développer aussi. Et comme ce côté masculin, de par ma nature, était très fort en moi, ma féminisation n'en était que plus profonde. En fin de compte, aucun des deux rivaux ne l'a emporté. Cette guerre en moi fut comme celles du Péloponnèse : le seul perdant - le seul gagnant peut-être - ce fut moi[376] ».

L'idéologie de Taktsis et l'esthétique qui en découle semblent donc répondre à un maître-mot : l'hybridation. Hybridation de l'écriture (sur le plan linguistique, énonciatif et sur le plan du genre littéraire), hybridation de la modernité et de la tradition, hybridation du réel et de la fiction, hybridation politique (droite/gauche, qui apparaît en toile de fond également dans le roman) et surtout hybridation du genre. Chez Taktsis, dans son vécu comme dans ses écrits, la remise en question du système de bicatégorisation du genre coïncide avec l'affirmation de l'ambiguïté identitaire fondamentale. Avec *Le troisième anneau*, Taktsis, ni misogyne ni féministe, développe avant l'heure une critique *queer*, en cherchant à rompre avec les normes majoritaires, et invite à se libérer des contraintes du genre, en d'autres termes, pour reprendre l'expression de Judith Butler, à « déconstruire le genre »[377]. Le roman, fondé sur l'hybridation portée par le truchement du couple Taktsis - Nina, formule ainsi la possibilité d'une libération, une échappatoire à la binarité des normes de genre. Suivant cette analyse, le titre du roman, *Le troisième anneau* (en grec *La troisième couronne*, référence au rite du mariage orthodoxe grec) peut être compris dans un sens métaphorique, comme le refus de la bipolarisation du genre et le refus de l'opposition homme/femme.

---

[375] « La première image », *op. cit.*, p. 177-178.
[376] *Ibid.*, p. 178.
[377] Judith Butler, *Trouble dans le genre : pour un féminisme de la subversion*, trad. Cynthia Kraus, Paris, La Découverte, 2005.

Cui Zi'en (1958-) : Ivresse de la confusion du genre, entre art et réel

Corrado NERI

Dans le cadre d'une interrogation sur la « réflexion individuelle et collective sur l'identité » et sur « le regard porté par les femmes et les hommes sur la/les tradition/s au cours du XXe siècle », on se concentrera ici sur la figure de Cui Zi'en 崔子恩, écrivain / cinéaste / essayiste qui, *via* sa pratique artistique ainsi que son activisme politique, contribue à complexifier le discours public chinois tantôt sur la définition du genre sexuel (et ses corollaires relatifs aux inclinaisons sexuelles), tantôt sur la classification des genres artistiques. Ces deux attitudes - brouiller les genres représentationnels pour susciter un doute sur la relativité des genres sexuels - vont ensemble et, dans les manifestations plus heureuses de son art, arrivent à se confondre pour créer un texte défiant la tradition, tout en s'inscrivant dans le cadre d'une réflexion parodique sur l'imaginaire classique chinois. On évoque ici la tradition artistique (théâtre, cinéma, roman) et ses échelles de valeurs (à mettre en discussion dans une redéfinition constante), et la tradition historique de division des rôles sociaux, et donc du pouvoir (de « agency ») attribué aux genres « masculin » et « féminin ».

Le personnage de Cui Zi'en représente déjà à lui tout seul une entité insaisissable : il est artiste, écrivain et cinéaste ; il est activiste et documentariste ; professeur et essayiste ; il est homme et femme.

Cui est écrivain et cinéaste : ses textes sont ouvertement gay - notamment donc liés à des thématiques homosexuelles, engagées et politiques. Il ne travaille pas seulement sur le brouillage des définitions homme/femme, mais également sur le mélange des genres littéraires, à savoir en écrivant des textes de science-fiction, genre peu souvent associé aux mouvements qui prônent les droits des communautés gay. Ses films, également, mélangent les genres et ne sont pas aisément classifiables : ils jonglent entre film de fiction, docu-drama, docu-fiction, film-essai, documentaire ct film expérimental[378].

Il est professeur et essayiste, donc passeur de culture : son activité de pédagogue et de défenseur de *queer theory*, ainsi que son rôle de co-organisateur de manifestations liées à la revendication de droits pour les « minorités » sexuelles est une partie consubstantielle de son œuvre.

Pour finir, il se présente comme un mélange de virilité et féminité, homme/femme - on verra dans quelle mesure et dans quelle acception « politique ».

Cui Zi'en brouille donc explicitement les frontières des genres. Premièrement (et de façon peut-être la plus attendue) dans la confusion ou le mélange des genres féminin/masculin. Cui est ouvertement homosexuel, s'amuse à brouiller les pistes vis-à-vis de son identité sexuelle, de ses désirs et de sa psychologie. Mais en plus, et nous aborderons cela dans la deuxième partie de cet article, les genres que Cui s'amuse à mélanger sont également poétiques ou cinématographiques : à savoir, fiction et documentaire, réalisme et onirisme, confession et fantastique. Cette deuxième approche est particulièrement intéressante et originale, et va vraisemblablement perdurer dans l'histoire de la représentation chinoise, plus qu'un trouble, tout compte fait pas très original, concernant l'identité sexuelle. La valeur du questionnement sur la définition identitaire des genres sexuels réside plus dans le caractère inédit dans la culture chinoise, et dans ses revendications engagées, dans sa nécessité politique et sociale, que dans un accomplissement artistique/esthétique.

La confusion des genres (sexuels)

Dans son travail culturel (à la fois de création et de passation), Cui est activiste - très critique vis-à-vis des entraves sociales et culturelles qui demandent une classification normative des genres et des comportements liés aux genres, norme perçue comme artificielle et idéologique. Cui est en même temps un auteur qui travaille sans cesse sur la tradition et qui utilise cette

---

[378] Filmographie partielle : *Enter the Clowns* (丑角登场 Chǒujué dēngchǎng, 2002); *The Old Testament* (旧约 Jiùyuē, 2002); *Feeding Boys, Ayaya* (哎呀呀, 去哺乳 Āiyāya qùbǔrǔ, 2003); *Keep Cool and Don't Blush* (脸不变色心不跳 Liǎn bù biàn sè xīn bù tiào, 2003); *Night Scene* (夜景 Yèjǐng, 2003); *An Interior View of Death* (死亡的内景 Sǐwáng de nèijǐng, 2004); *The Narrow Path* (雾语 Wùyǔ, 2004); *Shitou and That Nana* (石头和那个娜娜 Shítou hé nàge nuónuó); *Star Appeal* (星星相吸惜 Xīngxing xiāng xī xī, 2004); *My Fair Son* (我如花似玉的儿子 Wǒ rúhuāsìyù de érzi, 2005); *WC* (呼呼哈嘿 Hūhū hēihēi, 2005); *Withered in a Blooming Season* (少年花草黄 Shàonián huācǎo huáng, 2005); *Refrain* (副歌 Fùgē, 2006); *Queer China, 'Comrade' China* (志同志 Zhì tóngzhì, 2008).

tradition pour donner des sens nouveaux à des représentations contemporaines qui demandent à être vues, lues, discutées.

Cui a fait son coming-out au cours d'une émission télévisée en 2000 - geste courageux et inédit dans le contexte chinois. Il a été professeur à l'Université de Pékin, où il a longtemps travaillé pour pouvoir passer des films classiques mais méconnus en Chine. Films classiques à la fois de l'histoire du cinéma, et en particulier références de la culture gay : Visconti, Fassbinder, Pasolini. En 2001, il a organisé, dans les locaux de l'Université, le premier festival de cinéma gay en Chine, qui a été immédiatement interrompu par les autorités. À noter que ces films étaient et sont tous visibles en Chine (*via* le téléchargement illégal, *via* le marché des DVD pirates etc.). L'importance de l'événement résidait dans le geste provocateur d'afficher la liste et la thématique qui les lient. L'urgence pour Cui était justement d'organiser une projection publique, visible, « out », non pas de se limiter à permettre à ses étudiants de profiter en cours ou « sous le manteau » de films à forte matrice identitaire. D'ailleurs, toujours dans son rôle de passeur, il admet sans problèmes qu'il n'est pas le premier à avoir tourné un « film queer » en Chine, mais que c'est bien son élève, Zhang Yuan 张元 avec *East Palace, West Palace* (*Donggong xigong* 东宫西宫) en 1995.

Pour revenir à l'activité principale de Cui, que lui-même définit comme une activité d'activiste[379], quelle stratégie utilise-t-il dans sa propre production artistique ? On l'a vu, premièrement, dans une incessante mise en question des catégories masculin/féminin. Il utilise, détourne, travaille, redessine ses personnages dans des déclinaisons *crossgender*/transgenre/*crossborders*. Et cela, en faisant appel premièrement à des formes liées à une culture gay transnationale - voir notamment le milieu gigolo de *Night Scene* (musique pop, paillettes et maquillage, gestes efféminés, talons aiguilles etc.) ; et, ensuite, en utilisant des formes de brouillage des genres issues de la tradition chinoise. Cette dernière est présente dans l'œuvre de Cui avec des images dérivées de l'Opéra de Pékin, en jouant notamment sur l'obsession culturelle pour la figure du *dan* 旦, le rôle féminin interprété par un acteur masculin, dont le représentant le plus célèbre reste Mei Lanfang 梅蘭芳 (1894-1961). À propos de la tradition, Cui dit:

« This country was also one of the most prominent ones in the world to reject its own traditional culture to embrace Westernization since its founding in 1949 (…) I thought hard and long and finally found a reason for their fear, which is that homosexuality has a global agenda, a globalized presence, which they find threatening…[380] ».

---

[379] Cui, Zi'en, «The Communist International of Queer Film» in *positions: east asia cultures critique,* 18, 2 (Fall 2010), p. 417-23.
[380] *Ibid.* p. 419.

159

Au cinéma, la référence est bien sûr *Adieu ma concubine* (*Bàwáng biéjī* 霸王別姬, Chen Kaige 陈凯歌, 1993), mais il s'agit désormais d'un topos - ou cliché: le déjà mentionné *East Palace, West Palace* joue également sur l'idée que des formes de représentation de travestisme et crossgender étaient jadis acceptées en Chine, voire même partie intégrante de sa tradition esthétique/théâtrale, complètement assumée par le public et la société. Ces stratégies sont, au début du XXe siècle, contraintes à se cacher à cause d'une honte injustifiée vis-à-vis de la « modernité » imposée par la rencontre avec l'Occident. Pour subvertir la répression, pour réclamer une identité propre et valable, pour dire et soutenir la *différence*, les auteurs des années 1990 racontent et brodent autour des images oh combien traditionnelles de l'acteur éphèbe, de la castration symbolique, de la transformation homme-femme, femme qui, pour citer la célèbre Agrado de *Tout sur ma mère* (*Todo Sobre mi madre*, Almodovar, 1999), est la plus authentique quand elle arrive à coller à l'image qu'elle a d'elle-même, même au prix d'interventions chirurgicales coûteuses.

La version que Cui utilise de la tradition semble plus proche de la vision de la représentation de la femme que des académiciens tels que Song Geng ou Song Hwee Lim ont définie dans leurs écrits, dans une acception plus politique. Song Geng met l'accent sur des figures tel que Qu Yuan, qui se représente comme femme non pas pour troubler ou mettre en doute sa sexualité au sens moderne, mais plutôt pour utiliser la femme comme allégorie de ce qui est réprimé, sans voix, sans pouvoir - donc, l'intellectuel qui n'arrive pas à se faire entendre par le pouvoir et qui est relégué en marge de la société, l'intellectuel qui ne peut pas accomplir ses potentialités de conseiller confucéen d'état[381]. Si on songe à Cui intellectuel, professeur à l'Université de Pékin, on peut y voir une référence pertinente à la description de son statut, un intellectuel qui a des choses à dire mais qui se trouve dans l'impossibilité de les défendre.

Song Hwee-Lim souligne également de quelle façon le travestisme dans une relation homosexuelle a été utilisé en tant qu'allégorie du rapport entre l'artiste intellectuel et l'État :

« [...] I would argue that the expression of homosexual desire *via* the transgender practice is not necessarily a result of identification with the feminine. Rather, the process may have been the reverse: it is because of its institutionalization and legitimatization in both Chinese theatrical tradition and sociocultural mores that this particular form of homosexual expression has been made possible in the first place[382] ».

---

[381] Song Geng, *The Fragile Scholar. Power and Masculinity in Chinese Culture*, Hong Kong, Hong Kong University Press, 2004.

[382] Song Hwee Lim, *Celluloid Comrades. Representations of Male Homosexuality in Contemporary Chinese Cinema*, Honolulu, University of Hawai'i Press, 2006, p. 69-72.

Song poursuit en démontrant qu'au cinéma la représentation des topos de la féminité comme transformation - ou, alchimiquement, conversion d'un élément en un autre - est un modèle de reconfiguration des relations de pouvoir *via* une résistance - *via* - l'obéissance :

« I argue that the trope of femininity can provide a model for the reconfiguration of power relations in terms of both gender and sexuality, as well as in the sociopolitical realms through its dynamics of resistance-*via*-obedience[383] ».

Cette déclinaison du travestisme comme geste politique de résistance me paraît pertinente par rapport au roman de Cui Zi'en *Táosè zuǐchún* 桃色嘴唇 [Lèvres pêche], 2003. Ici, Cui brode sur la non-différenciation des genres en décrivant un jeune homme dont le physique ne correspond pas au modèle imposé par la société : nonobstant tous ses efforts (se faire pousser une barbe timide, se soumettre à de durs exercices pour se muscler, s'habiller selon les codes « virils »…), il n'arrivera jamais à correspondre au modèle hétéro dominant. Les pistes se brouillent : ici, Cui raconte l'histoire d'un personnage dont le corps ne correspond pas à l'image qu'il voudrait donner de lui-même - mais qui correspond par contre à des tensions de sa nature intime. Cela dit, il ne s'agit nullement de définir ce qui est « féminin » et ce qui est « masculin » : le drame surgit du fait que le regard des autres et de la société contraint le narrateur à adhérer à des modèles préconstitués :

« dépité, j'ai sorti l'écharpe roulée en boule et m'en suis ceint la tête devant le miroir. J'en suis resté bouche bée. Avec cette ossature fine, la peau lisse et blanche, ces beaux yeux, ces sourcils bien dessinés, ces lèvres rouges, ces dents blanches et ce front bombé, c'était bien une petite demoiselle à l'humeur chagrine qui me regardait. Jamais je n'aurais cru qu'un foulard pût métamorphoser à ce point. Est-ce que si je déchirais le carré et brisais la psyché je deviendrais un garçon normal ? […] J'étais dans une impasse mais j'allais ouvrir la route, semée de ronces, qui mène à la virilité[384] ».

Et quelques pages plus tard :

« Si je ne l'avais pas supplié, jamais il n'aurait accepté de me prescrire quoi que ce soit : faire une piqûre à un bien-portant le rendait malheureux. Etait-ce si grave d'avoir une physionomie androgyne ? Tant qu'on est sûr de son sexe ! Ce qu'il disait m'a remué. Est-ce que tu ne t'es pas toujours considéré comme une fille ? À force de penser comme si tu en étais une, tu as peut-être été physiquement affecté[385] ».

---

[383] *Ibid.* p. 17.
[384] Cui Zi'en, *Lèvres pêche*, Paris, Gallimard, 2010 (trad. Sylvie Gentil), p. 86-87.
[385] *Ibid.* p. 90.

Cette hantise - et défense en même temps - de la figure androgyne revient dans la séquence d'ouverture de *Enter the Clowns* où Cui lui-même ouvre le film en jouant le rôle de la « mère », sur son lit de mort. Il/Elle, lourdement maquillée, parle à son « fils », mais le père est devenu une mère, qui regrette de ne pas avoir pu allaiter son enfant, et demande à son « fils » de lui donner son « lait » - avec un twist digne d'un suspense hollywoodien. Comme l'auteur va le confirmer lui-même dans plusieurs interviews, on remarquera ici une profonde influence de l'imaginaire catholique dans la représentation de l'obsession iconoclaste de l'inceste, dans la surdétermination de la figure maternelle, sainte et vierge, dans une esthétique kitch qui remémore avec fierté la nécessité (à une époque) de se cacher et de vivre loin de l'officialité (ce qui renvoie aussi explicitement à l'homosexualité). Cui définit Dieu comme un écrivain qui serait encore en train d'écrire l'univers - qui est donc perfectible. Vertige de l'autoréférentialité - Cui étant écrivain, on y verra forcement un autoportrait à la fois satirique (l'imperfection dans la création) et très hautain (créateur comme être divin). L'idée de Dieu comme écrivain va ressurgir dans notre discussion sur l'œuvre SF de Cui : ici, on soulignera simplement que cet être tout-puissant permet de voir l'humanité de l'extérieur, d'une distance astrale non pas bienveillante mais qui relativise les catégories humaines, entre hommes et femmes, hétéro et homosexualité. Ce qui nous ramène à la deuxième acception du concept de « genre », à savoir le jeu sur le genre littéraire.

La confusion des genres (artistiques)

Cette confusion, amalgame, maelström qui devient sens, nouvelle définition, nouvelle tradition basée sur la réévaluation, où la réécriture d'une tradition maintes fois bafouée ou utilisée pour toute sorte de relectures et opérations politiques, est active surtout et principalement et, à mon sens, de façon plus parlante, dans l'œuvre situationniste et post-moderne de Cui. Le réalisateur filme des pseudo-documentaires, genre cinématographique qui devient lui aussi indéfini, à la frontière des « natures » différentes, de classifications artificielles et mouvantes. Le documentaire est un genre particulièrement en vogue pendant les années 1990, marqué par une caméra digitale très mobile, qui assume la nécessité politique de révéler ce que le pouvoir cache sous la propagande officielle. S'il est évident que la « réalité » sur l'écran ne peut qu'être maquillée, il faut rappeler l'existence d'un livre-manifeste titré *Ma caméra ne ment pas*[386]. Si on peut sourire d'une certaine naïveté (on sait que tout dépend de qui cadre, de comment on cadre, de la structure idéologique qui reste invisible mais qui est bien présente

---

[386] Cheng Qingsong 程青松 et Huang Ou 黄鸥, *Wo de sheyingji bu sahuang* 我的摄影机不撒谎 [*My camera doesn't lie*], Beijing, Sanlian shudian, 2004.

inconsciemment), il faut rappeler l'urgence, pour les cinéastes de l'après Tian'anmen, de s'opposer tantôt à la représentation officielle et idéologique, tantôt aux images « auto-orientalistes », stylisées et consensuelles de la grande majorité du cinéma commercial chinois. Cui travaille ces notions de « documents » et « fiction » dans *Night Scene*. Le film assume dans un premier temps la forme d'un documentaire, où l'on interviewe les gigolos de Pékin et des activistes pour les droits de la communauté gay. Mais le réalisateur brouille consciemment les pistes, en laissant le spectateur sans repères. D'un côté, les personnalités interviewées ne sont jamais nommées - pas de cartons explicatifs qui nous indiquent leurs rôles dans les associations etc. À moins de disposer d'une connaissance très précise du milieu associatif, médiatique et universitaire pékinois, le spectateur est dans le noir.

Ensuite, le réalisateur se met en scène lui-même en train de draguer dans un parc. Or, cette dernière séquence révèle la nature construite et fictive de l'emprise, et jette un doute légitime sur toutes les interviews « réelles » que le public a pu voir jusqu'à ce moment. Si l'esthétique relève de la caméra cachée, du cinéma vérité, voici que, en se plaçant devant la caméra, Cui casse définitivement l'illusion d'un documentaire pour faire basculer le film entre l'expérimental et l'essai. Le spectateur ne sait plus qui est un « vrai » gigolo et qui un acteur. S'agit-il de narcissisme ? D'un clin d'œil hitchcockien ? De se déjouer de toutes contraintes et des attentes (d'ailleurs les contradictions sont multiples : le film s'appelle *Night Scene* et est presque entièrement tourné le jour, se veut documentaire et n'arrête pas de se mettre en scène comme produit de fiction...)[387]. Cette attitude grotesque peut effectivement déranger, comme le souligne Zhang Jie : le film est *rated* très pauvrement dans le classement de Netflix, comme d'autre part la totalité de la production de Cui, presque entièrement disponible en VOD sur le site ci-après mentionné : il s'agit de films assez « mauvais » dans un sens classique[388]. Mal édités, mal joués, ennuyeux, idéologiquement certes importants mais sans véritables enjeux esthétiques... décevants pour un public qui attend des scènes érotiques explicites, mais également pour un spectateur désireux d'un récit ou un dénouement... Zhang « justifie » Cui en mettant cette déception au centre de la réflexion du réalisateur et en faisant de la frustration le résultat recherché par Cui. La stratégie du réalisateur serait donc de systématiquement déjouer les attentes des spectateurs pour se positionner dans une marginalité programmatique, une distance consciente par rapport à toutes formes de pouvoir, règles, discours préétablis. On l'a vu dans les citations littéraires, Cui est un auteur extrêmement cultivé et à son aise dans la création poétique et

---

[387] Voir Paola Voci, « Blowup Beijing: The City as a Twilight Zone », dans Chris Berry, Xinyu Lu and Lisa Rofel, *The New Chinese Documentary Film Movement*, Hong Kong, Hong Kong University Press, 2010. Voci décrit *Night Scene* comme un « hybridized docu-drama with the flavor of a film essay », p. 106.

[388] Zhang Jie, « Cui Zien's *Night Scene* and China's Visual Queer Discourse », *Modern Chinese Literature and Culture*, vol. 24, n° 1 (Spring 2012), p. 88-111.

dramatique sous forme de confession/journal intime de grande élégance et sophistication ; le choix de filmer *mal*, de produire des films que l'on ne peut pas classer, qu'on regarde avec concentration et fatigue et qui déjouent systématiquement toute attente, pourrait être une stratégie politique de fragmentation de la (méta)narration, de polyphonie vocale, de parodie qui, comme conclut Zhang Jie, seraient tactiques dans le cadre d'une performance qui nécessite d'être mise en contexte. Non pas, donc, un discours politique univoque, mais le show de la construction *in fieri* de l'identité queer en Chine. Ni documentaire ni fiction, ni essai ni pamphlet - ni acteur ni témoins, ni homme ni femme - le film, comme son auteur, glisse entre les frontières des genres et, s'il ne laisse aucune émotion esthétique, aboutit à poser des questions et solliciter l'éveil du spectateur vis-à-vis des questions épineuses et parallèles, à savoir la définition des genres représentationnels et des genres sexuels. Si un « genre » (documentaire) peut se fondre et se confondre avec un autre (fiction), la définition stricte de genre sexuel - qui implique un ordre moral, social et politique - peut et doit être mise en discussion. Et l'auteur peut et doit se confondre avec ses « sujets » et son « public »[389].

Bien sûr, rien de nouveau dans une perspective globale. Mais, manifestes de radicalité politique, ces genres d'opérations sont encore importants/nécessaires en Chine : il faut poser un doute systématique sur les représentations (les documentaires engagés et par ricochet les autres formes de reportages « officiels »), brouiller les pistes des genres pour créer une confusion salutaire et éroder la consistance normative des classifications et des catégories (sexuelles, cinématographiques…), confondre les spectateurs pour les laisser imaginer de nouveaux sens et combinaisons (encore une fois, sexuelles, mais également sociales, représentationnelles, politiques…).

La science-fiction

Apparemment, rien de plus distant comme genre littéraire et cinématographique que le reportage (documentaire) et la science-fiction. Et pourtant, Cui Zi'en pratique allègrement les deux sans postuler une échelle de valeurs, sans considérer l'une comme plus importante / représentative / puissante que l'autre. Dans un entretien, Cui décrit Dieu créateur comme un

---

[389] Zhang Yingjing, « My Camera doesn't lie? Truth, Subjectivity, and Audience in Chinese Independent Film and Video » dans Paul G. Pickowicz and Yingjin Zhang, *From Underground to Independent: Alternative Film Culture in Contemporary China*, London, Rowman & Littlefield Publishers, 2006. Zhang écrit: «understandably, independent directors position themselves differently towards the audience. In an idealistic way, Cui Zi'en thus speculates on «the first audience» (…): in a society where audience has been worshipped as «god», his resistance against binary opposition has motivated him to place the author in the audience's position - an author cannot but watch his or her own work in the audience's place », p. 34.

écrivain - qui aurait donc une vision lointaine / distante / impartiale de l'humanité[390]. Sans être aucunement le premier ou le seul auteur de SF en Chine, il en est l'un des plus originaux : il écrit une série de nouvelles de SF qui mettent en perspective - à la manière d'un Arthur Clark - la notion même d'humanité, et par conséquent, de ses goûts, de ses pratiques sexuelles, de sa division en classe, genre, âge. La rencontre entre terriens et extraterrestres advient dans la curiosité réciproque de découvrir us et coutumes différents qui, si dans un premier temps étonnent pour leur diversité, dans un deuxième temps mettent en question les valeurs et catégories propres erronément défendues comme irréfutables et éternelles[391]. Notamment, la division en genres est souvent moquée par l'auteur comme une convention dont les extraterrestres se sont débarrassés depuis longtemps. En ce qui concerne la production cinématographie, *Star Appel* (*Xingxing xiang xi xi* 星星相吸惜, 2004) se veut le premier film chinois SF/gay. Il raconte l'histoire (si on veut y trouver une histoire à tout prix ; il s'agit d'un prétexte pour parler de choses qui lui tiennent à cœur ; plutôt donc, encore une fois, un essai/docu-fiction/expérimental/hybride) d'un extraterrestre qui débarque sur terre, nu. ET, qui « ressemble » à s'y méprendre à un jeune homme chinois, se trouve sur une route de montagne et est « adopté » par un couple échangiste. L'homme et la femme enseignent à l'alien - qui montre une curiosité sans faille - ce qu'est « embrasser », « câliner », ce qu'est une pénétration, un orgasme et ainsi de suite. L'insouciance, le manque de substrat émotionnel, la qualité presque « documentaire » ou clinique du film, en font un pamphlet pour le libre amour, contre toute discrimination mais également une sorte de cri soixante-huitard contre toutes barrières, entraves (qu'elles soient psychologiques ou politiques) à la recherche d'un épanouissement sentimental et sexuel.

D'un point de vue formel, en raison de contraintes budgétaires (on est dans le cadre d'un cinéma indépendant, sans circuit distributif, autoréférentiel, à vocation de diffusion gratuite dans des salles de classe et des festivals, un ovni expérimental et engagé), on est loin d'un produit de SF *mainstream* avec maquillage, effets spéciaux ou description d'un futur visionnaire. Cui pratique un cinéma sans genre, ou transgenre, allergique à toute classification et à toute réduction. Ses films sont sales, brouillons, mal interprétés, et, j'oserais dire, n'ont aucun intérêt d'un point de vue esthétique. Mais ce n'est pas là que l'on cherche l'intérêt et l'importance de cette œuvre.

Cui travaille - et est arrivé à obtenir une certaine reconnaissance nationale et internationale - sans cesse dans la redéfinition, ou la réinvention, des genres - artistiques, représentationnels - ainsi que sur la définition identitaire

---

[390] Wang Qi, «The Ruin Is Already a New Outcome: An Interview with Cui Zi'en », *positions: east asia cultures critique,* 12, 1 (Spring 2004), p. 181-94.

[391] Cui Zi'en, *Cui Zi'en Wenxue zuo pinji* 崔子恩文学作品集 [Œuvres littéraires de Cui Zi'en], Beijing, Taose Xenwue xilie, 2008.

personnelle (la sienne et celle de ses personnages) en travaillant et redessinant les images, les corps, les définitions. Son œuvre ne semble pas révolutionnaire dans un contexte global : toute proportion gardée, on a déjà eu des apothéoses du péché (Genet), de la laideur (Fassbinder) ou du crime (Pasolini). Dans le contexte chinois, il contribue néanmoins à rendre opaques les styles et les frontières entre hommes et femmes, mères et pères, parents et enfants, public et artistes, et à confondre les définitions et les échelles de valeurs des genres artistiques : documentaires et fiction, SF et réalisme, expérimental et télévisé, indépendant (caractère brouillon de ses films, anti-commercial) et *mainstream* (esthétique télévisé, public ciblé, bon marketing de soi-même). Si cette indifférenciation programmatique peut vite tourner sur elle-même, et en tout cas être plus intéressante dans sa forme écrite, plus maîtrisée et élevée, que dans une production cinématographique pléthorique, souvent répétitive une fois le message assimilé, Cui offre néanmoins une contribution majeure à la redéfinition des genres (sexuels et cinématographiques) ou, pour être plus précis, à la prise de conscience de leur mobilité, de leur relativité et de leur fluidité. Par conséquent, il contribue également à ouvrir la voie à des formes inédites et progressistes. Peut-être que, si dans *Star Appel,* il n'y a vraiment ni science ni fiction, la véritable science-fiction serait justement l'utopie d'une indifférenciation des genres et rôles et la possibilité de pouvoir l'exprimer et la vivre librement.

Refashion Zola's department store trans(re)lating fracture in Zola, Foucault and Deleuze

Stéphanie Shu-ling TSAI

This article addresses the question of how technology of textile industry is weaved into the technique of gender fabrication in capitalist Second Empire. The problematic resides especially in questioning how *thauma*[392] expresses the intensity of life force by way of resistance against any *formation* of engendered subjects. Based on the reading of Zola's novel *Au bonheur des dames*, we are particularly interested in seeking how fashion as commodity and objectified *thauma*, is re-figured in the novel along with the emerging social form of a modern woman[393]. By so doing, we will also look into the

---

[392] I am referring to the definition by Jean-Francois Balaude « [...] plus largement, [le *thauma*] qualifie des objets artificiels étonnants ou des phénomènes naturels extraordinaires, le *thauma* premier, fondamental, proviendra de ce qui est, et qui, considère avec la plus grande attention, provoque l'admiration. » *Le Savoir-vivre philosophique, Empedocle, Socrate, Platon*, Grasset & Fasquelle, 2010, p. 29.

[393] Significant studies have been conducted concerning the relationship between textile technology and gender formation. I would like to mention from a cross-disciplinary perspective, the important work of Francesca Bray on Chinese gynotechnics. Following the French *Annales* school of history (The preeminent example cited is Fernand Braudel, *Civilisation matérielle, économie et capitalisme*) and French ethno-anthropological tradition grew out of Durkheim (Pierre Lemonnier and Marcel Mauss, for example) F. Bray shows in her book *Technology and Gender* (1997) a consistent concern with exploring how material production and material culture are related to social and symbolic dimensions of meaning. That is, the study of technique is always linked to linguistic and to symbolic practice. Moreover, according to F. Bray, technologies in terms of systems can only be examined in specific social contexts. By definition, technologies produce people: « the makers are shaped by the making, and the users shaped by

place of consumption configured by the department store, and see how closely the notion of « milieu » is intertwined with *thauma*. The point to be made is that the novel for Zola in terms of perception-filtering screen provides a fictional space to put into front the movement of Life.

How is life force subjected to be a « modern woman » in the French Second Empire? The *form* of life in terms of finitude in the 19th century, according to Foucault, is defined by the triple roots of Life, Work and Language, which constitute the plan of consistence conditioning the modality of existence of the time. The regime of visibility (the non-discursive) and the system of discursive coding circumscribe on one side the form of a « milieu » (such as the factory or the department store, all the people and political, economic activities relating to it), and on the other, the form of expression of abstract notion or concept such as « elegance » or « fashionable » as the « valuable ». According to Deleuze, after *Surveiller et Punir*, in Foucault's work more emphasis is invested in the emerging image of « milieux » in terms of « organized material or space » (p. 57). It is the interaction of the two in fact heterogonous regimes - the discursive and the non-discursive formations of the content (la chose) that fabricate the (wo)man-form of a given époque according to Foucault. That is, any singularity of life in terms of form defined by Life, Work and Language should be envisaged as a process of mutation, incessantly confronting the borderline of fracture within any codifying system of visibility and statement.

The problematic resides then in the disjunction between the two regimes, or stratification. That is, any fashionable (wo)man-form figured by the conjunction of the two regimes posits itself only as a system of restrained economy embedded upon a general economy at a much larger scale that exceeds the subjective capacity of knowing and doing. Any (wo)man-form established in terms of identity runs the internal risk of collapse against the limit of the stratifications which opens up the passage to confront the *thauma* embedded in every existence. We can say that the identity of any (wo)man-form can be altered from the inside out, since the figuration of the identity (no matter how « modern » it can be) always implies an element of estrangement (excess or fracture) within itself[394].

---

the using. » (p. 16) In the process of « translating between material practices and forms of subjectivity in specific contexts » as F. Bray characterizes her approach, the problematic remains in the following question: how exactly is the material translated into the symbolic in a given context? While historians, anthropologists and socialists are pursuing the « facts » constructed based on corpus of sources, we question how literature claim its « responsibility » in the process of trans(re)lating material into symbolic by way of « fracture » ? And how does « fracture » as borderline of resistance respond to the question of historical subjectivation?

[394] It is important to point out that the visible according to Foucault cannot be confused with the visual elements but implies rather the value of « notable visibility » (p. 59).

Zola's *Au Bonheur des Dames* (1884) as the 11th volume in the Rougon-Maquart series provides a different perspective from the general impression that we have of Zola, usually figured as the writer engage speaking mainly in favor of the proletariat[395]. If we read more carefully his theory of reading and writing about the novel (*Le Roman expérimental,* 1880), it is rather surprising for us to find out that his naturalist approach stresses much more upon the way of capturing the « sense of the real » (le sens du réel) than giving a piece of the reality *as is*. To write, is to question the way of sensing, seeing and speaking; to engage in the pursuit of truth for Zola means primarily to register in the movement of « translation » in terms of capturing the intensity of the « sense of the real », tearing up and crossing out of the preexisting spatio-temporal co-adaptation of material condition and the literary or cultural convention. To write, simply, is to confront the molded contour of a codified modality of perception and signifying. An actual representation of an objectively fixed Reality is simply impossible, it would thus be a simple reduction to read Zola's *Au Bonheur des Dames* as an exact representation of what had « really » happened as the first department store (Le Bon Marché) inaugurated in Paris in 1852.

Literature as a form of engagement, for Zola, would be a movement incessantly striking for new expressions of life. Novel in terms of a « scientific » enquiry into the rapport between « lives » and « milieux » will take a stand in between analysis of the impact of technology on material condition on one hand, and the correlating cultural codifying system on the other. Novel in terms of literary space opens up thus the « mi-lieu » which permits the differencing screening of the conjunction/disjunction of/and between the two systems. Taking Bon Marché and Louvre of his time as models of investigation and observation, Zola's depiction of the historical and social transition at the time of Baudelaire can be approached as a mode of translating « modernity » in terms of a constant movement of modulation in between material conditions and symbolic structures. By putting into question the adequacy of account given by system of either side, Zola's naturalist approach to the dichotomy of Nature and Culture blurs the dividing line by taking up a non-position in inflexion, by inquiring into the change of filters of perception and expression. The reality, as a sense of the real, is best rendered in variation of inflectional forms, while the Figure of life is always already involved in the involving (re)configurations of Expression.

The process of subjectivation as Foucault and Deleuze elaborate it can thus be brought into play in echo with Zola's formulation of figures of emerging subjects of modernity. While Foucault posits the visible as the regime of

---

[395] Pieter Borghart, « Sailing under false colors, naturalism revisited », Symposium (winter 2007). The « reductive definition » is also translated into the reception of Zola in Chinese by Mao Dun, for example.

resistance in regard to the discursive reduction of what is to be said about what comes into light, Zola questions not only the ways of saying, but also the modes of perception. The forms or identities of the characters in the novel are not to be simply analyzed in terms of fixation, but rather, as « nature » or « intensity » in modulation. The heroine of *Au Bonheur des Dames*, Denise, embodies not only a provincial girl coming to Paris striking for a new life, but moreover the « life force » which constantly engages itself in the process of self-cancellation and self-(re) fabrication. She demonstrates an esthetic existence that is produced by the discursive and the non-discursive stratifications of the time, and yet, resisting at the same time all controls of the codifying systems. By constantly repositioning herself to the others, Denise creates her various forms as a modern woman by way of trans(re)lating herself in regard to the limit of her life force.

From the fabrics to the identity

At the beginning of the novel, as soon as Denise steps out of the train station with her little brothers, her eyes are immediately caught by the spectacle of the department store. The shock that Denise experiences disconnects for the moment her sense of the reality. Paris is just waking up to the daily 8 o'clock in the morning, while the employers of the department store start preparing for the opening hour. An empty store without customers already fascinates the girl who used to work in the old magasin de nouveauté back in her provincial hometown, « ce magasin rencontré brusquement, cette maison énorme pour elle, lui gonflait le coeur, la retenait, émue, intéressée, oublieuse du reste. » (Zola, 1883, p. 30) Denise, intensively affected by the giant building in front of her, is rendered speechless. The change of scale and the spatial organization of the architecture astound the country girl, a new figure of women fascinates her even more: « Deux figures allégoriques, deux femmes riantes, la gorge nue et renversée, déroulaient l'enseigne: Au Bonheur des Dames. » (*ibid.*) When she sees a sales girl dressing in silk polishing her nails behind the counter, and another one defolding piles of velvet coats, Denise is so overwhelmed by all the movements of persons and mesmerizing display of merchandises to the point that she completely forgot about the purpose of her trip - looking for shelter at uncle Baudu's house, the old boutique of Le Viel Elbeuf.

The first three pages of the novel open to a modern era of human condition fashioned by exotic goods and fabrics, larger than life figures and fascinating arrangements of decors. Zola enumerates almost every item displayed in the department store. Through Denise eyes, the readers are exposed at the same time to an exotic land with things never seen before, and on top of that, with cheap affordable fixed prices! In the newly inaugurated establishment of spectacle exhibition, the eyes of Denise sweep across the floor like the

170

traveling of a camera, turning the optical focalization into an impersonal movement, multiplying a poetic of accumulation and enumeration. Detaching from her « self », Denise is literally transformed into a body-machine which functions according to the intensity and the temperature of the affecting force. Zola compared Denise to a machine in describing her shock experience, a state out of herself, being simply a body-machine affected by other body-machines. Her emotion is agitated by the display of fabric products of all kinds in terms of intensifying force affecting her sensation and perception.

« Et les étoffes vivaient, dans cette passion du trottoir: les dentelles avaient un frisson, retombaient et cachaient les profondeurs du magasin, d'un air troublant de mystère; les pièces de drap elles-mêmes, épaisses et carrées, respiraient, soufflaient une haleine tentatrice; tandis que les paletots se cambraient davantage sur les mannequins qui prenaient une âme, et que le grand manteau de velours se gonflait, souple et tiède, comme sur des épaules de chair, avec les battements de la gorge et le frémissement des reins ». (p. 60)

The force from the inside conjuring up with the folding of the outside redefines the « humain nature» of a modern society. The force which affects all body-machines - organic as well as inorganic deforms the old and reforms the new in terms of variation of intensity. As consequence, the unknown nature in her cries out for a new social identity - a sales person. The ondulation of the life force affected by the abundant fabric products in the house detached the subject Denise from her present state of being, pushes the limit of her speech and perception towards the creation of another mode of existence. Denise is captured here in her becoming of « la femme salariée » (the woman employee) as an emerging (wo)man-form of a new social class molded by the new technology and technique of fashion industry.

Fabrication of the fashionable body

While adopting the new identity as a worker in the department store, Denise is again subjected to a new norm; which regulates and determines the assessment of the house. As the department store develops and expands into a factory of fashion, under the reign of Mouret, the house runs more and more like a Power Machine regulating new modes of production, spatial organization and working conditions. Mouret becomes the lawmaker in the house, who tries every means to manipulate the production and the consumption of a society established based on the visibility and the statement of a newly fabricated concept of « bonheur » tied up with « nouveauté ». A new mode of gender classification is weaved into the new mechanism of retailing regulating the sexuality by way of objectifying (rendering visible and articulable, and thus consumable) the « desirable body » as well as the objects of desire.

Zola has stressed in the novel the effect of the commodity in terms of spectacle, and shows how the display of merchandises, not only in the window showcase but also on the runway carried out by the mannequins, entices the desire of consumption by promoting to the customers the objectification of « the true image of the self ». The department store viewed as disciplinary institution regulates not only the working condition, but most importantly a new mode of imagining the Self by way of « exhibition ». The fabrication of the human body closely related to the rise of the western individualism can only be made possible in the condition that a body is « viewed » as the image of the self to be defined by visibility and statement,[396] which reinforces the gender classification of woman and man as distinctive categories. The concept of « beautiful » and « desirable » defines itself from then on by modes of visibility and statement within a strictly codified stratum. From this angle, the department store not only devours small boutiques by special organization, mode of production and consumption, but also by way of a new technique of life control.

Among many other examples, let us examine the case of Madame Marty:

« On la connaissait pour sa rage de dépense, sans force devant la tentation, d'une honnêteté stricte, incapable de céder à un amant, mais tout de suite lâche et la chair vaincue, devant le moindre bout de chiffon. Fille d'un petit employé, elle ruinait aujourd'hui son mari, professeur de cinquième au lycée Bonaparte, qui devait doubler ses six mille francs d'appointements en courant le cachet, pour suffire au budget sans cesse croissant du ménage. Et elle n'ouvrait pas son sac, elle le serrait sur ses genoux, parlait de sa fille Valentine, âgée de quatorze ans, une de ses coquetteries les plus chères, car elle l'habillait comme elle, de toutes les nouveautés de la mode, dont elle subissait l'irrésistible séduction ». (p. 95)

While the newly established norm of doing fashion is imposed on every consumer, the technique of « sexual inhibition » explains the regulation of life force far more interestingly than the exhibition of fashionable body. The « madness » of Madame Marty in the novel illustrates just how the silent cry of

---

[396] According to Le Breton, the invention of the body is basically constructed upon the premise that the body is, on one hand, the « support de l'individu, frontière de son rapport au monde » and on the other, the « machine » attributed to the « self » (Le Breton, p. 47). The figuration of the body in modern era (as it is demonstrated, for example, by Chaplin in *Les Temps modernes*) seems to repeat the mechanical metaphore of a « horloge composée de roues et de contrepoids » (p. 98). The body is thus always subjected to a normative regulation executed by various modern institutions. The model of panoptican can be easily applied to the invention of the department store, which established a new mode of business along with a new esthetic norm of « beautiful » body in terms of body « à la mode ».

the life force is translated by the unsatiable desire of consumption[397]. By bringing into light the visibility and the articulation of the material space of consumption in its transformation, the art of Zola penetrates more into the invisible fracture or the silence inside the singularity subjected to the subjectivation.

The sexual inhibition occulted by way of fashionable visibility is enhanced even more by means of the technology of reproduction, such as the photography, the press, mainly newspaper and advertisement, which open a new era of imaginary regulating the norm of « seeing the true self ». With the wide spread circulation of the advertisements and catalogues, the technique of life control by promoting the « image of the self » is effectively developed with the modernization of Paris taking lead at the same time as the « capital of fashion » in the world under the reign of the empire configured in the novel by the department store of Mouret:

« La grande puissance était surtout la publicité. Mouret en arrivait à dépenser par an trois cent mille francs de catalogues, d'annonces et d'affiches. Pour sa mise en vente des nouveautés d'été, il avait lancé deux cent mille catalogues, dont cinquante mille à l'étranger, traduits dans toutes les langues. Maintenant, il les faisait illustrer de gravures, il les accompagnait même d'échantillons, collés sur les feuilles. C'était un débordement d'étalages, le Bonheur des Dames sautait aux yeux du monde entier, envahissait les murailles, les journaux, jusqu'aux rideaux des théâtres ». (p. 282)

The department store opens here a new era of globalization and expands its influence along with the Empire's presence in the world[398].

---

[397] In the chapter entitle « The Erotics of the Department Store » of her book, Hannah Thompson points out that the gender assignations are actually dissolved within the structure of an apparent patriarchal edifice of the shop. The department store becomes the site of illicit eroticism, while being described as the wonderland and the space of seduction. Not only moments of desire are crystallized in the figure of the female shoplifter (or shopholic as Madame Marty), the presence of a female-centered desiring economy also destabilizes the expectation of rigid gender binaries and sexual norms. Thompson goes further to argue that « Mouret's fascination with female garments reveals his secret desire to be a woman ». In the light of Freudian interpretation of narcissism, Denise's fascination with female clothing can be read as symptomatic of a hidden female homosexuality, quoting Freud « the attitude of a person who treats his own body in the same way in which the body of a sexual object is ordinarily treated. » Hannah Thompson, *Naturalism redressed, identity and clothing in the novels of Emile Zola*, (Oxford, 2004), p. 75-76.

[398] For the interest of the Second Empire, the individualism by way of imitation helps to better regulate the conducts of the bourgeois as well as that of the proletariats, subjected all to the same norm of « bonheur » closely related to «shopping». To boost the retailing, the Empress Eugenie often posits herself as the super model surrounded by a group of dames d'honneur to demonstrate the « figure» of fashion (fig. 1). With an Englishman, Worth, the empress literally turns the court of the Empire into a factory of fashion, producing multiple but unified Self image, enhanced by technology of reproduction. The « figure » actually repeats itself only as « figuratives » of doxa.

If we start by thinking of the department store as a power apparatus which fashions the bourgeois subjectivity of the Second Empire, *Au Bonheur des Dames* would be better approached in terms of Zola's translation of the « becoming condition » of new social historical strata. Zola's own idea about the formation of the novel leads us to read the department store emerging as the power machine, just like the State itself « as the overall effect or result of a series of interacting wheels or structures which are located at a completely different level » (Deleuze, p. 25). It is important to note that the department store is not depicted as figuration of an immobile power structure, but rather, as a plan of consistence, which composes and decomposes itself as **expressions of life forces**. From the configuration of a « bazaar » connoting exotic flair, to that of a disciplinary factory regulating modes of production (goods as well as paroles and conducts); from a dead city of epidemic during the dead season, to a community of conviviality, the department store as the « object » of the « textuality » is rendered into a « floating body » or « fluid material » which folds-unfolds-refolds in the weaving of expressions. The department store as the body of « *inflectional system* » is to be captured as « the bearer of identity and difference » and the question to be asked amid the process of modulation will be as followed: in Zola's naturalist approach, if the organic as well as the inorganic are all to be viewed in terms of « material body » how to conceptualize the notion of « resistance »? The trans(re)lation of the « Self » in regard to the norm, or to the fracture as the limit (in transit) of the Same?

Modulation of the regulating norm

Zola captures the rise of the department store in the reign of the Second Empire in its movement of « becoming condition ». In the transition of the business forms, power and knowledge take shape along with the expansion of the department store, the formation of subject is redefined within the shifting social strata. Nevertheless, as a writer « engagé », Zola does not protest against the power form, but questions the forming condition of the power and the limit of its function by double registering images of « bazaar » and « disciplinary institution » of the department store. And the possible resistance of the life force molded in between systems is translated by way of its movement towards the fracture of the self-estrangement.

In chapter XIV of the novel *Au Bonheur des Dames*, Zola intensifies the contrast between two worlds: the decline of the old commercial mode configured by the little boutique of Le Vieil Elbeuf, and the inauguration of the department store which revolutionizes the mode of production and way of life. On the Street of Dix-Décembre, the all new department store is a visual phenomenon, along with the new boulevard and the modern buildings, which put into light flux of cars and crowd:

« La rue du Dix-Décembre, toute neuve, avec ses maisons d'une blancheur de craie et les derniers échafaudages des quelques bâtisses attardées, s'allongeait sous un limpide soleil de février; un flot de voitures passait, d'un large train de conquête, au milieu de cette trouée de lumière qui coupait l'ombre humide du vieux quartier Saint-Roch; et entre la rue de la Michodière et la rue de Choiseul, il y avait une émeute, l'écrasement d'une foule chauffée par un mois de réclame, les yeux en l'air, bayant devant la façade monumentale du Bonheur des Dames, dont l'inauguration avait lieu ce lundi-là, à l'occasion de la grande exposition de blanc ». (p. 466)

The department store establishes itself as a new site of cult and religion, it is a « palace » and a « temple » which rises to the madness of spending for fashion; while le Vieil Elbeuf is quickly swept into the dark corner of the history:

« fermé, muré ainsi qu'une tombe, derrière les volets qu'on n'enlevait plus; peu à peu, les roués de fiacres les éclaboussaient, des affiches les noyaient, les collaient ensemble, flot montant de la publicité, qui semblait la dernière pelletée de terre jetée sur le vieux commerce; et au milieu de cette devanture morte, salie des crachats de la rue, bariolée des guenilles du vacarme parisien, s'étalait, comme un drapeau planté sur un empire conquis, une immense affiche jaune, toute fraiche, annonçant en lettres de deux pieds la grande mise en vente du Bonheur des Dames ». (p. 450)

It is interesting to note how Zola translates into literary form the « becoming condition » of power by rendering visible and articulable the force of the emerging crowd in the rein of the Second Empire. The transition from small boutique of magasins de nouveauté to grand magasin took shape as « riot » (une émeute) caused by a crowd enticed by the advertisements of big sale. The riot, however, rather than marking a decisive rupture, is captured by Zola in its full movement deforming the preexisted model of expression, as the life force re-emerges in form of a formless chaos - the mobility of « un flot de voitures » and « une foule chauffée » deforms the immobility of « une tombe fermée, murée ». The transition as deforming process blurs the visible contour of the boutique, and warms up the intensified force of the multitude crying out for new expressions.

To investigate the historical moment of the norm changing, Zola juxtaposes not only two different forms of the fashion business but intensifies the process of modulation occurred **right within** the very structure of the fashion institution and its subjects. How does the mutation of the material condition such as the modern technology reshape the structure of the experience? How do human relationships reconnect themselves and yield to a new frame of working and living? The modernization of the city, the construction of the railroads, the architectures of the department store, the textile industries, the financing system and the symbolic sign systems are all taken into picture in Zola's trans-relation to the sense of the real. But more importantly, Zola investigates, by way of literary forms, the modulation of figures which puts into question the adequacy of both material explanation and symbolic account in shaping forms and meanings of the movement of life.

The point to be made is that by way of deforming, Zola reveals the fracture within the system through which we get a glance of the moment when everything was again depicted as chaotic matters: piles of fabrics as raw materials, individual in terms of singularity. The State-form or the Factory-form can be actually viewed as virtual connections and relations between life forces temporarily codified and territorialized. Nevertheless, the process of deforming cannot by all means be reduced to a one time for all dislocation, as Alain Milon points out. That is, instead of stressing upon the displacement, the deterritorailisation, or dislocation, more emphasis should be placed upon the tension endured by the « body » between borders. It always involves an eternal return to actually modify the inflectional structure of territoriality-deterritoriality-reterritorialy. Since the body is territoriality in terms of a space of resistance in its full movement of becoming, according to Milon, the « amas du corps » in its tension of being « viande » should be envisaged as a figure, and not conventionally codified « figurative ». It is rather the material of this figure which « se met en tension dans ses différents devenirs » (Milon, p. 45). In the full tension of the mutation, every individual is somehow rendered « free » in its becoming « animal » or « amas de viande ». As the fracture marks the border of the impossibility, no singular life force can be depicted as a forever fixed « figurative ». It is the body in tension that opens the way to the contact of the Figure of Life.

Trans(re)lating the fracture

The experience of the *thauma* is thus essential in our approach to translate - or trans(re)late the fracture. The fracture marks the instance when the pre-existing agencement of the visibility and the articulable is disconnected, and that the in-between space of excess is « crying » out of the existing mold. It is the moment of norm shifting prior to the emergence of new expressions. Fracture is the « becoming condition » of a condition codifying filters of perceptions. Fracture, as the limit, marks the point of resistance to any pre-formulated rules or conventional expressions.

While the notion of an « individual » is fashion out from a singularity, the entire mechanism of the making of the body takes place at the same time - it marks also the transition from the craft of the « sur-mesure » to the mass production of the « prêt-à-porter ». Denise works herself through the shock at the beginning of the novel and ends up becoming the chef de la confection, directing the entire department of ready to wear. It is also the moment, along with its expansion and development, when the department store quickly gets rid of its image of a grand bazaar covered by exotic fabrics and *deforms* itself into a modern factory of fashion[399]. We will see how Denise as singularity weaves herself into subjectivity - a process of subjectivation - by way of adopting different strategic positions « innumerable points of confrontation, focuses of instability, each of which has its own risks of conflict, of struggles, of at least temporary inversion of the power-relations » (Deleuze, p. 25). Debuting as a country girl fighting for a place in the system and caught as an object of desire under the boss Mouret's power, Denise as a singularity in regard to Mouret as the law-maker gradually develops herself into a force of renovation and creation which reshape the structure of the store by way of constantly repositioning herself in regard to others.

By the end of the novel, Denise turns herself into an active maker of new rules in the store. She places herself amid the web of activities and human relations in the process of production. Resisting against the desire of Mouret representing the Law determining rules of the new system of production and retailing, Denise embodies an existence in-between, interacting with the constitution of the new law regulating the work model for the modern society. After being designated as director of the department, Denise proposes reforms in favor of the benefits of the employees. She transforms the factory into a micro-world where the professional condition is always set upon the connections of life forces. Constantly being rendered « different » by « inferiority » - be called « la mal peignée » by other fellow workers - Denise reverses her role as « victim » of the system by actively engaging in the transformation of the house.

That said, we are not positing Denise as the socialist hero, but rather, suggesting to view Denise as body capable of affecting others and being affected. The point to be made here, is that subjectivation is the distance management of the « self » from the norm and the alterity; I would say, « the translation and trans(re)lation of the proximity ». From the outside, there is the stratified norm (or form) which regulates the progress of the body-machine; from the inside, there is pure intensity locked up at degree zero which somehow still releases the force to pump up the tremplin of the itinerated constitution of the « Self ». Every individual in terms of the body-machine can thus be considered as an apparatus of power which operates in a self-measuring and self-cancelling mode. It is programmed to fit into the line of

---

[399] From personal items such umbrellas, change purses, hairbrushes and toothbrushes fans, scissors, stationery goods, combs, bracelets, ribbons to the scale of great « bazar », « a term originally reserved for a format that specialized in household wares and furnishings, cutlery, toys and assorted knick-knacks » (p. 51) the Boucicauts had drawn not only the outlines of the modern merchandise mart but also a new mode of life of bourgeois which intertwined with the life of the store. Miller points out that « And thus we can see the essential reality of the mass market - a new commercial concept designed to accommodate (and induce) a society that more and more would seek its identity in the variety of goods it consumed » (p. 53). Not only the merchandises consumed, but also the mode of production and way of seeing and speaking.

the production by being appraised, and at the same time by self-evaluation against the norm. The individual is subjected not only to be the product of the norm, but also participate actively in the making of the norm. It does not suffice to talk about the power, what needs to be taken into consideration about the human condition, is the relation of power which operates on a virtual level whenever there are singularities and the rapports of forces. It is thus on the premise of the diagramme of virtual relations that I will address the ethical question of the fracture.

The novel, in its naturalist approach, exemplifies the process of trans(re)lating the material condition into literary expressions by way of (re)conceptualizing human praxis of fashion. The primary concern of the present study resides thus in approaching the in-between space of literature where the norm of regulating material conditions into symbolic discourses is put into question, by enquiring into the « fracture» of the technique of discourse or the discourse of technique. And by so doing, this study intents to problematize the shifting line demarcating the formless of life force and the social-cultural codifying formation of gendered subjectivities. What is Fracture? How to approach Life in terms of movement toward Fracture, or the « non-stratified » point, which regenerates expressions of existence by way of disjunction from a codified stratum? How to configure the modification of existing modes by putting forth the repetitive act of translation in terms of **trans(re)lating** one's relation with the fracture, so that the repetitive process is rendered into an event, that is, the Life itself?

For Zola's naturalist approach, the task of the writer as translator is to question the « lesion of the eyes » which operates out of complete « paralysis » (doxa) as « error piled upon error » gazing at a predetermined « object of the real ». It is also the task of the writer as intellectual to constantly reposition oneself to reflect upon the conditions under which takes shape the agencement of the visibility and the statement. To be engaged in the pursuit of the Real in terms of the non-stratified fracture, the writer is led inevitably to confront his own subjective limit as always already a codified system of seeing and speaking. The engagement in the « mise en question » of the stratified systems is thus essential in the approach to the non-stratified. As the non-stratified is not an object to be represented, nor a concept to be materialized, the fracture operates from within the system as a movement constantly pushes towards the edge of re-formulating expressions. And the task of the translator resides precisely in the constant trans(re)lation in the hope of rendering visible and articulable the contemporary relevance of the sense of the real. Translating, trans-relating, relating the selves to the norm which regulates the forms of our lives, the forms of our relationship within oneself as well as with the others - forms upon forms, forms upon formless, formless upon formless, and formless upon forms - we will then find ourselves working through the limit of the humanity.

178

Works cited

1. BALAUDE Jean-François, *Le Savoir-vivre philosophique, Empedocle, Socrate, Platon*, Grasset & Fasquelle, 2010.

2. BORGHAERT Pieter, « Sailing under false colors, naturalism revisited », *Symposium* (winter 2007).

3. BRAY Francesca, *Technology and Gender, Fabrics of Power in Late Imperial China*, University of California Press, 1997.

4. DELEUZE Gilles, *Foucault*, Minuit, 1986/2004.

5. MANN Susan, *Precious Records: Women in China's Long Eighteenth Century*, Stanford University Press, 1997.

6. MILON Alain, *Bacon, l'effroyable viande*, Les belles lettres, 2008.

7. THOMPSON Hannah, *Naturalism redressed, identity and clothing in the novels of Emile Zola*, Oxford, European Humanities Research Centre: Legenda, 2004.

8. ZOLA Emile, *Au bonheur des dames*, Paris, Librairie Générale Française, 1998.

Tradition(s) et création féminine

L'arme de la colère :
de quelques écrivains femmes du Japon moderne

Claire DODANE

Introduction : les aïeules

La tradition littéraire féminine est longue au Japon, puisqu'elle se trouve au cœur du patrimoine littéraire fondamental. Ce « patrimoine » donne lieu depuis toujours à de prestigieuses études, longtemps d'ailleurs l'apanage de lettrés puis de chercheurs du genre masculin, bien avant les études sur les femmes ou les études sur le genre. Pour rappel, vers l'an mille, des dames de cour s'autorisent à écrire avec les kana, syllabaire plus simple que les caractères chinois, dont l'usage est réservé aux hommes, et rédigent journaux, recueils d'impressions et romans avec une grande liberté de ton et d'expression. La langue qu'elles utilisent est alors celle qui est parlée à l'époque à la cour. Si ces textes sont au moment de leur création considérés comme des amusettes pour dames, ils vont progressivement constituer par la suite les joyaux de la littérature classique[400]. L'immense contribution des femmes japonaises à l'élaboration de la littérature nationale n'a donc jamais été controversée au Japon. Cependant, le motif littéraire le plus présent dans ces textes classiques reste celui de la femme amoureuse, souvent malheureuse, car délaissée par son amant ou éloignée de lui. La thématique de l'attente y est centrale[401].

---

[400] Ainsi les très célèbres *Dit du Genji* (*Genji monogatari*) de Murasaki Shikibu, *Notes de chevet* (*Makura no sôshi*) de Sei Shônagon ou le *Journal d'Izumi Shikibu*, pour ne citer qu'eux.
[401] Voir l'article « Une figure de la mélancolie au Japon : la femme qui attend », de Jacqueline Pigeot, dans la revue *Essaim,* 2008/1 (n° 20), éd. Eres, p. 101-114.

À partir du XIIIe siècle, les femmes disparaissent progressivement de la scène littéraire et en sont quasiment absentes durant toute l'époque d'Edo, la période la plus noire de l'histoire des femmes au Japon où prévalent, dans les familles de l'aristocratie tout au moins, les principes de soumission de la femme à son mari et à sa belle-famille tels qu'ils sont décrits dans la « Grande étude des femmes »[402]. Les écrivaines réapparaissent à l'orée du XXe siècle, peu après l'ouverture du Japon sur l'Occident, à un moment où l'on cherche pour le roman, la poésie et le théâtre de nouvelles voies. Un premier regain de la littérature féminine apparaît vers 1890 qui explore les promesses de changements suggérées par la modernisation du pays ; les héroïnes de ces romans étudient, partent à l'étranger, créent des entreprises et ne s'épanouissent pas forcément au sein de la cellule familiale. Il en est ainsi des romans de Miyake Kaho (1868-1909), Kishida Toshiko (1863-1901), Kimura Eiko (1872-1890) ou encore Shimizu Shikin (1868-1933)[403]. Dès 1895 cependant, le roman féminin devient globalement une littérature du malheur où pèse le poids des liens familiaux et du patriarcat, sans que, néanmoins, la dénonciation ne soit véritablement conceptualisée. La femme malheureuse, impuissante et soumise à la fatalité de son destin, est alors dépeinte avec force, notamment par Higuchi Ichiyô (1872-1896), seule écrivaine de l'ère Meiji qui soit entrée dans les classiques de la littérature japonaise moderne. Yosano Akiko (1878-1942), à partir de 1905, bénéficie, elle aussi, d'une reconnaissance importante, mais dans le domaine de la poésie, du tanka en particulier, qu'elle contribue à renouveler en lui insufflant liberté de ton, romantisme et fantaisie des images. Il s'agit de poèmes d'amour passionné, dans la continuité de la poésie produite par plusieurs femmes poètes de l'époque classique. Elle aussi fait partie du patrimoine littéraire moderne.

Les premières colères de l'époque moderne

Avant l'auteure qui nous intéresse particulièrement aujourd'hui, Tamura Toshiko (1884-1945), d'autres écrivaines japonaises ont exprimé ponctuellement leur colère, parfois de manière très virulente, mais sans toutefois centrer leur écriture autour de cette thématique ; ainsi Shimizu Shikin, déjà citée, dans *Koware yubiwa* [La bague cassée, 1891], où elle décrivait un mariage désastreux. Ayant observé ses propres parents, l'héroïne du roman, qui s'exprime à la première personne, ne souhaite pas se marier,

---

[402] Préceptes inculqués aux femmes de l'aristocratie militaire durant l'époque d'Edo : voir *Onna daigaku : La grande étude des femmes*, trad. par Claire Dodane, Tôkyô, Monographie de la Maison franco-japonaise, série Classiques, 1993.
[403] Nous renvoyons ici le lecteur à notre article « L'écriture féminine dans le Japon moderne », dans *La famille japonaise moderne (1868-1926) Discours et débats*, Christian Galan et Emmanuel Lozerand (dir.), Philippe Picquier, 2011, p. 431-443.

jugeant que sa mère a fait la démonstration de la « Grande étude des femmes »[404], s'adressant à son mari d'une manière humble, en restant toujours à l'extérieur de la pièce, comme s'il avait été un invité important. Son père lui impose cependant d'épouser un homme qui, au bout de quelques mois seulement, entretient une autre femme et s'absente de plus en plus fréquemment. De longs mois de souffrance passent. Lorsque sa mère meurt d'une crise cardiaque après avoir été informée du calvaire de sa fille, cette dernière décide de quitter son mari, consciente qu'elle ne parviendra pas à le changer, résolue aussi à ne pas accepter que la souffrance et le malheur fassent nécessairement partie du sort imposé aux femmes. Elle casse alors sa bague, en enlevant la pierre centrale, mais continue de la porter cassée pour ne jamais oublier ses jours de souffrance conjugale et pour se donner les moyens psychologiques d'affronter avec courage les critiques dont elle est l'objet du fait de sa décision de divorcer. La révolte se fait ici entendre contre la polygamie comme pratique ancestrale, courante et injuste.

Une colère plus noire encore émane des nouvelles de Tazawa Inafune (1874-1896), soucieuse de décrire des personnages féminins excentriques et rebelles, très incisive dans ses réflexions à l'égard des hommes et volontiers provocatrice ; ainsi dans le récit de viol *Shirobara* [La rose blanche, 1895]. Mitsuko, jeune fille de bonne famille, est courtisée par Atsumaro, le fils d'un homme très haut placé. Excentrique, insensible au charme de son prétendant, la jeune fille décide de quitter le domicile paternel lorsque son père essaie de la convaincre d'épouser cet homme bien né. Lequel Atsumaro, aveuglé par son désir, décide de la poursuivre, l'endort avec du chloroforme et la viole. En se réveillant, Mistuko comprend qu'elle a été violée et se suicide, reprenant le contrôle de son destin en faisant le choix de mourir. La dernière image du récit est celle du cadavre de Mistuko picoré par les oiseaux. Si la critique réserva un accueil glacial à la violence de ce récit féminin, c'est aussi parce que l'héroïne faisait part tout au long du récit de sa vision sombre et négative des hommes, bousculant très fortement l'attitude de réserve et de respect attendue d'une femme. D'après elle, ceux-ci, tous sans exception, étaient guidés par le désir sexuel ; ils étaient, pour reprendre ses propres termes, « aussi sales que les poubelles des poissonniers remplies d'intestins de poissons »[405]. Notons que cette écrivaine fut qualifiée de « dangereuse » et « immorale » par l'homme de lettres le plus influent de l'époque, Mori Ôgai (1862-1922), et qu'elle est, elle aussi, absente de l'histoire littéraire japonaise moderne.

---

[404] Texte fondateur de l'instruction morale féminine de l'époque d'Edo dans l'aristocratie militaire dont nous avons parlé plus haut.
[405] Passage cité par Yukiko Tanaka dans *Women Writers of Meiji and Taishô Japan - Their Lives, Works and Critical Reception (1868-1926)*, MacFarland, 2000, p. 81.

Tamura Toshiko (1884-1945) : humeurs et disputes conjugales

L'histoire littéraire japonaise peine à citer un nom féminin entré dans les « classiques » des années 1910. Pourtant, la « question des femmes » (*fujin mondai*) devient un sujet de société, notamment depuis la création en 1911 de la première revue féministe exclusivement rédigée et éditée par des femmes, *Seitô* (*Les bas bleus*)[406]. Les « femmes nouvelles » (*atarashii onna*) font couler beaucoup d'encre et sont stigmatisées sous cette appellation péjorative dans les journaux. Les années 1910 correspondent également à un moment où la question de l'individu, du bonheur individuel, se pose publiquement en tant que telle. La romancière la plus populaire est alors certainement Tamura Toshiko (1884-1945), auteure de nombreuses nouvelles qui remportent un grand succès auprès du public et dont la vie privée est elle-même médiatisée. Son œuvre a néanmoins été totalement négligée par l'histoire littéraire. Seuls quelques spécialistes de littérature féminine ou du genre lui ont consacré des travaux, à partir de 1980 surtout, en raison notamment de la publication de ses œuvres complètes[407]. Le thème que ne cesse d'explorer Tamura Toshiko est celui de la colère au sens large, à travers des personnages féminins qui se situent à l'opposé de ce que l'on pourrait appeler « l'idéal féminin traditionnel » et du principe éducatif des « bonnes épouses, mères avisées » (*ryôsai kenbô*). On ne trouve sous sa plume ni soumission au mari ou au père, ni résolution, ni endurance, ni courage, ni abnégation, ni réserve. Ses héroïnes sont ambivalentes, désireuses d'être libres mais incapables de vivre seules cette liberté, en questionnement constant quant au lien amoureux, querelleuses, hystériques parfois, sensuelles, autodestructrices ; leur spleen apparaît comme la quête difficile de la modernité. Elles ne semblent pas lutter contre la société, mais contre elles-mêmes, comme si l'individu avait désormais le loisir d'être son propre ennemi.

Chez Tamura Toshiko, la rupture avec la tradition, que nous appellerons colère aujourd'hui, s'exprime à travers plusieurs thématiques. Les querelles de couple, la dépendance affective et la rivalité professionnelle avec le mari tout d'abord, comme dans le passage suivant, extrait de la nouvelle *Onna sakusha* [Une femme écrivain, 1913] :

« La femme écrivain faisait les cent pas dans la pièce, les bras croisés, en donnant des coups de pied dans le bas de son kimono. Les larmes étaient froides au coin de ses yeux. Quand elle s'aperçut traversant ainsi la pièce dans le grand miroir, elle se fit l'effet d'un volant en plein vol. Elle se contempla un moment, satisfaite du mélange de couleurs qu'elle faisait danser dans le bas de son kimono, mais bientôt elle fut

---

[406] Voir le précieux ouvrage *Genre et modernité au Japon - La revue Seitô et la femme nouvelle*, dir. Christine Lévy, Presses universitaires de Rennes, coll. « Les archives du féminisme », 2014.
[407] *Tamura toshiko sakuhin-shû* [Œuvres complètes de Tamura Toshiko], 3 volumes, Tôkyô, Orijin shuppansha, 1987. Toutes les traductions des œuvres de Tamura Toshiko présentées dans cet article ont été réalisées par nos soins.

assaillie par le besoin pressant de tourmenter quelqu'un. Elle sentit qu'une partie d'elle-même se contractait très fortement, qu'elle était irritée. Elle se tourna vers son mari, vint lui mettre son visage sous le nez en montrant les dents, et, appliquant ses deux médiums repliés contre son front, le poussa vers l'arrière. Il fit comme si de rien n'était.

« Regarde le bouffon que je suis, la femme démon ! ».

Il restait impassible. La femme écrivain mit ses genoux contre le dos de son mari, accroupi devant le brasero, et le poussa. Il tomba à la renverse mais reprit bien vite sa position initiale, accroupi, les mains tendues vers la source de chaleur.

« Hé, toi, hé ! », dit-elle à voix basse tout en saisissant le col du kimono de son mari pour le tirer vers l'arrière. « Enlève-moi ça, allez, tout nu ! », dit-elle en tirant sur son vêtement aussi fort qu'elle le pouvait. Il tenta alors d'écarter sa main mais elle la lui enfonça dans la bouche et se mit à tirer violemment sur ses lèvres, comme pour les déchirer. Cependant, quand, au bout de ses doigts, elle sentit la tiédeur mouillée à l'intérieur de la bouche de son mari, un éclair traversa son esprit : sous les doigts de cet homme, il arrivait aussi que son corps et son âme s'abandonnent... Mais elle retira bientôt sa main et lui pinça les joues comme si elle avait voulu les lui arracher du visage.

Le mari, qui était habitué au comportement violent de sa femme, observait patiemment le silence. « Quelle furie ! », pensait-il en lui-même, mais l'expression de sa bouche montrait qu'il savait qu'il devait la laisser seule.

Après avoir encore une fois poussé la tête de son mari, la femme écrivain monta à l'étage. Dans le brasero, le feu était rouge fondu. Des fumerolles s'échappaient entre les braises, écarlates comme des grenades ouvertes. Elle s'installa à son bureau, un joli meuble laqué incrusté de nacre en forme de fleurs de pêchers. Elle se sentait complètement abattue, comme si tout son corps devenu mou s'était vidé de son sang. La tristesse l'envahit. Elle se mit à pleurer[408] ».

Ces scènes de disputes conjugales, peu communes en littérature à cette époque, et plus rares encore sous la plume d'une femme, apparaissent dans plusieurs autres nouvelles de Tamura Toshiko. Il est possible de dire qu'elles constituent même le leitmotiv de son œuvre. Dans *Seigon* [Le serment, 1912], un couple se déchire après un an de mariage lors d'un séjour de quelques jours dans une auberge. Leur dispute dégénère en violences physiques et verbales, et se solde par une séparation qui fait dire à l'héroïne, pourtant malheureuse de la décision de son mari :

« Même s'il y a des choses que mon mari n'apprécie pas dans mon caractère, est-ce mon devoir de les réprimer ou de les modifier ? (...) Même si mon attitude peut paraître offensante, à lui, ou à d'autres, mon attitude est mon attitude. Même si nombreux devaient être ceux qui détestent et critiquent mon caractère, mon caractère est mon caractère[409] ».

---

[408] *Ibid.*, vol.1, (p. 295-305), p. 299-301.
[409] *Ibid.*, (*Seigon*, p. 239-264), p. 247.

La même volonté d'affirmer tout à la fois la force et le désarroi vécus au cœur de la guerre de sexes apparaît dans *Miira no kuchibeni* [Le rouge à lèvres de la momie, 1913] : une femme écrivain (les nouvelles de la romancière sont majoritairement autobiographiques) vit mariée à un romancier. Leur vie matérielle étant difficile, ils se rendent régulièrement dans un bureau de prêt sur gage. Partageant le même métier, ils se trouvent par ailleurs en situation de rivalité professionnelle, celle-ci se trouvant récemment accrue par des critiques très dures parues dans la presse à propos du romancier. Dans sa volonté d'être sincère, la femme approuve ces critiques et provoque la colère de son mari qui se met à la battre. Le fait est décrit comme habituel. Une fois le calme revenu, le mari encourage sa femme à présenter l'une de ses nouvelles à un concours littéraire organisé par un journal. Après plusieurs jours de travail acharné sous les conseils de son mari, la jeune femme rend un texte qui remporte le premier prix. Le couple se réjouit tout d'abord beaucoup de ce succès et de ses bénéfices, mais une fois l'excitation retombée et la somme gagnée vite dépensée, il apparaît très clairement à la jeune romancière qu'elle n'a plus besoin de son mari, ni pour écrire, ni pour vivre. Peu avant la fin du récit, la romancière fait un rêve où deux momies s'étreignent longuement. La momie femme porte un rouge à lèvres éclatant qui contraste avec son corps sec et sombre. Au réveil, le rêve est relaté au mari qui ne manifeste aucun intérêt[410].

La revendication du droit à l'expression des humeurs, quelles qu'elles soient, est à relier avec l'autre constante de l'écriture de Tamura Toshiko, à savoir le recours aux sens et la large place réservée au corps. L'exploration du corps féminin et la découverte de la sexualité sont en effet centrales dans l'œuvre, et elles sont aussi des thématiques en rupture avec la représentation classique de la femme. C'est le cas dans l'un des plus célèbres textes de Tamura Toshiko, *Ikichi* [Le sang chaud, 1911], publié dans le premier numéro de la première revue féministe, *Seitô*, en septembre 1911, où l'on voit une jeune fille célibataire se réveiller après une nuit d'étreintes avec un homme à qui elle n'est pas mariée. Lui appartient-elle en raison du rapport sexuel ? Lui est-elle attachée ? L'attirance et le dégoût se mêlent dans cette question posée. La première scène montre son désappointement au petit matin, alors que les deux amants n'ont encore décidé de rien pour la journée à venir. Yûko contemple un bocal de poissons rouges, à ses pieds dans la chambre d'hôtel :

« Cela sentait vaguement l'odeur de vase des poissons rouges. Ne sachant pas de quelle odeur il s'agissait, Yûko sentait. Elle sentait, sentait encore. « Cela sent l'homme », pensa-t-elle tout à coup, et elle frissonna. Elle se mit à trembler du bout des doigts jusqu'au bout des pieds.
« Non, non, je ne veux pas de ça ! ».

---

[410] *Ibid.*, p. 307-374.

L'envie de se dresser contre quelque chose un sabre à la main… Combien de fois depuis la nuit précédente avait-elle été assaillie par ce sentiment ?… Yûko plongea d'un coup l'une de ses mains dans le bocal et attrapa avec rage un poisson tout rouge.

« Je vais en faire une brochette ! », se dit-elle, et, ôtant l'épingle dorée qui retenait le col de son kimono léger, elle sortit de l'eau le poisson qu'elle avait attrapé. L'eau bougeait dans le bocal de verre dans un enchevêtrement de lignes argentées.

Visant les yeux gros comme des graines de sésame, elle y enfonça le bout de l'épingle, ce qui fit frétiller les nageoires du poisson au niveau de son poignet. Des gouttes de cette eau à l'odeur de vase tombèrent sur son obi gris mauve. Alors qu'elle avait enfoncé le poisson rouge sur toute la longueur de l'épingle, Yûko se piqua le bout de l'index. Tout au bord de son ongle, une petite perle de sang rubis apparut.

Les écailles du poisson avaient un reflet bleuté. Les mouchetures rouges avaient séché, elles avaient perdu de leur éclat. Le poisson était là, mort, le ventre vers le haut, la bouche ouverte. Auparavant déployées comme un éventail de danse à motifs fleuris, ses nageoires s'étaient rétractées et pendaient, flétries et lâches.

[…]

Elle se dirigea vers le grand miroir qui se trouvait sous la fenêtre, s'assit juste devant et mit dans sa bouche son doigt blessé. Ses yeux se remplirent de larmes qui se mirent à couler doucement. Yûko porta la manche de son kimono sur son visage et pleura. Elle avait beau pleurer et pleurer, elle ressentait une tristesse infinie. Cependant ces larmes claires lui apportaient un certain réconfort, celui que l'on trouve en posant son visage sur la poitrine de quelqu'un de cher.

« Pourquoi est-ce que cela me rend triste à ce point d'avoir mis mon doigt dans ma bouche et d'avoir senti la chaleur de mes lèvres ? », se demandait-elle, et elle pleurait à en perdre le souffle. Elle aurait pu pleurer indéfiniment. Au point que lorsqu'elle avait pleuré toutes les larmes de son corps, elle se demandait si elle n'allait pas perdre son souffle, et que lorsque son souffle était court, toutes les larmes de son corps venaient encore.

Pleurant autant qu'elle le pouvait, elle aurait été heureuse de pouvoir mourir étouffée, oui par exemple étouffée par la rosée des fleurs de lotus ! La chaleur des larmes ! Mais elle aurait beau laver son corps de ses larmes brûlantes, jamais elle ne retrouverait son corps d'avant, jamais elle ne pourrait plus revenir en arrière !

Tout en se mordant les lèvres, Yûko leva son visage vers le miroir. Tout s'y réfléchissait nettement, sans un vacillement de lumière. Elle pouvait voir des traces rouges sur son genou bleu violet plié. Elle se mit à penser à son corps, sous son simple kimono de crêpe de soie. Elle aurait beau enfoncer une aiguille dans chacun ses pores de sa peau, et en retirer des petits morceaux de chair, jamais elle ne pourrait effacer cette souillure…[411] ».

À la fin de la nouvelle, alors que le couple achève une longue promenade à l'extérieur de l'hôtel, la jeune femme rêve d'une nouvelle étreinte. Tout le texte joue de l'ambivalence des sentiments de la jeune femme à l'égard de son compagnon.

La découverte de la sexualité par une jeune fille est décrite de manière plus violente encore dans la nouvelle *Kuko no mi no yûwaku* [La séduction des

---

[411] *Ibid.*, (*Ikichi*, p. 187-199), p. 188-191.

baies rouges, 1914], où est relatée à demi-mot une expérience sexuelle avec un inconnu dans la journée dont on ne sait s'il s'agit d'un viol. Chisako part ce jour-là seule dans la campagne avoisinante cueillir des baies rouges car, à la différence des jours précédents, sa petite amie n'a pu l'accompagner. Arrivée près des buissons, elle tombe nez à nez avec un homme qui l'aide dans sa cueillette. La scène du viol n'est pas décrite. L'histoire raconte juste, que trente minutes plus tard, des voisins ont été alertés par des cris et se sont lancés à la poursuite de l'homme d'environ quarante ans. Entendue par la police, puis rentrée chez elle, la très jeune fille n'obtient guère de compassion de la part de son entourage, sauf celle de son père. Sa mère, elle, lui reproche d'avoir par cet acte jeté la honte sur toute la famille. Epuisée, interdite de sortie, elle reste couchée plusieurs jours de suite, perdue dans ses rêveries. Elle ne cesse en fait de penser aux « baies rouges », le fruit défendu de sa cueillette : tout à la fois l'objectif de ses délicieuses promenades en solitaire, le sang et l'envoûtement de cette première étreinte. Lorsque la vigilance de son entourage se relâche, elle repart d'ailleurs aussitôt dans les champs, au même endroit, mais l'homme qui l'a violée, ou tout au moins caressée ou embrassée, ne réapparaît pas. À nouveau enfermée et surveillée par sa famille, elle ne cesse de se remémorer « ces sensations que cette main d'homme avait irrésistiblement éveillées en elle », consciente « de la séduction réelle des baies rouges »[412].

Dans l'écriture de Tamura Toshiko, la force des émotions et leur caractère compulsif apparaissent aussi à travers plusieurs personnages féminins rongés par leurs pulsions, comme dans *Eiga* [La gloire, 1916] : Komatsu, l'héroïne, veuve d'un riche marchand, a jour après jour dépensé l'immense fortune laissée par son mari. Elle protège financièrement un jeune acteur qui est devenu son amant et se rend régulièrement chez un couple d'amis pour leur emprunter de l'argent. Au retour de l'une de ces visites, elle a une altercation avec sa vieille domestique qui semble lui reprocher de ne pas s'acquitter convenablement de ses devoirs de mère vis-à-vis de sa petite fille, Mieko. Blessée par les propos acerbes de sa maîtresse (« vous pouvez partir si vous jugez que je suis une mauvaise mère », lui dit-elle en substance), la domestique quitte définitivement le domicile, laissant la jeune femme seule avec sa petite fille. Or Komatsu ne peut pas même un instant supporter l'idée de devoir rester enfermée plusieurs jours de suite à la maison. Elle a, par ailleurs, l'habitude de sortir le soir plusieurs fois par semaine et de rencontrer Koisaburô, son amant acteur. Afin de pouvoir se rendre seule dans la maison de thé où ils se voient habituellement, elle donne un faux rendez-vous à sa meilleure amie, qu'elle laisse aller seule au théâtre avec sa fille. Le plus important pour elle est de rejoindre son amant, à n'importe quel prix. Arrivée dans la maison de thé, Komatsu attend, en vain. Les employées tentent plusieurs fois de joindre Koisaburô au théâtre, mais celui-ci ne souhaite pas

---

[412] *Ibid.*, (*Kuko no mi no yûwaku*, p. 111-129), p. 129.

répondre. Elle attend encore, se souvenant avec nostalgie et dépit du temps où elle était encore riche, brillante, élégamment vêtue, adulée. Force est de constater que son jeune amant a moins besoin d'elle depuis qu'elle n'est plus en mesure de l'entretenir. Il ne viendra pas. Aujourd'hui elle est ruinée, et seule. Dans le pousse-pousse qui la ramène chez elle, elle lutte contre un froid très vif, les yeux fermés, plongée dans ses pensées, « intoxiquée par son propre monde intérieur ». Elle fait arrêter la voiture, et tente une dernière fois de joindre son amant au téléphone. Par deux fois elle obtient la réponse qu'il n'est pas là, ni chez lui, ni au théâtre. Epuisée et désespérée, elle tente de se convaincre qu'elle doit l'oublier, mais alors un sursaut d'espoir la traverse : ressentant « le besoin de faire quelque chose d'excitant, quelque chose qui lui clarifie l'esprit », elle a l'idée d'aller acheter un cadeau à son amant et de le lui faire envoyer. Mais il est presque onze heures du soir et tous les magasins sont fermés. Elle se rend alors chez son amie. Lorsqu'elle arrive, sa petite fille est endormie[413].

C'est une femme irritable, insatisfaite, dépensière, et, au fond, désespérée, que décrit Tamura Toshiko dans ce récit. Le personnage est cependant fort dans certaines de ses extravagances : contrairement à ce que dictait la morale en matière de comportement maternel, Komatsu donne en effet la priorité à ses désirs plutôt qu'à son enfant. Elle s'accorde par ailleurs des privilèges et des libertés habituellement réservés aux hommes, comme celui d'entretenir un amant plus jeune qu'elle et de lui offrir des cadeaux.

Si les récits de Tamura Toshiko ont connu un grand succès auprès du public dans les années 1910, ils ont été vivement critiqués en revanche par les féministes de l'époque, Hiratsuka Raichô notamment, en raison de l'indécision et de la dépendance des femmes décrites. Impulsives, soumises à leurs émotions, dépendantes de leur compagnon quoiqu'en colère contre eux, ces dernières n'offraient pas une image construite de femme autonome ou réellement désireuse de l'être.

Conclusion

Dans le Japon d'avant-guerre, le slogan qui symbolise l'éducation féminine est celui des « bonnes épouses, mères avisées ». Les « femmes nouvelles » remettent en cause ce principe de manière réfléchie, intentionnelle, argumentée et conceptualisée, tandis que Tamura Toshiko propose des héroïnes qui n'en sont pas, des femmes qui doutent d'elles-mêmes et de leurs propres aspirations. Elle prend le risque de décrire la dépression, la laideur, une colère intérieure qui semble se retourner contre le personnage principal et ne mener à rien. Ses textes offrent par ailleurs une lecture unique : lire les doutes et les colères de femmes perdues dans la dépendance, non pas sociale

---

[413] *Ibid.*, (*Eiga*), p. 269-297.

(mariage, législation, coutumes patriarcales) mais individuelle (amour, argent, célébrité) : en dehors d'un quelconque contexte national, et parfois sans prénom, elles semblent condamnées à vivre leur solitude moderne, le flou de leurs larmes et les doutes métaphysiques de leur liberté.

Pourquoi l'histoire littéraire a-t-elle oublié cette écrivaine ? La critique littéraire manifeste parfois des préférences que l'histoire littéraire entérine au fil des ans, des décennies et des siècles. Des hommes de lettres de valeur ont eux aussi été oubliés. Plusieurs raisons spécifiques à cet oubli peuvent cependant être avancées dans le cas de Tamura Toshiko : son œuvre propose des personnages féminins en colère qui n'évoquent en rien une tradition, une sorte de tableau nostalgique de la féminité auquel l'on pourrait se ressourcer ; quoique révoltées, ses héroïnes ne plaisent pas non plus aux intellectuelles femmes de son temps car elles ne semblent pas « éveillées » (*jikaku*) à leur condition, au contraire soumises aux impulsions de leurs corps. Tamura Toshiko, hormis à ses débuts, n'a par ailleurs jamais appartenu à un cercle littéraire de son vivant, et l'on sait l'importance qu'exerçait encore le milieu (*bundan*) sur le devenir des écrivains durant cette période. Enfin Tamura Toshiko part s'installer en 1918 au Canada, d'où elle ne reviendra que vingt ans plus tard, avant de partir vivre en Chine et d'y décéder. Ce double abandon du territoire national, après une période de dix années de gloire, peut expliquer lui aussi l'oubli dont son œuvre a été l'objet.

Bibliographie

HIRATSUKA Raichô, *Hiratsuka raichô chôsaku-shû* [Œuvres de Hiratsuka Raichô], 8 vol., Tôkyô, Ôtsuki shoten, 1983.

HORIBA Kiyoko, *Seitô josei kaihô ronshû* [Discours sur l'émancipation de la femme au sein de Seitô], Tôkyô, Iwanami bunko, Iwanami Shoten, 1991.

NAKAYAMA Kazuko, EGUSA Mitsuko, FUJIMORI Kiyoshi (dir.), *Jendâ no nihon kindai bungaku* [La littérature japonaise moderne et le genre], Tôkyô, Kanrin shobô, 1998.

NISHIMURA Hiroko, SEKIGUCHI Hiroko, SUGANO Noriko, ESASHI Akiko (dir.), *Bungaku ni miru nihon josei no rekishi* [L'histoire des femmes japonaises vue à travers la littérature], Tôkyô, Yoshikawa Hirobumi-kan, 2000.

SETOUCHI Harumi, *Tamura Toshiko* (1961), Tôkyô, Kôdansha bungei bunko, Kôdansha, 1993.

TAMURA Toshiko, *Tamura toshiko sakuhin-shû* [Recueil des œuvres de Tamura Toshiko], 3 vol., Tôkyô, Orijin shuppansha sentâ, 1987.

TANAKA Yukiko, *Women Writers of Meiji and Taishô Japan - Their Lives, Works and Critical Reception (1868-1926)*, Jefferson, MacFarland, 2000.

TANAKA Yukiko, *To Live and to Write - Selections by Japanese Women Writers (1913-1938)*, Seattle, The Seal Press, 1987.

WATANABE Sumiko, *Nihon kindai josei bungaku-ron* [De la littérature féminine japonaise moderne], Tôkyô, Sekai-shisô-sha, 1998.

Su Xuelin (1897-1999) : entre Chine et France, une recréation de la tradition

Jacqueline ESTRAN

La querelle des Anciens et des Modernes qui traverse, renouvelée, l'histoire de toutes les civilisations prend une acuité toute particulière dans la Chine du début du XXe siècle : renversement d'un système de pouvoir plurimillénaire, confrontation à l'avancée technologique, économique et militaire inattendue des puissances occidentales et japonaise, remise en cause de la hiérarchie traditionnelle à la base de la société entraînent un changement de valeurs et une rupture radicale avec le passé. Celle-ci ne pouvait qu'amener les femmes à des remises en question de leur statut, de leur culture et de leurs traditions dans cette société. Et plus qu'aucune autre écrivaine peut-être, Su Xuelin se situe au croisement de la Chine traditionnelle et de la modernité du XXe siècle. Née sous l'empire des Qing en 1897, elle a 15 ans lorsque naît la République nouvelle de Chine, traverse tout le XXe siècle et ses bouleversements et disparaît à l'ère du numérique juste avant l'entrée dans le XXIe siècle.

L'image qui subsiste d'elle est complexe. Peu sollicitée de son vivant, personnage controversé pour sa liberté de parole et d'action, elle attire, intrigue, passionne ou rebute[414]. En général, la critique la présente comme une femme nouvelle, cette femme du début du XXe siècle qui s'émancipe du

---

[414] Plus de 400 articles lui sont consacrés sur la base de données *China Academic Journals* entre 1994 et 2009. Un colloque qui lui est consacré en 2010 réunit 50 chercheurs à Taïwan (v. *Su Xuelin mianmianguan - 2010 nian haixia liang an, Su Xuelin xueshu yantao hui lunwenji* 蘇學林面面觀 - 2010 年海峽兩岸蘇學林學術研討會論文集 [Multiples facettes de Su Xuelin - Des deux côtés de la mer, Actes du colloque consacré à Su Xuelin - 2010], Ha'erbin, Heilongjiang chubanshe, 2011.

modèle traditionnel et revendique son égalité avec l'homme, présentation à laquelle on accole généralement aussi, dans le cas de Su Xuelin, le qualificatif de conservatrice - non sans contradictions - la conclusion étant qu'elle n'a pas réussi à s'échapper du carcan du monde traditionnel. Mais qu'en est-il réellement de son rapport à la société et à la culture chinoises traditionnelles, tel qu'il se construit sur la première partie de sa vie, jusque dans les années 1930, ses années d'apprentissage ? Et en quoi la tradition et les traditions auxquelles Su est confrontée jouent-elle un rôle dans son parcours identitaire et son positionnement de femme, d'intellectuelle et d'écrivaine ?

Tradition, genre et instruction

Le rapport à la tradition de Su Xuelin est d'emblée ambigu, tiraillé entre la réalité et l'imaginaire, entre ce qu'elle vit au quotidien, ce qu'elle est censée vivre et ce qu'elle voudrait vivre. Traditionnellement, en Chine, les femmes n'ont droit qu'à une instruction limitée mais Su bénéficiera d'un contexte favorable. Son grand-père, qui a souffert de ne pouvoir étudier, fait son possible pour que ses enfants et petits-enfants s'instruisent, allant jusqu'à fonder des écoles [415] et remplissant la demeure familiale de nombreux ouvrages, notamment ceux recommandés par les précepteurs de ses petits-enfants[416]. Lorsque Su Xuelin demande, avec sa sœur, à bénéficier elle aussi d'une instruction, cela lui est assez facilement accordé et deux petites pièces sont aménagées à cet effet dans la vaste demeure familiale, bien que sous un prétexte soumettant cet apprentissage à la perpétuation d'une tradition. En effet, la grand-mère de Su Xuelin est plutôt d'avis que les filles n'ont besoin de connaître que les quelques caractères qui vont leur permettre de gérer les affaires domestiques et elle s'oppose dans un premier temps à son instruction mais Su parvient à la convaincre grâce au … bouddhisme : sa grand-mère ayant du mal à lire, Su lui fait valoir que si elle étudiait, elle pourrait lui lire les textes bouddhistes auxquels elle tient tant[417] !

Cet enseignement commence par les bases communes aux filles et aux garçons, l'étude du « Classique en trois caractères » (三字經 *Sanzijing*) et du « Classique de 1000 caractères » (千字文 *Qianziwen*). Ces ouvrages, appris par cœur, constituent une première introduction à l'écrit et à la culture chinoise. Ils évoquent, sous forme de sentences brèves et rythmées, les grands mythes et principes fondateurs de la civilisation chinoise, entre histoire et légendes, dans un esprit confucéen normatif. Pour les filles, cette instruction se poursuit

---

[415] « Jiashu dushu ji zixiu » 家塾读书集资修 [Études à la maison et auto-apprentissage], *Su Xuelin zizhuan* [Autobiographie de Su Xuelin], Jiangsu wenyi chubanshe, 1996, p. 14.
[416] *Ibid.*, p. 14.
[417] *Ibid.*, p. 15.

Le début de vie de Su Xuelin met d'emblée en scène les éléments qui vont jouer un rôle dans la constitution de son identité, dans la façon qu'elle aura de se situer par rapport au monde, avec toutes les ambiguïtés qui font d'elle ce personnage à part, entre tradition et modernité, entre Chine et Occident, entre le monde des hommes et celui des femmes.

Repérage en matière de genre

Si les *a priori* traditionnels en Chine quant à l'inutilité d'instruire les femmes sont présents dans sa famille, ils sont facilement surmontés, grâce à l'aide de son père, de son frère aîné, d'un oncle et du talent de Su Xuelin. La reconnaissance qu'elle a obtenue de son frère et de son père semble avoir joué un rôle fondamental dans la confiance qu'elle va avoir par la suite en ses capacités. En effet, ce père - qui ne s'est jamais occupé de ses enfants petits - non seulement applaudit les premiers écrits de sa fille âgée d'une dizaine d'années mais se montre fier d'avoir une fille douée et vante ses talents[428]. Les dons de Su Xuelin vont l'amener à consacrer un peu de son temps à l'instruction de ses filles. Et si Su Xuelin reproche à son père de ne pas l'avoir soutenue quand, adolescente, elle a voulu aller à l'école[429], c'est lui qui lui donne son accord et un financement pour partir en France lorsqu'elle est reçue au concours de l'Institut franco-chinois de Lyon. Elle entretient aussi une relation particulière avec l'aîné de ses frères qui, sensible aux arts et à la littérature, l'a, lui aussi, toujours soutenue et qui décède de maladie alors qu'elle se trouve en France[430].

L'attention portée à l'instruction dans la famille provient indéniablement du grand-père, un commerçant, autodidacte, peu présent car occupé à travailler pour nourrir la maisonnée d'une trentaine de personnes, domesticité comprise, mais ouvert et encourageant toutes les démarches en ce sens dans sa demeure.

Su Xuelin est soutenue par des représentants masculins de sa famille et ce sont eux qui, en favorisant sa toute première éducation, lui permettent de s'ancrer dans le monde des lettres chinois.

Ce ne sont donc pas les hommes qui la limitent en lui renvoyant l'image de sa condition de fille mais plutôt les femmes. En effet, la situation des femmes de sa famille n'est guère réjouissante : une grand-mère despotique qui terrorise son environnement et exige qu'on la serve et respecte, une mère

---

[428] « Wode fuqin » 我的父亲 [Mon père], *Zizhuan*, p. 202.

[429] *Ibid.*, p. 203.

[430] *Ji xin* 棘心 [Des épines dans le cœur], Shanghai, Beixin shuju, 1929 ; rééd. *Su Xuelin wenji*, [Œuvres de Su Xuelin], vol. 1, Hefei, Anhui wenyi chubanshe, 1996, (édition utilisée), p. 47-49.

malheureuse au service de cette grand-mère dont elle est la victime attitrée[431]. Et si Su Xuelin reconnaît à sa mère une grande intelligence et sensibilité, celle-ci n'a jamais pu bénéficier d'une instruction et elle reste, d'une certaine façon, une étrangère pour Su, malgré tout l'amour que celle-ci lui porte[432]. Dans sa famille, les femmes sont ignorantes (et abusives ou opprimées) tandis que les hommes détiennent le savoir. À partir de ce constat, Su Xuelin fonde son identité sur ce qui l'intéresse - et la distingue des autres femmes de la famille - l'instruction et la connaissance, toujours plus approfondies. Ce qu'elle observe de la place réservée aux femmes dans la société traditionnelle ne lui convenant pas, elle se réfère aux valeurs véhiculées par les hommes de la famille, au risque de forger son identité sur une identification à des valeurs masculines et cela d'autant plus facilement qu'elle se présente, enfant, comme un garçon manqué.

Les valeurs mises en avant par les hommes de la famille ressortent de la tradition littéraire et ce sont les textes mais aussi les représentants de cette tradition, qui vont nourrir Su Xuelin.

Tradition littéraire et idéaux

Au-delà de son cercle familial, Su Xuelin se constitue une famille littéraire, choisie dans le panthéon des lettrés chinois.

Le premier de ses modèles est Lin Shu 林紓 (1852-1924), lettré dont les traductions lui permettent d'accéder à la civilisation occidentale et qui va rester pour elle une référence[433]. Passeur entre la Chine et l'Occident, Lin Shu l'est aussi entre le monde traditionnel et le monde moderne. C'est en chinois classique (*wenyan*) qu'il rédige ses adaptations des grands romans étrangers, proposant un accès à l'imaginaire occidental qui s'inscrit, du fait de son écriture, dans une continuité pour les lettrés chinois. Qui plus est, Lin Shu est validé par l'environnement de Su Xuelin : c'est en effet son père qui lui achète toutes ses traductions quand il se rend compte qu'elle les lit et les apprécie[434].

Lin Shu a une personnalité ambivalente par rapport à la tradition et à la société traditionnelle : s'il joue un rôle fondamental dans l'ouverture de la Chine à l'Occident et donc dans la diffusion d'idées et de valeurs nouvelles

---

[431] « Wode jiashi ji muqin » 我的家世及母亲 [Ma famille et ma mère], *Zizhuan*, p. 3-13. La grand-mère est omniprésente, en belle-mère abusive, dans ce texte censé être consacré à l'ensemble du lignage de Su Xuelin.

[432] *Ibid.* et « Muqin » 母亲 [Mère], *Zizhuan*, p. 204-207.

[433] V. Wang Jing, « Su Xuelin's Autobiographical Chapters », *When ' I ' was born - Women's Autobiography in Modern China*, The University of Wisconsin Press, 2008, p. 120-143.

[434] « Wode fuqin », *Zizhuan*, p. 199.

au travers de son travail de traduction / adaptation[435], dans le même temps, il s'oppose à l'emploi de la langue vernaculaire (*baihua*) dans le domaine littéraire lorsque celle-ci devient la langue de référence à la fin des années 1910, refusant, d'une certaine façon, l'évolution en cours.

Sur un autre plan, il s'engage contre le bandage des pieds et pour l'instruction des femmes, comme l'élite progressiste de l'époque, mais reste fidèle à la dynastie des Qing, contrairement à cette même élite qu'il a contribué à former par ses traductions ! Affichant ouvertement son dû à Lin Shu, Su Xuelin analyse la personnalité de son maître et de ses prises de position qui peuvent, de prime abord, apparaître paradoxales mais que Su explique[436]. Et c'est peut-être bien dans ces paradoxes et ambiguïtés que Su Xuelin s'est retrouvée, moderne et conservatrice, même si elle s'est détachée de certaines prises de position de Lin Shu, notamment sur la question du chinois classique et, si elle a commencé à écrire et publier en chinois classique, elle se met rapidement au *baihua*, la langue vernaculaire[437].

La seconde figure intellectuelle qui marque Su Xuelin représente l'opposé de Lin Shu - ou l'étape suivante dans une évolution logique des choses - : Hu Shi 胡適 (1891-1962) est, lui, le père de la réforme littéraire qui voit le passage du chinois classique (*wenyan*) à la langue vernaculaire (*baihua*). Initiateur de la poésie en *baihua* et auteur de l'une des toutes premières pièces de théâtre en *baihua*[438], il a encouragé l'écriture narrative, toujours en *baihua* et c'est à son contact que l'écrivaine Chen Hengzhe 陳衡哲 (1890-1976) rédige la première nouvelle en *baihua* de la nouvelle littérature[439]. Su Xuelin

---

[435] Il a proposé environ 150 adaptations de romans étrangers, majoritairement anglais et américains mais aussi français (Alexandre Dumas, Montesquieu, Bernardin de Saint Pierre, Victor Hugo).

[436] *Ibid.*, p. 122-125 et Su Xuelin, « Wo zuichu de wenxue daoshi » 我最初的文学导师 [Mon premier professeur de littérature], *Wode shenghuo* 我的生活 [Ma vie], Taibei, Wenxing shudian, 1967.

[437] En 1919, elle publie dans la revue de l'École normale supérieure pour filles, un récit en *wenyan* sur le thème d'une jeune femme maltraitée par sa belle-mère (histoire à laquelle elle avait déjà consacré une ballade). Voir « Wo yu jiu shi », *Zizhuan*, p. 220.

[438] *Zhongshen dashi* 终身大事 [La grande affaire de la vie], 1919. Hu Shi écrit d'abord cette pièce en anglais puis la traduit en chinois. Elle est considérée comme la première pièce en *baihua* du théâtre parlé. En anglais dans *Twentieth-century Chinese Drama - An Anthology*, Edward M. Gunn (éd.), Bloomington, Indiana University Press, 1983, p. 1-9.

[439] « Yi ri » 一日 [Un jour], 1917, trad. en anglais sous le titre de « One day » (*Writing Women in Modern China*, A. D. Dooling & K. M. Torgeson (éd.), New York, Columbia University Press, 1998, p. 91-99). Ce texte a un statut ambigu dans l'histoire de la littérature chinoise moderne. D'abord parce que, publié dans une revue d'étudiants chinois aux États-Unis, il n'a été connu que tardivement et, en tout cas, après que la nouvelle de Lu Xun a pris le statut de première nouvelle en *baihua* de la littérature nouvelle (1918). Ensuite, parce que son caractère expérimental amène les critiques à le placer soit dans la catégorie *sanwen* (prose littéraire), soit dans la catégorie *xiaoshuo* (nouvelle). La différence entre les deux réside essentiellement dans l'aspect fictif de la nouvelle qui n'est en même temps pas déterminant dans les années 1920 en

a suivi les cours de philosophie de Hu Shi à l'École normale supérieure de Pékin, sans oser alors l'aborder, mais elle le rencontrera à plusieurs reprises par la suite, même s'il reste pour elle un maître inaccessible. Elle s'élèvera contre ceux qui répandent de fausses rumeurs sur son compte après son décès[440] et fera même couler un bronze à l'effigie de ce maître qu'elle admirait et respectait profondément, autant pour son savoir que pour son attention à autrui, fut-il un étudiant anonyme[441].

À ces deux personnalités du monde littéraire qui lui sont contemporaines et se caractérisent par deux attitudes opposées, Su ajoute pour référents deux autres figures à la fois très éloignées l'une de l'autre et complémentaires : le poète Qu Yuan 屈原 (243-177 av. J.-C.) et le lettré Wu Zhihui 吳稚暉 (1864-1953).

Wu Zhihui a de vastes connaissances tant de la culture chinoise que de l'Occident et une capacité certaine à captiver son auditoire, mais c'est aussi un homme d'action. Convaincu de l'importance des échanges entre la Chine et l'Europe, il s'investit dans la création de l'Institut franco-chinois de Lyon[442], afin de permettre aux étudiants chinois de se former à la langue et à la culture françaises avant d'intégrer une université française. Au-delà de cet engagement, Su Xuelin l'observe, au cours du voyage qu'il fait avec les étudiants vers la France, partageant leurs tâches quotidiennes et leur apprenant à être autonome sur un plan pratique[443]. Présentant l'apparence d'un homme ordinaire, il se montre disponible et simple. Su Xuelin sait que les lettrés ont évolué mais c'est cette confrontation avec la réalité qui lui permet de donner

---

Chine, attendu qu'une grande partie des nouvelles prennent directement pour source d'inspiration la vie et les expériences de leurs auteurs. Si on peut estimer que la confidentialité de la publication de Chen Hengzhe a contribué à l'occulter comme son style encore très marqué par le chinois classique, le fait qu'elle ait écrit sur un temps limité (une dizaine d'années) en expérimentant à chaque fois un style d'écriture différent n'a pas permis de générer d'elle l'image d'une romancière installée, là où Lu Xun a, lui, développé ses idées dans un ensemble de nouvelles portant sa signature et l'inscrivant durablement dans le paysage littéraire chinois. Ces facteurs semblent avoir joué un rôle majeur dans l'oubli dans lequel Chen Hengzhe est restée de longues décennies. On peut néanmoins regretter qu'elle ne soit pas plus étudiée aujourd'hui. Ses expérimentations dans le domaine littéraire vont bien au-delà de celles de la majorité des écrivains connus de la période.

[440] *Youda zhi wen* 犹大之吻 [Le baiser de Judas], 1982, d'après Su Xuelin : « Hu Shi xiansheng bingshi he wo suo jiao lunwen » 胡适先生病逝和我所交论文 [Le décès de M. Hu Shi et mes articles], *Zizhuan*, p. 163-170

[441] « Shizhi xiansheng he wode guanxi » 适之先生和我的关系 [Mes rapports avec M. Hu Shi], *Zizhuan*, p. 309-313.

[442] Sur l'Institut franco-chinois, voir les divers articles compris dans : Jean-Louis Boully, *Ouvrages en langue chinoise de l'Institut franco-chinois de Lyon 1921-1946*, Bibliothèque municipale de Lyon, 1995.

[443] « Fu Fa liuxue » 赴法留学 [Études en France], *Zizhuan*, p. 45-52 pour la vie à l'institut ; « Wu Zhihui xiansheng yu Li'ang Zhong Fa xueyuan » 吴稚晖先生与里昂中法学院 [M. Wu Zhihui et l'Institut franco-chinois de Lyon], *Zizhuan*, p. 261-270 pour le voyage et le reste.

corps à une vision nouvelle du lettré. Elle reviendra à plusieurs reprises sur la personnalité de Wu Zhihui, dans ses textes autobiographiques, au fur et à mesure de sa propre avancée. Wu Zhihui donne une place et un rôle nouveaux au lettré dans le monde moderne. Il allie une grande érudition à une absolue simplicité dans ses rapports avec les autres et c'est ce qui marque Su Xuelin. Wu Zhihui représente un modèle accessible, et son rôle semble la renvoyer à celui qu'elle-même voudrait se donner, à l'égale des hommes, ancrée dans une tradition, le regard tourné vers le futur.

Et c'est pour rendre hommage à Wu Zhihui que Su Xuelin se lance dans l'étude de la poésie de Qu Yuan[444]. Premier poète dont l'histoire a conservé le nom, Qu Yuan apparaît à ce titre comme la figure littéraire par excellence en Chine, et le souvenir de son destin tragique - un suicide par noyade - hante tous ceux qui se sont essayés, après lui, à l'écriture. Bien au-delà du simple intérêt attendu, Su Xuelin lui consacre trente ans de sa vie, se plonge dans d'antiques manuscrits, vient en France pour approfondir ses connaissances dans le domaine de la mythologie et, ainsi, comprendre Qu Yuan[445]. C'est une véritable passion pour le poète et les origines de la littérature chinoise qui l'anime et à laquelle elle se voue, à partir de ce premier article écrit en hommage à Wu Zhihui. Cette plongée aux origines de la poésie chinoise est de l'ordre d'un parcours initiatique et permet à Su Xuelin de se forger une approche propre de la littérature et de la tradition littéraire. Plongée dans ses recherches, elle a une révélation sur les origines étrangères possibles de certains passages obscurs des textes attribués à Qu Yuan et va tenter de faire admettre ce point de vue par ses contemporains - sans succès.

La découverte de Qu Yuan intervient tardivement dans son parcours et apparaît comme la figure ultime de la tradition à laquelle elle se confronte, trois décennies durant. Indépendamment du bien-fondé de son approche, le mouvement qui en est à l'origine est révélateur de la tension à la base de la vision et de la volonté de Su Xuelin : au-delà des différences Chine-Occident, c'est la différence qu'elle veut transcender.

Lin Shu représente donc un initiateur ouvert qui s'appuie sur sa tradition, Hu Shi un maître à l'érudition inégalée, Wu Zhihui un modèle potentiel, Qu Yuan une ancre dans le passé.

Une cinquième figure masculine mérite d'être ici mentionnée mais qui apparaît comme contre-figure : Lu Xun 鲁迅 (1881-1936). Su Xuelin dénonce abondamment l'aura et la mainmise de ce dernier sur la littérature chinoise moderne. Et si celle-ci est vraisemblable, on peut se demander si, au-delà des raisons que Su Xuelin invoque, ses prises de position très négatives à l'égard de Lu Xun ne sont pas en partie dues au fait qu'il rejette de façon radicale la tradition - une tradition qui reste chère à Su Xuelin.

---

[444] « Kaishi Qu fu de yanjiu » 开始屈赋的研究 [Le début de mes recherches sur la poésie de Qu Yuan], *Zizhuan*, p. 105.

[445] *Ibid.*, p. 105-114.

Su Xuelin aurait pu choisir des référents féminins dans la longue histoire de la littérature chinoise, comme Bing Xin 冰心 (1900-1999), écrivaine et poétesse majeure du début des années 1920, l'a fait en consacrant son mémoire de recherche à la grande poétesse des Song, Li Qingzhao 李清照 (1084-1151 ?) ou prendre modèle sur Qiu Jin 秋瑾 (1875-1907), féministe révolutionnaire de la fin des Qing, qui s'est elle-même inspirée des héroïnes guerrières de l'histoire chinoise. Mais elle ne le fait pas et semble souvent délibérément ne pas vouloir prendre en compte sa condition de femme. Les rapports avec ses contemporaines, dont elle fréquente les plus engagées et les plus célèbres alors qu'elle étudie à l'École normale supérieure pour filles de Pékin, sont difficiles. Sa franchise l'amène à exprimer de façon parfois abrupte son point de vue, notamment quand il s'agit d'évaluer une œuvre littéraire[446]. Elle a, par ailleurs, du mal à se livrer et reste distante. Ses choix de vie aussi l'éloignent des écrivaines et intellectuelles qu'elle a pu connaître. En effet, outre sa conversion au catholicisme qui procède d'un réel engagement[447], elle accepte un mariage arrangé pour faire plaisir à sa mère, sacrifiant une possible vie amoureuse et menant finalement une vie tout à fait autonome après quelque temps passé avec son mari.

Peut-être l'étayage masculin et la carence du féminin dans son parcours ont-ils été tels que c'est du côté masculin seulement qu'elle a pu trouver ses référents. À moins que sa volonté de s'inscrire dans la tradition ne l'amène à ne voir celle-ci que du côté masculin dominant ?

Tradition et Occident

La découverte de la civilisation occidentale se fait progressivement pour Su Xuelin et par des canaux multiples qui vont générer une appréhension de l'Occident complexe et ambiguë. Cette découverte se structure en deux temps majeurs : en Chine, par le biais de lectures et de confrontations avec des Occidentaux puis, en France, par une confrontation directe avec la population mais aussi avec l'environnement et la culture françaises.

Ce que Su Xuelin découvre, enfant et adolescente, de la culture occidentale et des Occidentaux, au travers de ses lectures et des étrangers qu'elle a pour enseignants à l'école, ne lui donne pas d'emblée une image idéale de l'Occident, contrairement aux valeurs véhiculées par l'élite progressiste chinoise.

---

[446] Voir, par exemple, « Guanyu Lu Yin de huiyi » 关于庐隐的回忆 [Souvenirs de Lu Yin], *Zizhuan*, p. 290-296.
[447] À cette époque, d'autres écrivain/es se sont convertis, attirés par un discours différent et influencés par la présence de missionnaires en Chine mais, dans la grande majorité des cas, ces conversions sont formelles et vite oubliées.

En effet, l'école religieuse qu'elle fréquente un semestre l'amène à faire des observations qui sont bien loin de ces idéaux. Ainsi, elle observe que les enseignants étrangers de cette école traitent différemment les étudiantes en fonction de leur origine sociale et méprisent ouvertement les « pauvres »[448]. Elle se trouve également confrontée à l'ostracisme de certains enseignants : l'une d'elles, américaine, ayant appris que Su Xuelin dessinait, lui demande de réaliser une dizaine de dessins qu'elle souhaite emporter aux États-Unis afin de les exposer et de montrer ce qu'est la peinture chinoise. Su Xuelin s'exécute mais cela ne convient pas à l'enseignante, qui souhaite quelque chose de plus « traditionnel ». Su Xuelin ne comprend pas ce que l'enseignante reproche à ses dessins jusqu'à ce qu'une autre étudiante propose à son tour des dessins et Su est alors sous le choc. Elle réalise que ce que voulait l'enseignante, c'étaient des représentations traditionnelles de mendiants, de femmes aux pieds bandés et de fumeurs d'opium. Ces images sont, pour Su, la « honte de la Chine » et elle tente de convaincre sa camarade de ne pas donner ses dessins, en vain. C'est probablement l'un des éléments qui va amener Su Xuelin à considérer l'action étrangère telle qu'elle l'observe alors comme relevant d'une invasion culturelle (*wenhua qinlüe*)[449].

Cette confrontation à l'étranger la met, d'une part, face à une vision sociale hiérarchisée - qui existe aussi en Chine - et, d'autre part, face à une vision de la Chine par l'Autre, figée dans le passé.

La représentation qu'elle se fait de la tradition va s'élargir et se complexifier avec son premier séjour en France (de l'automne 1921 au printemps 1925), séjour dont elle a laissé un témoignage dans son roman autobiographique *Jixin* 棘心 [Des épines dans le coeur][450].

Tradition et modernité, Chine et Occident ne sont pas des entités univoques pour Su Xuelin. Avant de partir, elle voit la France comme le pays des droits de l'homme mais aussi le pays où les étudiants chinois meurent de faim[451] - représentation qui va l'amener à se mettre dans une position d'observatrice sinon neutre du moins consciente de la complexité de la réalité.

L'une des premières choses qu'elle note et qui la choque, c'est le « conservatisme » des Français. Ne maîtrisant alors quasiment pas le français, elle se base sur les observations qu'elle fait à l'Institut franco-chinois de Lyon. Parmi celles-ci, le fait que l'un des administrateurs de l'IFC se revendique royaliste lui apparaît comme incompréhensible, sur un plan logique - le dernier roi français étant mort sans descendance -, comme sur un plan idéologique -

---

[448] « Kaoru Yicheng diyi nüzi shifan », *Zizhuan*, p. 25.
[449] *Ibid.*, p. 25-26.
[450] Sur le rapport à la France de Su Xuelin, v. de l'auteure « Différence, distance et prise de conscience : Su Xuelin (1897-1999) et la France », *Traits chinois, lignes francophones - Écritures, images, cultures*, R. Silvester et G. Thouroude (éd.), Presses de l'université de Montréal, 2012, p. 50-66.
[451] *Jixin*, p. 36.

elle vient d'un pays qui tire sa fierté d'avoir enfin pu abandonner un système monarchique[452].

Ce rapport à un passé - pour elle, dépassé - elle le retrouve dans le respect que les Français montrent vis-à-vis d'un étudiant mandchou qui se dit descendant des Qing et prétend avoir des droits en cas de rétablissement de la dynastie[453]. Ce respect amène le personnel de l'institut à traiter cet étudiant mieux que les autres, ce qui génère de l'incompréhension là encore chez Su.

Su Xuelin retrouve ce conservatisme dans certains aspects de la vie quotidienne de la population. Elle découvre ainsi avec surprise que les jeunes filles françaises ne peuvent avoir de rapports libres avec les garçons et sont obligées de se faire accompagner par un chaperon lorsqu'elles sortent, contrairement à l'idée qu'elle s'en faisait en Chine et à la liberté que revendiquent les jeunes femmes chinoises instruites de l'époque[454].

Il faut noter que Su Xuelin se trouve à Lyon, ville qui bien qu'ayant donné naissance à des personnalités féminines engagées tant sur le plan littéraire, comme Louise Labbé, que sur un plan politique, comme Madame Roland de la Platière, se caractérise aussi par un ancrage dans le passé et la royauté, plus marqué qu'en d'autres régions de France.

Les éléments que Su remarquent sont ceux qui vont, d'une part, à l'encontre de son imaginaire sur la France et, d'autre part, des attentes de la jeunesse chinoise instruite, c'est-à-dire principalement la démocratie pour la société et la liberté pour les individus, le droit à disposer d'eux-mêmes.

Ce conservatisme des Français est, par ailleurs, à mettre en parallèle avec celui qu'elle observe chez les étudiants chinois, qui vivent comme s'ils étaient toujours en Chine [455], une autre forme de conservatisme à laquelle elle va s'opposer. D'abord en allant s'installer dans un dortoir pour jeunes filles en ville dans lequel elle fréquente des jeunes femmes de différentes origines sociales et culturelles. Puis par le choix qu'elle fait de se convertir au catholicisme, ce qui lui vaut l'inimitié définitive de ses compatriotes. Si le premier choix est justifié par sa volonté d'apprendre le français (et d'échapper au contrôle de ses compatriotes), le second relève d'une aspiration intime et profonde et sa conversion s'ancre surtout dans la conviction que Su a, avant même de venir en France, de la présence d'un créateur. Il est le fruit de l'expérience que Su Xuelin fait auprès de religieuses, une expérience spirituelle qui la renvoie à ses propres états d'âme et ébranle profondément le « scientisme » hérité du 4 mai. Et au moment où elle est confrontée à cette spiritualité, Su observe chez ses compatriotes un matérialisme, un attachement

---

[452] « Fu Fa liuxue », *Zizhuan*, p. 48.
[453] *Ibid.*, p. 49.
[454] *Ibid.*, p. 47-48.
[455] *Ibid.*, p. 47.

à la réalité[456] qui vont l'amener à s'éloigner pour s'ancrer dans une tradition extérieure à la Chine.

Su Xuelin choisit de s'inscrire dans une tradition parce qu'elle en a besoin (comme elle l'explique au début de son autobiographie), indépendamment de l'origine de cette tradition. Progressivement, elle se forge une vision propre de la modernité et de la tradition au-delà de leur concrétisation dans une culture donnée et, tiraillée entre les extrêmes qui l'attirent, elle n'aura de cesse de leur trouver un dénominateur commun, un point de convergence. Peut-être pour se trouver.

---

[456] *Jixin*, p. 176.

Écritures féminines taïwanaises, entre langues et traditions

Sandrine MARCHAND

Pendant la colonisation japonaise (1895-1945) deux changements linguistiques ont eu lieu au même moment, à partir des années 1920 : le japonais est progressivement devenu la langue de l'éducation et la langue officielle, tandis que le chinois vernaculaire (*baihua wen* 白話文) est venu remplacer le chinois classique (*wenyan wen* 文言文). La transition du chinois classique au chinois moderne, qui s'est faite rapidement en Chine a occasionné à Taïwan un débat houleux qui s'est prolongé bien au-delà des années 1930, entre les écrivains traditionalistes et les écrivains modernistes. Dans ce débat entre les littératures moderne et ancienne, la place des femmes écrivaines était encore plus réduite que celle des hommes, et ceci en raison même du lien qui attache les femmes à la tradition. Non seulement en raison de l'adage qu'« une femme vertueuse est une femme sans talent » mais aussi, comme dans beaucoup de sociétés d'est en ouest, du fait que la femme représente la tradition à la fois en tant que garante et transmettrice[457]. Dans une société où la tradition ancestrale se voit mise en danger par un pouvoir exogène, comme c'était le cas dans le Taïwan colonial, ce rôle qui lui est dévolu est encore plus important à souligner.

Je vais à présent me concentrer sur l'écrivaine Huang Jin-chuan 黃金川 (1907-1990) qui écrivit en chinois classique, dont l'œuvre poétique s'est révélée extrêmement riche du point de vue du rapport de la condition féminine à la tradition. Les écrivaines et les poétesses étaient très rares à cette époque, il m'a semblé qu'il convenait, par conséquent, de ne pas négliger celles qui

---

[457] Françoise Héritier, *Féminin-Masculin / La pensée de la différence*, Paris, Odile Jacob, 2000.

avait fait le choix, s'il s'agit d'un choix, d'écrire en chinois classique, afin de s'interroger sur la signification de celui-ci : s'agit-il dans ce cas d'opter pour la tradition, dans le rejet de la modernité ? N'était-il pas possible d'écrire aussi librement en chinois classique qu'en chinois moderne ? Je voudrais aussi me demander comment, malgré les traditions qui l'enferment, cette femme a abordé la création et dessiné de manière particulière sa vie de femme.

Arrière-plan littéraire

Alors que l'introduction du chinois vernaculaire en Chine comme à Taïwan remonte au début du XXᵉ siècle, la conception de l'unification de la langue orale et écrite apparaît au Japon dès le début des années 1880. En Chine, les premiers partisans de la réforme linguistique et littéraire regroupés dans le mouvement dit de « Révolution du monde poétique » 詩界革命 [458] souhaitèrent réformer et non renverser les traditions littéraires. Ces réformistes précédèrent ceux qui, lors du mouvement du 4 mai 1919, remplacèrent définitivement le chinois classique par le chinois moderne comme langue d'éducation et comme langue littéraire. Taïwan a donc reçu le vent de la réforme à partir de deux sources, depuis le Japon et depuis la République de Chine. Ce mouvement engendra un débat littéraire opposant les partisans du chinois classique et ceux du chinois vernaculaire. Parmi ces derniers, Zhang Wojun 張我軍 et Chen Xin 陳新[459] qui se déclaraient contre le gouvernement japonais accusèrent leurs opposants d'être proches du gouvernement colonial. Comme Huang Mei-er[460] le montre dans son article sur « le débat à propos de la littérature ancienne et nouvelle », la nouvelle littérature a presque toujours pris l'avantage et pour cette raison, des points de vue négatifs sur les traditionalistes dominent notre connaissance de cette période. Zhang Wojun, dans son article « Détestables cercles littéraires taïwanais »[461], leur reprocha même de collaborer. Mais en avons-nous des preuves suffisantes ? Ce n'est pas ici l'endroit pour approfondir cette question, mais ce qui est certain, c'est que les écrivains traditionalistes, à Taïwan

---

[458] Jin Siyan, *La métamorphose des images poétiques 1915-1932, Des symbolistes français aux symbolistes chinois,* Bochum, Cathay, 1997, p. 15-17.

[459] Zhang Wojun, *Zhang Wojun pinglun* 張我軍評論 [Essais critiques], Taipei, Taipei xian li wenhua zhongxin chuban, 1993.

[460] Huang Mei-Er, « Confrontation and Colonisation Traditional Taiwanese Writers' Canonical Reflection and Cultural Thinking on the New-Old Literature Debate During the Japanese Colonial Period », dans Liao Ping-hui & David Der-wei Wang, *Taiwan under Japanese Colonial Rule, 1895-1945,* New York, Columbia University Press, 2006, p. 187-209.

[461] Zhang Wojun, « Zaogao de Taiwan wenxue jie » 槽糕的台灣文學界 [Un monde littéraire taiwanais pourri], dans *Zhang Wojun pinglun, op.cit.,* p. 6-11.

comme en Chine, à la suite de la « Révolution du monde poétique »[462], procédèrent eux aussi à des réformes à la fois littéraires et linguistiques. Ils étaient ouverts aux influences occidentales et conscients des conditions sociales défavorables du peuple, ils avaient aussi pour but avoué d'éveiller et d'éduquer le peuple[463].

L'opposition entre littératures classique et moderne recoupe, semble-t-il, un débat gauche-droite entre, d'un côté les partisans et les garants de la tradition liés à la classe aisée transfrontalière, et de l'autre, les partisans de la défense de la nation et du peuple, opposés à l'impérialisme japonais et au colonialisme.

Cependant, les écrivains traditionalistes voulaient aussi protéger le chinois classique contre les langues modernes, qu'elles soient chinoise ou japonaise. En 1898, Yosaburo Takekoshi 竹越與三郎 (1865-1950), un membre de la Diète japonaise, qui écrivit sur Taïwan, remarquait, à son grand regret, que, dans les années 1900, on enseignait encore le chinois classique à plus de 20000 futurs lettrés[464]. Lorsque ces lettrés refusèrent d'adopter le chinois moderne, l'un de leurs motifs était de ne pas vouloir utiliser le dialecte de Pékin, puisque dans ce cas il valait mieux pour eux utiliser le taïwanais (minnan) qu'ils parlaient quotidiennement.

Comme nous le voyons, la situation était beaucoup plus complexe qu'elle n'en a l'air au premier abord. Il nous faut donc ajouter que les femmes et les écrits des femmes représentent un nouvel élément de cette complexité.

Au début de la colonisation, le niveau d'éducation des femmes était très bas. À nouveau Yosabura Takekuchi remarque, cette fois sans un soupir, que dans la seule école primaire pour filles existant sur l'île, on enseignait à coudre, broder, tricoter et confectionner des fleurs artificielles. Cependant, le niveau d'éducation des filles augmenta pendant la colonisation et « le gouvernement colonial offrit aux filles des connaissances de base nécessaires soit pour être employées dans les usines, soit pour être capables de remplir le rôle de bonne épouse et de bonne mère, et d'être ainsi capables d'élever convenablement leurs enfants »[465], selon le modèle déjà établi au Japon. Mais l'objectif de l'éducation des femmes n'a pas la même signification, ni les mêmes conséquences à l'intérieur du Japon et dans la colonie taïwanaise. Le rôle des femmes est encore plus important à Taïwan, car leur éducation implique leur ralliement, et par voie de conséquence, celui de leurs enfants, à la nation japonaise. Ainsi l'éducation des femmes sera centrée sur l'apprentissage de la langue japonaise, langue avec laquelle elles seront censées communiquer avec leurs enfants, ou, si leur ambition est plus grande, l'enseigner dans les écoles.

---

[462] Jin Siyan, *op.cit.*, p. 13-17.

[463] Huang Mei-Er, *op.cit.*, p. 190.

[464] Yosaburo Takekoshi, *Japanese Rule in Formosa (1907)*, trad. par G. Braithwaite, London, Longmans, Green & co., p. 297.

[465] Doris T. Chang, *Women's Movements in Twentieh-Century Taiwan*, Urbana & Chicago, University of Illinois Press, 2009, p. 30-31.

Si les Japonais n'encourageaient pas les femmes à recevoir une éducation supérieure, par crainte du danger représenté par le savoir féminin, un autre obstacle quant à l'accès au savoir, concernant les deux sexes cette fois, était le coût de l'éducation secondaire et supérieure. Les Taïwanais avaient moins que les Japonais en place la possibilité d'y accéder, et de ce fait, le champ des possibilités était encore plus réduit pour les femmes. Néanmoins, des jeunes filles issues d'un milieu social aisé ont pu étudier dans les écoles japonaises ou se rendre au Japon, pour y étudier la médecine, l'art, le journalisme ou l'enseignement[466]. Il faut cependant noter que dans l'enseignement confucéen qui leur était réservé, la qualité morale requise en priorité était la capacité de se sacrifier pour la famille et pour la patrie. Les traditions chinoises et japonaises convergent donc pour maintenir la femme dans la soumission, et les différents gouvernements, celui des Qing, le gouvernement colonial et celui du Kuomintang, se sont révélés les uns et les autres tout aussi conservateurs de ce point de vue. La libération des femmes ne pouvait naître ni d'une culture, ni d'une autre mais seulement des théories socialistes qui affluèrent depuis l'Europe et la Russie après avoir transité par le Japon. Là encore, les gouvernements chinois et japonais se rejoignent dans la lutte contre ces idées nouvelles qui mettaient en péril l'ordre établi ainsi que les intérêts des nantis et des classes supérieures.

Les premiers mouvements féministes à Taïwan auront donc pour cible principale la tradition confucéenne et la place inférieure qu'elle réserve à la femme. Comme le note encore Yosaburo Takekoshi, avec une partialité toute révélatrice, avant le mariage, la femme chinoise appartient à ses parents, elle ne peut prétendre à un quelconque pouvoir que dans le mariage où, uniquement au sein de la famille, elle peut exercer une certaine autorité. Takekoshi souligne alors que même ces droits domestiques extrêmement limités sont refusés à la jeune fille non mariée, qui non seulement est complètement sous la tutelle de son père mais n'a véritablement aucune existence[467].

Les milieux intellectuels

Les milieux intellectuels, quelle que soit leur tendance, nouvelle ou ancienne, n'ouvraient pas facilement leurs portes aux talents féminins, et sans doute peu d'entre elles osaient se porter candidates.

L'écrivaine que nous allons étudier fait figure d'exception et elle a, du fait qu'elle n'appartenait pas au courant de la nouvelle littérature et écrivait en

---

[466] *Ibid.*, p. 32.
[467] Yosaburo Takekoshi, *op.cit.*, p. 297.

chinois classique, encore moins que les autres, si cela est possible, attiré l'attention des chercheurs[468].

Huang Jin-chuan (Jin Chuan) est née en 1907 à Tainan. Nous avons peu de renseignement sur ses premières années, hormis que son père Huang Zonghai 黃宗海 est mort lorsqu'elle avait un an. Sa mère dut alors élever seule ses trois enfants, Jin Chuan et ses deux frères aînés. Le rôle de la mère est alors déterminant dans le destin de Jin Chuan, et il n'est nul besoin de forcer l'interprétation pour dire que l'absence du père favorise l'ascendant maternel, élément primordial en ce qui concerne l'éducation. Sa mère, Huang Caiyan 黃蔡演 est en effet une femme cultivée et amoureuse de la poésie, elle va non seulement transmettre cet amour à sa fille mais elle lui permettra d'accéder à un haut niveau d'éducation[469]. Même si Jin Chuan ne semble pas, à l'instar de Yeh Tao, avoir vivement combattu la pratique des pieds bandés, des photographies nous montrent que si la mère de Jin Chuan avait de petits pieds, en revanche sa fille n'a pas eu à subir ce supplice. À ce détail, qui n'en est pas un, on peut en déduire la largeur d'esprit de la mère qui a su passer outre les traditions barbares dont elle a été elle-même victime, confiante dans la modernité et l'esprit de réforme qui régnait autour d'elle.

À l'âge de quatorze ans, Jin Chuan et son deuxième frère suivront le frère aîné, Huang Chaoqin 黃朝琴 parti étudier à l'université Kanda à Tôkyô. Elle étudiera à l'école secondaire pour filles Jinghua 精華 jusqu'à dix-huit ans, âge auquel elle rentrera définitivement à Taïwan. C'est à cette époque qu'elle publiera ses premiers poèmes. La majeure partie de son œuvre a été écrite dans sa prime jeunesse, entre dix-huit et vingt-trois ans, en tout 240 poèmes rassemblés sous le titre de *Jinchuan shicao* 金川詩草. Ce premier recueil a été publié en 1930. Elle se marie alors, à 23 ans, avec un industriel de Kaohsiong, Chen Qiqing 陳啓清[470]. Les poèmes écrits après son mariage et jusqu'à sa mort, au nombre de 119 ont été ajoutés au premier recueil et en constitue la deuxième partie, qui sera publié en 1981, quand elle atteint l'âge de 75 ans[471].

Ces quelques données biographiques nous éclairent sur son œuvre et son rapport à la tradition. Issue d'une classe aisée, elle n'a pas eu à se libérer de son milieu et n'a pas été attirée par les idées socialistes qui associent révolution littéraire et révolution sociale. Contrairement à de nombreux

---

[468] Pour d'autres exemples de femme écrivain à cette époque, je renvoie à mon article « Yang Chian-ho et Yeh Tao, la vie contre l'œuvre » dans Esther Heboyan et Sandrine Marchand (dir.), *La poétique du féminin en Asie Orientale*, Arras, Artois Presses Université, p. 93-112.

[469] Chen Huang Jinchuan 陳黃金川, *Jin Chuan shicao bai shou jianshang* 金川詩草百首鑑賞 [Lecture critique de cent poèmes de Jinchuan], Taipei, Wenshizhi, 1997, p. 131.

[470] C'est pour cette raison que l'on trouve aussi comme nom pour Jin Chuan (qui est donc son prénom) Chen (nom marital) Huang (nom de naissance) Jin Chuan. Cette hésitation sur le nom est évidemment liée au problème du statut de la femme.

[471] *Ibid.*, p. 5.

écrivains de son temps, elle n'a pas écrit en japonais bien qu'elle ait reçu une solide éducation dans cette langue et dans ce pays. Ainsi le fait d'écrire dans une langue ou dans une autre ne peut être qu'indicatif concernant le rapport que l'on peut avoir avec le gouvernement colonial qui impose une langue officielle. Les écrivains modernistes se sont montrés souvent virulents face au gouvernement colonial mais ils ont aussi exprimé en japonais leur opposition et profité de l'effervescence intellectuelle du moment. Les traditionalistes qui écrivaient en chinois classique pouvaient ainsi garder leur distance par rapport au monde politique et social. Cette forme de quant-à-soi plus proche de la retraite des anciens lettrés est aussi une forme de résistance, passive, certes, mais qui possède son efficacité. C'est donc l'œuvre poétique d'une écrivaine traditionaliste que nous allons analyser maintenant, en nous demandant comment elle détourne la tradition sans la renverser et peut y exprimer des revendications féministes claires et sans détour.

Le choix du genre poétique révèle déjà, chez Jin Chuan, un attachement à la tradition. D'une part, cette pratique nécessite une connaissance approfondie des règles prosodiques et une grande familiarité avec la poésie classique. Dans ce choix, on peut reconnaître l'influence de la mère, et d'autre part, celle de son maître qui, à son retour à Taïwan, l'accompagnera dans son développement culturel, Shi Meizhui 施梅樵 (1870-1949), lui-même poète[472]. La plupart des poèmes de Jin Chuan montre, par leur titre et leur contenu, une filiation avec la poésie féminine passée, dite « poésie de boudoir » qui exalte des sentiments nostalgiques et délicats. Les sentiments d'ennui, de solitude, de désespoir y affleurent au travers de l'attention aux saisons, aux fleurs, à la description des paysages. En suivant l'inspiration de ces thèmes classiques, Jin Chuan montre un grand talent, sans tomber pourtant dans la préciosité ou la mièvrerie, mais en sachant faire preuve de créativité : elle utilise peu de références, son langage est simple, sa poésie est émouvante et sincère[473].

Les poèmes de jeunesse de Jin Chuan, tout particulièrement, sont attentifs à la place accordée à la femme dans la tradition et à son rapport ambivalent et complexe à la société taïwanaise de l'époque coloniale. C'est ce que nous allons analyser à présent : tout d'abord, la poésie et son rapport à la tradition, deuxièmement la poésie et la prise de position féministe de Jin Chuan, enfin, la poésie et la réalité sociale.

Poésie et tradition

J'ai choisi de commencer par le poème « Mulan cong jun » 木蘭從軍 [Mulan s'enrôle dans l'armée] qui s'inspire du *yuefu* « Mulan shi » écrit entre le IVe et le Ve siècle et qui célèbre la jeune héroïne Mulan se déguisant en

---

[472] *Ibid.*, p. 5.
[473] *Ibid.*, p. 123-124.

garçon pour remplacer son père requis à la frontière, car il s'agit d'une figure de l'héroïsme féminin, connue de tous, qui fait partie de la tradition populaire et qui s'impose comme figure d'exception. Même si Mulan représente un modèle, ce modèle ne doit pas être suivi par toutes les femmes. En effet, elle possède la vertu féminine par excellence qui est le sacrifice de soi, vertu à laquelle s'ajoute la piété filiale qui est exaltée dans le poème. Néanmoins, l'audace et le courage, vertus masculines s'il en est, caractérisent aussi le personnage qui, dans son aspect guerrier, n'a plus rien de moral ni de traditionnel.

Jin Chuan, en reprenant ce thème de Mulan, poursuit donc la tradition, mais une tradition populaire en adoptant le modèle d'une héroïne à l'opposé des figures féminines poétiques, dans les poèmes de boudoir, nonchalantes, tristes et oisives. Jin Chuan détourne la tradition sans la rejeter, elle peut exprimer son adhésion aux valeurs morales confucéennes tout en exprimant son insatisfaction d'appartenir au sexe féminin et de ce fait d'être contrainte par des coutumes qui ne reconnaissent pas les talents féminins.

Le poème, sans aucun doute le plus célèbre de Jin Chuan, est « Chongyou Guanziling » 重遊關子嶺 [Retour à Guanziling][474], du fait qu'il a été remarqué par Hu Shi 胡適 qui a su y reconnaître une qualité fort prisée à l'époque, la fidélité à la culture chinoise et à la patrie. C'est sans doute à ce jugement que tient la renommée de Jin Chuan, dont le nom a, malgré les obstacles, pu traverser le siècle.

Il s'agit en effet de deux poèmes sur un paysage de son enfance, le bourg de Guanziling dans les montagnes près de Tainan. Ce poème tout de louange et de nostalgie, décrit une excursion dans les montagnes après quatre années d'absence. Ce poème est remarquable du fait qu'il est parfait du point de vue du genre du « poème de paysage » et de l'émotion qui surgit au travers de la description des montagnes et des rivières, et du fait qu'en même temps il contient des sentiments plus profonds d'attachement au pays natal, que Hu Shi louera en ces termes : « Quand on s'attache au pays natal, tous les cours limpides sont comme un retour ». 故國有懷，清流如歸[475]. Il paraphrase ainsi le troisième vers du deuxième quatrain heptasyllabique : « Herbes d'automne demeurent solitaires dans les temps nouveaux/ Cours limpides transportent les voix d'autrefois. » 秋草獨留新歲色 / 清留長作舊時聲[476]. Dans ce poème, Jin Chuan fait ses preuves en reprenant un thème cher à la tradition poétique, en même temps, elle le renouvelle par la simplicité de sa formulation. L'émotion qu'elle éprouve face à la beauté du paysage de son enfance traverse les termes et les images choisis avec précision.

La jeune Jin Chuan fait preuve d'un grand talent en essayant de relever le défi de la tradition poétique. Alors que les femmes sont censées n'avoir aucun

---

[474] *Ibid.*, p. 5.
[475] *Ibid.*, p. 2.
[476] *Ibid.*, p. 5.

talent, défier les grands poètes d'autrefois nécessite une grande audace. En même temps, en tant que femme, ne pouvant être considérée par la tradition comme étant l'égale de ces maîtres du passé, la jeune poétesse se sent plus libre de se dégager des images surannées de la poésie classique. En tant que femme, le fait de suivre la tradition est déjà en soi un acte de dépassement et de renversement de la tradition. Elle fait ce que peu de femmes ont pu faire tout en se libérant des habitudes d'écrire féminines, des poèmes de lamentation et de tristesse. Ses poèmes prouvent un regard esthétique sûr, une joie d'exister pleine et confiante. C'est ce caractère bien trempé que nous allons découvrir dans ses poèmes plus proprement féministes.

Poésie et position féministe

Les poèmes de Jin Chuan répondent aussi aux critères des écrits féminins dans le sens où elle affirme sa personnalité et met en valeur son propre talent. Ses revendications féminines plutôt que féministes, son violent besoin de reconnaissance et ses ambitions littéraires forment un vivant contraste avec le style classique de son écriture. On ne peut alors s'empêcher de se demander pourquoi elle n'a pas écrit en *baihua* ou en japonais afin de se fondre dans les mouvements intellectuels modernistes proches de ses idées féministes, elle aurait sans doute été moins isolée du monde intellectuel de son époque. Néanmoins, si ce choix de la langue classique vient à la fois de son éducation et de son milieu social, il n'est pas du tout antinomique d'une revendication sociale, comme Qiu Jin 秋瑾 (1875-1907) en est l'exemple le plus radical, qui a été condamnée à mort pour ses idéaux l'année même de la naissance de Jin Chuan. Si certains de ses poèmes sont comparés à ceux de Qiu Jin, il est difficile de savoir si elle a eu connaissance de son œuvre et de son existence. Une autre poétesse de la génération précédente, Lü Bicheng (1884-1943) 呂碧城 peut aussi lui avoir servi de modèle, si jamais elle a en eu connaissance, puisque cette femme a vécu librement toute sa vie, financièrement indépendante, en exerçant le métier de journaliste. Poétesse et intrépide voyageuse, elle séjourna aussi longtemps en Europe.

Un des poèmes les plus représentatifs de l'engagement féministe et social de Jin Chuan est « Nüxuesheng » [L'écolière][477] :

女學生
詎甘秀閣久埋頭，負笈京師萬里遊。
雌伏胸愁無點墨，雄飛迹可遍寰球。
書身莫被文明誤，學苦須從哲理求

---

[477] Chen Huang Jinchuan, *op.cit.*, p. 26.

安得女權平等日，漫將天賦付東流。

Les vers de ce quatrain heptasyllabique se répondent deux à deux sur le mode du contraste. Le début du premier et du deuxième vers décrit la condition traditionnelle de la femme. Elle est « Dans le gynécée, éternellement tête baissée », cette attitude soumise est pourtant d'emblée remise en question par un questionnement : « Comment pourrait-elle y trouver plaisir ? ». « Cette vie de recluse la rend mélancolique mais elle ne peut épancher sa tristesse en écrivant ». Par ces deux débuts de vers, Jin Chuan résume bien la vie des femmes de palais, séquestrées, neurasthéniques, impuissantes.

La fin du premier et du deuxième vers offre une tout autre perspective : « Faire ses bagages et partir au loin à la recherche d'un maître à la capitale » et encore : « Avec audace, ses écrits vont recouvrir le monde ».[478]

L'opposition entre la femme traditionnelle et la femme moderne, la femme de talent impuissante et celle qui conquiert le monde révèle une Jin Chuan libérée de tout préjugé, pleine de volonté et d'enthousiasme. Elle n'a peur de rien, n'hésite pas à se comparer aux hommes, les seuls à pouvoir étudier, et même à les dépasser par un génie capable de recouvrir le monde. L'absence de modestie de ces vers révèle un caractère entier mais aussi naïf.

Pourtant les deux vers suivants, montrent que cet enthousiasme sans borne est aussi accompagné d'un esprit raisonnable : « En se plongeant dans les livres, elle ne sera plus trompée par la civilisation, et la souffrance de l'étude sera compensée par l'acquisition de la sagesse. »

L'intelligence et la lucidité de cette jeune fille de vingt ans peut encore nous étonner : ce qu'il manque aux femmes pour conquérir le monde, c'est uniquement l'éducation et la culture, ainsi elles cesseront d'être trompées par la civilisation. Le terme est fort ici. Ce n'est pas seulement la tradition confucéenne qui est mise en cause ici, mais la société telle qu'elle a été fabriquée par les hommes depuis des siècles et dans tous les pays. Il est évident que pour s'exprimer ainsi Jin Chuan a dû avoir accès à des ouvrages venus d'Occident. Son frère aîné qui était déjà à l'université, et qui s'est révélé par la suite un homme éminent, politiquement et diplomatiquement, a dû lui transmettre son enthousiasme et l'initier aux idées nouvelles. Son frère, Huang Chaoqin, après avoir étudié les sciences économiques au Japon est en effet parti aux États-Unis parfaire des études politiques. En 1927, quand Jin Chuan a vingt-et-un ans, il cherche à publier un ouvrage écrit en anglais qui s'intitule [Taïwan sous le régime nippon] (*Riben tongzhi xia zhi Taiwan* 日本統治下之台灣) mais il échoue dans ce projet.

Le dernier vers du poème de Jin Chuan s'exprime sans détour sur ses espoirs et objectifs : « Alors le jour de l'égalité et du droit des femmes viendra/

---

[478] *Id.*

217

leurs dons débordants ne seront plus perdus ». Ce poème à la fois lyrique et réaliste montre l'émergence d'une conscience féministe. Une vraie révolte, un élan indépendant et fier apparaît dans les poèmes de Jin Chuan qui a pris conscience du décalage immense à son époque entre les femmes modernes d'Occident et la femme chinoise traditionnelle aux pieds bandés. Ces revendications et le caractère volontaire de Jin Chuan se retrouvent dans d'autres poèmes qui réaffirment l'importance de ce thème dans sa vie. Ainsi « Qiu huai » 秋懷 [Pensées d'automne][479] est un poème d'une grande richesse puisqu'il allie des sentiments lyriques sur le passage du temps dans une tonalité triste, très classique, à des revendications féministes d'une grande virulence. Dans ce poème, Jin Chuan conteste en effet l'inégalité entre hommes et femmes, du fait que « lorsque l'on étudie, on atteint ensuite la gloire »[480]. La poétesse reprend l'adage traditionnel concernant la vertu féminine pour le détourner : « Ce n'est pas nécessairement parce que l'on n'a pas de talent, que l'on est vertueuse »[481]. Si les hommes sont reconnus dans la société, c'est uniquement parce qu'ils ont pu jouir d'une bonne éducation et pas du tout en raison de capacités naturelles supérieures. Le talent féminin, à l'inverse, n'est l'objet d'aucune reconnaissance. Jin Chuan révèle ici sa sagacité et son humour, se moquant de la tradition et de la femme soumise à la morale confucéenne. Les femmes d'autrefois dépourvues d'instruction et de toute liberté d'action n'étaient sans doute pas si vertueuses que cela, le manque d'intelligence ou de capacité d'épanouir celle-ci ne pouvait que développer le ressentiment et la tristesse.

Comme on peut le voir dans nombre de poèmes, Jin Chuan ne manque pas de confiance en soi, sa volonté et son courage sont dignes d'admiration. Ainsi le poème Shipi 詩癖 [Passion pour la poésie][482] qui, au premier abord, ne contient pas d'argument féministe est porteur d'une grande puissance créatrice. Dans ce poème, elle affirme sa passion de l'écriture et de la littérature. Il ne s'agit pas simplement d'une volonté d'apprendre, d'un intérêt modeste pour l'érudition, requise pour tout futur lettré, ce que la morale aurait pu à la rigueur tolérer de la part d'une femme, mais bien d'une passion invétérée, un penchant, proche du vice donc, que toute personne, homme ou femme, doit combattre. Son goût de la littérature est comparé à une maladie et c'est bien ce sens que la poétesse affirme avec désinvolture. Non seulement le titre du poème affiche d'emblée cette tendance mais tout le poème, un pur quatrain heptasyllabique, ne fait que le confirmer :

詩癖
吟哦氣勢堂皇

---

[479] *Ibid.*, p. 23.
[480] *Id.*
[481] *Id.*
[482] *Ibid.*, p. 90.

不看尋常艷體章
莫笑深閨執拗
措詞籍見才長

[Ecrire est un plaisir
J'aime passionnément fredonner des vers vigoureux
Je ne lis pas les poèmes superficiels et communs
Qui rit d'une femme de gynécée têtue et obstinée
Je ne lis que les talents les plus rares.]

Jin Chuan achève son quatrain en faisant la louange de son propre poème tout en vigueur et en talent. Cette poétesse accumulerait donc tous les défauts, le vice de l'écriture, le mépris des mauvais poètes, peut-être même parmi eux les Anciens ; en outre, elle est obstinée, elle se moque des femmes enfermées dans le gynécée, elle s'auto-congratule, narcissique et orgueilleuse. Ce poème est aussi le lieu où elle déploie son jugement critique sur la poésie en prisant la vigueur au mépris du raffinement et des allusions littéraires.

Dans un autre poème, « Ci yun chou de he nu shi » 次韻酬德和女史 [Rimes secondaires sur les récompenses de la vertu et l'histoire des femmes][483] elle prend conscience du rapport entre éducation des femmes et transmission : « Quand les professeures auront formé des sages, les livres seront alors remplis de leurs vers talentueux »[484]. Le fait que Jin Chuan ne se réfère pas dans ses allusions à des femmes poètes, même si elle semble vouloir exclure toute référence au passé, révèle un malaise dans le rapport à la tradition. L'absence de lignée féminine littéraire est un manque pour les femmes créatrices qui ne peuvent se référer qu'à des maîtres. Ceci représente un handicap certain mais implique aussi que les poétesses comme Jin Chuan doivent assumer cette position référentielle pour les siècles à venir, ce qui n'est en réalité pas le cas, car elle reste totalement inconnue aujourd'hui. La difficulté de la transmission vise particulièrement la situation à Taïwan où l'enseignement féminin en est encore à ses balbutiements. Jin Chuan n'est donc pas seulement une créatrice imbue de sa personne, elle reconnaît et soutient le talent de ses consœurs, car elle pense que l'humanité tout entière pourrait bénéficier du fruit de leurs talents.

Jin Chuan est très lucide en ce qui concerne la condition féminine, même si elle-même a reçu une bonne éducation, elle se rend compte que son cas est exceptionnel et, qu'en outre, son mérite n'est pas reconnu à sa juste valeur. Dans « Zayong » 雜詠 [Eloges divers], elle dit encore : « Quel dommage de ne pas utiliser les femmes/ Des milliers d'excellences et de volontés ne peuvent se développer/ Ce n'est pas parce que le talent est en grand nombre

---

[483] *Ibid.*, p. 93.
[484] 女師養就賢巾幗，史冊應多詠絮才。

219

qu'il épuise la vertu. Comment sans étudier, devenir un sage »[485]. Aucune opposition entre talent et étude ici, tout au contraire, le talent ne s'épanouit qu'au travers de l'étude. Il ne peut y avoir de supériorité du génie masculin, puisque leurs talents ne sont le fait que de leur érudition.

Jin Chuan éprouve un sentiment d'impuissance et une profonde tristesse, car même si on a comme elle une volonté ardente d'étudier, on finit par sombrer dans le désespoir, un désespoir qui, en outre, ne peut s'épancher, car personne ne le comprend, ni les hommes, ni les femmes.

Dans ce vers, Jin Chuan emploie le terme de « shen » 身. Elle désigne la femme en tant que personne, corps et âme, dans sa condition à l'intérieur de la société. Jin Chuan est alors déjà une épouse et une mère, elle a déjà perdu une partie de l'audace de sa jeunesse pour rendre compte avec consternation et tristesse des limites de ses capacités. Elle ne peut que retourner à la plainte, à la lamentation qui caractérise la poésie féminine traditionnelle. En se plaignant de la position de la femme, elle montre que la difficulté pour les femmes n'est pas le manque de talent mais bien uniquement la condition féminine. Une femme mariéc et une mère n'a pas la même liberté de déployer son talent qu'une jeune femme matériellement indépendante et sans attache. La nécessité d'une chambre à soi mise en avant par Virginia Woolf à la même époque, à la fin des années 1920, est encore loin des pensées de cette jeune femme qui n'a pas eu à subvenir à ses besoins et qui a préféré continuer d'étudier auprès d'un maître à son retour du Japon plutôt que de penser à travailler. Pourtant d'autres ont déjà ouvert la voie, Lü Bicheng par exemple, indépendante sentimentalement et matériellement ou encore Yosano Akiko, mère, épouse mais aussi créatrice accomplie. Il semble que ces modèles de femmes accomplies manquent à Taïwan, que quelque chose à chaque fois rompt leur dessein.

Le retour à la réalité n'empêchera cependant pas Jin Chuan de publier ses poèmes de jeunesse un an après son mariage en 1924, et d'écrire après son mariage. Même si la quantité est moindre, la qualité ne l'est pas.

Poésie et réalité

Un dernier point qui vient contredire l'opposition habituelle entre littérature en langue classique et en chinois moderne, ainsi qu'entre féminin et masculin, est le rapport de la création à la réalité sociale. Si le roman est le genre privilégié pour mettre en scène les sentiments du peuple, la poésie peut à sa manière transmettre une dimension sociale. Plusieurs poèmes de Jin Chuan révèlent qu'elle n'était pas seulement concernée par son ambition personnelle ou retenue par son milieu familial, mais qu'elle pouvait aussi apporter un regard compatissant sur le monde qui l'entourait. Si le fait de

---

[485] *Ibid.*, p. 103.

parler de soi répond à la volonté de construire son identité féminine, le fait d'aborder la réalité dans la poésie lyrique, classique et subjective est assez rare chez les poétesses anciennes. Jin Chuan sait réunir lyrisme et réalisme dans un même poème comme elle sait lier encouragement et dénigrement, plainte et vigueur. Dans ses poèmes, les sentiments nostalgiques se transforment brusquement en poèmes de revendication. Là encore, on est en droit de se demander si le choix de la langue classique est un obstacle à la prise en compte de la réalité contemporaine.

Dans le poème « Gu zhanchang » 古戰場 [Ancien champ de bataille][486], Jin Chuan exprime sa compassion pour le peuple chinois qui subit la guerre en Chine. Elle commence sur une note lyrique en décrivant la solitude d'une nuit pour une femme dans l'attente de son époux parti à la guerre. L'atmosphère de la guerre pour les civils apparaît dans le caractère désolé du paysage, l'absurdité et l'impuissance :

燐火青青玉骨枯
當年血跡模糊
不知萬里塵沙地
埋沒人間幾丈夫

[Quelques flammes, des ossements
Des traces de sang déjà effacées
Sur les terres lointaines et poussiéreuses
Peut-être y a t-il son époux.]

Ce sont de magnifiques vers sur la guerre qui révèlent une grande sensibilité et un art poétique accompli. Jin Chuan exprime avec une grande concision, la réalité objective et le sentiment, dans un poème extrêmement moderne.

Dans « Zhenzai hang » 震災行 [Poème sur le tremblement de terre][487], écrit lors du tremblement de terre de 1927, près de Kaohsiong, elle décrit avec précision et compassion la souffrance du peuple, riches et pauvres confondus dans l'épreuve. Comme dans le poème sur la guerre, Jin Chuan révèle un humanisme qui dépasse les conflits de classe.

Son intérêt pour le peuple est perceptible dans ses poèmes de jeunesse, où sa compassion va d'abord aux femmes du peuple. Dans « Canfu » 蠶婦 [Fileuse de soie][488], elle décrit la dureté de la vie des paysannes qui récoltent les vers à soie au printemps. Cette attention au travail féminin peut pourtant remonter à la tradition du *Shijing* [Classique de la poésie], où réalisme et lyrisme se rejoignent dans le chant populaire. Jin Chuan met en valeur, dans

---

[486] *Ibid.*, p. 75.
[487] *Id.*
[488] *Ibid.*, p. 36.

221

ce poème, le travail et le rôle des femmes, d'une certaine manière moins pénible que l'ennui des femmes de la classe noble enfermées au gynécée. Elle écrit : « Si l'environnement est pauvre, le cœur est satisfait » (環境自窮心自足)[489]. Dans un autre poème où elle décrit la pêche nocturne traditionnelle du sud de Taïwan, elle exprime à la fois l'attachement au pays natal, le respect des traditions et l'intérêt pour les travailleurs. Une fois de plus, la tradition rejoint la modernité. Les thèmes anciens apparaissent dans leur nouveauté.

Les poèmes de Jin Chuan révèlent la difficulté de tourner le dos à la tradition tout en s'appuyant sur elle. La tradition peut être réformée à l'intérieur de la tradition elle-même. Mais ce choix a ses limites. Si Jin Chuan ne remet pas en question le langage traditionnel de la poésie classique, elle se l'approprie et se situe alors au même niveau que les poètes masculins de toutes les époques.

Elle n'invente sans doute pas un langage particulier, cependant dans sa recherche créative, on peut percevoir la dualité de sa personne, la reconnaissance dans son écriture d'une identité féminine au caractère spontané. Les oppositions tranchées de ses poèmes entre lyrisme et réalisme, plainte et revendication, caractérisent sa manière d'écrire, révèlent la transition entre l'affirmation de sa différence et la reconnaissance des différences en tant qu'elles s'enrichissent de leurs relations mutuelles.

---

[489] *Id.*

Abandonner ou s'abandonner ?
Deux écrivains, deux attitudes face aux traditions au Tibet

Françoise ROBIN

Il serait imprudent de se livrer à des statistiques de genre sur un corpus aussi foisonnant que l'est celui de la littérature classique tibétaine, qui figure parmi les anciennes littératures d'Asie[490]. Toutefois, on peut affirmer sans grand risque d'erreur que la quasi-totalité des textes qui nous sont parvenus fut rédigée par des hommes, en particulier des religieux, qui détenaient au Tibet le capital intellectuel, et qui étaient détenteurs de la légitimité culturelle savante, jusque dans les années 1950. Quelques femmes cependant, pratiquantes accomplies du bouddhisme, ont laissé des écrits commentant leur cheminement spirituel, ainsi que des exégèses de texte. On se contentera ici de citer le nom de Sera Khandro (tib. : Se ra mkha' 'gro, 1892-1940), l'une des plus célèbres[491]. Quelques autres furent éditrices (au sens anglais du terme) de textes religieux. Ainsi, la reine Tsewang Lhamo (tib. : Tshe dbang lha mo, ?-1812) supervisa la publication de plus de trente volumes d'écrits bouddhiques [492]. Cependant, la présence d'auteurs femmes relevait de

---

[490] La mise sur pied d'un système d'écriture tibétain au milieu du VIIᵉ siècle a répondu au départ à un évident besoin utilitaire : l'expansion rapide de l'empire tibétain, sur un territoire grand comme l'Europe de l'ouest, et cela en quelques décennies seulement, rendait indispensable l'adoption d'une écriture pour assurer et renforcer l'administration tibétaine nouvellement mise en place. Rapidement, toutefois, l'écriture tibétaine a été également mise à contribution pour noter les traductions des textes bouddhiques sanskrits que les Tibétains découvraient et, petit à petit, pour mettre par écrit des textes à visée plus littéraire : historiographiques, biographiques, scientifiques, etc.

[491] Ses œuvres comprennent « Four volumes of revealed Treasure teachings (*gter chos*), a commentary on *Buddhahood Without Meditation* (*Ma bsgom sangs rgyas*) by Bdud 'joms gling pa (1835-1904), a biography of her teacher and consort Dri med 'od zer (also known as Gsang sngags gling pa, 1881-1924), and her own autobiography », (Jacoby, 2009, p. 116).

[492] Veuve du roi de la principauté de Sde dge (Khams), elle endossa la régence pendant huit ans à la fin du XVIIIᵉ siècle et [fit] « procéder à la gravure des blocs d'impression puis au tirage des

l'exception plus que de la règle, puisqu'on ne comptait en 2005 que trois ou quatre autobiographies spirituelles de femmes écrites avant 1950, sur un total de 150 connues[493]. Dans la période post-1950, quatre autobiographies de femmes ont été publiées en exil, sur un total de 46, et aucune n'a été publiée au Tibet même[494].

Les bouleversements politiques du Tibet dans les années 1950, à l'occasion de son incorporation par endroits et par moments violente au sein de la jeune République Populaire de Chine (RPC), eurent des conséquences souvent dramatiques dans bien des domaines. La production littéraire, et le monde littéraire plus généralement, furent bien sûr affectés puisque nombre de détenteurs du savoir traditionnel furent les cibles de la répression dans les années 1950 et jusqu'à la fin des années 1970. Dans le contexte autoritaire de la R.P.C., la liberté d'expression relevait et relève encore de la théorie constitutionnelle, surtout pour des « minorités » qui questionnent inlassablement la légitimité du pouvoir central chinois Han. Toutefois, des changements plus positifs doivent être relevés. Ainsi, la formation des élites : alors qu'elles étaient autrefois issues des cercles religieux pour une très grande part, et dans une bien moindre mesure des cercles laïques aristocratiques, de nouvelles sections de la population se virent offrir un accès inédit à l'éducation, grâce à l'ouverture d'universités séculières nouvellement créées et au sein des structures de pouvoir mises en place par le Parti Communiste. Une frange de la population rurale et laïque put ainsi s'ouvrir à une éducation poussée dans des proportions nouvelles - même si, encore une fois, le rappel du contexte dictatorial du régime maoïste dans les années 1950-70, et autoritaire depuis les années 1980, doit tempérer cette assertion.

Signe de cette évolution des pratiques d'écriture, le terme moderne « littérature »[495] fut inventé dans les années 1970, révélateur d'un nouveau champ de pratique littéraire. Des fédérations chinoises d'écrivains nationales, provinciales, préfectorales et locales furent mises en place, dont certaines concernaient des zones de population tibétaine. Des journaux littéraires officiels en langue tibétaine furent lancés au début des années 1980. Dès lors, émergea la figure de l'écrivain rémunéré par l'État, par le truchement des publications officielles ou des fédérations d'écrivains, et de l'écrivain occasionnel et amateur. De nouveaux genres tels que la nouvelle réaliste, le roman et la poésie en vers libres, de nouveaux styles et de nouveaux thèmes apparurent sur la scène littéraire dès la rupture officielle avec la Révolution culturelle. Enfin, et cela rejoint notre propos, des personnes jusqu'alors peu

---

vingt-six volumes de la grande collection de textes canoniques propres aux Nyingmapa, des neuf volumes des œuvres de Jigme Lingpa et d'une partie de l'œuvre de Longchenpa (1308-1363) » (Chayet, 2013). Voir également Ronis, 2011.

[493] Schaeffer, 2005, p. 83.

[494] Communication personnelle d'Isabelle Henrion-Dourcy, 15 mars 2007.

[495] Voir Hartley, 2006.

susceptibles de produire et publier des textes eurent accès à la scène littéraire : instituteurs, professeurs, étudiants d'université. Parmi eux se trouvaient des femmes. Cependant, malgré ces bouleversements qui détachaient la création littéraire des cercles religieux et la mettaient à la portée de tous, il fallut attendre 1983 pour que paraisse le premier texte « moderne » rédigé par une femme[496]. Le développement de la littérature féminine fut donc assez lent et timoré, les auteurs femmes se comptant sur les doigts des deux mains dans la période de renaissance de la littérature tibétaine (années 1980), contre des centaines d'hommes. Qui plus est, les pionnières choisirent dans un premier temps de dissimuler leur identité féminine ou, pour le moins, de ne pas la mettre en avant[497].

Mais, à la fin des années 1990, quelques jeunes femmes firent une apparition remarquée et durable sur la scène littéraire et entreprirent de l'occuper en tant qu'écrivains femmes. Nées pendant la Révolution culturelle (1966-1976), elles avaient grandi dans le milieu culturel et politique relativement libéral de la Chine des années 1980, et avaient bénéficié des structures d'éducation qui avaient tenté de renverser la vapeur de la catastrophe des « dix ans de chaos », comme on qualifie la révolution culturelle. Elles entreprirent de s'emparer de l'écriture et de la littérature pour investir le champ littéraire où la domination masculine régnait presque sans partage et à tous les niveaux (écrivains, éditeurs, imprimeurs, correcteurs). Et, depuis le début des années 2000, on assiste à une entrée en force des femmes, surtout dans les genres de la poésie et de l'essai, la fiction (romans, nouvelles) restant le parent pauvre de la création littéraire féminine en langue tibétaine. Une première anthologie de poèmes de femmes, à l'initiative d'une intellectuelle et militante féminine, parut en 1999 et on dénombrait en 2013 une trentaine de monographies d'écrits de femmes[498], témoignant de ce que les femmes tibétaines s'étaient massivement engouffrées dans la brèche de l'écriture à partir des années 2000. De plus, au moins six revues et journaux spécialisés en littérature féminine ont commencé à paraître, qui n'incluent que des écrits rédigés par des femmes ou consacrés aux femmes[499]. Ces chiffres peuvent sembler modestes, mais ils sont à mettre en rapport avec ceux de la population tibétaine (six millions), encore rurale à 85 %, et avec le faible taux d'alphabétisation des femmes, surtout parmi les générations adultes et âgées. Il n'est donc pas erroné de parler d'une éclosion rapide et conséquente de la

---

[496] « Ode à l'ampoule électrique » (tib. : *Glog bzhu la bstod pa*).

[497] Voir Robin, 2008 et Robin, 2010.

[498] Ces monographies se partagent à leur tour entre recueils rassemblant diverses auteures d'un côté et, de l'autre, anthologies d'écrits d'un unique écrivain, que ce soient des poèmes, des nouvelles ou des essais.

[499] Ce sont « Drolma » (*Sgrol ma*), « Honorable Mère » (*Bskyed yum*), « Journal des femmes du Pays des neiges » (*Gangs can skyes ma'i tshags par*), « Le vent de l'Himalaya » (*Hi ma la'i rlung*) et « Filles des hautes terres » (*Sa mtho'i bu mo*). Ces journaux, comme tous les autres, ont un rythme de parution irrégulier.

littérature féminine au Tibet, dans laquelle les jeunes générations, nées à partir des années 1970, jouent une grande part.

Un corpus substantiel d'écrits de femmes, en langue tibétaine, est donc en constitution : il n'est donc plus illégitime de réfléchir à des généralités le concernant et ici, en l'occurrence, de s'intéresser à la manière dont les femmes écrivains traitent de la tradition, que nous prenons ici dans le sens de coutumes traditionnelles. Chez trois des plus célèbres femmes de lettres tibétaines d'aujourd'hui, toutes originaires du Tibet du nord-est (la province que les Tibétains appellent l'Amdo), on relève deux attitudes opposées face à la tradition. D'un côté, la chanteuse, présentatrice de télévision et militante féministe Jamyangkyi[500] (tib. : 'Jam dbyangs skyid, née en 1965) qui a entrepris de critiquer vigoureusement certains aspects de la tradition populaire tibétaine, qu'elle juge discriminatoires envers les femmes. Avec elle, Tseringkyi (tib. : Tshe ring skyid, née en 1983), de vingt ans sa cadette, qui consacre une partie de son œuvre poétique à la cause féminine. De l'autre, Dekyi Drolma (tib. : Bde skyid sgrol ma, née en 1967), qui célèbre une vision « gynocentrée » du monde tibétain où la place et le rôle traditionnellement assignés aux femmes ne sont pas remis en question, du moins dans ses écrits les plus récents. Impératif de non-soumission à la tradition populaire et religieuse pour les deux premières, célébration de la différence des sexes et des tâches féminines pour la troisième : on s'interrogera sur les raisons de ces postures apparemment opposées ainsi que sur les réactions de la scène littéraire tibétaine, où les questions d'attitude face à la tradition sont particulièrement sensibles dans les conditions politiques tendues du Tibet d'aujourd'hui.

Jamyangkyi est venue sur le tard à la littérature, en 2006. Issue d'un milieu populaire, elle n'a pas suivi de cours à l'université. Elle a d'abord connu le succès comme chanteuse dans les années 1980, puis a travaillé comme présentatrice à la télévision publique du Qinghai[501] avant de rejoindre la section de traduction (chinois-tibétain) pour cette même institution. Elle est mariée à Lhamokyab (tib. : Lha mo skyabs), un intellectuel tibétain en vue, également employé à la télévision du Qinghai, qui lit à ses heures de loisir Montaigne et Montesquieu en chinois, et les traduit parfois en tibétain. Sans formation littéraire spécifique, elle n'écrit pas de poème, ne publie pas de roman et s'est fait remarquer par ses billets féministes. Depuis 2008, elle a ouvert un blog et y publie, ainsi que dans divers magazines, des billets d'humeur, des réflexions sur le monde qui l'entoure, d'expression simple et délaissant tout souci d'effet littéraire. Elle aborde deux grands thèmes, qui parfois se rejoignent : d'une part ce qu'est être tibétain(e) à l'heure

---

[500] Les Tibétains n'ont traditionnellement pas de nom de famille et il n'est pas rare qu'ils ne possèdent qu'un prénom, comme c'est le cas pour les deux premières femmes écrivains présentées ici.

[501] Qui émet à destination des Tibétains de la province du Qinghai en langue amdo.

contemporaine dans le contexte actuel de domination par la Chine (thème omniprésent mais traité *sotto voce* en raison des sérieuses restrictions à la liberté d'expression que connaissent les Tibétains) ; d'autre part, les traditions tibétaines qu'elle estime contraires aux intérêts des femmes. C'est à cette deuxième catégorie que nous nous intéresserons et qui la singularise, puisque la question identitaire, et plus précisément l'expression des angoisses relatives à la survie identitaire distincte ethnique au sein du grand ensemble chinois, dans un contexte ultra-autoritaire où la libre expression politique est encore impossible, forme le socle de nombre d'écrits contemporains en langue tibétaine. La question de la place de la femme au sein de la société tibétaine, en revanche, a été presque toujours occultée ou ignorée par les hommes écrivains. L'ouvrage pionnier de Jamyangkyi, [Pluie et neige mêlées] (2008), a été le premier manifeste ouvertement féministe de langue tibétaine[502]. Ce que Jamyangkyi considère désormais comme sa mission lui a été révélé à la lecture du *Deuxième sexe* de Simone de Beauvoir en chinois. Depuis, elle a publié deux autres ouvrages : la suite du premier, et ses souvenirs de détention en avril 2008, pour motifs politiques (cet ouvrage est toutefois paru en exil, et pas au Tibet même). Dans son premier ouvrage, [Pluie et neige…], Jamyangkyi, par exemple, loue l'égalité domestique des hommes et des femmes aux États-Unis, où elle a séjourné pendant quelques semaines en 2006. Dans un autre billet, elle s'offusque de l'obligation faite aux femmes, dans sa région natale, de devoir se coiffer et arborer des ornements capillaires différents selon leur état physiologique et marital : une jeune fille pré-pubère garde les cheveux libres, mais participe à un rituel de passage féminin collectif appelé « cérémonie des cheveux (tib. *skra ston*) » ou « chute de la chevelure » (tib. *skra phab*), lorsqu'elle devient mariable, puis change encore de coiffure lorsqu'elle se marie et lorsqu'elle devient veuve[503]. Pour Jamyangkyi, cet étalage public, par le truchement de modifications capillaires, d'un état intime, relève de la coercition, d'autant que cette obligation n'est nullement imposée aux hommes et ne connaît pas d'équivalent chez eux. Jamyangkyi dénonce également l'association symbolique traditionnelle entre cet ornement capillaire et la « force vitale » (tib. : *srog*) de son conjoint, dans la société

---

[502] Ra rdza, 2007.

[503] Deux études ont porté sur ce rituel, voir Tshe dpal rdo rje, Rin chen rdo rje, G. Roche et C.K. Stuart, 2009 ; Blo bzang tshe ring, Don 'grub sgrol ma, G. Roche et C.K. Stuart, 2012. Toutes deux dressent un état des lieux de la bibliographie sur la question, bibliographie à laquelle on pourra se référer pour plus de détails. Aucune de ces deux études, toutefois, n'accorde de place à une réflexion de « genre » sur ce rituel. La seconde signale toutefois des préventions, récentes, de la part des jeunes femmes envers cette pratique, la qualifiant d'« arriérée » : toutefois, cette critique est liée à la perception de ce qu'elle se rattache à la « tradition », donc en ce qu'elle est considérée principalement comme passéiste, mais nulle part la discrimination genrée qui la caractérise n'est remise en question (Blo bzang tshe ring, Don 'grub sgrol ma, G. Roche et C.K. Stuart, 2012, p. 346, 352).

traditionnelle, et donc contre la pression et la violence symboliques qui s'exercent sur les femmes. Elle s'élève ainsi contre la double sujétion féminine au travers de la coiffure et des cheveux : d'une part, la sujétion de la femme dont la vie intime est dévoilée au regard de tous ; d'autre part, la surimposition, sur la tête de l'épouse, *via* la coiffure et les parements, de la vie du conjoint.

« Dans les zones agricoles de l'Amdo[504], quand une fille atteint l'âge de seize ou dix-sept ans, on célèbre la « cérémonie des cheveux », à l'issue de laquelle on accroche à sa chevelure le « tralung », ornement qui marque son arrivée dans l'âge adulte. Le « tralung » est censé symboliser le flux de conscience de son futur mari ainsi que sa force physique et sa richesse. Une fois la cérémonie effectuée, la jeune fille est alors considérée comme mariable[505] ».

Cette parure ne la quittera plus une fois mariée :

« Après la fête de mariage, cet ornement capillaire la suit comme une ombre et elle n'a pas le droit de s'en séparer. Si une femme vêtue traditionnellement ne porte pas son « tralung », laissant son dos vide, on se demande si elle n'a pas perdu son mari. C'est à cause de cette tradition que les femmes redoutent de se séparer de cet accessoire[506] ».

Les mariages arrangés dans le monde paysan sont également une des cibles favorites de Jamyangkyi, ainsi que les discriminations superstitieuses dont sont victimes les femmes en milieu traditionnel paysan (par exemple, la pollution associée aux menstrues et à l'accouchement, qui rendent la femme potentiellement dangereuse pour l'équilibre familial et social). Elle les décrit dans un style journalistique et direct, sans souci de recherche formelle. Jamyangkyi est donc une féministe tibétaine qui s'en prend aux coutumes traditionnelles populaires qu'elle juge discriminatoires pour les femmes et qui n'ont pas d'équivalent chez les hommes.

La deuxième auteure qui conteste le rôle dévolu aux femmes dans le monde traditionnel est Tseringkyi. Née en 1983, elle représente la nouvelle génération des femmes écrivains tibétaines. Ayant fui en exil en 1999, couronnée Miss Tibet en exil en 2003, elle travaille maintenant comme journaliste et présentatrice pour Voice of America et l'Association des Femmes Tibétaines en exil, association de la société civile de l'exil à but politique. Elle a maintenant deux anthologies de poèmes à son actif. Elle est aussi très présente sur internet et a été élue « en 2007 la deuxième blogueuse

---

[504] Province d'origine de Jamyangkyi, à plus de mille kilomètres au nord-est de Lhasa [note de l'auteur de cet article].
[505] Jamyangkyi, 2011.
[506] *Id.*

tibétaine la plus lue au Tibet »[507]. Contrairement à Jamyangkyi, elle écrit peu de prose et se consacre principalement à la poésie, souvent en vers libres, mais parfois versifiée. Depuis l'exil, elle peut se permettre de rédiger des textes à forte teneur politique et revendicative, mais ils font également la part belle au questionnement sur l'amour aujourd'hui, et sur les relations homme/femme. Un poème retiendra plus particulièrement notre attention, « La mère et les *mani* »[508]. Tseringkyi choisit de se battre sur le terrain littéraire pour contester l'image traditionnellement associée à la mère et l'ultrareligiosité de sa mère - à travers laquelle on peut deviner l'archétype des mères tibétaines. Pour cela, elle a recours à la transtextualité telle que l'a définie Genette : « ce qui met en relation, manifeste ou secrète, [un texte] avec d'autres textes ». On le sait, Genette divise cette transtextualité en cinq types : l'*intertextualité* qui elle-même inclut la citation, le plagiat ou l'allusion, et l'*hypertextualité*, qu'il appelle aussi la littérature de second degré, par laquelle un auteur fait dériver un texte d'un autre, par transformation ou imitation[509]. Le poème de Tseringkyi que nous allons commenter ici peut être considéré comme une relecture féministe, entre intertextualité et hypertextualité, d'un célèbre poème d'un non moins célèbre poète tibétain, Ju Kälsang (tib. : 'Ju Skal bzang, né en 1960), « Tibet, Mère, Mani » (1994). Hommage aux mères tibétaines, au Tibet et aux mantras, le poème de Ju Kälsang exalte la construction identitaire des enfants tibétains par le truchement du mantra *Om mani padme hum*, associé au bodhisattva Avalokiteshvara qui, dans l'imaginaire collectif tibétain, protège le Tibet, mantra qui est récité à tout moment de la journée par leurs mères[510]. Entendue dès la petite enfance, cette formule sacrée non seulement purifie l'esprit de ceux qui la prononcent, mais, écrit le poète, enveloppe à son tour les montagnes et les paysages tibétains d'une formule invoquant la paix et la protection, tout en permettant à l'enfant de grandir dans l'amour, la confiance et la sérénité. Tout comme les Tibétains se sentent protégés par Avalokiteshvara qu'ils invoquent par ce mantra, les mères tibétaines protègent leurs enfants en le leur récitant, tout en participant de la sanctification du paysage tibétain. Ce poème est lui-même une mise en abîme du mantra, puisque le mot « mani » revient de manière lancinante, transformant le poème lui-même en mantra poétique. Les qualités esthétiques et littéraires de ce texte, avec ses assonances et ses reprises, ont été célébrées par de nombreux

---

[507] http://www.empoweringvision.org/gtpn.yom.php?&id=87

[508] Le terme « mani » faisant référence au mantra « Om Mani Padme Hum » qui est associé à la figure d'Avalokiteshvara, le bodhisattva de la compassion qui, depuis le XIIe siècle au moins, est considéré par les Tibétains comme veillant sur le Tibet et ses habitants. Dans la langue courante, cependant, il est utilisé comme terme générique pour désigner les mantras du quotidien tibétain.

[509] Les trois autres types, la paratextualité, la métatextualité et l'architextualité, ne nous concernent pas ici.

[510] Voir note ci-avant pour une explication sur ce mantra.

commentateurs. Il a été repris dans plusieurs anthologies tibétaines et traduit en anglais et en français.

> « […] Comme la bouche des mères tibétaines le leur a enseigné
> Les Tibétains récitent des *mani*
> Les *mani* tombent sur les montagnes du Tibet
> Les rivières du Tibet font tourner les *mani*
> Et même le vent et le feu du Tibet
> Résonnent de *mani*
> […]
> Les *mani* tibétains sont issus des mères
> Et les mères tibétaines s'absorbent dans les *mani*[511][…] »

À la première lecture, son rythme apaisé et lancinant, qui célèbre à la fois le Tibet, son paysage, le bouddhisme, et les mères qu'il élève au rang de passeuses, garantes d'une vie sereine et d'une continuité culturelle, est inattaquable. Les femmes tibétaines, qui sont dans ce poème des mères, sont confirmées dans un rôle traditionnel qui assure la perpétuation sans heurt d'une certaine idée de la « tibétanité », fondue dans le paysage, grâce à leur religiosité innocente, prolongement presque naturel de leur état, lui-même naturel, de mère. Le poème de Tseringkyi, « Les mères et les *mani* », pourrait être qualifié de « contre-poème » : il prend en effet le contrepied systématique de celui de Ju Kälsang, que personne n'avait jusqu'à maintenant contesté. Ju Kälsang glorifie la répétition *ad libitum* des mantras par les mères tibétaines ? Tseringkyi associe cette habitude à un esclavage de la pensée. Ju Kälsang s'émerveille de ce que les mères bercent leurs enfants de ces mantras ? Tseringkyi déplore qu'elles perdent leur temps à marmotter des mantras en actionnant leur moulin à prières, sans réfléchir à leur existence propre ou à leurs aspirations personnelles. Ainsi, pour Tseringkyi, l'absorption des mères dans les *mani*, et donc dans la tradition religieuse tibétaine, ne contribue pas à alimenter une identité tibétaine ou une religion particulière (le bouddhisme tibétain), un paysage singulier (le plateau tibétain) et un protecteur précis (le bodhisattva Avalokiteshvara), qui sont autant de socles d'une construction individuelle et collective de l'individu tibétain. Elle conçoit cette association entre mère et *mani* comme une obstruction à l'épanouissement personnel, puisque la mère est décrite comme « une ignorante esclave de ses *mani* ». Enfin, la récitation ne lie pas la mère et son enfant mais elle distrait la mère de son rapport direct avec lui.

> « […] Ma mère récite sans cesse des *mani*
> […] Ma mère se déplace dans l'orbe du soleil et de la lune
> Sa vie tourne avec les moulins de *mani*
> Elle vieillit au même rythme que la chapelle à *mani*

---

[511] Ju Kälsang, 2011.

Ma mère   Pendant de longues années
Est entrée dans la chapelle tout en tournant son moulin à prières
Et elle nous a oubliés, mon père et moi [...][512] »

Les *mani*, loin d'être un moyen d'accomplissement individuel et collectif, sont, selon Tseringkyi, un obstacle pour les mères, car ils les empêchent de réfléchir à leur propre itinéraire, à leur propre vie et à leur relation personnelle à autrui.

« Mère   N'allez-vous pas sortir de ce monde de *mani* ?
Vous souvenez-vous de mon père et de moi ?
Mère   Les *mani* ont-ils éclairé votre existence ?
Mère   Pourquoi être devenue l'esclave des *mani*[513] ? »

L'itinéraire de Tseringkyi témoigne d'une grande indépendance : exilée puis couronnée Miss Tibet, auteure de recueils de poèmes et journaliste, blogueuse, elle n'entend elle-même être l'esclave de personne, ni des *mani*, ni des hommes. Dans l'interview qu'elle a accordée au journal de l'exil *Chang sa* [Mariage], consacré à l'amour et à la jeunesse, elle s'explique sur les raisons pour lesquelles elle est toujours célibataire à son âge : avant tout, elle a beaucoup voyagé sans se fixer nulle part (Tibet, Inde, Europe, États-Unis). De plus, faut-il obligatoirement se marier ? Par ailleurs, tous les hommes, dit-elle, même s'ils apprécient des femmes fortes sur la scène publique, souhaitent une épouse obéissante chez eux. « De nombreux hommes tibétains, s'ils se comportent comme des petits chiens en société, se sentent obligés d'être comme des tigres devant leur femme ». Enfin, ils ne peuvent supporter que leur épouse leur soit supérieure. Et elle enfonce le clou face au journaliste : « vous autres, hommes journalistes qui m'interviewez, vous proclamez que les femmes doivent endosser des responsabilités publiques, qu'elles doivent se penser comme autonomes, qu'elles doivent développer l'estime d'elles-mêmes. Mais en réalité, je sais parfaitement que vous n'avez jamais réfléchi à la façon d'accroître les capacités de vos propres épouses[514] ». Ces raisons peuvent sembler relever de l'évidence pour un lectorat occidental, mais elles sont peu fréquentes dans la culture tibétaine traditionnelle, encore aujourd'hui.

Jamyangkyi s'en prend aux croyances et rituels à teneur non-bouddhique (le rituel de la chevelure) et Tseringkyi, elle, dénonce la religiosité des femmes de la campagne - et, dans l'interview citée ci-dessus, ajoute qu'elles ont tellement intériorisé leur condition inférieure qu'elles ne sont pas assez lucides pour la condamner. Dans ces deux cas, deux formes de pratiques culturelles prises comme allant de soi sont reconsidérées d'un regard doublement neuf. En effet, non seulement ce regard s'émancipe par rapport à

---

[512] Tshe ring skyid n.d. p 25-27.
[513] *Id.*
[514] Tshe ring skyid, 2013, p. 24-25.

la tradition (cette posture est désormais bien attestée dans la plupart des cercles intellectuels d'aujourd'hui, féminins et masculins), mais il se double d'une perspective critique féminine, qui bouscule les idées établies en les revisitant d'un point de vue féminin, ce qui n'avait pas encore été entrepris par les hommes.

À l'autre bout du spectre des positionnements possibles face à la tradition, on trouve Dekyi Drolma : entrée en littérature dès le milieu des années 1980, elle est parmi les premières femmes visibles sur la scène littéraire tibétaine et elle a publié de façon ininterrompue depuis lors, ce qui fait d'elle un pivot non seulement de la scène littéraire féminine mais également de la scène littéraire dans son ensemble, donc l'aînée des deux auteures précitées. Ses écrits sont passés par plusieurs phases. Elle a commencé comme les premières femmes écrivains par une expression asexuée, comme en proie au célèbre « double bind », ce dilemme insurmontable mis en évidence par Suzanne Juhasz et qui caractérise les œuvres des premières femmes écrivains : elles embrassent la carrière d'écrivain pour exprimer leur identité profonde mais doivent abandonner leur identité de femme pour pouvoir oser une carrière d'écrivain[515]. Après une courte période où elle a publié des poèmes à contenu féministe, il semblerait que, à partir du moment où elle est devenue mère, donc au début des années 2000, la teneur des écrits de Dekyi Drolma ait connu une nouvelle évolution : elle a intégré la figure de son enfant et la relation mère-enfant dans ses poèmes et ses essais en prose, puis elle s'est mise à réexaminer sa propre enfance et le rôle de sa propre mère, à la lumière de sa nouvelle vie. Ses textes ont trouvé dans le quotidien, les souvenirs de l'enfance, la répartition sexuée des tâches et les figures féminines de son entourage un terreau d'inspiration fertile. L'évocation poétique de la mère et de la grand-mère n'est pas pour Dekyi Drolma l'occasion d'insister sur la dureté de la vie quotidienne pour les femmes de leur génération, comme c'est pourtant très souvent le cas chez les autres auteures. Si Dekyi Drolma mentionne bien leurs lourdes tâches du quotidien, c'est toujours avec un raffinement stylistique, sans s'en offusquer ni les dénoncer. Mieux, elle s'évertue à dénicher la beauté dans les vies féminines et dans les détails du quotidien. L'un de ses textes évoque ainsi le seau de la mère, ce seau usé par les ans, où le lait des *dri* (la femelle du yak) a coulé pendant des décennies. Les peines endurées par le rythme effréné de la traite, qui oblige les femmes en zone nomade à se lever dès trois heures du matin et à affronter les éléments à plus de cinq mille mètres d'altitude, sont à peine mentionnées. On retrouve ce ton lyrique dans l'extrait ci-dessous, où Dekyi Drolma mêle le prosaïque monde tibétain pastoral qui l'a vue naître, à des mentions mythiques du monde classique indien (joyau qui

---

[515] Cité par Gilbert et Gubar, 1984, p. 584. Le premier chapitre de l'ouvrage de S. Juhasz, *Naked and Fiery Forms. Modern American Poetry by Women. A New Tradition* (New York, 1976) est justement intitulé « The Double Bind of the Woman Poet ».

exauce les désirs, baratte de l'océan de lait), révélant sa formation classique et savante :

« Quand j'étais enfant, il [le seau] était mon unique espoir de combler ma faim et ma soif, le joyau qui exauce les désirs et une obéissante baratte de l'océan de lait. Le retour de ma mère à la maison, l'éclat des nuages du soir concentré dans son seau, les flocons de tendresse fondus dans son seau, les étoiles de l'aube cueillies dans son seau, le parfum des gentianes concentré dans son seau, tout semblait rivaliser en beauté pour inspirer tous les poètes du monde[516] ».

En rupture avec la célébration convenue de la jeunesse comme condition de la beauté, Dekyi Drolma effectue un parallèle entre l'usure du seau et le vieillissement de la mère, passage du temps qui n'altère nullement les qualités intrinsèques de l'un ou de l'autre.

« Comme ma mère, son seau a connu le tourment incessant des années tout en dispensant des trésors d'amour altruiste. Il a perdu sa belle jeunesse et sa vigueur d'autrefois. Mais cet excellent récipient aux formes esthétiques, lisse et dont le fond n'est pas usé, n'a jamais cessé de voir couler le flot de lait et de yaourt dans la prairie[517] ».

Cet extrait est emblématique du style de Dekyi Drolma : observant le monde proche qui l'entoure avec une attention aux plus infimes détails et une tendresse émerveillée, elle exerce un tri et choisit de plonger dans ses souvenirs, en quête de beauté, par des associations d'idées puisant dans la culture savante et populaire tibétaine, très souvent dans un contexte féminin ainsi que l'illustre l'extrait ci-dessus. Mettant en parallèle sa mère et le seau, elle aussi insiste sur la dimension de bonté qui les caractérise, ainsi que sur leur beauté et leur prodigalité mais, loin de déplorer cette magnanimité comme le fait Tseringkyi, elle l'exalte.

Que conclure de ces trois cas ? Dekyi Drolma est l'écrivain dont la formation littéraire formelle est la plus poussée - elle est détentrice d'une maîtrise de littérature tibétaine obtenue à l'Institut des Nationalités du Nord-Ouest de Lanzhou. Sa priorité est poétique et esthétique et, si elle milite, c'est pour la poésie et la littérature et non pour la cause féminine. Par ailleurs, sa maternité accomplie, l'équilibre de son couple, dont elle parle souvent, mais aussi son enfance dans les hauts pâturages, et bien sûr sa propre sensibilité, peuvent contribuer à expliquer cette orientation poétique avant que d'être féministe. Jamyangkyi, à l'opposé, ne se revendique ni poète, ni femme de lettres, mais militante et elle pointe du doigt les rôles traditionnels féminins et les inégalités que la littérature tibétaine remettait peu en question. Son long

---

[516] Dekyi Drolma, 2011, p. 105.
[517] *Id.*

compagnonnage avec un intellectuel tibétain rebelle à toute forme d'autorité, qu'elle soit politique (communiste) ou religieuse (bouddhique tibétaine), peut expliquer également cette orientation militante. Elle est certes mère de deux filles, mais ses écrits leur accordent peu de place, Jamyangkyi préférant s'intéresser à des questions globales (les Tibétains, les femmes). Enfin, Tseringkyi, la plus jeune, incarne les deux rôles, celui de poète et de militante à la fois. On peut se demander dans quelle mesure sa posture est facilitée par le fait qu'elle vit en exil, ce qui lui procure à la fois un éloignement de sa communauté d'origine et donc, peut-être, une liberté d'expression accrue.

Le présent article n'a pas vocation à proposer une classification stricte des auteures tibétaines en fonction de leur attitude vis-à-vis de la tradition. Les trois cas de figure présentés ici sont emblématiques en raison du fait que leurs auteures comptent parmi les noms connus de l'écriture féminine tibétaine d'aujourd'hui. Toutefois, ils sont loin de couvrir l'étendue des possibles sur l'interaction entre femmes et tradition dans le monde tibétain contemporain. Ils permettent toutefois d'établir l'existence d'une sphère littéraire féminine au Tibet, et de montrer que chaque auteure développe sa propre perspective sur le rôle que la tradition joue dans la vie féminine tibétaine et le développement personnel aujourd'hui. Il montre comment l'éclosion d'une sphère d'écriture féminine renouvelle le regard sur des pratiques qui, dans la sphère littéraire tibétaine, ne retenaient pas l'attention d'un point de vue genré : pratiques rituelles pré-bouddhiques qui « commodifient » la femme (ornements capillaires) ; ferveur religieuse qui entrave l'épanouissement personnel (récitation de mantras) ; activité pastorale ordinaire et encore jamais magnifiée (traite du lait). Ce regard renouvelé, enfin, enrichit la littérature tibétaine, et il est le fait des femmes tibétaines qui « osent » l'écriture.

On ne peut toutefois pas clore cet article sans envisager la dimension collective et ethnique et les enjeux de l'interaction féminin/tradition dans le contexte tibétain. En effet, dans bien des contextes, le rôle féminin traditionnellement assigné aux femmes est celui d'être la garante de la nation et de la perpétuation de la « tradition ». On voit clairement le lien mère/nation à l'œuvre dans le poème de Ju Kälsang. Sa remise en cause dans le contexte d'une culture fragilisée et en position dominée, elle-même subalterne, peut être perçue comme un facteur supplémentaire de déséquilibre, de perte d'ancrage. D'autant plus quand l'auteur est une femme : une femme qui rejette ce rôle, qui l'abandonne plutôt que de s'y abandonner, risque en effet d'être soupçonnée d'infidélité à la cause nationale. Rompre avec la tradition pour la critiquer n'est-il pas source de danger pour une collectivité déjà malmenée ? Ne brise-t-elle pas l'imaginaire collectif, tout tendu vers la survie identitaire en contexte de domination ? Autrement dit, ne détourne-t-elle pas les énergies vers un but secondaire, amoindrissant l'effort collectif tibétain face au risque d'assimilation ? Comme l'écrit Françoise Thébaud dans son introduction au numéro de la revue *Clio* consacré aux femmes et à la résistance pendant la Seconde Guerre mondiale, « la Résistance et les Résistants n'ont pas pensé d'autre modèle de relations entre les sexes, car tels n'étaient pas leurs priorités et leur rôle [518] ». Comme pour le confirmer, on remarque que l'œuvre poétique, littéraire et militante de Tsering Woeser (tib. Tshe ring 'od zer, chinois Weise), la Tibétaine la plus engagée et éloquente de l'époque contemporaine, ne ménage pas de place aux questions de maternité, de féminité ou de genre[519].

C'est donc potentiellement ce deuxième type de dilemme insurmontable que les féministes tibétaines critiques affrontent : le « double bind » colonial ou post-colonial, ou encore identitaire. On pourrait le résumer de la manière suivante : comment s'affirmer femme, auteure et tibétaine si cela implique une critique acerbe de la tradition et notamment du rôle attribué aux femmes, dans une société en situation de domination politique et ethnique ? On voit ce questionnement surgir sous la plume de l'auteur de l'interview de Tseringkyi cité plus haut, où il demande à Tseringkyi comment, n'ayant pas d'enfant, elle se situe par rapport aux deux principales sources d'angoisse collective pour les Tibétains selon lui : l'avenir de la langue et la démographie - autrement dit, comment une femme tibétaine nationaliste voit-elle le fait de ne pas donner d'enfants à sa nation, submergée ethniquement par une autre ? Sous d'autres cieux où ce dilemme s'est posé, il a été rapidement résolu. Ainsi, Nupur Chaudhuri a montré que, en Inde, les hommes avaient su rapidement ménager une place aux femmes au sein de la lutte antibritannique et anticoloniale, les premières réticences levées[520]. Procédant semble-t-il d'une même logique, la plupart des hommes tibétains ne reprochent pas pour l'instant aux écrivains femmes tibétaines leurs attaques de la tradition ou la remise en question du rôle des femmes, ni de la place que la religion peut prendre chez elles - la question du refus de maternité mériterait d'être observée toutefois de plus près. Car hommes et femmes partagent avant tout une angoisse identitaire sur la survie culturelle et linguistique du Tibet. L'engagement des auteures pour la cause des femmes tibétaines et donc leurs attaques de la tradition peuvent être, en dernière analyse, considérés comme un engagement pour la cause du peuple tibétain tout entier, partant du principe qu'un peuple, même opprimé, ne peut ni résister ni être digne d'attention s'il opprime lui-même sa composante féminine. Cette logique a été opératoire dans de nombreux contextes coloniaux par le passé, comme en Inde. La critique de certaines traditions par les femmes tibétaines peut donc être présentée aux lecteurs tibétains hommes comme participant d'une tentative de réforme nécessaire, et de l'intérieur, de la civilisation tibétaine, visant à la délivrer de certains de ses oripeaux d'arrière-garde, et donc comme un service rendu à tout le peuple tibétain dans un contexte sociopolitique tendu. Elle n'est donc ni une mise en danger de la culture tibétaine, ni le résultat d'une influence extérieure

---

[518] Thébaud, 1995, p. 3.
[519] Pour une sélection de ses œuvres en traduction en anglais, voir Woeser, 2011. Pour une étude de l'évolution de la poésie de Woeser, voir Maconi, à paraître.
[520] Chaudhuri, 2011.

(entendre : chinoise), pernicieuse. Jusqu'à maintenant, le message est bien accepté dans les rangs des intellectuels hommes qui auraient mauvaise grâce à reprocher à ces femmes écrivains les revendications d'« égalité » (*'dra mnyam*) et de « liberté » (*rang dbang*) auxquelles eux-mêmes aspirent, termes qui ponctuent de manière explicite et croissante les écrits des hommes comme ceux des femmes. Signes du soutien dont ces femmes bénéficient, le premier livre de Jamyangkyi a été préfacé par un jeune homme, intellectuel et poète, Tri Sempa (tib. : Khri Sems dpa') ; Tseringkyi est la seule et unique femme incluse dans le groupe d'écrivains et intellectuels auto-dénommé « Troisième génération » (tib. : Mi rabs gsum pa), qui est actuellement à la pointe de la création littéraire en langue tibétaine.

Bibliographie

Blo bzang tshe ring, Don 'grub sgrol ma, Gerald ROCHE, C.K. STUART, « Change, Reputation, and Hair: A Tibetan Female Rite of Passage in Mtha' ba Village », *Asian Highlands Perspectives,* vol. 21, p. 335-364.

CHAYET Anne, « Tsewang Lhamo », *Dictionnaire universel des créatrices*, Paris, Des Femmes, 2013.

CHAUDHAURI Nupur, « Femmes indiennes entre nationalisme et féminisme, des années 1880 à 1947 », *CLIO. Histoire, femmes et sociétés*, vol. 33, 2011, p. 85-106. URL : http://clio.revues.org/index10017.html

Dekyi Drolma (trad. par F. Robin), « Ma mère et son seau », *Siècle 21,* vol. 57, 2011, p. 105-106.

GILBERT Sandra M. & GUBAR Susan, *The Madwoman in the Attic. The Woman Writer and the Nineteenth-Century Literary Imagination*, New Haven-Londres, Yale University Press, 1984.

HARTLEY Lauran R., « Ascendancy of the Term *Rtsom-rig* in Tibetan Literary Discourse », Steven Venturino (éd.), *Contemporary Tibetan Literary Studies. Proceedings of the 10th Seminar of the IATS, 2003,* Leiden, Brill, 2006, p. 7-22.

JACOBY Sarah, « 'This inferior female body': Reflections on life as a Tibetan visionary through the autobiographical eyes of Se ra mkha' 'gro (Bde ba'i rdo rje, 1892-1940) », *Journal of the International Association of Buddhist Studies,* vol. 32 (1-2), 2009, p. 115-150.

Jamyangkyi (trad. par F. Robin), « Des parures et des femmes », *Siècle 21,* vol. 57, 2011, p. 110-113.

Ju Kälzang (trad. par F. Robin), « Tibet, Mère, *mani* », *Siècle 21,* vol. 57, 2011, p. 22-23.

MACONI Lara, « Searching One's True Self. The Spiritual and Literary Wanderings of 'Od zer (b.1966), from the Cult of Poetry to the Buddhist Faith) », communication au colloque « La création artistique face aux contraintes politiques et religieuses », Paris, Collège de France et SEECHACS, 27-28 avril 2009, à paraître.

Ra rdza 'Jam dbyangs skyid, *Za ma mo'i skyid sdug gangs ma char* [Joies et peines des femmes. Neige et pluie mêlées], Lanzhou, Kan su'u mi rigs dpe skrun khang, 2008.

ROBIN Françoise, « Des poèmes et des femmes. Étude préliminaire sur vingt-cinq ans de poésie féminine au Tibet (1982-2007) », Jean-Luc Achard (éd.), *Études tibétaines en l'honneur d'Anne Chayet*, EPHE-Sciences historiques et philologiques-II, Hautes études orientales, Extrême Orient 12, Genève, Droz, 2010, p. 217-267.

ROBIN Françoise, « Le corps féminin vu par les poètes tibétaines : du silence à la célébration », Esther Heboyan et Sandrine Marchand (éds.), *La poétique du féminin en Asie Orientale*, Arras, Artois Presses Université, 2012, p. 39-49.

RONIS Jann, « Powerful Women in the History of Degé: Reassessing the Eventful Reign of the Dowager Queen Tsewang Lhamo (d. 1812) », *Revue d'Études Tibétaines,* vol. 21, 2011, p. 61-80.

SCHAEFFER Kurtis, « The Autobiography of a Medieval Hermitess: Orgyan Chokyi (1675-1729) », Janet Gyatso and Hannah Havnevik (éd.), *Women in Tibet*, London, Hurst, 2005, p. 83-109.

THEBAUD Françoise, « Résistances et Libérations », *CLIO. Histoire, femmes et sociétés*, vol. 1, 1995. Mis en ligne le 01 janvier 2005, consulté le 12 avril 2013. URL : http://clio.revues.org/512 ; DOI : 10.4000/clio.512.

Tshe ring skyid, *Tshe ring skyid kyi rtsom btus* [Œuvre de Tseringkyi], Dharamsala, n.d.

Tshe ring skyid, « Da bar du gnyen sgrig ma byas pa ni nges gtan gyi gnas yul zhig med stabs yin » [Si je suis encore célibataire, c'est parce que je n'ai pas de résidence stable], *Chang sa* [Mariage], n° 1, 2013, p. 24-25.

Tshe dpal rdo rje, Rin chen rdo rje, G. ROCHE, and C.K. STUART. « A Tibetan Girl's Hair Changing Ritual », *Asian Highlands Perspectives,* n° 5, 2009.

WOESER (trad. A. E. Clark), *Tibet's True Heart*, New York, Ragged Banner Press, 2008.

La tradition dans l'écriture romanesque d'Elsa Triolet

Svetlana MAIRE

Elsa Triolet (1896-1970) a toujours entretenu des relations complexes avec les traditions et les normes sociétales. L'écrivaine française d'origine russe s'est démarquée des femmes de sa génération par sa double approche envers les traditions et les règles établies par la société. N'ayant rien d'une femme ordinaire du début du XXe siècle, elle a eu un parcours atypique. Cela apparaît non seulement dans sa vie personnelle mais aussi dans son œuvre littéraire. Tout en manifestant son attachement à ses racines russes, elle n'a jamais hésité à rompre avec les poncifs de la tradition dans la littérature, faire fi des normes sociales et des qu'en-dira-t-on. Tel fut le credo d'Elsa Triolet tout au long de sa vie.

Dans cet article, je propose donc d'essayer de définir le positionnement de l'écrivaine à l'égard de la tradition en me basant sur ses œuvres de fiction ainsi que sur ses écrits autobiographiques. Il sera intéressant de tenter une double approche de cette question en proposant une analyse au niveau de la forme et au niveau du contenu.

Dans la forme

Arrivée en France en 1918, Elsa Triolet faisait partie de ce que l'on appelle aujourd'hui les émigrés russes de la première vague, dont les frontières temporelles se situent entre les années 1900 et les années 1930. Or, si la majorité des poètes et écrivains russes forcés de fuir leur pays ont continué à rédiger dans leur langue maternelle, Elsa Triolet fut parmi les rares qui ont fait le choix d'adopter la langue du pays d'accueil. Cependant, il faut le préciser, ce passage du russe au français fut douloureux : l'abandon du russe, selon l'aveu d'Elsa Triolet, s'est déroulé « en grinçant les dents [521] ». Des années après, elle ressentait encore les douleurs de cette transition. Agissant ainsi, l'écrivaine marque sa rupture avec la diaspora russe mais non avec la Russie. Cette rupture ne doit pas être, en effet, vue comme un rejet de la culture russe mais comme le moyen de s'intégrer en France. Ne trouvant pas de terrain d'entente avec la plupart des représentants de la diaspora russe, surtout avec l'ancienne génération, ou avec le lecteur soviétique qui n'apprécie guère le caractère apolitique de ses ouvrages, Elsa Triolet suffoque. Elle veut être lue, être appréciée. Elle cherche son public, celui avec lequel elle peut partager ses humeurs et ses réflexions. Et le lien avec la langue russe ne sera jamais rompu totalement. Aussi, au niveau de la forme de ses romans, des mots et des expressions russes sont-ils éparpillés dans ses ouvrages. Par ailleurs, la consonance des noms des personnages, réels ou fictifs, évoque immédiatement leurs origines slaves.

« Mes « russicismes », ce n'est pas dans la structure de mon français qu'il faut les chercher (voir *La Mise en mots*), mais bien dans cette sorte d'atavisme, dans ces rêves éveillés, inconscients comme des rêves, avec leur choix et leurs préférences mystérieuses[522] ».

La romancière se sert des mots et des expressions russes pour faire découvrir la culture et la langue de son pays natal aux Français. Par l'intermédiaire de ses personnages, elle se pose en guide en expliquant, notamment, l'acception de certaines expressions en provenance du russe et employées dans le discours des personnages d'origine slave.

« Marina repoussa sa main :
- Je n'en veux pas. J'ai une tirelire pleine - elle parlait très bien le français, mais quand elle disait « tirelire », on entendait bien qu'elle n'était pas Française - je les garde pour le jour noir, continua-t-elle, comme Michel ne disait rien.
- Le jour noir ? Michel n'y était plus du tout.
- Pour s'il arrivait un malheur, vous comprenez…

---

[521] Elsa Triolet, *Le Rendez-vous des étrangers*, *Œuvres romanesques croisées*, vol. 27, Paris, Robert Laffont, 1967, p. 15.
[522] Elsa Triolet, « Mais d'où me viennent tous ces rossignols », *Les Lettres françaises*, n° 1326, mars 1970, p. 3. Cité d'après l'article de Marianne Delranc-Gaudric, « La culture russe dans les premiers romans d'Elsa et le passage du russe au français », *Aragon, Elsa Triolet et les cultures étrangères*, Paris, Annales littéraires, 2000, p. 75.

Michel ne comprenait rien du tout. Marina gratta la terre avec le talon de son soulier blanc et dit, un peu irritée :
- En russe, on dit : « Le jour noir. » Ça ne vous plaît pas[523] ? »

Par le biais de ces éléments russes, le lecteur peut percevoir l'accent d'origine de la romancière dont elle était si fière : « J'aurais pu me faire passer mon accent russe. J'ai préféré le garder. J'écris avec mon authentique accent, il est dans le caractère de mon écriture, dans mon style, dans ma folie elle-même : la folie aussi a une nationalité[524]. »

D'ailleurs, ses personnages russes imitent en quelque sorte la prononciation de l'écrivaine trahissant par là même leur origine étrangère. Ainsi, dès les premières paroles prononcées, ces personnages se démarquent.

« Quand Lucile lui passa le pain, la voisine dit « merci » et, à la façon dont elle fit rouler l'r, Lucile décida qu'elle était russe[525]. » (à propos de Varvara dans *Camouflage*)
« Il parlait parfaitement bien le français, sans accent, ni faute, il y avait pourtant quelque chose de trop gras dans ses « r », quelque chose de pas français dans le ton de sa parole, de chantant, d'exotique[526]... » (à propos de Stanislas Bielenki dans *Le Cheval blanc*)

En introduisant ces russicismes dans ses textes, Elsa Triolet rappelle inlassablement au lecteur d'où elle vient. L'identité d'Elsa Triolet est imprégnée avant tout de la culture russe. Elle s'y accroche probablement si fort parce qu'elle ne s'est jamais sentie complètement acceptée par la société française malgré tous ses efforts. D'ailleurs, le concept de « l'étranger », dont je parlerai plus loin, est une des dominantes de sa prose[527].

L'influence de la culture russe et notamment de la littérature russe sur l'œuvre romanesque de l'écrivaine est indéniable, surtout dans ses trois

---

[523] Elsa Triolet, *Le Cheval blanc*, Paris, Denoël, 1943, p. 17-18.
[524] Elsa Triolet, *La Mise en mots*, Genève, Skira, 1969, p. 56.
[525] Elsa Triolet, *Camouflage*, trad. du russe par Léon Robel, Paris, Gallimard, 1976, p. 34.
[526] Elsa Triolet, *Le Cheval blanc*, p. 181.
[527] À noter tout de même un caractère exclusif qu'elle manifestait à l'égard de ses origines russes. Autant la romancière tenait toujours à mettre en avant l'importance de la culture et des traditions russes pour elle, autant elle était pressée de gommer ses origines juives. Il faut aller en chercher l'explication dans son enfance et dans son adolescence. Ainsi, issue d'une famille juive aisée, la jeune Ella (son vrai prénom) a pu vite se rendre compte du traitement inégal des Juives dans la Russie tsariste en raison de la politique antisémite du gouvernement. Certes, elle réussit brillamment ses études secondaires et supérieures en obtenant un diplôme d'architecte, mais cela est dû à son intelligence exceptionnelle et à sa grande persévérance. En France, elle doit déjà subir une discrimination en tant qu'étrangère et l'écrivaine ne souhaite qu'une chose : faire oublier ses origines juives. C'est pourquoi, en 1938, à l'époque où la guerre frappe à la porte de l'Europe, elle opte pour un nom francisé pour la publication de *Bonsoir, Thérèse*, son premier ouvrage écrit directement en français. Selon elle, Triolet, le nom dont elle a hérité de son premier mariage, passe beaucoup mieux auprès du lecteur occidental que Kagan, nom à consonance juive.

premiers ouvrages rédigés en russe (*À Tahiti*, 1925 ; *Fraise-des-Bois*, 1926 ; *Camouflage*, 1928). Ces œuvres, en effet, tout en faisant apparaître le style individuel de la romancière, s'inscrivent parfaitement dans la culture de son pays d'origine en s'inspirant des courants et des théories littéraires russes. Dès son enfance, la petite Ella a toujours été passionnée par la lecture. Les livres des plus grands classiques russes étaient parmi ses favoris. Son adolescence a coïncidé avec la très forte popularité d'Anton Tchekhov. La jeune fille faisait partie des Russes pour lesquels Tchekhov représentait une nouvelle voie à suivre dans la culture russe après des décennies de stagnation. Pour son treizième anniversaire, la jeune fille a demandé à recevoir les œuvres complètes de Tchekhov. Ainsi, l'ombre de ce grand écrivain et dramaturge russe plane, entre autres, dans le choix de la forme de ses ouvrages. À l'opposé de Tolstoï, une autre grande figure de la littérature russe de la fin du XIXe siècle, Tchekhov n'hésite pas à rompre avec le style classique du roman en estimant que la brièveté est une condition d'efficacité esthétique. De Tchekhov, Elsa Triolet a hérité le traitement des détails en proposant au lecteur des descriptions minimalistes des caractères humains et du monde qui entoure les personnages. Dans le style de la romancière, cela se traduit, entre autres, par une faible quantité d'adjectifs qualificatifs. La description se fait avant tout par le biais de noms, puis des verbes qui, selon l'écrivaine, sont porteurs d'une grande charge émotionnelle et expressive. Les adjectifs se trouvent ainsi relégués au second plan.

Ce style minimaliste de la romancière, usant d'un vocabulaire appartenant en majorité au registre neutre et ses phrases simples dépassant rarement une dizaine de mots, reflète également l'influence de l'avant-garde russe[528]. Les postulats des avant-gardistes russes concernant la forme et le contenu du discours romanesque inspirent à la jeune écrivaine l'emploi d'un langage simple. Dans les années 1920-1930, Elsa Triolet mène un vif échange à ce sujet avec un des plus grands représentants de la littérature russe, Vladimir Maïakovski. Gérard Conio évoque, dans son ouvrage *L'art contre les masses: esthétiques et idéologies de la modernité : essais,* la volonté de Maïakovski d'émanciper le passé en littérature en retournant aux sources de la langue[529]. Selon le poète, ces sources se trouvaient à portée de la main : dans la langue de tous les jours. Cette démarche consistant à puiser les nouvelles idées dans l'ancien fait écho à la réflexion de Nathalie Sarraute : « La réinvention n'est rien d'autre que la découverte d'un nouvel ordre de sensations et la mise en

---

[528] Elsa Triolet a quitté la Russie en 1918. Continuant à suivre de près l'actualité de son pays d'origine, notamment dans le domaine de la culture, elle intégrait les dernières trouvailles des artistes russes dans son écriture. Quant à l'avant-garde russe, la romancière s'inspire des œuvres de V. Maïakovski, V. Khlebnikov, I. Severianine, I. Ignatiev et autres sans pour autant y adhérer complètement.
[529] Gérard Conio, *L'Art contre les masses : esthétiques et idéologies de la modernité : essais*, Lausanne, L'Âge d'homme, 2003, p. 139.

pratique de nouveaux moyens d'expression qui rendent nécessaire la transformation des formes conventionnelles considérées comme gênantes et stériles »[530]. Ainsi, il ne s'agissait pas de rejeter la langue littéraire russe formée depuis des siècles mais seulement de la décloisonner en donnant libre cours aux éléments langagiers en provenance du registre parlé, voire familier. G. Conio note à ce propos que « Maïakovski introduit dans l'art, dans la poésie, l'insolence, la liberté du langage des rues... »[531]. Le poète n'était bien évidemment pas le seul à œuvrer pour cette cause. Il suivait ainsi une des tendances principales de la littérature russe consistant à réduire le fossé entre l'oral et l'écrit. Hormis l'introduction des éléments du registre parlé dans ses poèmes et ses pièces de théâtre, la contribution de Maïakovski dans ce rapprochement passait également par sa participation active à l'écriture des commentaires du *loubok*[532]. Quant à Elsa Triolet, pour qui Maïakovski était plus qu'un ami[533], elle s'inspire du rythme des poèmes de ce dernier pour sa prose en recourant à des phrases courtes, sans verbe mais riches en énumérations nominales.

Tenant à se démarquer des écrivains de la génération précédente, la jeune romancière propose au lecteur un nouveau type de roman. Il faut être au fait, dans l'air du temps. Les idées de Tchekhov sur la conception des œuvres romanesques ou encore sur la décanonisation de la langue littéraire n'étaient pas des procédés suffisamment innovants aux yeux d'Elsa. Vivre et créer en lien avec les traditions tout en s'ouvrant aux nouveautés : voilà donc la devise triolétienne. Il faut continuer à avancer, vivre au rythme des années 1920, époque de ses premiers ouvrages. C'est pourquoi les innovations formelles des œuvres d'Elsa Triolet s'inspirent également des procédés du montage et du collage mis en place par les courants cubistes et les surréalistes. Ainsi, le montage dans une œuvre littéraire consiste à intégrer des éléments étrangers dans un ensemble textuel cohérent dans le but d'obtenir un agencement organique des éléments en produisant un effet de continuité logique de

---

[530] Nathalie Sarraute, « Le langage dans l'art du roman », dans Simone Benmussa, *Nathalie Sarraute. Qui êtes-vous ?* Lyon, La Manufacture, 1987, p. 187.

[531] Gérard Conio, *op. cit.*, p. 139.

[532] Le *loubok* était initialement une image populaire russe gravée en général sur bois et accompagnée de légende évoquant des scènes humoristiques ou édifiantes. Durant la Première Guerre mondiale, les *loubki* ont refait leur apparition dans la vie des Russes. Cette « renaissance » et la popularisation du *loubok* sont liées à la remontée des sentiments patriotiques suite à la guerre russo-japonaise de 1904-1905 et à la Première Guerre mondiale de 1914-1918 chez le peuple russe. Ainsi, si le *loubok* se cantonnait initialement à l'image, par la suite, comme le voulait la tradition populaire, les images ont commencé à être accompagnées de commentaires en langue simple. En collaboration avec Kazimir Malevitch, Maïakovski a réalisé pour des *loubki* un grand nombre de commentaires en vers. Ces vers à caractère patriotique portaient déjà le rythme singulier du poète.

[533] Vladimir Maïakovski, qu'Elsa Triolet a rencontré dans les années 1910, fut la première grande passion de la romancière. Malheureusement le poète est tombé sous le charme de sa sœur, Lili Brik, et traitait Elsa en petite sœur.

plusieurs textes. Lors du montage, les « points de suture » ne doivent pas être trop visibles. Quant au collage, ici, au contraire, l'effet escompté est dû à une rupture entre le texte principal et les éléments extérieurs. Ces éléments collés, « prélevés» d'un autre texte ou même provenant d'un autre domaine (chansons, slogans, etc.), ne s'intègrent jamais complètement de façon organique, mettant en évidence leur caractère étranger. Dans la littérature, ces éléments constitutifs de la littérature de composition visaient, selon les surréalistes, à faire ressurgir des potentialités insoupçonnées du discours romanesque.

Ces deux pratiques sont largement présentes dans les ouvrages de la romancière.

En évoquant l'écriture de montage, Elsa Triolet organise d'une façon particulière les unités narratives au sein de ses romans dans la lignée de certains écrivains russes et occidentaux des années 1920 et 1930. Les procédés du montage romanesque s'organisent autour de quatre principes :

-   « la mise en évidence, au plan prosodique, d'une série de discontinuités et de contrastes »[534]. Concrètement, chez Triolet, cela consiste à recourir à différents signes de démarcation comme la présence de « blanc » (surtout dans ses premiers romans) ou encore des variations typographiques. On sait que l'écrivaine a imposé à son éditeur l'impression de son roman *Le Rossignol se tait à l'aube* en deux couleurs afin de distinguer la narration et le récit de rêve. Procédant de la sorte, l'auteur tient à rendre le dispositif prosodique plus complexe par rapport à celui d'un roman classique.
-   « l'agencement syntagmatique particulier des unités narratives »[535] où la continuité linéaire du récit unique est rompue. La préférence est accordée au récit fragmentaire où chaque morceau est agencé à un autre de façon à ne produire qu'un. En optant pour la présentation de l'histoire sous forme d'un journal intime (*Fraise-des-Bois*) ou encore sous forme de lettres (*Luna-parc*), Elsa Triolet rend légitime en quelque sorte la fragmentation de la narration tout en insistant sur l'idée de l'unicité de ces fragments. Le montage des nouvelles dans *Bonsoir, Thérèse* correspond à la même idée : la disparité n'exclut pas l'unicité. Ce morcellement du récit unique peut également s'opérer sur le plan de l'organisation temporelle. À l'opposé du roman classique où l'auteur se voit dans l'obligation de poser des marques temporelles, l'écriture parcellaire se permet des ellipses temporelles sans que cela soit explicitement motivé.

---

[534] Jean-Philippe Morel, « Montage, collage et discours romanesque dans les années vingt et trente », *Collage et montage au théâtre et dans les autres arts durant les années vingt*, Lausanne, L'Âge d'Homme, 1978, p. 40.
[535] *Id.*

- « l'usage de plusieurs régimes narratifs concurrents »[536] s'opère chez Triolet notamment dans l'alternance de points de vue sur un événement narré. Ainsi, le régime narratif change à plusieurs reprises dans *Fraise-des-Bois* où la narration à la troisième personne est relayée par l'écriture diariste. Le montage narratif qui pénètre activement l'écriture de ce roman poursuit ainsi plusieurs objectifs. D'une part, la narration à la troisième personne permet à l'écrivaine de prendre des distances avec les événements narrés dont la plupart sont tirés cependant de sa vie personnelle. Par ailleurs, les extraits d'un faux journal intime servent ainsi à donner un aspect authentique à la narration. Les régimes narratifs différents justifient les changements de perspective narrative en offrant au lecteur une focalisation marquée par différents degrés de subjectivité.

- « la mise en évidence d'un travail de répétition et de variation à plusieurs niveaux »[537]. Tzvetan Todorov notait déjà dans son article « La lecture comme construction » : « [...] on se rend mal compte, habituellement, combien le texte fictionnel est répétitif ou, si l'on veut, redondant [...] »[538]. La répétition se manifeste sur plusieurs plans dans les romans triolétiens. Il peut s'agir de répétitions des phrases. Les répétitions qui se suivent ou sont rapprochées servent à donner un certain rythme au passage tout en insistant sur une idée. Le titre du roman *Personne ne m'aime* est le triste constat formulé par le personnage de Jenny Borghèze. Tout au long de la première partie du roman, l'héroïne ne cesse de répéter cette phrase. Ce triste constat sur les rapports humains la conduit au suicide. Dans la deuxième partie du roman, cette idée clé est reprise par Anne-Marie ; elle prend une tournure encore plus générale dans la bouche du personnage qui arrive à la conclusion que, dans ce monde, personne n'aime personne. Elsa Triolet recourt également à la répétition de pans entiers du même texte. Son journal intime a servi de matière très riche pour ses romans. Ainsi, les réflexions tirées de son journal intime se retrouvent quasiment doublées dans le discours des personnages triolétiens. La répétition se situe également au niveau des scènes, des thématiques d'un texte à un autre. Par exemple, la fameuse scène du départ de Fraise-des-bois âgée de trois ans est reprise dans *Personne ne m'aime* où Jenny menace de laisser son métier d'actrice et de partir vivre chez le gardien. En ce qui concerne la reprise des thématiques chez Triolet, je développerai ce point un peu plus loin.

---

[536] *Id.*
[537] *Id.*
[538] Tzvetan Todorov, « La lecture comme construction », *Poétique*, n° 24, 1974, p. 419.

Le collage en littérature et notamment dans les romans d'Elsa Triolet consiste à intégrer différents types de discours sociaux qui se démarquent visiblement du discours narratif principal. Il peut s'agir d'expressions entendues, de slogans publicitaires, de paroles de chansons et de poèmes. Cependant les éléments collés, malgré leur contraste visuel avec le texte principal, n'interviennent pas en rupture mais se situent en prolongement du discours romanesque.

Le procédé du collage s'illustre également chez Elsa Triolet par l'association d'images au texte. Lors de la préparation des *Œuvres romanesques croisées d'Elsa Triolet et Aragon*, l'écrivaine tient à ce que le choix des images se fasse en synchronie avec l'organisation de la publication de ses propres romans et ceux de son compagnon. Intégrant des images à ses textes, l'écrivaine réactive le débat des surréalistes dans les années 1920 sur les rapports organiques qui peuvent exister entre l'écriture et l'image. On évoque alors un nouveau type de roman, connu sous l'appellation de roman imagé, où l'exploitation des images bouscule l'espace livresque. Dans ce nouveau type de roman, il n'y a pas concurrence entre mots et images mais, au contraire, il s'agit d'une collaboration étroite et productive. Dès lors, les images ne viennent pas seulement accompagner le texte, elles sont placées sur un pied d'égalité avec le langage. Par ailleurs, Mohamed Essaouri affirme qu'en recourant aux éléments extralittéraires tels que les images, les écrivains « mettent l'accent sur l'aspect incitateur et stimulant de l'image et sur la fascination qu'elle exerce sur eux »[539]. La stratégie de l'usage de l'image n'est pas ponctuelle chez Elsa Triolet. Il s'agit d'un procédé récurrent dont l'objectif principal vise à remplir le vacuum langagier : les images permettent de véhiculer les aspects de la pensée humaine « inexprimables » par les moyens du langage. C'est pourquoi, selon la vision triolétienne, c'est à l'auteur, cet « écrivain-colleur », qu'incombe la tâche de choisir les images pour son texte. « Le « colleur » produit un texte à double face (typographie/image) où chaque face prend le rôle de l'autre dans une relation de présupposition réciproque, de réversibilité, l'image visuelle étant à lire, le texte à voir »[540].

Dans son envie de repousser les limites du roman traditionnel, Elsa Triolet va encore plus loin en proposant au lecteur un nouveau type de roman qui fusionne en lui le réel et l'imagé.

Elsa Triolet s'éloigne des postulats bakhtiniens selon lesquels l'auteur doit être constamment distancé du narrateur et des personnages. Sa vision d'un nouveau roman se rapproche plus du roman au sens chklovskovien qui

---

[539] Mohamed Essaouri, « *Écoutez-voir*, un roman imagé », *La Photographie au pied de la lettre*, Jean Arrouye (dir.), Presses de l'université de Provence, 2005, p. 132

[540] Édouard Béguin, « L'un ne va pas sans l'autre. Remarques sur l'illustration des *Œuvres romanesques croisées d'Elsa Triolet et Aragon* », *Écrire et voir, Aragon, Elsa Triolet et les arts visuels*, Jean Arrouye (dir.), Publications de l'Université de Provence, 1991, p. 81.

instaure de nouveaux rapports entre littérature et réalité. Selon la vision de ce dernier, la littérature classique, trop repliée sur elle-même, s'éloigne de plus en plus de la vie réelle et n'a plus aucun impact sur elle. Cela concerne le niveau langagier mais également tout le niveau formel. C'est pourquoi la littérature doit ouvrir ses frontières pour y faire entrer la réalité. La littérature factuelle, quant à elle, est en mesure de rétablir le lien entre la fiction et la réalité. De plus, sa force potentielle doit lui permettre de jouer un rôle dans l'Histoire humaine. Dès lors, selon la vision du formaliste russe, « la littérature s'identifie au journalisme et, conformément aux objectifs révolutionnaires, elle doit contribuer non seulement à mieux connaître la réalité, mais à la changer »[541]. Ainsi, le slogan « l'art pour l'art », avancé par les représentants de la culture élitiste au début du XXᵉ siècle, n'est plus dans l'air du temps. Désormais, « l'art est ramené au métier, un ensemble de recettes permettant de mettre en *forme* un *contenu* idéologique »[542]. Cette nouvelle approche dans la conception du roman change également la place du lecteur. Dans ce roman documentaire « le lecteur doit être considéré comme le personnage principal du roman » car « sans l'œil du lecteur, pas de roman »[543]. Quant aux personnages, ils n'y sont plus perçus comme des individualités mais comme de simples échantillons sociaux de la société.

Ainsi Elsa Triolet suit cette nouvelle tendance qui consiste en un abandon de la fiction pure au profit de la fiction factuelle tout en faisant une différence entre l'autobiographie et cette dernière. L'écriture autobiographique n'étant pas en mesure de refléter de façon authentique la réalité, elle fausse les pistes et prête à de multiples égarements. Dans *Le Grand Jamais*, l'écrivaine fait écho à la position de son ami Chklovski: « L'autobiographie induit en erreur avec encore plus d'art et d'astuce que les biographies nommées romans. Ici comme là, le héros se choisit un destin »[544].

L'une des façons d'entrelacer le discours imaginaire et le discours factuel est d'intégrer dans les œuvres littéraires des passages rédigés sous la forme de mémoire, de lettres ou de journal intime. Elsa Triolet recourt à plusieurs reprises à ces techniques narratives. Dès lors, ces séquences prosodiquement dissemblables permettent à la romancière de se trouver toujours à la frontière qui sépare la fiction et l'autobiographie. Dès lors, une nouvelle approche du roman se dessine à partir d'un vacillement entre la fiction et l'autobiographie. Il en résulte ce que l'on peut dénommer un roman aux allures autobiographiques. Dans les œuvres d'Elsa Triolet, ces éléments autobiographiques, tirés principalement de son enfance, son adolescence et sa jeunesse, se retrouvent transposés dans les pages de ses ouvrages. Ainsi, dans les romans triolétiens, l'auteur se donne à voir tout en se cachant derrière les

---

[541] Gérard Conio, *op. cit.*, p. 230.
[542] *Id.*
[543] Elsa Triolet, *La Mise en mots*, *op. cit.*, p. 49.
[544] E. Triolet, *Le Grand Jamais*, Paris, Gallimard, 1977, p. 176.

personnages. Cela correspond au souhait d'Elsa Triolet de toujours préserver un jardin secret.

Dans le contenu

Il est possible également d'observer l'ancrage des traditions littéraires russes dans le contenu de la production littéraire d'Elsa Triolet.

Premièrement, ces liens se manifestent dans le choix de la thématique de ses œuvres.

L'influence de Tchekhov apparaît dans l'évocation des sujets *a priori* trop ordinaires pour servir de base de roman. On est loin des intrigues des romans classiques qui tiennent le lecteur en suspens jusqu'à la dernière page. Prenant appui sur les conceptions tchekhoviennes ainsi que sur celles mises en évidence par les formalistes russes, Elsa Triolet choisit de montrer les aspects de la vie de personnages qui, de prime abord, n'ont rien d'exceptionnel. Le lecteur a l'impression de monter dans un train déjà en marche. Comme chez Tchekhov, les romans triolétiens se démarquent par l'absence de début et de fin. Il n'y a que la vie. La représentation de morceaux de vie quotidienne correspondait parfaitement aux objectifs des auteurs d'un nouveau type de prose, notamment celui du courant réaliste. Selon cette nouvelle approche réaliste, il suffisait de changer d'angle de vue pour qu'un événement tout à fait ordinaire ait le mérite de devenir le sujet d'un roman, car, si on observe bien, chaque moment de la vie de l'homme peut être une intrigue.

La construction d'un sujet du roman autour d'un « rien » renvoie également au problème de l'importance de la présence de la fable dans un roman. Viktor Chklovski, un des représentants des formalistes russes, a parfaitement bien analysé les spécificités de cette nouvelle approche selon laquelle il fallait bien distinguer l'intrigue et la fable du sujet.

> « L'intrigue, ce sont les traces de nombreux sujets qui coïncident. [...] La lutte contre l'intrigue, c'est-à-dire, contre les anciennes traces qui ne mènent pas à bon port - voilà ce que sont les sujets de Tolstoï. En réalité, c'est comme si chez Tolstoï seul le sujet était intact et comme si on arrangeait sans cesse la fable [...]. C'est exactement ce que Tchekhov voulait dire quand il écrivait : le sujet doit être nouveau et on peut se passer de la fable. [...] Ainsi, je répète, une fable banale peut devenir sujet[545] ».

Les traces d'Anton Tchekhov et de Maxime Gorki, grâce à l'encouragement desquels, Elsa Triolet a décidé de se lancer dans l'écriture, sont visibles à travers la prédilection de l'écrivaine pour les sujets évoquant

---

[545] Viktor Chklovskiï, *Energuiya zablujdeniya : Kniga o syujete* [L'Énergie de l'aberration : Livre sur le sujet], Moscou, Sovetskiï pisatel, 1981, URL : http://philologos.narod.ru/ shklovsky/energeia.htm.

les êtres marginaux. Ce choix de mettre sur le devant de la scène les marginaux est d'autant plus motivé que cette thématique reflète l'expérience personnelle de l'écrivaine. En effet, malgré ses efforts d'intégration dans la société française, Elsa Triolet ne s'est jamais réellement sentie acceptée par les autochtones de son pays d'accueil. Elle a été l'éternelle étrangère au passeport français. « On l'a mise en marge, comme une faute. Et c'est bien une faute qu'elle »[546], - écrit la romancière à propos de Varvara de *Camouflage*. Or, ce triste constat reflète également les réflexions d'Elsa Triolet sur sa propre vie. Cette intégration n'a pas eu lieu non seulement pour des raisons socio-culturelles mais également pour des raisons d'ordre personnel. Elsa Triolet se considérait elle-même marginale, tenant trop à sa liberté et incapable de vivre selon les règles établies par les hommes. Cela tenait certes à son caractère mais également aux circonstances de la vie. C'est pourquoi les personnages qui vivent en marge de la société occupent une place importante dans l'œuvre triolétienne.

Une autre thématique qui fait écho à la première est la mise au centre du roman des personnages qui se distinguent par leur « étrangeté ». Ce trait de caractère se traduit non seulement par leur statut social ou leur comportement en société. Les prénoms apparaissent comme premiers indicateurs de cette étrangeté. Les héroïnes des premiers ouvrages d'Elsa Triolet portent, en effet, des prénoms transparents. Ce sont des doubles d'Elsa elle-même. Ainsi, comme je l'ai déjà noté dans mon article consacré à l'analyse de l'identité féminine dans *Fraise-des-bois*, le surnom de l'héroïne évoque le caractère asocial de la personne qui le porte[547]. Il en va de même pour son troisième livre en russe, *Camouflage*. Dans ce roman, Elsa Triolet opte, pour son personnage russe, pour le prénom de Varvara. Le prénom de Varvara, dont l'équivalent français est Barbara, sert à mettre en évidence son caractère marginal : « [...] elle restait en silence dans un coin, tenant dans ses bras une belle poupée [...]. Elle faisait ses études à la maison et n'avait pas d'amis [...] »[548].

L'importance accordée aux marginaux de toutes sortes dans l'œuvre triolétienne fait forcément immerger une autre thématique importante qui est la solitude. C'est la marginalité qui condamne les personnages triolétiens à la solitude. Elsa Triolet met en avant à plusieurs reprises dans ses romans le fait qu'on peut être à la fois très entouré et se sentir terriblement seul (Varvara de *Camouflage*, Michel Vigaud du *Cheval blanc*, Jenny Borghèze de *Personne ne m'aime*) : « Varvara avait tout un tas d'amis et de connaissances, mais était solitaire comme l'obélisque sur la place de la Concorde »[549].

---

[546] Elsa Triolet, *Camouflage*, p. 89.
[547] Svetlana Maire, « *Fraise-des-Bois* ou l'expression des tendances féministes d'une société », dans *L'Identité féminine dans l'oeuvre d'Elsa Triolet*, Günter Narr, Tübingen, 2010, p. 258.
[548] Elsa Triolet, *Le Cheval blanc*, p. 52.
[549] Elsa Triolet, *Camouflage*, p. 64.

Dès lors, cette thématique de la solitude est également le fil rouge de la plupart de ses romans et le titre de l'un d'entre eux semble en donner la raison principale : *Personne ne m'aime*. Ce triste postulat ainsi qu'un autre, plus général, (« Personne n'aime personne »), revient sans cesse dans les pages de ces livres. Anne-Marie de *Personne ne m'aime* est forcée de constater que seul un événement très fort, comme, par exemple, la guerre, est capable de souder les gens. Or, une fois retourné à la vie normale, la nature égoïste de l'être humain reprend le dessus et chacun redevient moins sensible aux problèmes des autres.

Ces personnages solitaires vivent la plupart du temps dans un hôtel.

> - « Où habitez-vous demanda Lucile qui s'apprêtait à partir.
> - À l'hôtel, pas loin d'ici.
> - Vous n'habitez donc pas toujours à Paris ?
> - Mais si, répondit brièvement Varvara[550][...] ».

L'hôtel dans les romans triolétiens est symbole de non-maison, d'absence de patrie. Comme dans le cas de Michel Vigaud du *Cheval blanc*, l'image de l'hôtel sert à l'écrivaine à mieux définir les traits principaux de ses personnages : ainsi, la plupart du temps, il s'agit de personnes qui n'ont ni attaches, ni famille. Leur mode de vie en marge de la société ne leur permet tout simplement pas de « se mélanger » aux autres gens. Leur chambre d'hôtel est assez lugubre et sinistre : aux murs gris, faisant fortement penser à une prison et où « le silence le plus noir » est relayé par un bruit insupportable pour les personnages.

> « Le lit de fer se tenait comme un cheval qui n'en peut plus, les pieds un peu écartés, pliant sous son propre poids. Cela sentait le renfermé, la literie jamais aérée. La chambre donnait sur une cour profonde avec quelques fenêtres éclairées. Le manque d'air ! [...] Rien ne bougeait dans l'hôtel qui semblait vide, mais de la cour montaient des voix, des bruits de vaisselle… Quand la lumière de la fenêtre d'en face s'éteignait, tout tombait dans le silence le plus noir[551] ».

Pourtant, c'est là qu'ils se sentent le mieux. La chambre d'hôtel est en quelque sorte un refuge, une carapace contre le monde extérieur qui leur permet de se ressourcer sans pour autant les guérir « de la vie ». Ils préfèrent passer leurs journées plongés dans la solitude plutôt qu'affronter le monde. C'est un choix par défaut. Dès lors, le malaise de la solitude à l'hôtel est plus supportable que celui provoqué, éprouvé lorsqu'ils se retrouvent entourés du monde. En faisant de l'hôtel une des thématiques les plus récurrentes de ses œuvres, Elsa Triolet souhaite montrer au lecteur français l'existence de

---

[550] *Ibid.*, p. 39-40.
[551] Elsa Triolet, *Le Cheval blanc*, p. 253.

milliers d'émigrés russes arrivés dans les années 1920-1930 après la révolution bolchevique. Elle y fait également partager sa propre expérience, car on sait qu'entre 1923 et 1925, la future écrivaine, brisée par un mal-être, est restée allongée dans sa chambre d'hôtel durant presque deux ans. Les extraits de l'autobiographie d'Elsa Triolet nous retracent cette période extrêmement difficile pour elle : « Après, à Paris j'ai habité à l'hôtel. Je n'avais plus de mari. Je me suis mise à l'écrire. J'étais très malade. Je suis restée couchée presque tout le temps durant deux ans. J'avais perdu mon "statut social". [...] Cet hôtel, je l'ai décrit dans *Fraise des bois* »[552].

Le passé russe d'Elsa Triolet trouve également son reflet dans l'évocation d'une autre thématique récurrente qui est la place de la femme dans la société contemporaine. Déjà adolescente, Ella se posait beaucoup de questions à ce sujet : quelle place devait occuper la femme au sein de la famille, quel est son rôle dans la société et dans l'Histoire… Nous pouvons le voir à travers les doutes et les questionnements du journal intime de l'adolescente. Le choix entre perpétuer la tradition en devenant une femme au foyer choyée par son mari ou s'y opposer avec l'ambition de devenir une femme indépendante, n'était pas évident pour l'adolescente. Parfois, cette tentation de suivre les sentiers battus et de s'adonner à la facilité prend le dessus : « Cela recommence, je n'ai plus envie de rien. Sinon, de luxe, donc d'argent. Des robes, des bijoux, des fourrures, cela j'en rêve encore »[553]. Or, ces moments de tentation ne sont que de courte durée car la jeune fille se rend vite compte que cette vie n'est pas faite pour elle. Comme la jeune diariste dans *Fraise-des-Bois*, elle a peur de ressembler aux filles sentimentales et écervelées : « J'ai eu peur : est-ce que je ne ressemble pas à ces filles-là ? »[554] Ainsi, la jeune fille prend Marie Bashkirtseff comme exemple à suivre. Cette jeune fille exceptionnelle, qui a su se faire un nom dans le monde des arts totalement masculin à l'époque, encourage et motive la jeune Ella dans ses études. Ne pas être femme-objet mais être une femme qui travaille, qui prend sa vie en main, qui n'a pas peur du regard des autres. Par ailleurs, les événements sociopolitiques et socioculturels au début du XXe siècle dans son pays d'origine l'ont aidée en quelque sorte à voir de façon claire ce qu'elle attendait de la vie. À cette époque, les femmes russes ont pu bénéficier d'une libéralisation des mœurs extrêmement rapide. La jeune Ella a donc fini par opter pour la seconde voie sans jamais s'en écarter. Or, une fois de plus, il est nécessaire de préciser que ce goût pour l'indépendance ne s'est jamais traduit par un rejet de l'amour et du mariage. La romancière a toujours pensé que

---

[552] Il s'agit de l'hôtel *Istria*, situé au 29 de la rue Campagne-Première à Montparnasse. Voir Elsa Triolet, *Écrits intimes 1912-1939*, édition établie, préfacée et annotée par Marie-Thérèse Eychart, trad. par Lily Denis, Paris, 1998, p. 353-356.

[553] *Ibid.*, p. 125.

[554] Elsa Triolet, *Fraise-des-Bois*, trad. du russe par Léon Robel, Paris, Gallimard, 1974, p. 40.

l'individualisme féminin et le mariage par amour étaient compatibles[555]. Il en va de même pour ses personnages féminins. En effet, les femmes triolétiennes ne rejettent pas l'amour et la vie en couple ; elles souhaitent plus que tout croiser l'homme avec lequel elles pourraient partager, comme dit le proverbe russe, les joies et les malheurs du quotidien : « À présent, elle rêvait d'amour, comme un cul-de-jatte rêve de béquille »[556].

Cependant, comme la romancière elle-même, ses personnages féminins ne se croient pas faits pour cet amour. « Et moi non plus je ne sers à rien, je n'aime ni n'aimerai jamais personne »[557], - déclare Varvara. Dès lors, ces femmes sont condamnées à vivre seules. Ce destin est à l'origine de l'apparition de deux profils opposés de personnages féminins. Il y a celles qui ne parviennent pas à affronter cette vie et qui finissent par mettre fin à leurs jours (Varvara, Jenny) et il y a celles qui décident de prendre leur destin en main et n'hésitent pas à aller de l'avant en transgressant les normes sociétales. Ces dernières participent activement à la construction de l'Histoire en se joignant, par exemple, à la résistance pendant la guerre. Ainsi, sans tomber dans une autodescription et une admiration narcissique, Elsa Triolet tient à mettre sur le devant de la scène de ses romans des personnages féminins qui lui ressemblent.

On trouve les manifestations de ce goût prononcé pour l'indépendance non seulement dans sa vie personnelle mais aussi à travers sa production littéraire. Sans être une militante féministe, Elsa Triolet a souvent placé au centre de ses romans une femme forte, exceptionnelle et qui préfère affronter les difficultés de la vie seule, sans un quelconque concours masculin. À l'exemple de Varvara, cette femme a des principes : « Elle avait soumis son unique vie à cette règle qu'il était indigne et honteux de s'accrocher à un homme »[558]. À travers plusieurs de ses personnages féminins, principaux ou secondaires, Elsa Triolet fait écho à la thématique tchekhovienne, à savoir, l'importance du travail dans la vie d'une femme. Or, trouver un travail demeure encore une tâche difficile, car les offres d'emploi sont assez limitées. Dans les années précédant la Seconde Guerre mondiale en France, la position sociale des femmes est encore largement inférieure à celle des hommes et les femmes doivent se limiter le plus souvent aux postes de secrétaire. Par ailleurs, cette envie de travailler est souvent incomprise par l'entourage familial ou amical.

« Je voudrais quitter la maison, dit Francine.

---

[555] Et cela malgré l'échec de son premier mariage avec un Français qui avait une vision très traditionnelle de la place de la femme au sein du couple. Trop traditionnelle pour Elsa qui fait le choix courageux pour son époque d'être divorcée sans ressources plutôt que de continuer à vivre dans une cage dorée.
[556] Elsa Triolet, *Camouflage*, p. 67.
[557] *Ibid.*, p. 9.
[558] *Ibid.*, p. 12.

- Pour quoi faire ? Michel souleva le rideau blanc [...].
Je veux travailler, gagner ma vie…
- En faisant quoi ?
- Je ne sais pas… je connais les langues étrangères[559]… ».

Conclusion

L'œuvre romanesque d'Elsa Triolet mêle tradition et une forte individualité auctoriale. Au début de sa carrière d'écrivaine, Elsa Triolet s'est retrouvée à un croisement des chemins, tel le personnage d'un conte russe auquel elle fait référence dans le prologue de *Bonsoir, Thérèse* : « Dans ce conte de fées il y avait trois routes : si je prenais l'une, je perdais mon cheval, si je prenais l'autre, je me perdais moi-même, qu'est-ce que je perdais en prenant la troisième[560] ? » Celle qui, selon son propre aveu, a perdu sa nationalité russe dans les hôtels de Montparnasse, s'accroche à la culture et à la tradition russes comme à des points de repère. Les renvois constants aux connaissances de culture russe et aux citations des écrivains russes, anciens et contemporains, mettent en évidence son désir d'écrire une œuvre individuelle à partir des acquis des générations précédentes. Elle cherche son inspiration auprès des œuvres de Tchekhov, elle se montre sensible aux conseils des grands représentants de la littérature russe comme Gorki et Maïakovski, elle prend en considération tous les acquis de la théorie et de la pratique littéraires de son époque. Cependant, la romancière réalise très vite qu'il ne faut jamais suivre la tradition aveuglement et toujours aller de l'avant en n'ayant jamais peur de transgresser les normes établies. La tradition est un passé et, pour qu'une œuvre littéraire soit réussie, elle doit également aller au rythme du présent. En s'appuyant trop sur ce passé, on risque de perdre sa personnalité. C'est pourquoi, une fois la période d'apprentissage passée, Elsa Triolet pousse les frontières des normes littéraires, n'hésite pas à mettre en doute des règles canoniques et, *a priori*, intangibles au profit de l'innovation sans être pour autant avant-gardiste. Elle forge son identité d'auteur en élaborant un style bien à elle. Ce qui lui permettra en 1946 de devenir la première femme écrivaine française à avoir remporté le prix Goncourt.

---

[559] Elsa Triolet, *Le Cheval blanc*, p. 128.
[560] Elsa Triolet, *Bonsoir, Thérèse*, Paris, Denoël, 1938 ; Gallimard, 1978, p. 7.

Bibliographie

BEGUIN Édouard, « L'un ne va pas sans l'autre. Remarques sur l'illustration des *Œuvres romanesques croisées d'Elsa Triolet et Aragon* », dans *Écrire et voir, Aragon, Elsa Triolet et les arts visuels*, Jean Arrouye (dir.), Publications de l'Université de Provence, 1991, p. 65-83.

CHKLOVSKII Viktor, *Energuiya zablujdeniya : Kniga o syujete* [L'Énergie de l'aberration : Livre sur le sujet], Moscou, Sovetskiï pisatel, 1981, URL : http://philologos.narod.ru/shklovsky/energeia.htm.

CONIO Gérard, *L'Art contre les masses: esthétiques et idéologies de la modernité : essais*, Lausanne, L'Âge d'homme, 2003.

DELRANC-GAUDRIC Marianne, « La culture russe dans les premiers romans d'Elsa et le passage du russe au français », dans *Aragon, Elsa Triolet et les cultures étrangères*, Paris, Annales littéraires, 2000, p. 53-76.

ESSAOURI Mohamed, « *Écoutez-voir*, un roman imagé », dans *La Photographie au pied de la lettre*, Jean Arrouye (dir.), Presses de l'université de Provence, 2005, URL : http://pierre.campion2.free.fr/montier_triolet.htm .

MAIRE Svetlana, « *Fraise-des-Bois* ou l'expression des tendances féministes d'une société », dans *L'Identité féminine dans l'oeuvre d'Elsa Triolet*, Tübingen, Günter Narr, 2010, p. 255-270.

MOREL Jean-Philippe, « Montage, collage et discours romanesque dans les années vingt et trente », dans *Collage et montage au théâtre et dans les autres arts durant les années vingt*, Lausanne, L'Âge d'Homme, 1978, p. 38-73.

SARRAUTE Nathalie, « Le langage dans l'art du roman », dans Simone Benmussa, *Nathalie Sarraute. Qui êtes-vous?*, Lyon, La Manufacture, 1987.

TODOROV Tzvetan, « La lecture comme construction », *Poétique*, n° 24, 1974, p. 417-425.

TRIOLET Elsa, *Bonsoir, Thérèse*, Paris, Denoël, 1938 ; Gallimard, 1978.

Camouflage, traduit du russe par L. Robel, Paris, Gallimard, 1976.

Écrits intimes 1912-1939, édition établie, préfacée et annotée par M.-T. Eychart, trad. par Lily Denis, Paris, Stock, 1998.

Fraise-des-Bois, trad. du russe par Léon Robel, Paris, Gallimard, 1974.

La Mise en mots, Genève, Skira, 1969.

Le Cheval blanc, Paris, Denoël, 1943.

Le Grand Jamais, Paris, Gallimard, 1977.

Le Rendez-vous des étrangers, Œuvres romanesques croisées, vol. 27, Paris, Robert Laffont, 1967.

Wu Mali : le regard d'une artiste taïwanaise sur la tradition ou la reconstruction du genre féminin

Marie LAUREILLARD

Avec la levée de la loi martiale en 1987, la scène artistique taïwanaise connaît une véritable effervescence, tout en s'ouvrant largement à la culture occidentale. Après avoir subi l'influence imposée de la culture japonaise jusqu'en 1945, puis chinoise avec l'arrivée du gouvernement nationaliste, les artistes taïwanais se tournent de leur plein gré vers l'Occident. Forts de leur liberté d'expression récemment acquise, ils n'hésitent pas à aborder les grandes questions socio-politiques et, dans le sillage de l'Occident, à soulever la question du féminisme. Né à Taïwan dès les années 1970 mais n'ayant investi le monde de l'art qu'à la fin des années 1980, le mouvement féministe revêt une résonance particulière dans la société confucéenne très patriarcale de l'île. On assiste dans les années 1990 à une explosion de l'art féminin à Taïwan, remettant en cause le rôle subalterne des femmes. Revenue des États-Unis en 1990, Yan Ming-Huy 嚴明惠 (née en 1956) est la première artiste à prôner ouvertement un art féministe dans un climat social encore très conservateur. Sa peinture cherche à exprimer sa conscience féminine, tout en explorant les thèmes du corps et du désir. Dix ans plus tard, en janvier 2000, est fondée l'Association des femmes artistes de Taïwan (*Taïwan nüxing yishu xiehui* 台灣女性藝術協會), dans le but de faciliter leur insertion sociale et de promouvoir leur création par le biais d'expositions. Les créations de ces dernières sont très diversifiées, donnant raison à la critique d'art américaine Lucy Lippard, pour qui l'art féministe n'est ni un style, ni un mouvement, mais « un système de valeurs, une démarche révolutionnaire, un mode de vie »[561].

En littérature, des revendications parallèles se font jour avec la romancière Li Ang 李昂 (née en 1952), qui, jusque dans un roman comme *Kan de jian de gui* 看得見的鬼 [Les fantômes visibles], réclame une égalité des sexes : dans ce roman publié en 2004, elle présente divers cas de jeunes femmes qui, ayant péri de malemort par le passé, reviennent sous forme de fantômes dans l'espoir d'une revanche. Confinées de leur vivant dans un espace trop étroit pour elles, elles connaissent alors une forme de libération et d'accomplissement post-mortem. Tout en dénonçant l'injustice de leur sort et les maltraitances dont elles ont été victimes, Li Ang se réfère à des réalités géographiques et historiques de Taïwan, mêlant à la fois les questions de genre, d'identité et de politique. Le message est clair : il faut mettre un terme à la subordination des femmes.

L'une des pionnières de l'art féministe à Taïwan, Wu Mali 吳瑪俐, née en 1957 à Taipei, s'est efforcée elle aussi de repenser le genre féminin. Elle appartient à une génération d'artistes formés à l'étranger dans les années 1980 et dont le retour a coïncidé avec l'ouverture et la démocratisation du pays. Après avoir obtenu un diplôme d'allemand de l'université Tamkang en 1979, elle se rend à Vienne, puis de 1982 à 1986 à la Kunstakademie de Düsseldorf, où elle rencontre son mentor, Joseph Beuys (1921-1986), pour qui l'engagement sociopolitique est inséparable de la pratique artistique. Elle rentre ensuite à Taïwan, où elle travaille depuis comme artiste, professeur et conseillère pour un éditeur d'art. Elle enseigne aujourd'hui à l'Université normale nationale de Kaohsiung.

Sa formation initiale en langue et culture germaniques l'a conduite à publier de nombreuses traductions et articles sur la théorie de l'art. Elle entretient en effet un rapport étroit à l'écrit, comme en témoignent ses diverses installations, où le texte est souvent présent. Traductrice en chinois de *Du spirituel dans l'art* et de *Point et ligne sur plan* de Wassily Kandinsky ainsi que de textes dadaïstes, elle est l'auteur d'ouvrages tels que *Deguo gonggong kongjian yishu xin fangxiang* 德國公共空間藝術新方向 [Nouvelles directions de l'espace public en Allemagne] (1997), *Baluba, he xiao pengyou tan xiandai yishu* 巴魯巴, 和小朋友談現代藝術 [Baruba, conversations sur l'art moderne avec des enfants] (1999) et a dirigé *Nüren shengming licheng yu bu de duihua* 女人生命歷程與布的對話 [La vie des femmes et le dialogue avec le tissu] (2003) et *Yishu yu gonggong lingyu : yishu jinru shequ* 藝術與公共領域：藝術進入社區 [Art et domaine public : travailler en communauté] (2007).

---

[561] Lucy R. Lippard, « Sweeping Exchanges : The Contribution of Feminism to the Art of the 1970s », *Art Journal*, automne-hiver 1980, p. 362, citée par Peggy Phelan dans *Art et féminisme*, Paris, Phaidon, 2005, p. 20.

Se réclamant de l'art conceptuel, Wu Mali est une adepte de l'installation, pratiquée à Taïwan dès les années 1960. L'installation est une mise en espace artistique associant différents médias (vidéo, textes, musique, photo, sculpture, etc.), un art de l'impermanence et de l'éphémère impliquant une participation active du spectateur et qui n'est pas sans rapport avec la performance théâtrale, l'opéra ou le spectacle de marionnettes. En traversant un espace rempli de musique et d'images, le spectateur vit une expérience unique. De plus, l'installation véhicule souvent un message politique et social puissant et s'oppose aux institutions artistiques et à la marchandisation de l'art : trop encombrante, difficile à déplacer, parfois sonore, elle est moins vendable qu'une peinture. À l'aide de ce médium associant images, signes et textes, quel regard Wu Mali porte-t-elle sur la tradition et les stéréotypes ? Comment contribue-t-elle à reconstruire le genre féminin ? Nous ne traiterons ici que d'œuvres se rattachant explicitement à sa position d'artiste féministe, qu'elle revendique ouvertement.

Une sculpture sociale

A son retour d'Allemagne, Wu Mali découvre une société en pleine mutation, à la suite du retrait des Nations Unies en 1971, de la rupture des relations diplomatiques avec les États-Unis en 1978 et de la levée de la loi martiale en 1987. Selon l'écrivain Ye Yilan, elle est alors très frappée par « le chaos politique, économique et social de Taïwan », qui lui inspire des installations caractérisées par « une nature fortement conceptuelle, leur dimension sociale et leur attitude critique »[562]. Tous ces événements orientent sa création, née de l'impulsion du monde environnant : « Contrairement aux gens qui aiment puiser dans leur monde intérieur, mes œuvres répondent toujours aux stimuli du monde extérieur. Je choisis toujours d'exprimer mes conceptions d'une manière décontractée, simple, mais habile, parce que j'aime associer des idées à mes œuvres. C'est là le plaisir que je tire du processus de création »[563]. Elle affirme réfléchir toujours à la relation de l'art à la société, au rôle que son art peut y jouer, refusant de se limiter aux questions matérielles sur lesquelles l'accent est mis dans les écoles d'art où l'on a tendance à mener une recherche purement formelle centrée sur le thème et le matériau d'école[564].

---

[562] Ye Yilan, « Wu Mali's Conceptual Works », cité dans Linda Jaivin, « Mali Wu : Profile Consuming Texts : the Work of Mali Wu », *n.paradoxa*, online issue, n° 5, novembre 1997, p. 55.
[563] Wu Mali, citée dans Katy Deepwell, « Mali Wu : A Profile », *n.paradoxa*, online issue, n°5, novembre 1997, p. 47.
[564] Interview de l'artiste lue dans http://www.aaa.org.hk/Diaaalogue/Details/931 (consulté le 4/03/2015).

Wu Mali cherche à exprimer par le biais de l'art ses préoccupations sociopolitiques, s'inspirant du concept de « sculpture sociale » de Joseph Beuys (1921-1986), pour qui l'action sociale est partie intégrante de l'œuvre d'art. L'artiste allemand, avec son idéal de sculpture sociale des années 1960 et 1970, a exercé une forte influence sur les artistes à travers le monde parce qu'il s'intéressait à la manière dont l'art pouvait agir sur l'ordre social et rehausser la vie humaine. Malgré sa remise en cause des conceptions traditionnelles de l'art et du rôle de l'artiste, il est devenu un modèle pour beaucoup. L'art, pour lui, était avant tout relationnel et devait amener à coopérer avec autrui. L'engagement sociopolitique et la pratique de l'art ne peuvent être distingués.

L'artiste-écrivain Wu Mali est persuadée que l'art peut contribuer à faire évoluer la société. Dès 1992, elle crée une œuvre étrange, symbolique, constituée d'un couteau enveloppé de velours rouge et d'un bracelet de perles fixé devant un tableau tout noir, intitulée *Xiaoxiang* 肖像 [Portrait], aujourd'hui conservée au Musée national des beaux-arts de Taïwan (7 x 29,5 x 1,5 cm). Cette alliance de douceur féminine et de tranchant masculin exprime un refus des attributs féminins conventionnels que symbolisent le velours et le collier, suggérant d'autres sentiments plus agressifs, plus incisifs, que la soumission ou le désir de séduction que l'on prête d'ordinaire aux femmes.

Wu Mali questionne de manière plus générale la pertinence des traditions culturelles de l'humanité dans une installation dadaïste exposée à la Biennale de Venise de 1996, intitulée *Tushuguan : Yaowen jiaozi* 圖書館：咬文嚼字 [La Bibliothèque : Mordre les textes et mâcher les mots] pour laquelle elle a rassemblé plusieurs ouvrages importants de l'Histoire, les a déchiquetés dans une broyeuse de papier, puis en a placé les restes dans un bocal : parmi les livres détruits, on trouve les *Quatre livres* et les *Cinq classiques* de la tradition confucéenne chinoise, *Le capital* de Marx, la *Bible*, les *Sutras*, etc. Wu Mali, se défiant de la tradition textuelle pourtant si respectée dans la Chine classique, adopte ici une attitude iconoclaste anti-autoritaire et anti-traditionaliste, invitant à réexaminer les valeurs transmises par les textes : les traditions, réinventées en permanence, sont loin d'être immuables et ne doivent pas être cultivées dans un esprit culturaliste ou essentialiste. Il faut adopter une attitude dynamique vis-à-vis du passé et ne pas vénérer dogmatiquement les ouvrages anciens. Pour Wu Mali, le rapport à la tradition doit être actif, créatif, et doit pouvoir induire une résistance, une réinterprétation, une reconstruction.

La marginalisation des femmes dans la société résulte précisément de certaines de ces traditions, Wu Mali éprouve un sentiment d'urgence à leur propos, rejoignant dès le début des années 1990 le mouvement des artistes féministes à Taïwan. Ces dernières sont convaincues, comme leurs homologues américaines des années 1970, que le sexisme imprègne et déforme le monde de l'art, où elles ne figurent qu'en tant qu'objets et non en tant que sujets. Près de vingt ans après les Américaines, l'entrée des femmes sur la scène artistique taïwanaise constitue une révolution symbolique, alors qu'elles n'y figuraient pas avant, à quelques exceptions près.

En 1996, lors de la Biennale de Taipei organisée par le Musée des beaux-arts de Taipei, Wu Mali proteste contre le monopole des hommes dans le monde de l'art ainsi que le rôle de pure figuration dévolu aux femmes. Elle exprime sa réprobation avec fermeté en se retirant de l'exposition et en imprimant une carte de visite, intitulée *Taipei Fine Arts Motel* (*Bi mei binguan* 比美賓館) qu'elle distribue à l'entrée du musée, devenu à ses yeux un établissement de luxe destiné à assouvir des désirs inavoués. La carte annonce un « club de célébrités exclusif », un « bon choix pour les amateurs d'amusements », une « décoration intérieure valant un million de dollars » et promet « 100% de satisfaction garanti ». Wu Mali qualifie son action satirique de « manière conceptuelle d'occuper le Musée des beaux-arts de Taipei », voulant montrer ainsi la force de l'idée, du concept, même en l'absence d'objet matériel.

La réécriture de l'histoire

En 1997 est organisée une exposition au Musée des beaux-arts de Taipei commémorant l'Incident du 28 février (*Sadness Transformed : 2-28 Commemorative Art Exhibition*), au cours duquel eut lieu le massacre de milliers de Taïwanais par les troupes nationalistes et qui marqua le début de quarante ans de loi martiale. Un volet de l'exposition intitulé « The Forgotten Women » met l'accent sur le point de vue des victimes féminines de l'événement. En effet, l'attention ne s'est jamais portée jusque-là sur les souffrances endurées par les femmes.

Dans une installation intitulée *Muzhiming* 墓誌銘 [Epitaphe] (4 x 3,50 m), constituée de verre sablé et d'une vidéo, Wu Mali a disposé les témoignages de femmes de victimes du massacre du 28 février 1947 de part et d'autre d'un espace d'exposition en forme de U (3m x 4m x 3m). Sur le mur du fond, au centre, apparaît une vidéo montrant un paysage marin. Le titre énigmatique révèle la tonalité funèbre de l'ensemble et suggère qu'il s'agit d'un monument à la mémoire de défunts.

L'artiste pose d'entrée de jeu la question suivante, en chinois et en anglais :

男人的歷史改寫了. 暴名可以變成英雄.
His/tory has been revised : the rioter may become the hero.
[Son histoire à lui a été révisée : l'émeutier est devenu un héros.]

女人的故事呢?
How about her story?
[Et son histoire à elle ?]

Wu Mali rappelle ainsi que si les victimes masculines ont été réhabilitées depuis la levée de la loi martiale et sont aujourd'hui considérées comme des martyrs et des héros, il n'en va pas de même pour les femmes, victimes ou survivantes, dont le sort a été passé sous silence et reste absent des livres d'histoire. Cette invisibilité des femmes peut rappeler la fameuse formule « ce sexe qui n'en est pas un » de Luce Irigaray. Les femmes, toujours mises de côté, ne se voient accorder aucun rôle dans l'histoire. Si l'on peut revenir sur l'histoire des hommes, la modifier, comment corriger celle des femmes, qui n'a jamais été écrite ? Wu Mali confronte la « petite » histoire des femmes à la « grande » histoire des hommes.

L'opposition entre hommes (*nanren* 男人) et femmes (*nüren* 女人) que produisent ces deux phrases tracées sur un panneau de verre attire ainsi l'attention sur le sort des secondes. Un autre texte, en plaçant le pronom « elle » (*ta* 她) au début de chaque phrase, renforce encore cet effet. Il s'agit d'extraits de deux ouvrages de Juan Mei-shu 阮美姝 écrits en 1992 en souvenir de son père, Juan Chao-jih 阮朝日, qui fut arrêté par les soldats du KMT (Parti nationaliste) durant l'Incident du 28 février et ne revint jamais : *Guji jian'ao sishiwu nian : xunzhao er er ba shizong de baba Juan Chao-jih* 孤寂煎熬四十五年尋找二二八失蹤的爸爸阮朝日 [Quarante-cinq ans de souffrance et de solitude : à la recherche de mon père disparu lors du 28 février] et *You'an jiaoluo de qisheng* 幽暗角落的泣聲 [Sanglots dans un coin sombre] et d'un film documentaire sur le 28 février réalisé par le même auteur.

她以眼淚洗清屍體,
She, washed the dead body with tears.
[Elle a lavé le cadavre avec ses larmes.]

待辦完喪事, 親友都回去了,
After the funeral was over and all the relatives had gone,
[Après l'enterrement, ses proches sont repartis.]

終於放聲大哭: 父啊, 我怕! 父啊, 我怕!
She, finally burst out crying: God, I'm scared! God, I'm scared !
[Elle a fini par fondre en larmes : Dieu, que j'ai peur ! Dieu, que j'ai peur !]

她,燒掉所有遺物,從此絕口不再提起,也不再打扮
She, burned up everything and never utters a word about it or dresses up ever since.
[Elle a brûlé tous les restes et n'en a plus jamais soufflé mot ni ne s'habille élégamment depuis.]

她, 洗髮淨身, 坐在家中等待,有一決生死的準備,
She cleaned herself and sat in home, waiting for the moment of life and death.

[Elle s'est lavée et s'est assise chez elle, attendant le moment de la vie et de la mort.]

Il s'agit à chaque ligne d'une femme différente, anonyme, simplement désignée par le pronom « elle », systématiquement répété en début de phrase. Les phrases s'enchaînent comme une longue litanie. Les révélations, plus tragiques les unes que les autres, se suivent, avec de fréquentes évocations de sentiments de tristesse ou de peur, avec des images frappantes telles que « suivie de la peur comme une ombre » ou des formules comme « femmes au pluriel », exprimant la lutte pour la survie de ces femmes, qui veuves, ont dû assumer plusieurs rôles à la fois. Confrontées au malheur, à la mort, elles vivent leur vie dans l'ombre, le mutisme, l'angoisse.

她被強姦,自形慚穢,留下孩子,跑走了。
She, being raped and feeling ashamed, left the kids and ran away.
[Après avoir été violée, honteuse, elle s'est enfuie en laissant ses enfants seuls.]

她, 身兼數職維持生計, 六個孩子, 從剛出生到十歲。
She, doing several jobs for living, has six children aged from newborn to ten years old.
[Ayant plusieurs emplois pour vivre, elle a six enfants, l'aîné âgé de dix ans, le benjamin nouveau-né.]

她, 常常在哭, 但只躲在背後哭, 恐懼影隨形。
She is always crying, but only in the dark, fear is with her everywhere like a shadow.
[Elle pleure souvent, mais seulement en cachette, suivie par la peur comme une ombre.]

她, 在諳啞禁聲中, 度過了一生。
She, cries her live away.
[Elle passe sa vie privée de parole.]

她, 是複數形式的女人.
She, is « woman » in plural form.
[Elle est femme au pluriel.]

她的憂傷也一直是我們的憂傷.
Her sorrow has always been ours.
[Sa peine a toujours été la nôtre.]

En mettant en lumière la situation poignante de toutes ces femmes, Wu Mali écrit une histoire au féminin. Ainsi, les souvenirs seront-ils perpétués, les épreuves subies seront enfin connues. Cependant, l'opacité des panneaux de verre et le reflet de la lumière empêchent le spectateur de distinguer clairement le texte, rendant plus difficile cette réappropriation de l'histoire féminine[565]. Cette « œuvre d'art totale »[566] cherche à apporter, en mêlant texte, image et son, en multipliant les espaces grâce à une vidéo, un éclairage sur le destin de toutes ces femmes qui ont souffert ou qui ont péri lors de l'événement. Elle incite à s'identifier aux victimes, à éveiller une empathie chez le spectateur par une formule comme « Sa peine a toujours été la nôtre ». Elle invite également à méditer sur les souffrances éprouvées au-delà de la simple préoccupation d'exactitude historique.

En face de ce texte, sur l'autre mur, est placé un poème de Lo Fu 洛夫 (né en 1928) évoquant l'embrigadement des Taïwanais dans l'armée japonaise pendant la guerre, puis dans l'armée nationaliste chinoise après la rétrocession de l'île à la Chine en 1945. Le poème, intitulé « Rien ne se passe, des oiseaux traversent le ciel » (天空無事有鳥飛過 *Tiankong wushi, you niao fei guo*), composé en 1970, révèle avec un rythme semblable à celui de l'autre texte le tragique destin de ces soldats :

他，台籍日軍，戰後變成國軍，捲入國共對抗，成為戰俘，回不了家。
[Taïwanais dans l'armée japonaise, entré dans les rangs de l'armée chinoise après la guerre, engagé dans le conflit entre nationalistes et communistes, fait prisonnier de guerre, il ne retourna jamais chez lui.]

(...)

他，想回家，回到家，家不是家。
[Il avait envie de retourner au pays : quand il arriva, il ne reconnut pas son pays.]

他，面對多舛的命運，無語問蒼天。
[Il interrogea le ciel en silence face à son destin si malheureux.]

Wu Mali veut clairement montrer par cette mise en regard que si les victimes méritent d'être honorées, il ne faut pas ignorer le sort des femmes. Aucune image, aucune représentation figurée ne sont données des événements du 28 février 1947 : Wu Mali pratique ici le « retrait plus ou moins radical de la visibilité », pour reprendre une formule de Dominique Baqué, stratégie sans doute plus efficace qu'un reportage photographique[567]. Sur une vidéo placée au centre de l'installation montrant des vagues se heurtant à des rochers, le mouvement et le bruit monotones et répétitifs de l'océan près de Keelung,

---

[565] Elsa Hsiang-chun Chen, « Reading Taiwan and the Issue of Difference in a Global/Local Frame : Epitaph by Wu Mali in Sadness Transformed : 2-28 Commemorative Art Exhibition in Taiwan in 1997 », dans Carsten Storm & Mark Harrison (dir.), *The Margins of Becoming: Identity and Culture in Taiwan*, Wiesbaden, Harrassowitz, 2007, p. 194.
[566] Itzhak Goldberg, *Installations*, Paris, CNRS éditions, 2014, p. 42.
[567] Dominique Baqué, *Pour un nouvel art politique : de l'art contemporain au documentaire*, Paris, Flammarion, coll. « Champs », 2006 (2004), p. 175.

pareil à des sanglots, peuvent être perçus comme une tentative de donner une vision allégorique de la souffrance, ou encore de l'effacer, de la dépasser. Shih Shu-mei souligne avec justesse le caractère inénarrable, irreprésentable, indicible de la souffrance de ces femmes, estimant que ces expériences traumatiques se situent au-delà du discours [568]. Elsa Hsiang-chun Chen a même rapproché cette vision du concept de compulsion de répétition identifié par Freud chez ses patients atteints de « névrose traumatique »[569]. Le paysage maritime, à la fois visuel et sonore, où le ciel, la mer et le bruit des vagues s'étendent à l'infini, peut ainsi être interprété comme une allégorie du traumatisme vécu par ces femmes.

Cette volonté de réécrire l'histoire à partir de situations diverses et individuelles, qui peuvent relever aussi bien de la grande que de la petite Histoire, relève d'un courant international qui s'est affirmé depuis les années 1990[570]. Cette entreprise peut évoquer la *Alltagsgeschichte* ou histoire du quotidien, courant historiographique allemand particulièrement actif dans les années 1980, prenant le contre-pied des écoles historiques classiques en s'attachant à étudier les activités des personnes anonymes à partir de sources négligées telles que les témoignages, les confessions, les journaux de bord ou les albums-photos. Ces « petites gens » jouent dès lors le rôle d'acteurs de l'Histoire, avec une mise en perspective de leurs souffrances et de l'oppression subies. De nombreux artistes se sont en effet emparés des événements historiques pour les questionner et témoigner de la violence des histoires locales. « À ce titre, les artistes sont plus proches des historiens ou des sociologues, ou encore des journalistes, auxquels ils empruntent leurs sources et souvent leurs méthodes. Parce que la voix des intellectuels n'a pas modifié le cours de l'histoire, parce que la multiplicité des émetteurs a débordé le cadre de pensée occidental, l'art connaît, au sein d'une situation globalisée, un grand retour du singulier au local. Dans ce mouvement, la fonction didactique de la création, sa fonction d'information, de réflexion sur le monde, a une importance grandissante. Et la clé de cette réflexion, aujourd'hui, est principalement l'Histoire »[571].

L'installation de Wu Mali apparaît donc comme une sorte de monument ou d'autel à la mémoire des femmes victimes exclues de l'Histoire. « Comme son mentor allemand, elle invite à en trouver la signification en nous-mêmes et non dans les dogmes imposés par les autorités extérieures. Nous nous trouvons face à l'installation comme face à un sanctuaire : le rythme de la nature au loin nous éloigne du présent par le biais de la technologie

[568] Shih Shu-mei, *Visuality and Identity - Sinophone Articulations across the Pacific*, University of California Press, 2007, p. 176.
[569] Elsa Hsiang-chun Chen, *op. cit.*, p. 197.
[570] Catherine Grenier, *La manipulation des images dans l'art contemporain*, Paris, éd. du Regard, 2014, p. 98.
[571] *Ibid.*, p. 98-99.

électronique. Nous sommes dans une tombe hors du temps et nous la quittons en emportant avec nous nos réactions émotionnelles aux rêves qu'elle a éveillés en nous »[572].

Wu Mali dénonce encore une fois l'hégémonie masculine avec une installation multimédia qu'elle expose en 1998 à la Biennale de Taipei à l'intérieur du Musée des beaux-arts de Taipei. *Formosa Club* (*Baodao binguan* 寶島賓館), constitué de bois, d'éponge, de néons (7 x 12,50 m), narre l'histoire de Taïwan depuis le XVIe siècle du point de vue de l'exploitation et la marchandisation des corps féminins. L'accent est mis cette fois sur l'oppression des femmes.

Un long corridor donnant sur des chambres gardées secrètes, baigné d'une lumière rouge et plongé dans une atmosphère feutrée, crée un espace érotique évoquant un quartier interlope proche du musée. Cette maison close fictive crée ainsi un dialogue à la fois géographique et historique avec le quartier voisin, lieu d'amusement des soldats américains et des touristes japonais après la Seconde Guerre mondiale. L'installation subvertit ici l'espace muséal en brouillant les limites entre réalité et fiction. Le raffinement de cet espace plein de promesses, tapissé d'une mousse rose affriolante, montre le haut degré de sophistication de cette domination masculine institutionnalisée. Tout au bout du couloir, dans lequel il ne peut pénétrer, le spectateur, piégé par ses fantasmes et son voyeurisme, distingue une tête de cochon qui lui adresse un sourire goguenard. Au-dessus, on distingue la formule anglaise « Trust me, you can make it » : à qui s'adresse-t-elle ? Est-elle un encouragement ironique à l'égard de la gent masculine à poursuivre son oppression des femmes ?

Sans même le représenter, Wu Mali suggère ainsi que le corps féminin est un objet de consommation à la fois culturel (la femme-objet dans l'art) et commercial (le commerce sexuel). Les forces patriarcales qui exploitent les femmes pour parvenir à leurs fins politiques et économiques sont implicitement dénoncées. À l'entrée est accrochée une affichette à l'image d'un menu de restaurant, sur laquelle on peut lire : *Wei guo juan qu* 為國捐軀 [Mourir pour son pays]. Affichée au mur, la formule moralisatrice de Confucius calligraphiée par Sun Yat-sen, *Tianxia wei gong* 天下為公 [Tout ce qui se trouve sous le ciel est public], prend ici une connotation parodique, le terme « public » renvoyant dans ce cas aux hommes. On distingue également une photographie au mur représentant une femme la tête ceinte d'un turban où est écrit le terme « triple démisme », suggérant que les femmes ont également droit à la démocratie libérale, au nationalisme et à la justice sociale, les « trois principes du peuple » (ou « triple démisme ») énoncés par Sun Yat-sen en 1912.

---

[572] Richard C. Kagan, « Feminist Art in Taiwan : Textures of Reality and Dreams», in Catherine Farris, Anru Lee & Murray Rubinstein (dir.), *Women in the New Taiwan: Gender Roles and Gender Consciousness in a Changing Society*, New York & Londres, M. E. Sharpe, 2004, p. 319 (texte trad. en français par nous-même).

L'artiste suggère que les grands récits de la nation, qu'ils soient colonialistes, nationalistes ou capitalistes, masquent cette exploitation des femmes, relativisant ainsi le succès économique de Taïwan. Cette sujétion peut même apparaître comme celle de toute l'île : la femme asservie devient une métaphore de la nation colonisée. « L'île de Taïwan tout entière, la belle île de Formose, est un sex club au service des soldats japonais avec les « femmes de réconfort » pendant la guerre du Pacifique, des GIs américains durant la guerre du Vietnam, des touristes japonais à l'apogée du « tourisme sexuel » du Japon à Taïwan, voire de la clientèle locale de toutes catégories. La trinité de l'expansion coloniale, nationaliste et capitaliste dépend du déversement d'un excédent de libido masculine sur les corps exploités des femmes locales »[573]. Wu Mali dénonce non seulement l'hégémonie masculine, mais aussi l'exploitation capitaliste et la persécution politique.

L'écriture d'une histoire alternative d'un point de vue féminin rappelle tout particulièrement une œuvre célèbre de l'artiste féministe américaine Judy Chicago, née en 1939, *The Dinner Party* (1979), installation se présentant comme une grande table triangulaire couverte de trente-neuf assiettes et se voulant un monument à la mémoire des femmes exclues de l'Histoire. Mais les femmes dont se préoccupent ici Wu Mali paraissent doublement « subalternes » : comme l'a souligné Gayatri Chakravorty Spivak en 1988 dans un article intitulé « Can the Subaltern Speak? », elles sont subordonnées dans la mesure où elles ont appartenu à une nation colonisée et où elles sont femmes : « Dans le contexte de la production coloniale, les subalternes n'avaient pas d'histoire et ne pouvaient pas parler, et les femmes subalternes étaient encore plus plongées dans l'ombre »[574].

Donner la parole aux femmes

Wu Mali cherche à montrer une réalité sociale cachée, celle du point de vue personnel des femmes. Comme Beuys, elle considère que l'art n'est pas le seul apanage de l'artiste. Elle a cherché à collaborer avec des ouvrières et des femmes au foyer. Elle apparaît comme une « artiste ethnographe » selon Hal Foster[575]. Cependant, à la différence de la démarche du sociologue ou du psychanalyste, rien ne nous est livré du protocole suivi par l'artiste, qui sollicite une adhésion consciente du public.

Xinzhuang nüren de gushi 新莊女人的故事 [L'histoire des femmes de Hsin-chuang] (1997), à travers une installation comportant des vidéos, nous

---

[573] Shih Shu-mei, *Visuality and Identity - Sinophone Articulations across the Pacific, op.cit.*, p. 177 (trad. en français par nous-même).
[574] AshcroftAshcroft Bill et al. (dir.), *The Post-Colonial Studies: Reader*, Londres, Routledge, 1995, p. 28.
[575] Wei Hsiu Tung, *Art for social change and cultural awakening*, Lexington Books, 2013, (emplacement 2218 dans la version Kindle).

raconte le destin d'ouvrières d'une ville du district de Taipei qui fut autrefois un centre de l'industrie textile. Pour produire cette histoire orale, Wu Mali a commencé par interviewer des ouvrières qui lui ont révélé la dureté de leur vie à l'ombre du miracle économique durant les années 1980 et 1990.

On apprend que l'industrie textile est en déclin aujourd'hui, que de nombreuses usines ont été fermées et délocalisées sur le continent, privant certaines ouvrières de leur travail. Directement liées au contexte historique et à la communauté, les « petites » histoires individuelles de ces femmes ont été brodées sur un grand tissu pourpre tendu sur les trois côtés d'une paroi en forme de U. Les témoignages de ces ouvrières de l'industrie textile sont enregistrés sur le tissu lui-même, faute d'avoir été, comme ceux des hommes, racontés sur le papier. L'installation est accompagnée du bruit d'une machine à coudre. Le tissu n'est plus considéré en tant que marchandise, mais pour sa valeur idéologique et culturelle. Ces confessions brodées se muent en représentations artistiques. Coudre devient une forme d'écriture, toutes ces trajectoires individuelles forment les motifs du tissu. Sur un écran central apparaît une machine à coudre au mouvement incessant, en alternance avec quelques extraits d'interviews. Le bruit de la machine à coudre, comme celui d'une machine à écrire, semble aussi raconter une histoire, celle des ouvrières de l'usine, difficilement audible, et dont on ne perçoit que des bribes. Peut-être est-ce une métaphore des difficultés de ces femmes à faire entendre leurs voix dans une société à la fois patriarcale et capitaliste.

Les récits individuels des ouvrières révèlent désillusion, solitude, tristesse, comme le montrent ces extraits :

現在時機不再, 我和先生分手。孩子, 工廠都歸他。

[Les temps ont changé, je me suis séparée de mon mari. Il a récupéré notre enfant et l'usine.]

在新莊住了二十多年, 它沒有給我什麼感覺, 只想快快離開。

[J'ai vécu à Hsin-chuang plus de vingt ans. Je n'éprouve pour ce lieu aucun sentiment, je voudrais le quitter au plus vite.]

先生不太管小孩, 有一段時間嗜賭, 不回家。我不知道他在外面作什麼, 那段日子很苦, 我瘦得只剩 43 公斤。

[Mon mari ne s'occupait pas de notre enfant, s'adonnant aux jeux d'argent et ne rentrant plus à la maison. Ma vie était très pénible, j'ai maigri jusqu'à ne plus peser que 43 kilos.]

L'entreprise lancée par Wu Mali connaît un certain retentissement international, ayant été présentée dans le cadre d'une exposition intitulée « Lord of the Rim : In Herself/For Herself » organisée au centre culturel de Hsin-chuang à côté d'œuvres de Judy Chicago, Yoshiko Shimada, Maggie Wei Hsu, Lin Chun-ju et Pil Yun Ahn. Wu Mali, désireuse de créer un impact social à travers son art, est attachée à l'idée d'œuvre collective. « Cette œuvre n'aurait pu être réalisée sans l'aide des ouvrières de Hsin-chuang. Je me sentais redevable à leur égard de m'avoir fait ainsi partager leurs expériences de vie, mais je me savais impuissante à changer leur situation actuelle et les aider à avoir une vie meilleure[576] ». En observant et en recueillant les témoignages de ces femmes, Wu Mali fait œuvre, là encore, d'artiste ethnographe. Les femmes ne sont pas seulement les gardiennes du foyer ou de modestes ouvrières auxquelles personne ne prête attention, leur place dans l'Histoire et dans la société est revalorisée. Par cette œuvre, Wu Mali répare l'oubli, le silence. L'installation, comportant tissu brodé et vidéo (5 x 4 x 3 m) (1997) est conservée au Musée national des beaux-arts de Taïwan à Taichung.

L'artiste a pourtant le sentiment qu'elle doit aller encore plus loin, que mettre en lumière la situation des femmes ne suffit pas, qu'il faut tenter d'avoir un impact sur leurs vies par le biais de projets artistiques collectifs. Elle s'aperçoit en effet que des œuvres individuelles ne peuvent pas réellement apporter de changement social. Elle décide ne pas se limiter à une création personnelle et entreprend de travailler avec des groupes communautaires.

La promotion d'un art communautaire

Depuis la fin des années 1960, un peu partout dans les villes post-industrielles européennes et américaines ont fleuri des espaces appelés « alternatifs » offrant un cadre non institutionnel à diverses activités artistiques. La Française Catherine Grout, dont Wu Mali apprécie l'engagement social, préconise ce type d'action publique[577].

Wu Mali invitait déjà les spectateurs à une participation active dans son projet *Follow the Dream Boat* (*Mengxiang zhichuan hangxing* 夢想紙船航行), installation exposée dans le cadre du festival d'art de Hong Kong de février 1996. Le bateau, qu'elle considère comme emblématique de la ville de Hong Kong, est devenu le support d'une création collective : tout le monde pouvait fabriquer un bateau en papier et y inscrire ses rêves. L'installation, constituée de centaines de petits bateaux colorés suspendus dans une salle, se caractérise par sa poésie et sa dimension esthétique, traits que l'on observe également dans les installations mentionnées plus haut.

De son expérience menée auprès des femmes de Hsin-chuang, Wu Mali a retenu l'idée de la fonction thérapeutique que pouvait revêtir la création artistique. Un nouveau projet, *Cong ni de pifu li suxing* 從你的皮膚裡甦醒 [L'éveil de votre peau] *(2000-2004),* lui est inspiré par un cours dispensé dans le cadre d'une organisation pour les droits des femmes, l'Association de

---

[576] Interview citée dans Wei Hsiu Tung, *Art for Social Change and Cultural Awakening, op.cit.,* (emplacement 2229 dans la version Kindle).
[577] Interview de Wu Mali conduite par nous-même en juillet 2012.

l'éveil des femmes de Taipei, intitulé « atelier d'amusement avec le tissu ». Les participantes, des femmes au foyer, sont invitées à « fabriquer une couverture de l'âme », titre métaphorique (*Xinling beidan* 心靈被單) qu'a gardé l'œuvre collective, constituée de tissus, d'éponges et d'une vidéo documentaire conservée aujourd'hui au Musée d'art contemporain de Taipei (2001). C'est l'occasion de susciter interaction et communication, tandis que chaque participante pourra, par ses propres efforts, retirer un bénéfice personnel de l'expérience.

> « Bien que le drap ne soit qu'un simple morceau de tissu, il est extraordinairement intime à cause de sa proximité avec le corps humain et son effet relaxant sur tout un chacun. Ainsi, la relation entre le drap et le corps humain permet toutes sortes de dialogues. (…) Les femmes peuvent conduire de nombreux dialogues intimes tout en fabriquant des *draps de l'âme* au sens propre et figuré. De plus, tout au long de ce processus, on les incite à revenir sur leurs vies. Grâce à ce projet, je voulais dévoiler les multiples facettes des femmes et la manière dont l'art parvient à éveiller leur conscience[578] ».

La création a demandé plusieurs mois de travail intense de chacune des femmes, d'origines sociales et d'âges divers. L'expérience a été filmée par la documentariste Chien Wei-ssu 簡偉斯. Rapprocher le tissu de l'enveloppe corporelle pose la question de l'habillement, de la séparation entre l'espace domestique et l'espace public ou du dedans et du dehors... Selon Wu Mali, la « couverture spirituelle » incite à raconter le voyage d'une vie ; le « théâtre sous la jupe », en se référant à l'ouvrage éponyme de Ueno Chizuko 上野千鶴子, sociologue féministe japonaise, explore le thème du désir érotique ; les « nouveaux vêtements de l'impératrice » traitent de la transformation de l'image de la femme[579].

Cette propension à recourir à des techniques traditionnellement féminines telles que la couture ou la broderie fait songer aux expériences menées aux États-Unis par Miriam Shapiro et Judy Chicago dans les années 1970, qui avaient lancé un programme d'art féministe tout en redécouvrant l'artisanat féminin traditionnel. On songe particulièrement aux peintures abstraites que réalisa Miriam Shapiro à partir de 1973, constituées de peinture acrylique et de collages de tissus, qu'elle qualifia de « femmages ». L'idée était de promouvoir l'art décoratif et de donner toute sa place à une forme de création typiquement féminine n'occupant jusque-là qu'une place fort modeste dans l'histoire de l'art[580]. Comme en Occident, à travers l'expérience menée par

---

[578]Interview citée dans Wei Hsiu Tung, *Art for Social Change and Cultural Awakening*, *op.cit.*, (emplacement 2240 dans la version Kindle).

[579] http://archive.avat-art.org/mediawiki/index.php/Wu_Mali (consulté le 4/03/2015).

[580] Whitney Chadwick, *Women, Art, and Society*, Londres, Thames and Hudson, 2007 (1990), p. 364.

Wu Mali, la résistance d'une communauté considérée comme « subalterne » s'effectue également à partir d'un art « subalterne ».

Les femmes prennent mieux conscience de leur condition à travers la pratique d'un art : elles en viennent à réfléchir à leurs relations aux autres, à la société et au monde et acquièrent une conscience partagée que la critique d'art Judith Stein a appelée « archétype féministe ». La puissance de l'art comme un agent transformateur apparaît clairement. L'art est un moyen d'encourager la discussion et d'explorer les situations individuelles. Par le biais de la création artistique, en recourant au tissu, matériau familier à la plupart des participantes, le plus souvent peu éduquées et peu exposées au monde, Wu Mali cherche à éveiller la conscience individuelle de chacune d'entre elles, à la faire réfléchir à sa relation au monde et au sens de sa vie. « Sans aucun doute, ses interventions et son influence sur des groupes de femmes ont eu un impact sur des expériences individuelles et indirectement sur certaines couches de la société taïwanaise. Et surtout, c'est son approche relationnelle et ethnographique qui s'est révélée significative pour la prise de conscience et le progrès social de certaines communautés »[581].

Conclusion

Wu Mali transmet ses questionnements avec des signes visuels puissants, non dénués de poésie, tels qu'une vision maritime, un tissu brodé, une maison close fictive. Les messages textuels, qu'il s'agisse d'épitaphes, de récits de femmes de Hsin-chuang ou de devises, donnent des clés pour mieux déchiffrer le langage visuel allégorique employé dans ses œuvres. Les thèmes abordés, s'ils sont souvent ancrés dans la réalité locale, rejoignent des préoccupations universelles : Wu Mali, convaincue de pouvoir exercer un impact sur l'évolution de la société dans la lignée de Beuys, cherche à déconstruire le jeu social traditionnel, qui place les femmes en position de soumission et de périphérie.

Tout en revendiquant son féminisme, Wu Mali a exploré d'autres thématiques, comme celle de l'environnement. Elle justifie ce glissement par la réflexion qu'elle mène sur les rapports de pouvoir en général, dont relèvent au premier chef les relations entre les « genres » : « Je pense que ceux qui s'intéressent au féminisme réfléchissent nécessairement aux relations entre les gens et l'environnement, entre les gens et le territoire. Cela signifie qu'ils réfléchissent aux relations de pouvoir, qui ne sont pas limitées à la question du genre, mais s'étendent également à celles de l'environnement ou de la

---

[581] Wei Hsiu Tung, *Art for social change and cultural awakening*, Lexington Books, 2013, (emplacement 2255 de la version Kindle).

269

communauté »[582]. Wu Mali affirme orienter son action artistique vers une direction essentielle : faire en sorte que les gens mènent l'existence la plus agréable possible quels que soient leur « genre », leur identité ou leur milieu social. Elle est également persuadée que la principale qualité d'un artiste est son esprit critique[583]. En tout état de cause, son action artistique en faveur de la cause féministe reste exemplaire.

---

[582] Propos de Wu Mali cités par Wang Shih-Ming in *Selected Writings on Contemporary Taiwanese Artists*, Taipei, Weng Chih-tsung, 2011, p. 53 (trad. en français par nous-même).
[583] Voir http://www.aaa.org.hk/Diaaalogue/Details/931 (consulté le 4/03/2015).

Contributrices et contributeurs

Sophie COAVOUX est Maîtresse de conférences de grec moderne à l'Université Jean Moulin - Lyon 3. Ses recherches portent sur le genre dans l'espace culturel grec de la fin du XIXe siècle jusqu'à l'époque contemporaine. Elle a notamment publié *Le développement de l'érotisme dans la poésie de Constantin Cavafy* (2013) et édité *Masculin / Féminin dans la langue, la littérature et l'art grecs modernes* (actes de colloque, 2011).

Claire DODANE est Professeure de langue et littérature japonaises à l'Université Jean Moulin - Lyon 3. Spécialiste des femmes écrivains du Japon moderne, elle a publié, entre autres, *Yosano Akiko, poète de la passion et figure de proue du féminisme japonais* (2000), la traduction de nouvelles de la romancière Higuchi Ichiyô (1872-1896) (*La Treizième nuit*, 2008) ou encore la traduction intégrale et commentée du recueil de poèmes *Cheveux emmêlés* (2010) de Yosano Akiko (1878-1942).

Jacqueline ESTRAN est Maîtresse de conférences en études chinoises à l'Université Jean Moulin - Lyon 3. Elle travaille sur l'histoire sociale de la littérature (groupes littéraires), les problématiques identitaires et l'écriture féminine de la période républicaine. Elle a notamment publié *Poésie et liberté en Chine - La revue* Xinyue *(1928-1933)*, 2010 ainsi qu'une dizaine d'articles sur les écrivaines de la période républicaine (Su Xuelin, Lin Huiyin, Chen Xuezhao, Bing Xin, Lu Yin, Ling Shuhua, Feng Yuanjun, Shi Pingmei).

Michel FEUGAIN est Maître de conférences à l'Université Catholique de Lille où il dirige le Département LEA (Langues Étrangères Appliquées) et écrivain-poète. Ses recherches portent sur l'histoire de l'Espagne contemporaine. Spécialisée dans l'analyse iconographique et textuelle, sa thèse porte sur l'affiche de propagande : *Iconologie et iconographie : analyse contrastive des affiches de propagande pendant la IIe république et la guerre civile espagnole 1931-1939* (2008, Université d'Orléans).

JIN Siyan est Professeure des universités en études chinoises à l'Université d'Artois, codirectrice de la collection franco-chinoise *Proches Lointains* (éd. Desclée de Brouwer et Shanghai wenhua chubanshe) depuis 1998 et rédactrice en chef adjointe de la revue *Kuawenhua duihua* [Dialogue Transculturel]. Ses recherches portent sur l'écriture féminine et subjective, la critique et théorie littéraire dans une perspective transculturelle ainsi que la poésie du XXe siècle. Elle a, entre autres, publié *L'écriture féminine chinoise contemporaine du XXe siècle à nos jours - Trame des souvenirs et de* *l'imaginaire* (2008) et *L'écriture subjective dans la littérature chinoise contemporaine - Devenir je* (2005).

Isabelle KONUMA est Maîtresse de conférences à l'Institut national des langues et civilisations orientales (INALCO). Spécialiste du droit de la famille et des politiques de la reproduction du Japon moderne et contemporain, elle a publié « Le statut juridique de l'épouse au Japon : La question de l'égalité » (*Recherches familiales*, n° 7, 2010) ; « Le statut juridique de la femme à travers le mariage pendant l'ère Meiji : entre inégalité, protection et reconnaissance » (in *La Famille japonaise moderne [1868-1926]. Discours et débats*, 2011) ; « La chasteté, d'un devoir vers un droit : au prisme du débat (1914-1916) autour de *Seitō* » (*Ebisu*, n° 48, 2012) ; « L'eugénisme et le droit - la politique de la reproduction au Japon » (in *Droit japonais, droit français, quel dialogue ?* 2014).

Marie LAUREILLARD est Maîtresse de conférences de langue et civilisation chinoises à l'Université Lumière - Lyon 2 et membre de l'Institut d'Asie Orientale. Elle mène des recherches sur l'histoire de l'art, l'esthétique ainsi que l'histoire culturelle du monde chinois moderne et contemporain. Parmi ses publications, on compte *Feng Zikai, un caricaturiste lyrique : dialogue du mot et du trait* (2018), *Fantômes dans l'Extrême-Orient d'hier et d'aujourd'hui* (2017, co-dirigé ave V. Durand-Dastès). Ses recherches actuelles sont consacrées au peintre-écrivain Ni Yide et aux peintres de la période républicaine. Traductrice littéraire, elle dirige également la collection de poésie taïwanaise aux éditions Circé.

Christine LEVY est Maîtresse de conférences à l'Université Bordeaux Montaigne. Elle travaille sur l'histoire des idées politiques au Japon depuis Meiji, notamment sur les courants contestataires, et a notamment dirigé la publication *Genre et modernité au Japon : la revue* Seitô *et la femme nouvelle*, Archives du féminisme (2014).

Svetlana MAIRE est membre du laboratoire CERCLE : Centre de Recherche sur les Cultures Littéraires Européennes (EA 4372) de l'Université de Lorraine. Ses recherches portent sur la production littéraire des émigrés russes venus se réfugier en France au début du XXᵉ siècle. À partir de leurs oeuvres rédigées en russe (Ivan Smelv, Ivan Bunin, Gajto Gazdanov, Aleksej Remizov), elle s'intéresse à la question du statut des émigrés, aux relations de la diaspora russe avec ses pays d'accueil et à l'autoreprésentation de cette diaspora. Elle travaille, par ailleurs, sur l'influence de leurs origines russes dans l'écriture de certains écrivains français (Henri Troyat, Elsa Triolet). Elle a notamment édité, avec L. Chvedova, *L'image de la femme russe dans la littérature européenne du XXᵉ et XXIᵉ siècles* (2014).

Sandrine MARCHAND est Maîtresse de conférences en études chinoises à l'Université d'Artois. Diplômée de l'Université Paris VII Denis Diderot (Chinois) et de l'Université de Paris I (Philosophie), elle est spécialiste de la littérature taïwanaise et s'intéresse à la fois à l'écriture de la mémoire dans les différents genres littéraires (poésie, roman, prose) et à la génétique des textes, ainsi qu'à la question du lyrisme dans la poésie, féminine notamment. Elle est aussi traductrice de poésie et romans taïwanais contemporains, dont Wang Wen-hsing. Auteure de différents articles sur ces sujets, elle a publié un ouvrage sur la question de la mémoire à Taïwan dans la littérature : *Sur le fil de la mémoire, la littérature taïwanaise des années 1970-1990* (2009) et en collaboration avec Samia Ferhat, *Ile de mémoires* (2011).

Corrado NERI est Maître de conférences à l'Université Jean Moulin - Lyon 3. Ses recherches portent sur le cinéma asiatique à Pékin et à Taipei, il a publié une monographie sur le réalisateur taïwanais *Tsai Ming-liang* (2004) ; l'ouvrage *Ages inquiets : Cinémas chinois, une représentation de la jeunesse* (2009) ainsi que différents articles dans des ouvrages collectifs et dans la presse spécialisée. Il a également dirigé les publications collectives *Taiwanese Cinema/Le Cinéma taïwanais* (avec Kirstie Gormley, 2009) et *Global Fences* (avec Florent Villard, 2011).

Tomomi OTA est Maîtresse de conférences à l'université Toulouse - Jean Jaurès. Elle a publié « Quand les femmes parlent d'amour. Le discours sur l'amour dans *Seitô* » dans *Genre et modernité au Japon : la revue* Seitô *et la femme nouvelle* (2014) et « Images hybrides de l'autre et de soi : à travers l''exil' artistique de Nagai Kafû (1879-1959) », dans *Imaginaires de l'exil : dans les littératures contemporaines de Chine et du Japon* (2012).

Françoise ROBIN est Professeure de langue et littérature tibétaines à l'INALCO. Ses recherches sont consacrées aux productions culturelles contemporaines du Tibet, plus spécifiquement littérature et cinéma, dans leurs dimensions sociales et politiques. Elle a publié de nombreux articles dont « La non-éducation sentimentale dans les poèmes de Palmo, poétesse et féministe tibétaine d'aujourd'hui », dans *Educations sentimentales : Construction des identités féminines et masculines dans le texte et l'image* (2017), « Le corps féminin vu par les poètes tibétaines - du silence à la célébration », dans *Poétique du féminin en Asie orientale* (2012) ou « Des poèmes et des femmes. Étude préliminaire sur vingt-cinq ans de poésie féminine au Tibet (1982-2007) », dans *Études tibétaines en l'honneur d'Anne Chayet* (2010).

Marion SAUCIER est Professeure agrégée de langue et culture japonaises à l'INALCO. Elle travaille sur le Japon du XXᵉ siècle et a publié plusieurs contributions sur le genre, notamment dans l'ouvrage *La famille japonaise moderne* (2011) ; "Naissance d'une revue féministe au Japon: *Seitô* (1911-

1916)", *Ebisu*, n° 48 automne-hiver 2012 ; et dans l'ouvrage *Genre et modernité au Japon: la revue* Seitô *et la femme nouvelle* (2014).

Shuling Stéphanie TSAI, est Professeure des universités à la NCU (National Central University) de Taïwan. Ses recherches tournent autour de la problématique de la modernité et du rapport Europe-Asie. Elle a publié *L'Epreuve de la modernité* (2008) et de nombreux articles sur M. Blanchot, J. Kristeva et M. Duras. Elle a également édité des numéros spéciaux des périodiques : « Translation and the Sense of the Wor(l)d », *Tamkang Studies of Foreign Languages and Literatures*, n° 9, (2007) ; « Baudelaire in Taiwan. Modernity in perspectives », *ChungWai Literary Monthly*, Vol. 30, n° 11, (2002) ; et travaille actuellement sur le lien entre Emile Zola et les penseurs contemporains français et chinois dans les années 1920.

Min Sook WANG-LE est Maîtresse de conférences en langue et littérature coréennes à l'Université Jean Moulin - Lyon 3. Auteure d'une thèse sur Colette (*Récit et saison chez Colette*, 2001) et d'une autre sur l'écrivain coréen Kim Dong-ri (1913-1995), ses recherches actuelles portent sur la littérature coréenne moderne et contemporaine.

Yue YUE est Maîtresse de conférences en études sinophones à l'Université de Bretagne Occidentale. Elle travaille sur la représentation et l'autoreprésentation littéraire de personnages ou communautés en Chine et a publié de nombreux articles à ce propos, en chinois et français, notamment : « Le Personnage caricatural Ji Gong dans le bouddhisme chinois», 2008; « Autobiographie de A Lai: auto-thérapie de la souffrance par l'écriture autobiographique », 2010; « Le cri profond d'une société de paillettes ou le thème de la pauvreté et de l'identité des travailleurs migrants dans les poèmes chinois d'aujourd'hui », 2010; « Souffrance ou héroïsme ? Le sentiment des colons chinois dans la littérature chinoise au Tibet », 2014.

Résumés des contributions

« Expérience, identité et désir de la femme nouvelle face à la tradition »
Christine LEVY

Le rappel de la définition et de la distinction entre tradition normative (transmise par les mœurs) et prescriptive (« inventée » cf. Hobsbawm), permet de retracer le sens de la rupture assumée par les membres féminins de la revue Seitô qualifiés et attaqués comme des « femmes nouvelles (atarashii onna) ». Hiratsuka Raichô et ses consœurs décident de lui donner un sens par elles-mêmes : la réfutation des représentations fantasmagoriques véhiculées par les médias de la « femme nouvelle » leur permet de refuser la tradition normative et prescriptive.

« La construction d'une identité de genre : les femmes dans les mouvements pour une vie nouvelle (*Shinseikatsuundô*, 1947-1982) »
Isabelle KONUMA

*Les Mouvements pour une vie nouvelle (*Shinseikatsuundô*), entrepris entre 1947 et 1982, illustrent l'ambiguïté de la société civile, qui peut tantôt collaborer, tantôt contester, tantôt évincer l'État dans la formation des normes. La fabrique du genre au sein de la société civile, en particulier par les femmes ; tel est l'angle d'approche de cet article, qui se focalise sur le rôle des épouses et des responsables de la diffusion de la « vie nouvelle ». Le poids des femmes, à la fois cibles et actrices, et pour qui la rationalisation de la vie quotidienne se traduisait par la formation d'une nouvelle identité féminine, n'est pas à négliger dans la propagation des nouveaux repères genrés.*

« *État civil d'une femme* (1946-47) de Sata Ineko : fictions idéologique, juridique et littéraire »
Tomomi OTA

Le roman Aru onna no koseki [État civil d'une femme, 1946-47] de Sata Ineko retrace la vie de l'héroïne Ine à travers les événements « officiels » de son existence : sa naissance, son adoption, ses deux mariages et ses deux divorces, tous consignés dans les registres d'état civil. Le roman ne se contente pas de dénoncer l'état civil comme cause de sexisme dans la société japonaise du début du XXe siècle, il décrit une héroïne qui tente de reprendre sa vie en main en s'appuyant sur le pouvoir même de l'état civil, « nouvelle tradition » de l'époque moderne mise en place par la loi.

« Quand les femmes brisent leurs chaînes ou l'infériorisation normée par le conservatisme »

André Michel FEUGAIN

La discrimination de la femme dans la société espagnole des XIXe et XXe
siècles est ici examinée par le truchement de l'affiche de propagande, des
ordonnances municipales, ministérielles, religieuses et autres textes
doctrinaux. Comprendre comment la femme espagnole a vécu sa captivité, son
embrigadement dans la sphère privée, ses luttes pour sortir de l'enfermement
et prétendre à une visibilité citoyenne et civique ; comprendre comment de
l'un et l'autre bord de l'échiquier politique et idéologique - républicains,
progressistes vs conservateurs, phalangistes et franquistes -, la femme est
tantôt perçue comme une partenaire, une camarade - de lutte, dans la plupart
des cas -, tantôt comme une simple servante de l'homme - le sexe fort par
excellence- et rendre compte de son irruption salutaire dans la vie sociale,
caritative, et dans le combat politique espagnol des années trente est au cœur
de cet article.

« La critique littéraire chinoise à la rencontre de l'Occident au XXe siècle :
une aventure de la modernité face à la tradition »

JIN Siyan

Cette étude textuelle s'inscrit dans une méthode de recherche philologique
confrontant en permanence deux façons de penser distinctes : critiques
chinoise et française. La problématique est identifiée juste là où il y a
tremblement de terre : pourquoi la théorie postmoderniste (du
déconstructionnisme français par exemple) ne parvient-elle pas à s'appliquer
aux études textuelles de la critique littéraire chinoise bien qu'elle soit admise
sans problème quant à son nom, tandis que le New Criticism et bien d'autres
théories littéraires ont été, depuis les années 1940, massivement mises en
pratique sans vraiment poser de problème ? Quel est l'horizon d'attente de la
Chine face à un autre, symbole de modernité aussi bien dans la pensée que
dans l'écriture ?

« Des vies de femmes dans l'œuvre de Yamakawa Kikue (1890-1980) »

Marion SAUCIER

Yamakawa Kikue (1890-1980) a consacré sa vie à défendre la cause des
femmes, principalement à travers des articles dans des revues socialistes.
Mais elle a également rédigé deux textes autobiographiques qui sont devenus
des classiques. Le premier ouvrage fait revivre la génération de sa grand-
mère, le second mêle la vie de sa propre mère à la sienne. L'ensemble des
deux ouvrages constitue donc une autobiographie sur plusieurs générations,
un témoignage précieux qui inscrit les femmes dans l'histoire de leur époque.

« Conflit entre la spiritualité et la vie séculière : l'identité des femmes
chamanes modernes selon l'écrivain Kim-Dong-ri (1913-1995) »

WANG-LE Min-Sook

Les femmes chamanes coréennes revêtent un rôle prépondérant dans l'œuvre de Kim Dong-ri. Particulièrement sensible au chamanisme de son pays, historiquement menacé par le confucianisme, le bouddhisme et ensuite par le christianisme aux alentours du XXᵉ siècle, cet écrivain ne cesse d'explorer les différents aspects de cette tradition autochtone dont l'origine même est liée aux femmes. Face à la dégradation de leur position, ces femmes chamanes se lancent-elles dans une lutte revendicative ou s'y résignent-elles pour préserver l'harmonie de la société? À travers ses œuvres littéraires, l'auteur s'interroge sur la condition existentielle des chamanes modernes, sur leur relation avec le monde environnant et, enfin, sur la portée esthétique des rites chamanistes.

« L'itinéraire de Ye Guangqin : de la tradition chinoise à la modernisation du pays »

YUE Yue

Membre de la famille impériale des Qing, petite cousine benjamine du dernier empereur, orpheline de père à l'âge de dix ans, Ye Guangqin passa son enfance dans la pauvreté, puis fut envoyée à la campagne dans la province du Shaanxi en 1968 pour être rééduquée. Née en 1948, elle débute sa carrière d'écrivain à la quarantaine. Elle exerce en expérimentatrice, tâte des genres romanesques variés : romans historiques, familiaux, psychologiques, sociaux, épistolaires, de science fiction pour la jeunesse, et également de la prose littéraire intime. De son premier roman saga Qian qing men nei *[Derrière la porte impériale] à* Cai sangzi *[Cueillir des mûres] puis, au plus récent,* Douzhi ji *[Recette du lait de soja], elle évoque les différentes souffrances liées aux mutations de la société, créant une galerie de portraits historiques et contemporains de tous les milieux sociaux chinois.*

« Costas Taktsis, *Le troisième anneau* : d'une Grèce patriarcale à une Grèce matriarcale ? »

Sophie COAVOUX

Dans son œuvre majeure, Le troisième anneau *(1962), Costas Taktsis décrit la Grèce de l'après-guerre, dans un tableau impitoyable mais réaliste, en donnant la parole aux femmes de la classe moyenne, et porte ainsi un regard totalement neuf sur la société grecque, tant sur le plan sociologique que sur le plan littéraire. Mettant à mal le modèle traditionnel grec, patriarcal depuis l'Antiquité, le roman réinterroge les identités individuelles genrées et les rapports de pouvoir entre les sexes pour dessiner les contours d'une Grèce matriarcale.*

« Cui Zi'en (1958-) : Ivresse de la confusion du genre, entre art et réel »
Corrado NERI

277

Cui Zi'en, écrivain/cinéaste/essayiste, contribue, via *sa pratique artistique ainsi que son activisme politique, à complexifier le discours public chinois tantôt sur la définition du genre sexuel et ses corollaires relatifs aux inclinaisons sexuelles, tantôt sur la classification des genres artistiques : documentaires et fiction, SF et réalisme, expérimental et télévisé, indépendant (caractère brouillon de ses films, anti commercial) et mainstream (esthétique télévisé, public ciblé, bon marketing de soi-même). Cet article analyse son œuvre cinématographique et littéraire en parallèle avec sa figure publique, qui devient elle aussi œuvre artistique LGBT/situationniste.*

« Refashion Zola's department store - trans(re)lating fracture in Zola, Foucault and Deleuze »
Stéphanie TSAI

Based on the reading of Zola's novel Au bonheur des dames, *this article is seeking how fashion is re-figured in the novel along with the emerging social form of a modern woman. The fabrication of the human body closely related to the rise of the western individualism can only be made possible in the condition that a body is viewed as the image of the self to be defined by visibility and statement, which reinforces the gender classification of woman and man as distinctive categories. Discourses of Foucault and Deleuze about the limit of subjectivity prompt us to revisit Zola's rendering of the « sense of the real » (le sens du réel). While Foucault posits the visible as the regime of resistance in regard to the discursive reduction, Zola questions not only the ways of saying, but also modes of perception. Any fashionable (wo)man-form figured by the conjunction of the two regimes of discursivity and visibility posits itself only as a system of restrained economy embedded upon a general economy at a much larger scale that exceeds the subjective capacity of knowing and doing.*

« L'arme de la colère : de quelques écrivains femmes du Japon moderne »
Claire DODANE

Les premières écrivaines du Japon moderne apparaissent dans les années 1890 et décrivent majoritairement la dépendance sociale des femmes et le patriarcat. Il faut attendre les années 1910 pour qu'une littérature de l'intimité ouvre la voie à l'expression de la colère, des humeurs et des difficultés quotidiennes de la vie conjugale. Tamura Toshiko (1884-1945) fait alors de cette rébellion le motif principal de son œuvre.

« Su Xuelin (1897-1999) : entre Chine et France, une recréation de la tradition »
Jacqueline ESTRAN

Au croisement de la Chine traditionnelle et de la modernité, Su Xuelin a traversé tout le XXe siècle et ses bouleversements. Personnage controversé *pour sa liberté de parole et d'action, elle est, en général et de façon paradoxale, présentée comme une femme nouvelle - cette femme qui s'émancipe du modèle traditionnel et revendique son égalité avec l'homme - et conservatrice. Afin d'éclaircir ce paradoxe, cet article analyse le rapport de Su Xuelin à la société et à la culture chinoises traditionnelles, tel qu'il se construit sur la première partie de sa vie, jusque dans les années 1930, ses années d'apprentissage. Centrales dans sa construction identitaire, les traditions auxquelles elle se confronte permettent à Su Xuelin de trouver progressivement sa voie, en tant que femme, écrivaine et intellectuelle.*

« Écritures féminines taïwanaises, entre langues et traditions »
Sandrine MARCHAND

Les femmes, peu présentes dans les cercles littéraires taïwanais pendant la période de la colonisation japonaise (1895-1945) ont été entravées dans leur épanouissement créatif par au moins trois facteurs : la condition féminine, le colonialisme et les transformations linguistiques de l'époque. Cependant leur position dans la tradition chinoise est un des principes essentiels qui traverse et relie les trois autres facteurs. En effet, en réaction au pouvoir colonial, les familles d'intellectuels aisées ont d'abord voulu maintenir les traditions chinoises, allant ainsi à l'encontre du vent de modernité soufflant sur l'île et qui représentait une opportunité pour les femmes de voir leur condition évoluer, notamment dans l'accès à l'éducation. Au travers de sa vie et de ses achèvements littéraires, Jin Chuan (1907-1990), a, malgré les traditions qui l'enferment et qui représentent par ailleurs une forme de résistance au gouvernement japonais, abordé la création et dessiné de manière particulière sa vie de femme.

« Abandonner ou s'abandonner ? Deux écrivains, deux attitudes face aux traditions au Tibet »
Françoise ROBIN

Le présent article dégage deux attitudes contrastées face à la « tradition », émanant de trois femmes écrivains reconnues au Tibet : Jamyangkyi, Tseringkyi et Dekyi Drolma. Les deux premières, engagées à la fois littérairement et socialement ou politiquement, entendent dénoncer certaines pratiques et attitudes traditionnelles propres aux femmes et aux mères tibétaines, pratiques qui selon elles nuisent à la nation tibétaine tout entière. La troisième, qui voue sa carrière à la littérature exclusivement, magnifie au contraire des activités proprement féminines et négligées par la littérature (la traite par exemple) et qui, sous sa plume, participent de la construction d'une identité tibétaine singulière où la compassion et l'altruisme figurent en bonne place. Ces positions, si elles sont difficilement conciliables, témoignent de la vivacité des débats sur les liens qu'entretiennent les femmes avec la tradition au Tibet contemporain.

« La tradition dans l'écriture romanesque d'Elsa Triolet »
Svetlana MAIRE

Elsa Triolet (1896-1970), écrivaine française d'origine russe, a été la première femme à remporter le Prix Goncourt pour son recueil de nouvelles Le premier accroc coûte deux cents francs *en 1945. La genèse et les principales caractéristiques - dont le rapport à la tradition - de son écriture sont analysées ici au travers de deux de ses œuvres,* Fraise-des-Bois *(1926) et* Rendez-vous des étrangers *(1956), deux romans à caractère autobiographique, ainsi qu'à partir de sa correspondance avec sa sœur Lili Brick.*

« Wu Mali, une artiste taïwanaise sur la tradition ou la reconstruction du genre féminin »
Marie LAUREILLARD

Avec la levée de la loi martiale en 1987, un nouveau sens de l'identité nationale a émergé à Taïwan, qui s'est accompagné d'un questionnement sur le statut des femmes au sein d'une société confucéenne foncièrement patriarcale. Wu Mali, une artiste conceptuelle née en 1957 à Taïwan dont l'engagement s'inscrit dans la lignée de son mentor Joseph Beuys, s'est efforcée de repenser le rapport hiérarchique des hommes et des femmes et ses conséquences : à la toute fin du XXe siècle, ses installations, qui mêlent sculpture, vidéo, écriture et poésie, proposent de réécrire une histoire trop souvent narrée d'un point de vue exclusivement masculin et de donner une voix à celles qu'on a longtemps présentées comme des objets avant d'être des sujets. Mais Wu Mali s'inscrit aussi dans une évolution plus générale de l'art et de la pensée qui, profondément marquée par le féminisme français ou américain des années 1960, n'a cessé de se développer à Taïwan durant les dernières décennies et transparaît aussi bien chez une romancière comme Li Ang ou la poétesse Hsia Yu, tout aussi rebelles, subversives et désireuses de transformer la société.

MÉTHODOLOGIE LETTRES ET SCIENCES HUMAINES
AUX ÉDITIONS L'HARMATTAN

Dernières parutions

VIETNAM, LES ETHNIES MINORITAIRES DES HAUTS PLATEAUX DU CENTRE
Histoire, mode de vie, avenir
Joël Giraud

Cet ouvrage expose l'histoire et le mode de vie des ethnies minoritaires des hauts plateaux du centre du Vietnam. Ces populations qui fuyaient l'esclavage ont occupé des territoires par vagues successives de migrants Môn-Khmers et Malayo-Polyéniseins à partir de 3000 ans et 1000 ans avant J.-C. Dès 1850, les missionnaires commencent à approcher ces populations et découvrent des ethnies égalitaires entre époux et parfois la pratique du matriarcat avec des femmes chefs de village. Victimes de génocide lors de la guerre du Vietnam, ces populations insoumises ont été intégrées par l'État vietnamien, avec la victoire du communisme, au modèle "Viêt".

(Coll. Recherches asiatiques, 260 p., 26 euros)
ISBN : 978-2-343-12342-4, EAN EBOOK : 9782140047893

DEVENIR CHERCHEUR EN SCIENCES HUMAINES ET SOCIALES
Expériences, regards et innovations
Sous la direction de Rodrigo Torres

Cet ouvrage approfondit les retours d'expériences et les regards de jeunes docteurs sur leur formation et leurs activités de recherche, ainsi que l'innovation de leurs pratiques et de leurs stratégies pour réussir leur insertion professionnelle. Ce sujet s'impose étant donné l'enjeu que représente la situation de toute une génération de jeunes doctorants face aux changements profonds des conditions habituelles du travail de chercheur.

(170 p., 18 euros)
ISBN : 978-2-343-11771-3, EAN EBOOK : 9782140045660

SOCIOLOGIE DE L'ACTION HUMANITAIRE EN CÔTE D'IVOIRE
Hervé Cyrille Tivoly

La fabrique de l'action humanitaire en Côte d'Ivoire se heurte à des politiques migratoires qui agissent sur les modalités d'intégration des réfugiés, contraints à diverses formes de transformations sociales. Explorant les notions de sécuritisation et de citoyenneté, cet ouvrage contribue aux études sur les migrations forcées en Afrique de l'Ouest à travers ce cas d'étude et présente les manières de repenser les dispositifs institutionnels en matière d'urgences humanitaires et de prévenir les programmes de développement d'après-crises.

(Coll. Harmattan Côte-d'Ivoire, 278 p., 29 euros)
ISBN : 978-2-343-14831-1, EAN EBOOK : 9782140105548

LES IMAGES DU SACRÉ IMPORTÉ ET LE SYSTÈME DE CROYANCES BAMILÉKÉ
Une relation de collision ou de collusion ?
Ismaïla Datidjo

Cet ouvrage interroge l'histoire des images dans le judaïsme, le christianisme et l'islam, religions qui divergent sur la représentation du sacré. Le catholicisme, chez les Bamiléké, occupe 53 % de l'espace religieux qui inclut protestantisme et religion ethnique, avec laquelle il rivalise sur le recours aux différentes images du sacré par leurs adeptes. Les crânes exhumés des morts, autour desquels pivote le système de croyances bamiléké, sont sacralisés. Ils s'opposent aux images du Christ et autres éléments qui se rapportent au sacré chrétien, lequel, en pays bamiléké, est importé et se distingue du sacré ethnique.

(Coll. Harmattan Cameroun, 216 p., 22 euros)
ISBN : 978-2-343-15761-0, EAN EBOOK : 9782140105463

L'APRÈS-MIDI SERA COURTE
Plaidoyer pour le droit à l'euthanasie
Nadia Geerts

« Tout est bien » : telle était ma conviction profonde en accompagnant Maman dans sa demande d'euthanasie. Tout est bien quand la loi, comme en Belgique, reconnaît aux individus le droit de disposer de leur vie, jusqu' à y mettre fin. Car pourquoi notre vie devrait-elle être sacrée ? Il y a derrière la question de l'euthanasie un véritable enjeu de liberté individuelle, et donc de laïcité. C'est sous cet angle qu'il faut examiner le rôle du médecin : ni simple exécutant, ni volonté se substituant au malade, il s'agit de la main amie qui permet l'accomplissement de la volonté mûrement réfléchie et clairement exprimée de son patient, et ce dans des conditions de dignité.

(Coll. Débats Laïques, 170 p., 18 euros)
ISBN : 978-2-343-16181-5, EAN EBOOK : 9782140105609

ANTHROPOLOGIE DE LA SANTÉ INFANTILE EN MAURITANIE
Taire et soigner
Hélène Kane

En Mauritanie, l'accès aux soins et la prise en charge des enfants malades constituent une problématique majeure pour la santé publique. Les interprétations des maux infantiles, les perceptions de l'offre de soins, les relations de parenté sont envisagées comme autant de configurations qui modulent l'accessibilité des différentes options thérapeutiques. Cet ouvrage propose une incursion dans les milieux au sein desquels les enfants vivent et se soignent. Confrontés à de cruelles difficultés financières, les parents s'efforcent de négocier l'itinéraire thérapeutique de leur enfant. Ce faisant, afin de préserver l'enfant d'un discrédit social, ils taisent la maladie et musèlent certaines expressions des maux.

(Coll. Anthropologies & Médecines, 274 p., 28,5 euros)
ISBN : 978-2-343-15964-5, EAN EBOOK : 9782140104787

LES ÉTUDES FRANÇAISES ET LES HUMANITÉS DANS LA MONDIALISATION
Sous la direction d'Emmanuel Fraisse

Si les « études françaises » sont au coeur de cet ouvrage, c'est que le « français » - langue, littérature, histoire et culture - constitue un bon indicateur des défis que doivent aujourd'hui relever les humanités dans leur ensemble. Venus de quatre continents, les contributeurs ici rassemblés s'interrogent tout à la fois sur la place du français et des langues dans l'enseignement supérieur et sur les évolutions présentes et à venir des humanités prises au sens large. Quel est l'avenir des études littéraires ?

(Coll. Logiques sociales, 242 p., 24,5 euros)
ISBN : 978-2-343-15989-8, EAN EBOOK : 9782140104466

EUGÈNE-LOUIS DOYEN
Chirurgien génial et scandaleux de la Belle Époque
Philippe Scherpereel

Doué d'une dextérité et d'une rapidité d'exécution qui en font un chirurgien exceptionnel, Eugène-Louis Doyen s'intéresse à tous les aspects de la chirurgie, à l'infectiologie et à l'asepsie, au cancer et invente une quantité incroyable de matériels de chirurgie et d'anesthésie. Admiré autant que jalousé par ses confrères, il ne sera jamais universitaire malgré ses contributions majeures à l'enseignement par la rédaction d'ouvrages et la création du cinéma médical. Il servira de modèle à des personnages de romans de Marcel Proust et de Léon Daudet, sera l'objet de multiples caricatures et sera partie prenante à plusieurs procès. Personnage flamboyant, inventeur génial, chirurgien exceptionnel, il peut être considéré comme un précurseur de la chirurgie moderne.

(Coll. Médecine à travers les siècles, 114 p., 13,5 euros)
ISBN : 978-2-343-16126-6, EAN EBOOK : 9782140105210

RATIONALITÉ EN PHILOSOPHIE DES SCIENCES
Une démarche zététique en épistémologie, logique et mathématiques
Elie Volf, Michel Henry
Préface d'Evariste Sanchez-Palencia, de l'Académie des Sciences

Cet ouvrage vise à approfondir les fondements de la rationalité en philosophie des sciences pour montrer ce qu'une pensée rationnelle peut apporter à la démarche scientifique, pour mieux analyser un raisonnement ou les résultats d'une expérience. Il s'agit d'une étude des différentes méthodes de raisonnements. L'histoire des mathématiques fait l'objet d'un chapitre riche montrant l'évolution de la pensée logique. Par leur approche zététique et épistémologique, les auteurs ont souhaité que la pensée rationnelle ne s'efface pas sous l'attrait de certaines dérives contemporaines.

(Coll. Ouverture Philosophique, 242 p., 25,5 euros)
ISBN : 978-2-343-15576-0, EAN EBOOK : 9782140104763

CLAUDE NOUGARO : LA BÊTE EST L'ANGE
Imaginaire et poétique
Nouvelle édition revue et augmentée
Laurent Fourcaut

Auteur-interprète, Claude Nougaro est aussi un poète à part entière. Ses textes s'alimentent à une puissance de désir qui l'apparente à des artistes comme Victor Hugo ou Picasso. Ce livre s'attache à décrire les structures de l'imaginaire d'un univers poétique généreux et baroque. L'oeuvre de Nougaro se laisse définir comme une entreprise pour conférer la forme adéquate aux forces du bas - forces du corps, des parias, du désir. Cette structure caractérise donc aussi la poétique de l'artiste : la plasticité sensuelle du travail des mots, le tissage serré, amoureux, des métaphores permettant l'émergence de formes textuelles régénérées.

(Coll. Espaces Littéraires, 170 p., 18 euros)
ISBN : 978-2-343-15827-3, EAN EBOOK : 9782140104381

CONCEPT WEBERIEN "ÉTHIQUE PROTESTANTE - CAPITALISME" ET CONTEXTE DE PAUVRETÉ
Le cas malgache
Intégration épistémologique de la pensée complexe dans une approche par l'histoire de la pensée et l'institutionnalisme économiques
Aina Andrianavalona Razafiarison

L'étude du concept de Max Weber « éthique protestante-capitalisme » dans un contexte de pauvreté est un double défi. D'abord parce que cet ouvrage propose d'intégrer Weber dans la lignée des économistes. Son affiliation à l'institutionnalisme économique déterminera le canevas de l'analyse de la pertinence de sa théorie dans un contexte de pauvreté du cas malgache. Ensuite car l'évident paradoxe soulevé par l'influence majeure de la religion chrétienne et protestante sur la société malgache, face à une pauvreté ambiante concomitante à un capitalisme embryonnaire, semble remettre en question la présente étude.

(Coll. Logiques sociales, 290 p., 29 euros)
ISBN : 978-2-343-13809-1, EAN EBOOK : 9782140105401

CULTURE SOCIALE DE L'AUMÔNE ET PHÉNOMÈNE DES ENFANTS DES RUES AU SÉNÉGAL
Pascal Sène
Préface de Jean-Claude Angoula

Les enfants des rues dont il est question dans ce livre sont ceux qui vont à la recherche de l'aumône. Ils en reçoivent, mais n'en bénéficient pas ; ils n'ont pas, ou rarement, la possibilité de quitter la rue, et demeurent dépendants de leurs « maîtres » qui les envoient. En clarifiant comment l'aumône exerce une capacité d'action dans le maintien des enfants dans les rues des grandes agglomérations sénégalaises, l'auteur contribue à la compréhension d'un ensemble complexe de facteurs internes empêchant les pays émergents de surmonter leurs obstacles.

(Coll. Études africaines, 298 p., 31 euros)
ISBN : 978-2-343-14476-4, EAN EBOOK : 9782140105012

LES RAPPORTS ENTRE CASTES DANS L'HIMALAYA INDIEN

Alice Van den Bogaert

Fruit d'un travail de terrain de longue durée, cette ethnographie explore les rapports entre castes à partir des discours sur le corps et ses fluides dans une vallée d'Himachal Pradesh (Himalaya indien). C'est surtout l'impureté symbolique des femmes et des basses castes qui traverse toute l'analyse, montrant ainsi comment les corps sont symboles et instruments de discrimination, mais également de résistance, de négociation et de transformation sociale.

(Coll. Populations et trajectoires, 386 p., 38 euros)

ISBN : 978-2-343-15380-3, EAN EBOOK : 9782140105180

LOUIS-PHILIPPE DALEMBERT
Entre vagabondage et humanisme

Daniel-Henri Pageaux

Avec huit romans en français et un titre en créole publiés à ce jour, Louis-Philippe Dalembert, romancier et poète venu d'Haïti, a imposé un style propre, mêlant à la poésie et à l'humour une profonde foi dans l'homme. Ce volume collectif, rassemblant une douzaine de contributions, lui rend un premier hommage en alliant thématique et chronologie, monographies et perspectives de synthèse. Deux thèmes majeurs y sont abordés : le vagabondage, géographique, mais aussi existentiel et poétique et l'humanisme.

(Coll. Classiques pour demain, 268 p., 28 euros)

ISBN : 978-2-343-15494-7, EAN EBOOK : 9782140104893

LES CHEFFERIES TRADITIONNELLES BETI AU CAMEROUN

Vincent de Paul Ndougsa
Préface de Jacques Deboheur Koukam

Cet ouvrage est une réflexion sur le déclin du pouvoir traditionnel en Afrique. Il retrace le rayonnement passé de ces chefferies qui ont servi d'arrière-plan à l'administration publique et qui ont grandement oeuvré pour l'indépendance du Cameroun. L'auteur relève un revirement de ces pouvoirs culturels qui se sont dénaturés dans le copinage avec le pouvoir politique. Cette confusion de rôles et de positionnements va entraîner un effritement progressif des cultures beti.

(Coll. Harmattan Cameroun, 244 p., 24,5 euros)

ISBN : 978-2-343-16105-1, EAN EBOOK : 9782140105173

CONGRÉGATIONS CATHOLIQUES ET SANTÉ AU SÉNÉGAL (1819-2018)

Madeleine Sène

Au Sénégal, depuis près de deux siècles, des congrégations catholiques oeuvrent dans des dispensaires ruraux. Ce livre, première synthèse sur le sujet, retrace l'histoire depuis les premiers dispensaires et met en pleine lumière une réalité méconnue. Les enquêtes de terrain quantitatives et qualitatives originales réalisées par l'auteure apportent des informations détaillées sur les caractéristiques sociodémographiques des villages étudiés et les besoins de leurs populations en matière de santé. Elle analyse l'éventail des interventions : lutte contre les maladies endémiques ; éducation sanitaire ; promotion de bonnes pratiques nutritionnelles ; mesures d'assainissement de base ; consultations de médecine générale et de protection maternelle et infantile ; activités des laboratoires d'analyse.

(Coll. Populations, 236 p., 24 euros)

ISBN : 978-2-343-16013-9, EAN EBOOK : 9782140105081

LA SOCIÉTÉ ÉMANCIPATRICE

Charles Maurice

La culture humaine en ce début de XXIe siècle est marquée de profonds déséquilibres environnementaux et sociaux. La transformation radicale des sociétés sur des bases de justice sociale apparaît comme la condition pour que le genre humain poursuive son processus de libération et soit enfin fidèle à la démarche éthique qui le singularise. Pourtant, les révolutions ont toutes échoué. Les adversaires de l'exploitation de l'homme par l'homme sont affaiblis et désorientés. Ils ont du mal à s'opposer aux politiques libérales antisociales. Comment galvaniser les résistances ? Est-il possible de refonder l'idéal émancipateur ? Que devrait être une société émancipatrice ?

(Coll. Ouverture Philosophique, 186 p., 19,5 euros)

ISBN : 978-2-343-16150-1, EAN EBOOK : 9782140105159

Structures éditoriales du groupe L'Harmattan

L'Harmattan Italie
Via degli Artisti, 15
10124 Torino
harmattan.italia@gmail.com

L'Harmattan Hongrie
Kossuth l. u. 14-16.
1053 Budapest
harmattan@harmattan.hu

L'Harmattan Sénégal
10 VDN en face Mermoz
BP 45034 Dakar-Fann
senharmattan@gmail.com

L'Harmattan Mali
Sirakoro-Meguetana V31
Bamako
syllaka@yahoo.fr

L'Harmattan Cameroun
TSINGA/FECAFOOT
BP 11486 Yaoundé
inkoukam@gmail.com

L'Harmattan Togo
Djidjole – Lomé
Maison Amela
face EPP BATOME
ddamela@aol.com

L'Harmattan Burkina Faso
Achille Somé – tengnule@hotmail.fr

L'Harmattan Côte d'Ivoire
Résidence Karl – Cité des Arts
Abidjan-Cocody
03 BP 1588 Abidjan
espace_harmattan.ci@hotmail.fr

L'Harmattan Guinée
Almamya, rue KA 028 OKB Agency
BP 3470 Conakry
harmattanguinee@yahoo.fr

L'Harmattan Algérie
22, rue Moulay-Mohamed
31000 Oran
info2@harmattan-algerie.com

L'Harmattan RDC
185, avenue Nyangwe
Commune de Lingwala – Kinshasa
matangilamusadila@yahoo.fr

L'Harmattan Maroc
5, rue Ferrane-Kouicha, Talaâ-Elkbira
Chrableyine, Fès-Médine
30000 Fès
harmattan.maroc@gmail.com

L'Harmattan Congo
67, boulevard Denis-Sassou-N'Guesso
BP 2874 Brazzaville
harmattan.congo@yahoo.fr

Nos librairies en France

Librairie internationale
16, rue des Écoles – 75005 Paris
librairie.internationale@harmattan.fr
01 40 46 79 11
www.librairieharmattan.com

Lib. sciences humaines & histoire
21, rue des Écoles – 75005 Paris
librairie.sh@harmattan.fr
01 46 34 13 71
www.librairieharmattansh.com

Librairie l'Espace Harmattan
21 bis, rue des Écoles – 75005 Paris
librairie.espace@harmattan.fr
01 43 29 49 42

Lib. Méditerranée & Moyen-Orient
7, rue des Carmes – 75005 Paris
librairie.mediterranee@harmattan.fr
01 43 29 71 15

Librairie Le Lucernaire
53, rue Notre-Dame-des-Champs – 75006 Paris
librairie@lucernaire.fr
01 42 22 67 13

www.ingramcontent.com/pod-product-compliance
Lightning Source LLC
Chambersburg PA
CBHW071124030726
47586CB00001B/258